# Die Reisen der FREYDIS

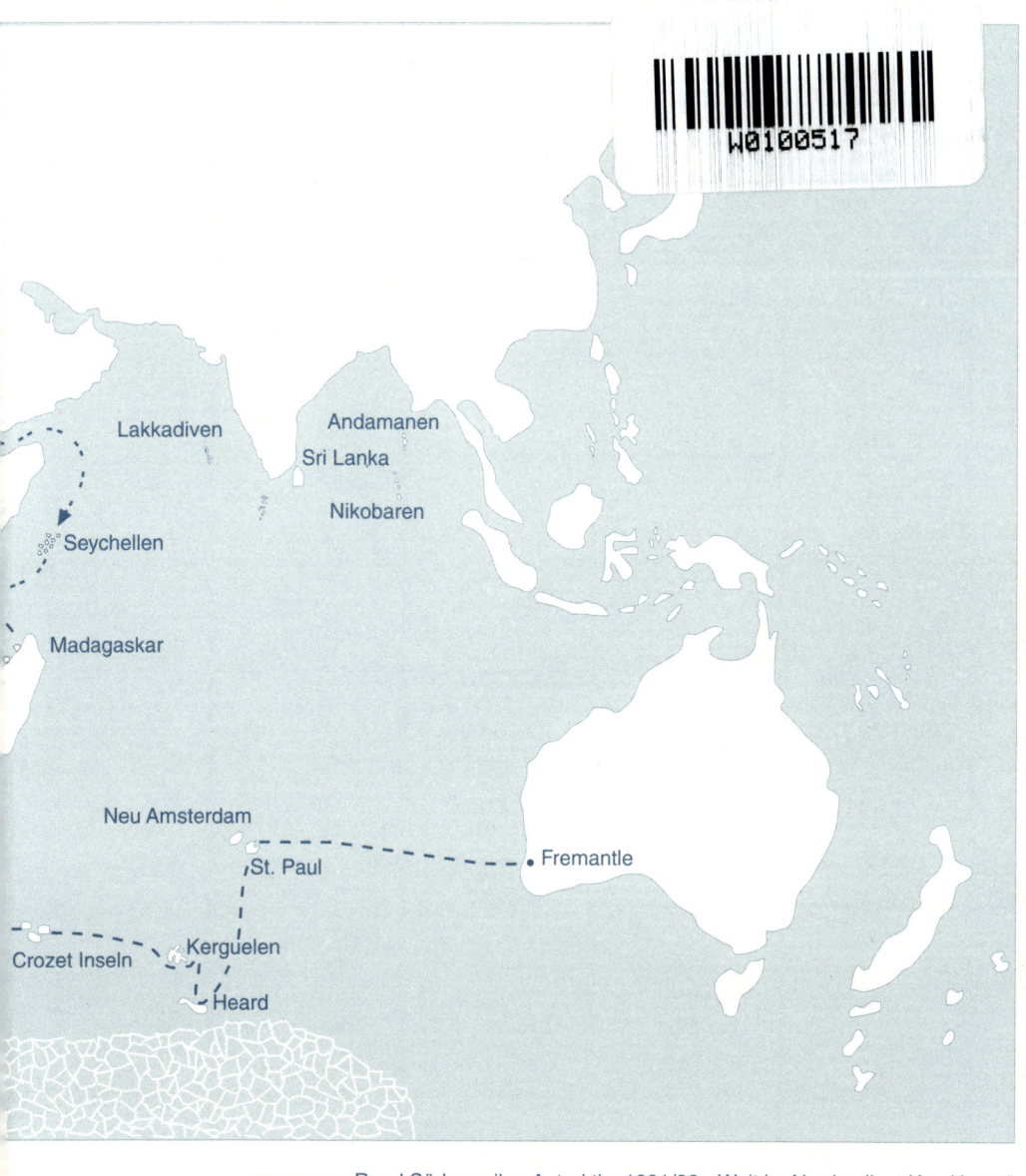

........... Rund Südamerika, Antarktis 1981/82 „Weit im Norden liegt Kap Hoorn"
— — — — Rund Afrika 1988/89
—·—·— Anreise und Überwinterung 1990/91 „Gestrandet in der weißen Hölle"
— — — — „Auf der Route der Albatrosse" 1992-1994

Heide Wilts

Auf der Route der Albatrosse

FÜR
MEINE SCHWESTER SUSANNE

Heide Wilts

# Auf der Route der Albatrosse

Delius Klasing Verlag

Von Heide und Erich Wilts sind im Delius Klasing Verlag
folgende Titel erschienen:

Wo Berge segeln

Weit im Norden liegt Kap Hoorn

Gestrandet in der weißen Hölle

Sternstunden auf allen Ozeanen

Die Deutsche Bibliothek – CIP-Einheitsaufnahme

**Wilts, Heide:**
Auf der Route der Albatrosse / Heide Wilts. [Fotos: Erich Wilts]. –
1. Aufl. – Bielefeld: Delius Klasing, 1996
ISBN 3-7688-0927-7

ISBN 3-7688-0927-7
© Copyright by Delius, Klasing & Co., Bielefeld 1996
Alle Fotos: Erich Wilts
Kartenskizzen: Karin Buschhorn, Bielefeld
Umschlaggestaltung: Ekkehard Schonart
Satz: Utesch Satztechnik GmbH, Hamburg
Druck: Clausen & Bosse, Leck
Printed in Germany 1996

Alle Rechte vorbehalten. Ohne ausdrückliche Erlaubnis des Verlags darf das Werk,
auch nicht Teile daraus, weder reproduziert, übertragen noch kopiert werden, wie
z. B. manuell oder mit Hilfe elektronischer und mechanischer Systeme inklusive
Fotokopieren, Bandaufzeichnung und Datenspeicherung.

# Inhalt

Vorwort . . . . . . . . . . . . . . . . . . . . . . . . . . . . . 9

Ein Neubeginn am Ende der Welt . . . . . . . . . . . . . . 12
*Reparatur in Feuerland – Indianer, Missionare und Yachties – Erinnerung und Ausblick – Abschied von Chile*

Auf altem Kiel zu neuen Zielen . . . . . . . . . . . . . . . 22
*Die erste Farm Feuerlands – Die Goldgräberinsel Lennox – Im Winter rund Kap Hoorn – Der Schatz der Yamanas – Heimat der Berggeister und Wasserkobolde – Friedhof für Gestrandete*

Start in den Südatlantik . . . . . . . . . . . . . . . . . . . . 30
*Jumbos, Punks und Clowns – Orcas in Aktion – Hammelbraten und Pinguineier – Eine Insel für 100000 Dollar*

Törnvorbereitungen auf den Falklands . . . . . . . . . . . 37
*Inselbekanntschaften – Eine Sache der Liebe – Gnade für einen Killer – Startschuß am Neujahrstag*

Wieder in den kalten Süden . . . . . . . . . . . . . . . . . 43
*Per aspera ad astra – Die neue Crew – Im Reich der weißen Riesen – Albatros-Träume – Landfall auf Südgeorgien*

Südgeorgien – Insel ohne Baum und Strauch . . . . . . . . 52
*Von Robbenschlägern und Schlägerrobben – Elefanten im Porzellanladen – Rettungsaktionen – Von Bucht zu Bucht – Shackletons Grab – Um Haaresbreite überrollt – Heiratsantrag eines Pinguins*

Zu den Südsandwich-Inseln, dem schrecklichsten Platz
auf Erden . . . . . . . . . . . . . . . . . . . . . . . . . . . . 70
*Slalomfahrt durchs Eis – Gigantisches Billardspiel – Luzifers Reich – Lebensgefährlicher Landgang – Gasmasken und grüne Lungen – Tausendundein Pinguin – Feuerwalzen in der Finsternis – In Saus und Braus Richtung Tristan*

Dampfkessel der afrikanischen Meere: Tristan da Cunha . . 87
*Frühlingsgefühle – Abenteuerliche Inselchronik – Ein Stückchen vom Paradies – Ausgebootet und abserviert – Zum Schwarzen Kontinent – Knall bei Landfall*

Südafrika . . . . . . . . . . . . . . . . . . . . . . . . . . 106
*Liegeplatz für mehrere Monate – Alte und neue Freunde – Schwelbrand an Bord – Kein Krieg, aber auch kein Frieden – Gefährliche Südküste – Wale und Haie*

Seychellen, Aldabra und Komoren – ein Rückblick . . . . . 117
*Strychnin und himmlisches Manna – Die teuerste Nuß der Welt – Eiland der Riesenschildkröten – Ein Meter Herz – Die Blume der Blumen – Begegnung mit dem Quastenflosser – Ein Vulkan wird bestiegen – Abschied von den „Inseln des Mondes"*

Vergessene Inseln im Indischen Ozean . . . . . . . . . . . . 134
*Zu Fuß und mit Traktor durch „Europa" – Bassas da India, die unerreichbare Lagune – „Yellow Submarine" vor Juan de Nova – Von Wracks, Ausreißern und Schlammspringern*

Im Land der Lemuren . . . . . . . . . . . . . . . . . . . . 145
*Sindbads Riesenvogel – Ein dickes Ei – Geisterschiffe und Rauchsäulen – Madagaskars blutende Küste – Einklarierung auf orientalisch – Von Piraten, Sklaven und Kulis*

Wiedersehen mit den Komoren . . . . . . . . . . . . . . . 157
*Nach Mayotte durch die Hintertür – Scharfe Ladung für die* FREYDIS *– Aschenputtel und Prinzessin – Jäger, Sammler und Räuber – Von Gaunern und Agenten*

Ein lebendes Fossil . . . . . . . . . . . . . . . . . . . . . 169
*Dem Totgesagten auf der Spur – Fang eines Quastenflossers – Die Fischer gehen leer aus*

Inselpotpourri . . . . . . . . . . . . . . . . . . . . . . . . 175
*Idyll mit schwarzen Flecken – Perle der Komoren – Luxusliner und Sperrholzboote – Von prächtigen Palästen und armseligen Hütten*

Wieder nach Madagaskar . . . . . . . . . . . . . . . . . . 185
*Familienzuwachs – Ein Unglück kommt selten allein – „Wir lagen vor Madagaskar" – Proviant mit blindem Passagier – Ein Tahiti des Indischen Ozeans – Tauschgeschäfte – Liebenswürdige Lemuren*

Les Glorieuses . . . . . . . . . . . . . . . . . . . . . . . . .  194
*Tauchgang mit Hindernissen – Schildkröten unter Militärbewachung – Tödliche Malaria – Geschmackvolle Geschenke – Der große Sprung der* FREYDIS

Südindischer Ozean – eine Herausforderung . . . . . . . . .  199
*Abschied von Südafrika – Böse Überraschungen – Eine rauschende Silvesternacht – Der erste schwere Sturm – Reisegefährten zu Wasser und in der Luft*

Die Prince Edwards – Land der Hoffnung . . . . . . . . . . .  212
*Ein herzlicher Empfang – Auf Tuchfühlung mit Orcas – Wracktauchen – Zahme Albatrosse und wilde Katzen – Eine Nacht voller Angst – Marion, we love you!*

Die Reise zu den Crozets . . . . . . . . . . . . . . . . . . . . .  223
*Nirgends eine sturmsichere Bucht – Die unheimlichen Zwölf Apostel – Grundberührung! – Riskantes Landemanöver – Eine Nacht des Grauens – Den Tod vor Augen – Rettung und Flucht*

Die Insel Possession . . . . . . . . . . . . . . . . . . . . . . . .  239
*Ein Mauseloch zum Verkriechen – Schreckliches Erwachen – Französische Gastfreundschaft – Wissenschaftler und Aristokraten – Die Geschichte eines Schiffbruchs*

Zu den „Inseln der Trostlosigkeit" . . . . . . . . . . . . . . .  249
*Ständig auf der Hut – Landfall auf den Kerguelen – Eine Nacht am Gletscher – Sand im Getriebe – Geisterstation mit Komfort – Gourmets und Ölfresser – Merci pour tout!*

Im Bann der Eissphinx . . . . . . . . . . . . . . . . . . . . . .  265
*Verbrecherische Stürme – Schlachtfeld mit Wegelagerern – Big Ben enthüllt sich – Keine Exoten auf Heard – Kohlsalat – Aus dem Stationsbuch*

Nach Norden ins Warme . . . . . . . . . . . . . . . . . . . . .  280
*Windbeutel und Schlagsahne – Eine Welle läuft Amok – Knockdown – Der ganz normale Wahnsinn – Bloß keine Panik! – Auf der Kraterinsel St.Paul – Schiffbrüchige und Langusten – Tierischer Badespaß*

Finale in Australien . . . . . . . . . . . . . . . . . . . . . . . .  295
*Wal-Kür und Polarlicht – Schulatlas statt Seekarte – Endlich am Ziel – Rüder Empfang – Ein luxuriöser Segelklub – Abschied unter Freunden*

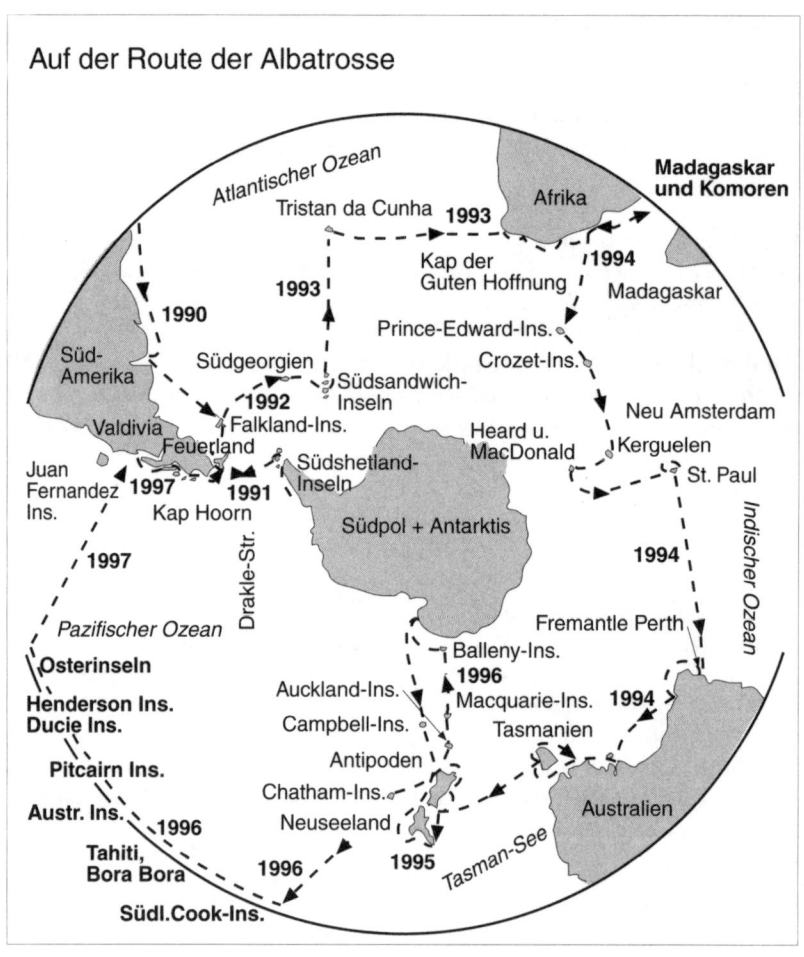

# Vorwort

Mein Buch will ich beginnen mit einer Liebeserklärung an die Albatrosse, auf deren südlicher Route um die Erde wir seit über fünf Jahren segeln. Ihre Silhouette am Himmel ist für mich immer ein erfreulicher, anregender Anblick, und ich werde nie müde, sie beim Flug zu beobachten. Was wir uns selbst mühsam unter Segeln erkämpfen, meistern sie scheinbar schwerelos, fast ohne Flügelschlag. Graziös ziehen sie ihre Schleifen um uns herum, über uns hinweg, in glattem, fehlerlosem Flug mit schlafwandlerischer Sicherheit die wechselnden Auf- und Abwinde über den Wellen nutzend. Bei Flaute lassen sie sich auf dem Wasser nieder und warten wie wir auf Wind, auf den wir genau wie sie angewiesen sind. Denn auf den Strecken, die wir mit unserer Nußschale über die Ozeane zurücklegen, ist die Menge unseres Treibstoffs nur wie ein Tropfen auf den heißen Stein. Ohne Wind würden wir niemals unsere Ziele erreichen, würden verdursten und verhungern, wenn uns niemand zu Hilfe käme. Auch die Albatrosse sterben ohne Wind. Um ausreichend Nahrung von der Oberfläche der Meereswüste auflesen zu können, müssen sie weite Gebiete absuchen. Flügelschlagend wären ihre Energien viel zu rasch verbraucht.

Aber keine Angst: Der Wind läßt nie lange auf sich warten, nicht hier in den südlichen Vierzigern und Fünfzigern, dieser Rennstrecke hintereinander herjagender Tiefdruckgebiete mit brüllenden, schreienden, kreischenden Winden, mit tosenden, brausenden Stürmen. Dieses Herrschaftsgebiet grandioser, schäumender Wut ist auch das Reich der sanftmütigsten und – gemessen an ihrer Flügelspannweite von über drei Metern – größten aller Seevögel. Hier vollbringen sie unglaubliche Leistungen, legen Distanzen bis zu tausend Kilometer am Tag zurück: Etmale, von denen wir Segler nur träumen. Mit den Westwinden umfliegen sie in weitem Bogen die Antarktis, schweben und gleiten oft jahrelang übers Wasser, ohne auch nur ein einziges Mal Land zu berühren.

Wir segeln in ihrem Revier, auf ihren Kursen. Aber im Gegensatz zu uns brauchen sie keine Uhr, keinen Sextanten, keine Seekarten, kein GPS. Sie finden sich trotzdem zurecht, kennen genau den Verlauf der antarktischen Konvergenz. Diese schmale, rund um die Antarktis wabernde Zone, in der sich sauerstoffreiches kaltes Wasser mit energiegeladenen, warmen Strömungen zu einer nährstoffreichen Suppe verquirlt, garantiert ihnen einen reich gedeckten Tisch. Doch auch hier können wir unsere Begleiter kaum jemals beim Fischen beobachten. Tagblind fischen sie meist bei Nacht. Vielleicht folgen sie unserem Schiffchen, weil es ihre Leibspeise – die Tintenfische – aufscheucht?

Albatrosse folgen gerne Schiffen, auch im Sturm, wenn diese in Gefahr geraten. Abergläubische Seefahrer sahen deshalb Unglücksboten in ihnen. Sie glaubten, diese Vögel, die plötzlich aus den Weiten des unbekannten Ozeans wie aus dem Nichts auftauchten und genauso mysteriös wieder verschwanden, verkörperten die Seelen ertrunkener Kameraden.

Für uns sind Albatrosse die großen Abenteurer der Meere. Ihre Landaufenthalte bleiben nur kurze Unterbrechungen in einem langen, einsamen Leben auf See. Zu ihrer Geburtsinsel kehren sie nur zurück, um sich zu paaren und zu brüten. Auf vielen sturmumtosten subantarktischen Inseln, unseren eigentlichen Zielen, besuchten wir ihre Kolonien. Ihre Zutraulichkeit macht es einfach, sie zu beobachten und zu studieren. Weit entfernt von menschlichen Behausungen, kennen sie keine Feinde und lassen sich widerstandslos von den Biologen der wissenschaftlichen Stationen beringen.

Es gibt mehr als ein Dutzend Albatrosarten: Wander-, Gelbschnabel-, Schwarzbrauen-, Ruß-, Graukopf-, Bulleralbatrosse, und wie sie alle heißen. Sie unterscheiden sich in Größe und Färbung ihres Gefieders und Schnabels, aber nicht in ihrem Wesen. Und es ist ihr Wesen – ihre Sanftmut, ihre Grazie, ihre Duldsamkeit, ihr soziales Verhalten in den Kolonien, wo sie oft zusammen mit Pinguinen und anderen Seevögeln brüten –, was mich an diesen Superfliegern vor allem fasziniert. Ihre offensichtliche Freude bei der Ankunft des Partners, dem sie ein ganzes Leben die Treue halten, ihre Hingabe, mit der sie das einzige Junge aufziehen oder trauernd den verletzten Kameraden umsorgen, ihre Demut, mit der sie Leid und Tod ertragen, berühren mich tief und erfüllen mich mit Achtung und Sympathie. Natürlich ist es im wissenschaftlichen Sinne falsch, Tiere mit menschlichen Charaktereigenschaften zu belegen. Es gibt keine „guten" oder „bösen" Tiere, weil ihr Verhalten durch Instinkte und nicht durch Absichten geprägt wird. Und doch hat jedes Tier sein eigenes Wesen als Inbegriff der Eigenschaften, die es auszeichnen; und dieses Wesen kann bei uns Sympathie oder Antipathie wecken, kann sogar Sinnbild und Symbol menschlicher Sehnsucht und Zielsetzung sein.

„Der mächtigste König im Luftrevier ist des Sturmes gewaltiger Aar. Die Vöglein erzittern, vernehmen sie sein rauschendes Flügelpaar", heißt es in einem alten Lied. Doch der Aar oder Adler ist ein Symbol imperialen Herrschaftsanspruchs, er versinnbildlicht Macht, Gewalt, Sieg, Triumph und Unterdrückung. Königreiche und Fürstentümer haben ihn als Hoheitszeichen gewählt, und noch heute führen ihn zahlreiche Staaten als Wappentier. Hätte ich zu wählen, mein Wappentier (oder meine Galionsfigur) wäre ein Albatros. Er stünde für Toleranz, Rücksichtnahme, Demut und Ausdauer. Im Umgang mit der Natur ist Demut und Anpassung meist weitsichtiger als Unterdrückung und Sieg. Gegen die Übermacht der Meere ist auch der Mächtigste ein Jammerlappen, und Draufgänger bezahlen oft genug mit ihrem Leben.

„Der sanfteste König im Luftrevier", unser ständiger Begleiter auf dieser Reise, ist für mich zu einer Leitfigur geworden wie ein guter Stern. Deshalb heißt dieses Buch „Auf der Route der Albatrosse".

*Heide Wilts*

# Ein Neubeginn am Ende der Welt

*Reparatur in Feuerland – Indianer, Missionare und Yachties – Erinnerung und Ausblick – Abschied von Chile*

Nach unserer Strandung in der Antarktis und der geglückten Rückkehr mit dem schwer angeschlagenen Schiff nach Feuerland weicht nun langsam der schwere Druck, der einen ganzen Winter auf uns gelastet hat. Was bleibt, ist ein enormes Arbeitspensum, das bewältigt werden muß, um die FREYDIS von Grund auf zu überholen. Alles, aber auch wirklich alles, muß durchgeprüft, ausgebessert oder gar erneuert werden, denn das Schiff war ja nicht nur sechs Monate im Eis eingeschlossen und hat dadurch Beulen, Abschürfungen, gesprungene Fenster und Luken davongetragen, sondern war – und das ist weit schlimmer – durch die Strandung voll Seewasser gelaufen. Und das Salz frißt überall weiter.

In dem kleinen Garnisonsort Puerto Williams am Beaglekanal, dem südlichsten Dorf der Erde, bleibt die FREYDIS deshalb fast ein Jahr an der MICALVI vertäut. „Heimatverbunden" könnte man sagen, denn die MICALVI ist ein ehemaliger Rheindampfer, den es als Versorgungsschiff in die Magellanstraße und später, sozusagen zur letzten Ruhe, in den Beaglekanal verschlagen hat. Nun sitzt sie in diesem malerischen kleinen Naturhafen auf Grund, ein origineller Anleger für kleinere Schiffe und Yachten.

Feuerland liegt zwar am Ende der Welt, wie es heißt, aber im Gegensatz zum vergangenen Winter, wo wir in antarktischen Gewässern tatsächlich am Ende der Welt waren und alle Probleme allein meistern mußten, können wir hier jederzeit auf Hilfe rechnen. Um unseren Süßwassertank schweißen zu lassen, haben wir die

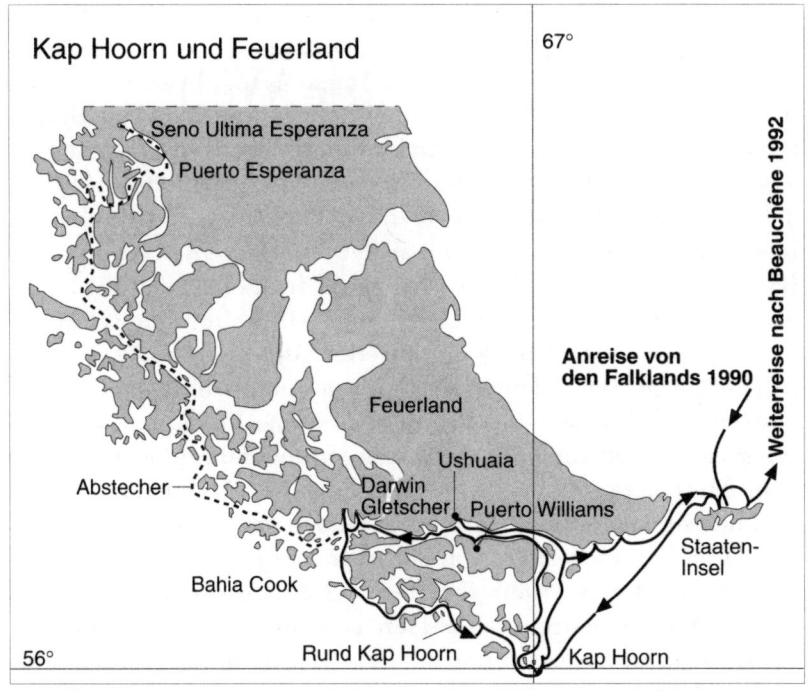

FREYDIS an die offizielle Pier des chilenischen Militärs, der Armada, verholt. Als der Schweißer anrückt, staunt er nicht schlecht, wie das Eis scheinbar mühelos die zehn Millimeter dicken Stahlplatten des Tanks aufgebeult und gesprengt hat. „So läßt sich das nicht schweißen", murmelt er und überbrückt den klaffenden Spalt mit einer Eisenstange. Nachdem er seine Arbeit beendet hat und der Tank wieder dicht ist, konservieren wir die Innenwand und bauen Stück für Stück die darüberliegenden Schapps und die Koje zusammen. Wieder einen Punkt auf der Arbeitsliste abgehakt.

Spezialisten der Armada unterstützen uns auch bei der Reparatur und Neuinstallierung von Elektrik und Elektronik, überholen Lichtmaschinen und andere Aggregate und tischlern sogar die demolierte Einrichtung zum Teil neu – alles zu einem fairen Preis. Unsere Hauptstütze allerdings sind die Feuerlandindianer, vor allem die drei Söhne Christina Calderóns: Luis, Miguel und Eugenio.

Die Familie Calderón kennen wir schon von früheren Aufenthalten her recht gut. Die beiden älteren Frauen, Christina und ihre Schwester Ursula, sind die letzten echten Yamanas und insofern eine gewisse Attraktion am Ort. In den sechziger Jahren waren sie zusammen mit ihren Kindern und dem kümmerlichen Rest ihres Stamms aus ihren ehemaligen Wohnstätten nach Puerto Williams umgesiedelt worden, weil nur dort ihre ärztliche Betreuung und die elementare Schulbildung ihrer Kinder sichergestellt werden konnte. Am Rande des Garnisonstädtchens haben sie die kleine Siedlung Ukika aufgebaut, wo sie in bunten Holz- und Wellblechhütten wohnen.

Wir besuchen sie häufig mit unseren Mitseglern und kaufen ihnen gern ihre Handarbeiten ab: kleine gewebte Wollteppiche, grobgestrickte Wollsocken, aus Schilf geflochtene Körbe und Miniaturen solcher Baumrindenboote, wie sie ihre Vorfahren beim Fischen und Muschelsammeln benutzten. Eugenio, Miguel und seine Freunde sind eigentlich Fischer. Sie fangen vor allem die schmackhaften und deshalb leider von der Ausrottung bedrohten feuerländischen Centollas (Königskrabben oder Riesenmeeresspinnen). Während der Schonzeit dieser Tiere sind die Fischer allerdings die meiste Zeit arbeitslos, sofern sie nicht von Armeeangehörigen für Gelegenheitsarbeiten angeheuert werden. Wie die Inuit in Grönland und die Eskimos in Alaska sind auch die letzten Feuerlandindianer und ihre Mischlingsnachfahren fast alle nur mangelhaft sozial integriert und leiden unter dem Verlust ihrer ethnischen Identität. Auch ihr Problem heißt Alkohol: Sobald sie Lohn empfangen, setzen sie ihn in Wein und Schnaps um.

Nur Luis kann das Übel Alkohol nichts anhaben. Er hat zwanzig Jahre in der Armee gedient und träumt davon, sich als Autolackierer in Talcahuano niederzulassen. Der unerwartete zusätzliche Verdienst durch die Arbeit auf der FREYDIS kommt ihm dabei gut zupaß. Während Eugenio, Miguel und zuweilen auch einige ihrer Freunde bei uns arbeiten, tritt ihr Alkoholproblem in den Hintergrund, weil sie den ganzen Tag an Bord bleiben. Ich koche für uns alle wie für eine Crew, und wir essen auch zusammen. Die Arbeit macht ihnen Spaß, vielleicht weil wir sie mit ihnen gemeinsam verrichten und sie dabei anleiten. Das ist allerdings auch notwendig, denn nur Luis hat gelernt, auf einem Schiff eigenständig handwerklich zu arbeiten. Außer sonntags werkeln und pusseln wir fast jeden Tag von Sonnenauf- bis -untergang und das monatelang, bis uns schließlich der feuerländische Winter eine Pause aufzwingt.

Die FREYDIS überwintert nicht allein an der MICALVI. Zwei amerikanische Yachten, die in Taiwan gebaute 13 Meter lange Kunststoffketsch MURIEL mit Lynn und Nick und die ODD TIMES, ein gaffelgetakeltes Zehn-Meter-Holzboot mit Greta und Ken aus Florida, überwintern mit uns. Lynn und Nick wollen im Frühjahr weiter nach Puerto Montt und Santiago, und auch Greta und Ken bereiten sich auf einen großen Segeltörn vor, der sie bis nach Alaska führen soll. Besonders mit der ehemaligen Violinistin Greta, 60 Jahre, verbindet mich bald eine herzliche Freundschaft. Wenn ich Arbeit und Kälte auf der FREYDIS-„Werkstatt" mal richtig satt habe, flüchte ich auf die ODD TIMES, wo ein heißer Ofen, vor allem aber Gretas Verständnis und Humor mich jederzeit rasch wieder aufwärmen.

Und natürlich bleibt auch der chilenische Holzschoner VICTORY den Winter über an der MICALVI. Die VICTORY ist der originalgetreue Nachbau eines über hundert Jahre alten 50-Tonnen-Frachters aus Maine und würde einem Museum für Seefahrtsgeschichte gut zu Gesicht stehen. Am Beaglekanal dagegen bietet er einen so ungewöhnlichen Anblick, daß man sich unwillkürlich in die Zeit Darwins zurückversetzt glaubt. Und nicht nur das Schiff scheint aus dem vorigen Jahrhundert zu stammen, sondern auch der Eigner und Skipper, der 58jährige Amerikaner Ben – auf den ersten Blick jedenfalls. Er segelt als Laienmissionar über die Wasserwege Feuerlands, um den wenigen Feuerlandindianern das Evangelium zu predigen und sie vom Alkohol abzubringen. Seit einem Tauchunfall ist Ben an beiden Beinen nahezu gelähmt und kann sich nur mühsam mit Stöcken fortbewegen. Bei allen Arbeiten am Schiff helfen ihm deshalb seine junge chilenische Frau Monika und der chilenische Bootsmann Ephraim. Während unserer langen Nachbarschaft an der MICALVI erleben wir Ben trotz seiner schweren Behinderung stets freundlich und hilfsbereit. Meine Worte der Bewunderung wischt er lachend beiseite: Dafür, daß er bei seinem Unfall mit dem Leben davongekommen sei, habe er doch allen Grund, glücklich zu sein. Was machten schon Beine aus, wenn Kopf und Herz noch in Ordnung seien?

Trotz allen Einsatzes geht unser Werk nicht so zügig voran wie das der Biber im benachbarten Wald, die in kürzester Zeit gewaltige Dämme bauen. Diesen emsigen Tierchen fühle ich mich so verbunden, daß ich die Jäger, die Biberfelle feilbieten, geradezu als persönliche Feinde betrachte. Erst im August, also im südlichen Frühling, können wir die Arbeit wieder aufnehmen, und auch unsere Indianer sind wieder dabei. Als das Thermometer über zehn Grad Celsius klettert, lassen wir uns auf dem kleinen Strand dicht bei der MICALVI trockenfallen. Wir schleifen, spachteln, dichten, grundieren, lakkieren und versuchen so, wieder Grund in die auch äußerlich arg ramponierte FREYDIS zu bekommen. Wir kontrollieren Mast und Rigg, an denen zum Glück wenig beschädigt ist, zerlegen, reinigen und fetten unsere elf Winschen und waschen mit Süßwasser das Salz aus unseren immerhin sechzehn Segeln, dann trocknen wir sie. Auch im Innern der FREYDIS wird lackiert, poliert und gemalt, und sogar die von unserem schlimmen Bordfeuer in Mar del Plata her dunkel „gebrandmarkte" Salondecke wird mit einem hellen Teppichbelag beklebt.

Die Liste der Arbeiten will kein Ende nehmen. Bis zu unserem ersten Törn im Oktober werden wir sicher nicht alles bewältigen können. Allein das Material für all die Reparaturen bis ans Ende der Welt zu schaffen, ist schon schwierig genug. Vieles brachten wir zwar mit dem Flugzeug aus Deutschland mit oder kauften es in Ushuaia, aber manche handwerkliche Aufgabe im Schiff muß doch Provisorium bleiben und wird auf die gemäßigten Breiten und auf Kapstadt, unser nächstes Ziel, verschoben. Am Ende unseres Aufenthalts in Puerto Williams aber sind wir trotz aller Widrigkeiten wieder stolze Besitzer einer hochseetüchtigen, vorzeigbaren Yacht und können mehr als nur zufrieden sein.

Nach der Strandung waren wir darauf fixiert gewesen, uns und das Schiff heil nach Feuerland zurückzubringen, und wandten kaum einen Gedanken an das, was danach kommen sollte. Überhaupt war unsere Planung – auch ohne Strandung – von Anfang an nur auf die Überwinterung in der Antarktis begrenzt gewesen. Danach wollten wir neu entscheiden. Und diese Entscheidung müssen wir jetzt treffen.

Während der umfangreichen Reparaturen hatten wir genügend

Zeit, über die Zukunft nachzudenken. Und — für uns selbst beinahe unbegreiflich — wir freuen uns tatsächlich wieder aufs Segeln. Wir sind dankbar, daß wir dieses karge, aber so intensive Leben auf See gemeinsam fortführen dürfen. Dabei ist uns klar, daß es nicht nur Sternstunden und Traumerfüllungen geben wird: Wir segeln nicht im Paradies, sondern in einer winzigen Nußschale auf rauhen Ozeanen. Aber unser Elan, unsere Begeisterung für das Leben unter Segeln sind nicht geschwunden, unser Fernweh ist noch immer weit stärker als unser Heimweh. Leidenschaften lassen sich durch Rückschläge eben nicht kurieren.

Vielleicht trägt auch die unmittelbare Nähe des schon so oft schicksalsentscheidenden Kap-Hoorn-Felsens dazu bei, dieser Wendemarke der verlockendsten Routen durch atlantische und pazifische Gewässer. Wir könnten zum Beispiel mit dem Humboldtstrom an der südamerikanischen Westküste den Pazifik hochsegeln bis zu den Galapagos, den Marquesas und nach Tahiti — oder den Weg an der brasilianischen Küste entlang nehmen und dann in die Karibik gehen: Ziele, eins schöner als das andere! Doch irgendetwas hält uns noch immer von „Barfußroute" und Schönwettersegeln ab. „Als ob wir nicht schon genug Stürme abgekriegt hätten", brummle ich, als beim gemeinsamen Pläneschmieden die Idee auftaucht, erneut in antarktische Zonen zu segeln. Erich verquickt seinen Entschluß geschickt mit meinen Interessen. „Du immer mit deinen Pinguinen!" feixt er, als ob ich ohne diese Kerle nicht mehr leben könnte.

Manche Leute fragen uns, was wir eigentlich beweisen wollen mit dem Segeln in Extremgebieten. Wir haben keine plausible Antwort, letztlich zählt für uns allein das, was wir gerne und aus Überzeugung machen. Zeigen oder beweisen wollen wir dabei uns und anderen allenfalls, daß die Welt noch voller Wunder steckt und daß es sich lohnt, sorgfältig mit ihr umzugehen. Noch relativ weiße Flecken unserer Erdkugel reizen uns halt, und wir hoffen, auf entlegenen, unzugänglichen, weitgehend unerforschten Eilanden noch eine Ursprünglichkeit von Landschaft und Tierleben zu finden. Wir können den Verlockungen fremder, rätselhafter Regionen (den „Sirenengesängen, die aus dem Märchenland in unsere kulturzerstörten Gefilde herübertönen", wie Shackleton schrieb) eben nicht widerstehen, weil wir dort das Staunen gelernt haben und auch eine Demut, die zufrieden und dankbar macht.

Daß wir nicht blauäugig in antarktische Regionen segeln, versteht sich von selbst nach all den Stürmen, die wir in vergangenen Jahren dort an eisigen Küsten und auf offener See abgewettert haben, und nach den für uns leidvollen Erfahrungen, die unsere Strandung im Winter auf der Insel Deception mit sich brachte*. Aber mein Unbehagen und meine Bedenken, als wir uns dazu entschließen, erneut in eisige Gefilde zu segeln, will ich nicht verschweigen. Zu tief steckt mir noch die Strandung in den Knochen, noch immer plagen mich Alpträume, noch immer sehe ich Erich in der Brandung verschwinden wie damals und wache auf – schweißgebadet.

Manchmal denke ich darüber nach, wie alles begann, damals vor fünf Jahren, als wir – beide Ende Vierzig – darangingen, unseren großen Plan zu verwirklichen. In Zukunft wollten wir überwiegend vom und fürs Hochseesegeln leben, extreme Breiten besuchen und sogar in der Antarktis überwintern. Dafür änderten wir unser Leben, gaben Zuhause und Beruf auf und überwanden viele Widerstände. Leicht war es nicht, im Gegenteil: Noch heute wundern wir uns, wie wir das alles geschafft haben. Vielleicht weil die Gründe für unseren Entschluß, die sich nach und nach herauskristallisierten, zuletzt allen Gegenargumenten überlegen waren. Für Erichs Drang zur Hochseesegelei, auf dessen Erfüllung er bewußt oder unbewußt hingearbeitet hat, gab es sicherlich irgendwann einmal ein Schlüsselerlebnis. Vielleicht damals, als er 16jährig in Sardinien eine wunderschöne Yacht in der Bucht von Puerto Conte kreuzen sah, ein ganz und gar ungewöhnliches Bild zu jener Zeit, bei dem er plötzlich spürte, das ist's. Schon als Kind trieb er sich jede freie Minute mit seiner kleinen gaffelgetakelten Jolle im Hafen und auf Flüssen herum, aber der große Sprung auf ein Dickschiff ließ noch auf sich warten. In seiner ostfriesischen Heimatstadt Leer, die nur wenige Kilometer vom Nordseestrand entfernt liegt, gab es nur wenige Familienyachten und keine Chance für ihn mitzusegeln. Nach der Schule wählte er Hamburg als Studienort, weil er dort nicht nur Betriebswirtschaft studieren, sondern auch auf hoher See segeln

---

\* Siehe Heide Wilts: *Gestrandet in der weißen Hölle*, Delius Klasing Verlag

konnte. Studium war Pflicht, Segeln Kür. Auf den Schiffen des Hamburgischen Vereins Seefahrt – der HAMBURG und insbesondere der ORTAC – frönte er fünf Jahre seiner Passion bis zur Besessenheit. Ich war als Stuttgarterin eine Landratte, und meine ersten Segelversuche während eines Sommersemesters in Kiel scheiterten bereits nach kurzer Zeit an der Seekrankheit, die mir damals unüberwindlich schien. Aber der „Wassermann" in mir – mein Tierkreiszeichen – gab nicht so schnell auf. Nach meinem Medizinstudium lernte ich Erich kennen und zog mit ihm an die Nordseeküste. Vor der Haustür lag das Wattenmeer, und Erich brachte eine Ein-Mann-Jolle, ein Finndingi, mit in die Ehe. Bald tauschten wir sie gegen eine Zwei-Mann-Jolle, eine „Windi", ein. Seltsamerweise blieb ich in diesem Boot von aller Seekrankheit verschont. Fast jedes freie Wochenende zogen wir mit ihm los auf eine der Inseln. Das war nicht bloß schönes Segeln, sondern jedesmal auch schwere Schufterei: Zelt, Proviant, Klamotten und alles andere mußte am Freitagabend wasserdicht verpackt, verstaut, über den breiten Strand geschleppt, aufgebaut und rattensicher aufgehängt werden. Naß und kalt war es meist obendrein.

Kein Wunder, daß mich ein Arbeitskollege in der Klinik, der ein Dickschiff plante und mir von dessen Wohnkomfort und guten Segeleigenschaften vorschwärmte, mit seiner Begeisterung ansteckte. Eines Tages kam ich mit dem Vorschlag nach Hause, wir sollten uns auch so ein „Wohnschiff" bauen. Damals dachte ich nicht im Traum daran, daß wir damit große Reisen machen würden. Bei Erich rannte ich damit offene Türen ein, aber er war doch skeptisch, wegen meiner vorangegangenen schlechten Erfahrungen in Kiel. Wir beschlossen, mit einer geliehenen Yacht noch im Herbst desselben Jahres einen Probetörn in Nord- und Ostsee zu machen, und trotz aller Widrigkeiten weckte diese Reise in mir eine vorher nie gekannte Faszination. Sie brachte mir elementare Erlebnisse auf See, beschauliche Tage in den kleinen Hafenstädten der dänischen Südsee und eine beglückende gemeinsame Bewährung.

Inzwischen segeln wir seit über 25 Jahren, dienten uns über eine kleinere Yacht bis zu unserer jetzigen FREYDIS hoch, einer 15 Meter langen, für Extremreisen gebauten Stahlslup mit aufholbarem Kiel. Ihr Name stammt aus der Wikingersaga. Freydis war die Tochter

Eriks des Roten, des Grönlandentdeckers, und die erste Frau, die als Haupt einer Expedition den Atlantik überquerte. Mit unserer „Wikingerfrau" unternahmen wir lange, abenteuerliche Reisen in den hohen Norden und in den tiefen Süden – unsere „Eistörns", wie wir sie nannten, weil das Eis die Höhepunkte unserer Reise charakterisierte: die ungebändigte Natur, die uns bedrohte, aber auch die großartige Schönheit, die wir genießen durften. Wir besuchten mit der FREYDIS mehrmals Spitzbergen, Island, Grönland und Neufundland, umrundeten Kap Hoorn so oft, daß wir es nicht mehr zählen können, umsegelten ganz Südamerika, überquerten viermal die Drakestraße und überwinterten schließlich als Schiffbrüchige in der Antarktis. Und dazwischen lagen immer wieder lange Ozeanpassagen, auch in den Tropen.

Am Anfang unserer Ehe fragte ich Erich, was er sich am meisten von mir wünsche. „Daß du mir nicht die Freude am Hochseesegeln nimmst", antwortete er. Ich konnte es versprechen, weil ich spürte, daß Segeln für ihn etwas Elementares war, das er brauchte, um glücklich zu sein, und das – unbeeinflußt durch Erziehung oder Tradition – ganz seiner Wesensart entsprach. Gleichzeitig offenbart es aber auch seine Einstellung zum Leben, die mich ja gerade mit ihm verbindet. Nur vor diesem Hintergrund ist zu verstehen, warum wir beide ohne Reue unsere Berufskarriere abbrechen konnten – natürlich verbunden mit Ängsten vor einer in jeder Beziehung ungewissen Zukunft.

Zurück zur Gegenwart: Sind wir bisher überwiegend in Nord-Süd-Richtung gesegelt, also von der Arktis in die Antarktis, so wollen wir nun die Erde umrunden, allerdings auf ungewöhnlichem Weg. Denn unser Ziel ist es, die Antarktis zu umsegeln und dabei möglichst viele an ihrem Rand liegende antarktische und subantarktische Inseln zu besuchen. Über sie gibt es nur wenige Informationen, aber gerade das regt unserer Neugier an, beflügelt unsere Phantasie. Die Eilande erscheinen uns fast wie Diamanten: geheimnisvoll, schwer zu finden, ursprünglich, rein und feurig – und genauso attraktiv. Sie sind sogar zum Teil noch feurige Vulkane.

Zunächst soll die Reise vom Kap Hoorn entlang der antarktischen Konvergenzlinie zum Kap der Guten Hoffnung gehen. Dabei wollen wir die Stateninsel zum zweiten Mal anlaufen sowie einige uns noch unbekannte Falklandinseln. Danach wollen wir das ehemalige Walfängerdorado Südgeorgien und die im Eismeer dampfenden Vulkane der Südsandwich-Gruppe aufsuchen. Aber bevor wir uns mit unserem Schiffchen in die Weiten des Atlantischen und Indischen Ozeans wagen, werden wir noch einmal – sozusagen als Test – in der Kap-Hoorn-Region segeln. Dort sind wir im Einfluß- und Überwachungsbereich des Garnisonsstädtchens Puerto Williams und können mit Unterstützung rechnen, falls sich doch noch verborgene Schäden am Boot offenbaren.

Ein letztes Mal besuchen uns die beiden Indianerinnen Christina und Ursula Calderón und überreichen uns als Abschiedsgeschenk einen kleinen Wandteppich, in den sie das Bild eines Magellanpinguins eingewebt haben. Luis ist mit einem Schiff nach Talcahuano abgereist. Eugenio, Miguel und seine Freunde sind wieder beim Fischen. Wir treffen sie noch einmal bei unserem letzten Provianteinkauf. Als sie uns eine gute Reise wünschen, glänzen ihre Augen – vom Wein. Ein „Good bye" kommt auch von unseren amerikanischen Freunden Greta und Ken, die demnächst ebenfalls ums Kap schippern wollen, von Monika und Ben und von vielen Armadaleuten. Nick und Lynn sind bereits auf dem Weg nach Norden.

Feierlich und wehmütig ist uns zumute, als wir unsere Leinen endgültig von der MICALVI loswerfen und aus dem geschützten Hafen von Puerto Williams laufen: neuen Herausforderungen, neuen Abenteuern, neuen Gefahren entgegen.

# Auf altem Kiel zu neuen Zielen

*Die erste Farm Feuerlands – Die Goldgräberinsel Lennox –
Im Winter rund Kap Hoorn – Der Schatz der Yamanas –
Heimat der Berggeister und Wasserkobolde –
Friedhof für Gestrandete*

An Bord sind fünf neue Crewmitglieder, darunter auch Freund Heiner, der nach unserer Überwinterung auf abenteuerlichem Weg in die Antarktis geflogen kam und uns half, unser schwer lädiertes Schiffchen nach Feuerland zurückzusegeln, und Willi, unser Freund aus der Schweiz, der bereits 1965 mit Erich im Englischen Kanal um den Admiral's Cup segelte. Brigitte, Joachim und Gert sind Neulinge auf der FREYDIS.

Raume Winde und ablaufender Tidenstrom treiben uns zügig den Beaglekanal hinunter ins feuerländische Insellabyrinth. Eine Schule von Killerwalen macht die Wasserstraße unsicher; laut Berichten hiesiger Fischer haben sie hier jedoch noch nie ein Boot oder einen Menschen angegriffen.

Einen Besuch der Estanzia Haberton am Beaglekanal lassen wir uns trotz der optimalen Segelbedingungen nicht entgehen. Diese älteste Farm Feuerlands ist 1886 von dem protestantischen Missionar Thomas Bridges gegründet worden und war ein großzügiges Geschenk der argentinischen Regierung als Dank für dreißig Jahre aufopferungsvolle Arbeit bei und mit den Ureinwohnern, für die Rettungsdienste bei zahlreichen Schiffsunglücken und für die Unterstützung bei der Gründung Ushuaias.

Anfang des Jahrhunderts beschreibt ein Besucher die Szenerie: „Jenseits der Gable-Insel öffnet sich an der feuerländischen Küste die wundervolle Habertonbucht mit dem gleichnamigen Hafen. Sie ist Sitz der großen Faktorei der Brüder Bridges. Die Faktoreigebäude ziehen sich am Strande entlang und am Hange einer anmutigen, von grünen Triften bedeckten Terrasse hinauf, auf der üppige Gemüse- und Blumenbeete gedeihen. Ringsum dehnt sich weites, parkähnliches Gelände mit lieblichen Tälern, grünen Wäldern und reizvollen kleinen Seen." Nichts scheint sich seither am äußeren Bild der Farm verändert zu haben. Und die Urenkel von Thomas Bridges haben noch immer ähnliche Aufgaben wie einst die Gründer: Schaf- und Viehzucht und – statt Missionierung der Indios – neuerdings Zähmung der Touristenströme.

An rostigen Wracks, an mit Kormoranen und Seelöwen bevölkerten Klippen vorbei gleiten wir in den schmaleren Paso Picton. Für die Nacht legen wir uns an die Pier in Puerto Toro an der Ostküste der Insel Navarino. Fischer laden gerade ihre Centolla-Beute aus, und wir machen einen Abendspaziergang den Berghang hinauf. Getarnte Munitionsdepots und Geschütze zeugen vom Mißtrauen, das noch immer zwischen Chile und Argentinien herrscht.

Am frühen Morgen segeln wir weiter an der mit dichtem Urwald bedeckten Inselküste entlang. Am Punta Guanako steht tatsächlich ein wildes Guanako am Strand. Als es uns entdeckt, verschwindet es scheu im Gebüsch. Auf der anderen Seite der Wasserstraße liegt die Goldgräberinsel Lennox. 1888 wurde dort Gold gefunden. „Hunderte von Schatzgräbern strömten auf die Insel", erzählt ein alter Reisebericht. „Das Metall findet sich als Blättchen oder als gediegener Goldstaub, zuweilen auch in Körnern, die von Sturzbächen aus den Quarzen ausgewaschen und dem Meere zugeführt werden ... Eine Gesellschaft von vierzehn Österreichern erbeutete in 27 Arbeitstagen 115 Kilogramm Gold. Andere machten im Inneren der Insel einen senkrechten Einschnitt und stießen bei neun Metern Tiefe auf eine Goldschicht. Als sie die Erde wuschen, erzielten sie am ersten Tage vierzehn Kilogramm Gold." Das Goldfieber bricht auch auf der FREYDIS aus. Die Crew überlegt sogar schon, wie man all die gesammelten Schätze später verstauen könnte. Das Ballastblei im Kiel ließe sich durch Gold ersetzen und der hohle Mast damit auffüllen. Aber noch ist's ja nicht ganz so weit. Gerade erst laufen wir in den durch Riffe und Felsen geschützten Naturhafen unserer „Schatzinsel" ein.

Alejo und Jessica, ein junges Paar, das in dieser Einsamkeit die kleine Militärstation bewohnt, freut sich über unseren Besuch. Bereitwillig begleitet uns Alejo zur Caleta de Oro, der Goldbucht. In einem strammen Vier-Stunden-Marsch geht's über das kleine, verträumte Eiland, das sich mit seinen zahlreichen Felsbuchten, Lagunen, Stränden, Krüppelwäldern, Wiesen und verlassenen Gehöften, mit Kaninchen, Bibern, Wasserratten, Reihern und Gänsen als wahres Feuerlandidyll erweist.

Und endlich die Caleta de Oro, in der angeblich noch vor kurzem Gold gewaschen wurde. In einem Schuppen am Strand entdecken wir alle möglichen Geräte zum Goldschürfen, nur Gold finden wir nicht, auch kein noch so kleines Staubkörnchen. Statt dessen haufenweise farbige Kiesel und buntgemaserte Steine. Ohne Gold zwar, aber „steinreich", glücklich und vor allem müde kehren wir zur Station zurück, wo Jessica uns mit frisch gebackenem Kuchen und Limonade empfängt. Alejo, ein eifriger Sammler mit viel Gespür für die Lagerstätten der einst hier lebenden Yamana-Indianer, zeigt uns stolz seine Funde, die jedem Museum zur Ehre gereichen würden: aus Walknochen geschnitzte Harpunen- und Pfeilspitzen, Steinmesser und Keile, Schwertwal- und Robbenzähne. Unser Interesse ist geweckt, von nun an werden wir die Augen offen halten, um selbst fündig zu werden. Wenn schon kein Gold, dann wenigstens den „Schatz der Yamanas"!

Zum gemeinsamen Abschiedsessen auf der FREYDIS überreichen uns Alejo und Jessica voll Freude eine lebende Centolla. Ich hätte die Riesenmeeresspinne lieber wieder ihrem Element übergeben, aber das hätten die beiden gewiß nicht verstanden, außerdem freuten sich unsere Mitsegler auf diese feuerländische Spezialität. Zum Glück hilft mir Jessica, mit dem Monster fertig zu werden, das mit seinem Durchmesser von einem Meter (mit Beinen) uns allen eine üppige Vorspeise beschert.

Als wir am Nachmittag in die große Bahia Nassau einlaufen, verschlechtert sich das Wetter plötzlich. Scharfer, beißend kalter Wind bläst uns entgegen, und die See stellt ihre weißen Kämme auf. Den Kurs auf die nordöstlichste Insel der Wollastongruppe können wir gerade noch anliegen. Auf unserer schäumenden Bugwelle reiten Delphine und Magellanpinguine. Unsere Fotografen sind begeistert. Vor uns umhüllen tiefhängende Wolken die brandungsumtosten düsteren Klippen der Wollaston- und Hermiteninseln. Gerade noch rechtzeitig vor Einbruch der Dunkelheit schlüpfen wir in die Caletta Middel, eine flache, nach Osten offene Bucht, die einigermaßen Schutz gegen die westlichen Winde bietet. Sturm- und Regenböen, typische Williwaws, donnern von den Hängen herunter und bringen das Wasser zum Brodeln: Ankerwache ist unumgänglich. Als in der Nacht der Wind noch zulegt, steckt Erich weitere 25 Meter Kette.

Am Morgen klart es ein wenig auf. Im Windschutz der Inseln riskieren wir den nächsten Sprung Richtung Kap Hoorn. Einen guten Liegeplatz finden wir in der Bahia Marcial, nur noch zehn Meilen vom Kap entfernt: ein Katzensprung, möchte man meinen. Allerdings ist es lebensgefährlich, bei schlechtem Wetter den Schutz der Insel zu verlassen. Als sich das Wetter nicht wesentlich bessert, segeln wir zur zweiten geschützten Bucht in diesem Revier, Puerto Maxwell. Nun können wir das Kap von West nach Ost umrunden, müssen nicht gegen die grobe, überbrechende See anbolzen.

Zwar beruhigt sich der Sturm, aber dafür bricht der Winter wieder ein. Es schneit und schneit, und der Barographenzeiger krebst im Keller herum. Aber in der Kajüte bullert behaglich der Dieselofen, und die Wache an Deck wird rechtzeitig abgelöst, bevor sie auskühlt.

Auf zum Kap! Auch für gestandene Kap-Hoorn-Segler wie Erich und mich ist eine winterliche Umrundung etwas Neues. Bei der Crew schürt Erich auf seine Weise die Spannung: Er läßt niemanden in die Karten gucken. Sie müssen raten, welches Kap das richtige ist. Gar nicht einfach: Alles ist mit Schnee bedeckt, zudem nähern wir uns der charakteristischen Felsnase von hinten aus einem Winkel, aus dem sie nur schwer erkennbar ist. Aber nach vielem Für und Wider sind sich alle einig: Das ist Kap Hoorn! Die Wolkendecke reißt auf, und als wir bei Sonnenschein und frischem Wind den berühmten Felsen umsegeln, sind alle ergriffen. Willi hat sich mit 67 Jahren endlich einen Jugendtraum erfüllt und kann kaum glauben, daß er tatsächlich um Kap Hoorn gesegelt ist. Auch für Erich und mich wird das Kap nie zur Routine werden, selbst wenn wir es noch ein weiteres Dutzend mal runden. Kap Hoorn bleibt eben Herausforderung, Wagnis und Abenteuer zugleich. Und noch etwas Aufregendes erleben wir beim Landgang auf der Kap-Insel: eine Fata Morgana. Häuser und Schiffe gleiten, in zarten Dunst gehüllt, langsam über die See.

Wanderalbatrosse schweben über die Traumkulisse und über das haushohe, silbern glänzende Denkmal, das die Chilenen seit kurzer Zeit weithin sichtbar auf dem Kap-Felsen postiert haben: einen stilisierten Albatros. Diese eleganten Vögel inspirieren nicht nur Künstler, sie bezaubern auch nüchterne Wissenschaftler und hartgesottene Seeleute, zum Beispiel bei der Reise des Viermasters PRIWALL 1937/38 rund Kap Hoorn: „Der Erste und ich fingen heute einen großen Albatros und brachten ihn mit einiger Mühe an Deck", berichtet Kai Nebel in seinem Tagebuch. „Herr Herle wollte mir den Gefallen tun, das Tier zu töten, damit ich es sorgfältig studieren könne. Er drückte dem großen Vogel den Hals zu. Aber dann brachten wir es beide doch nicht übers Herz, den herrlichen Vogel zu töten, und er kam zu unserer Freude gleich wieder zu sich. So habe ich nur seinen Kopf gezeichnet, und dann haben wir ihn über die Reling gehoben und fliegen lassen ..."

Aber natürlich gab es auch viele Seeleute, die Albatrosse ohne die geringsten Gewissensbisse töteten und verspeisten. Auch Cook schätzte sie als Frischfleischlieferanten, und Walfänger, Robbenschlächter und Schiffbrüchige auf entlegenen Inseln ernährten sich von ihren Eiern und ihrem Fleisch.

Nur wenig Zeit ist uns vergönnt auf der berühmt-berüchtigten Kap-Insel, denn die Wetterfrösche der Station warnen vor Sturm. Wir eilen zurück zu unserem Versteck in der Maxwellbucht. In der Nacht Vollmond, Schneetreiben und Starkwindböen. Am Morgen tiefer Winter und zehn Zentimeter Neuschnee an Deck! Aber selbst Schnee und Kälte können die Crew nicht vom Landgang abhalten. Auf dem Hinweg hat Heiner am Rand der Bucht, im Krüppelbuchenwald, einen Hügel entdeckt, der jenen Abfallhaufen auf Lennox gleicht, in denen Alejo so interessante Jagdutensilien fand. Und tatsächlich, auch wir werden fündig! Wir graben und wühlen uns durch den antiken Kompost und bergen voller Begeisterung „unseren Schatz" der Yamanas: Steinmesser und -keile, Nadeln und Pfeile aus Knochen und jede Menge Tierzähne, beredte Zeugnisse für das Leben der ehemaligen Fischer und Jäger Feuerlands.

Günstige Winde, zwar mit unangenehmen Hagel-, Schnee- und Regenböen, aber auch mit wunderschönen Regenbögen begleiten uns zur Le-Maire-Straße, der schmalen Passage zwischen der äußersten Spitze des südamerikanischen Festlands und der Staateninsel. Um den Gefahren dieses berüchtigten Nadelöhrs auszuweichen, dessen reißende Gezeitenströme Segelschiffen der Vergangenheit häufig zur tödlichen Falle wurden, haben wir scharf gerechnet. Genau um 13 Uhr, bei Niedrigwasser, stehen wir mit unserer FREYDIS am südlichen Eingang zur Passage und können so die nördliche Strömung bei auflaufendem Wasser nutzen. Bei südsüdwestlichen Winden um sechs Beaufort und einer drei Meter hohen, weiß schäumenden, drei bis fünf Knoten schnellen Stromsee brausen wir den markanten Bergspitzen und Felsnasen der Staateninsel entgegen und erreichen sie am Nachmittag bei aufziehendem Seenebel. Nur gut, daß wir schon einmal hier waren und uns an der zerklüfteten Küste einigermaßen zurechtfinden. Mit dem letzten Tageslicht laufen wir auf die gut getarnte Hoppnerbucht zu.

Wie ein „Sesam öffne dich" schieben sich die Felsen beim Annähern auseinander und gewähren Einlaß in einen geschützten Naturhafen; ein Schlitz im umgrenzenden Felsgemäuer führt weiter hinein ins Inselinnere. Davor staut sich das Wasser zu schäumenden Strudeln. Die Mannschaft hält den Atem an, die Fender sind bereit, falls etwas schiefgeht. Aber der Skipper steuert haarscharf an den muschelbewehrten Felsen vorbei und sicher hinein in die langgezogene, schmale Bucht, in der uns eine grandiose Landschaft empfängt: olivgrüne, mit Krüppelbuchen bewaldete, steil aufsteigende Berghänge und weiter oben kahle, fast senkrechte Felswände, über die Wasserfälle in die Tiefe stürzen. Am Ufer lauschig verwinkelte Ecken, in denen moorbraune Bäche münden, und schwarze, glattpolierte Felsklippen, auf denen schneeweiße Gänse und blaugraue Reiher wie hypnotisiert aufs Wasser starren. An der Ostseite ein Labyrinth schmaler Wasserarme und Felsinseln, das Zuhause einiger Fischottern, die neugierig aus dem Wasser äugen. Daß solch friedvolle Stille trügerisch sein kann, erfuhren wir bei unserem ersten Besuch. Unerwartet heftige Fallwinde erfaßten uns damals und jagten uns einen gehörigen Schrecken ein. Wir legen die FREYDIS deshalb in bewährter Weise zwischen eines der Inselchen und das Lagunenufer und vertäuen sie sturmsicher nach beiden Seiten an Krüppelbäumen.

Zwei Tage verbringen wir mit Landgängen und erkunden eine Welt wie aus dem Märchenbuch: sprudelnde Bäche, nie betretene Wiesen, geheimnisvolle Moore, Felswände, schmale Grate, Bergseen und eiskalte Wasserkaskaden. Ein Ort, an dem die Zeit vor Jahrtausenden stehengeblieben zu sein scheint, und an dem man glaubt, wenn überhaupt irgendwo, dann hausen sie noch immer hier, die Feen, Berggeister und Wasserkobolde.

Erich und Heiner düsen im Dingi mit dem 4-PS-Außenborder durch die Stromschnellen der Eingangspassage, um einen größeren Sandstrand an der Außenbucht zu besuchen. Sie haben ihre Gründe für dieses Wagnis: Weil die Insel ein wahrer Schiffsfriedhof ist, hoffen sie auf interessantes Strandgut. Erich will nach einer Galionsfigur, möglichst vollbusig, Ausschau halten, die unserer FREYDIS etwas mehr „Gesicht" verleihen könnte. Heiner würde sich auch mit dem Zahn eines Wals oder einer Robbe zufrieden geben. Doch ihre Wünsche müssen von irgendjemandem mißverstanden worden sein: Sie finden nur einen dicken roten Fender und ein marodes Surfbrett der Marke „Schwertwal".

In der dritten Nacht Kälteeinbruch: Sturmböen mit anhaltendem Hagel- und Schneetreiben. Selbst im Schlafsack wird es ungemütlich kalt. Am Morgen wieder Windstille und Sonnenschein, die Bucht leuchtet in winterlicher Pracht. Alle Hänge, Baumkronen, Inselchen und die Uferböschung sind mit glitzerndem Weiß überzogen, und auf der FREYDIS beginnt der Tag mit einer ausgelassenen Schneeballschlacht. Anschließend verlassen wir unser Versteck in der winterlichen Dornröschenbucht, die neben der Darwinkordillere mit ihren Gletschern und neben Kap Hoorn zum Beeindruckendsten und Schönsten zählt, was wir in den zwei Jahren unseres Aufenthalts in Feuerland gesehen haben.

Aber nur kurz stecken wir die Nase hinaus und verkriechen uns gleich wieder in der tief eingeschnittenen Parrybucht, die im Vergleich zur Hoppnerbucht weit weniger romantisch ist. An ihrem Ende liegt eine kleine Station, in der nun die Argentinier ihrerseits

Präsenz zeigen. Die vier Soldaten, die jeweils vierzig Tage hier stationiert sind, führen ein recht gemütliches Leben. Sie freuen sich über jede Abwechslung und laden uns zum Essen ein. Wir revanchieren uns an Bord mit Kaffee, Schokolade und Hochprozentigem. Plötzlich, von einer Minute auf die andere, brechen wieder Fallböen und Schneeschauer über uns herein, und wir verholen die FREYDIS an eine etwas weiter draußen liegende Muring.

In der Bucht gibt es außer einigen wenigen Vögeln und den Hunden und Katzen der Station keine Tiere. War die Stateninsel zu Cooks Zeit und noch zu Beginn dieses Jahrhunderts ein wahres Tierparadies voller Robben, Pinguine und anderer Vögel, so haben die Menschen seither ganze Arbeit geleistet. Was sich jetzt noch hier blicken läßt – bei unserem ersten Besuch kreiste immerhin ein majestätischer Condor über der Hoppnerbucht –, wird von den Stationsmitgliedern abgeknallt oder in Fallen gefangen. Die Argentinier geben zu, daß sie das Jagen und Schießen einfach nicht lassen können, obwohl sie wissen, was sie anrichten.

Leinen los! Draußen empfängt uns dichter Nebel – oder sind es Wolken, die bis auf die See herabhängen? Wegen der schlechten Sicht und des ungünstigen Windes müssen wir auf einen Besuch der Observatoriumsinsel verzichten, auf der es noch größere Vogelkolonien geben soll. Nachmittags biegen wir um die Punta Bayly in den Puerto Cook ein. Wir legen die FREYDIS an die Festmachertonne am Ende des Cookhafens und setzen mit dem Dingi zum steinigen, mit glitschigem Kelp bewachsenen Strand über. Durch Gebüsch und hohes Gras bahnen wir uns einen Weg über die schmale Landbrücke, die Puerto Cook von der Vancouverbucht im Süden trennt. Dabei entdecken wir einen alten Friedhof mit rostigen Metallkreuzen. Als Augusto Lazarre die Stateninsel 1884 offiziell für Argentinien in Besitz nahm und eine Rettungsstation für Schiffbrüchige einrichtete, wurden für die schwere Arbeit auch Gefangene eingesetzt. Strandungsopfer und Sträflinge liegen hier begraben. Anfang des 19. Jahrhunderts wurde die Insel nach einer Revolte der Verbannten und ihrer Bewacher wegen des unerträglich feuchten und kalten Klimas wieder aufgegeben.

Am nächsten Morgen verlassen auch wir das abgeschiedene Eiland.

# Start in den Südatlantik

*Jumbos, Punks und Clowns –
Orcas in Aktion – Hammelbraten und Pinguineier –
Eine Insel für 100 000 Dollar*

Durch die nebelschwangere Luft über der See zwängen sich ein paar Sonnenstrahlen, während Albatrosse, Sturmvögel und Kaptauben ihre Bahnen um die FREYDIS ziehen. Wir haben Glück, die seichte Burdwood Bank, auf der sich bei Sturm eine gefährliche Grundsee aufbaut, können wir bei südsüdöstlichen Winden um fünf Beaufort unbeschadet unter Groß und Genua passieren. Am Abend dreht der Wind auf Südsüdwest, dann Süd. Immer mehr Albatrosse um uns herum. Um 22 Uhr reißt das Großfall und wird erneuert. Um 22.30 Uhr beobachten wir eine Mondfinsternis. Um 23 Uhr haben wir Beauchêne, die unbewohnte, entlegenste der Falklandinseln, auf dem Radarschirm, nur noch elf Seemeilen entfernt.

„We were driven in among certain isles never before discovered (wir wurden mitten in einige nie zuvor entdeckte Inseln getrieben)", berichtet der elisabethanische Seefahrer John Davis 1592 über seine Reise mit der DESIRE, auf der die Falklandinseln erstmals gesichtet wurden. Genau 400 Jahre ist das her. Ob er auch Beauchêne gesehen hat?

Wie Mondsüchtige segeln wir dem Trabanten entgegen, der wieder rund und voll ist. Zwischen ihm und uns scheint nur die Insel zu liegen, die sich wegen ihrer dunklen Silhouette wie eine Festung mit unbezwingbaren Mauern ausnimmt. Unvergeßliche, schemenhafte Bilder ziehen an uns vorüber, als wir langsam das nach Norden zu flacher werdende Eiland umrunden. Wir erkennen die terrassenförmig ansteigenden Felshänge, dichtbelagert von einer Unzahl Vögel, deren weißes Gefieder den Mondschein reflektiert und deren lautes, das Brandungsrauschen übertönendes Schreien, Krächzen und Stöhnen an menschliche Stimmen erinnert. Sind es Albatrosse, von denen die Seeleute früherer Zeiten glaubten, daß sie die Seelen ertrunkener Kameraden verkörpern? Sind es Pinguine? Seeschwalben? Als es dämmert, geben sie sich zu erkennen: Meisterflieger und Flugunfähige nehmen friedlich vereint ein ausgiebiges Morgenbad. Nicht weniger als 1,5 Millionen Schwarzbrauenalbatrosse, auch Mollymauks genannt, und zwei Millionen Felsenpinguine brüten auf Beauchêne, diesem Krümel Erde.

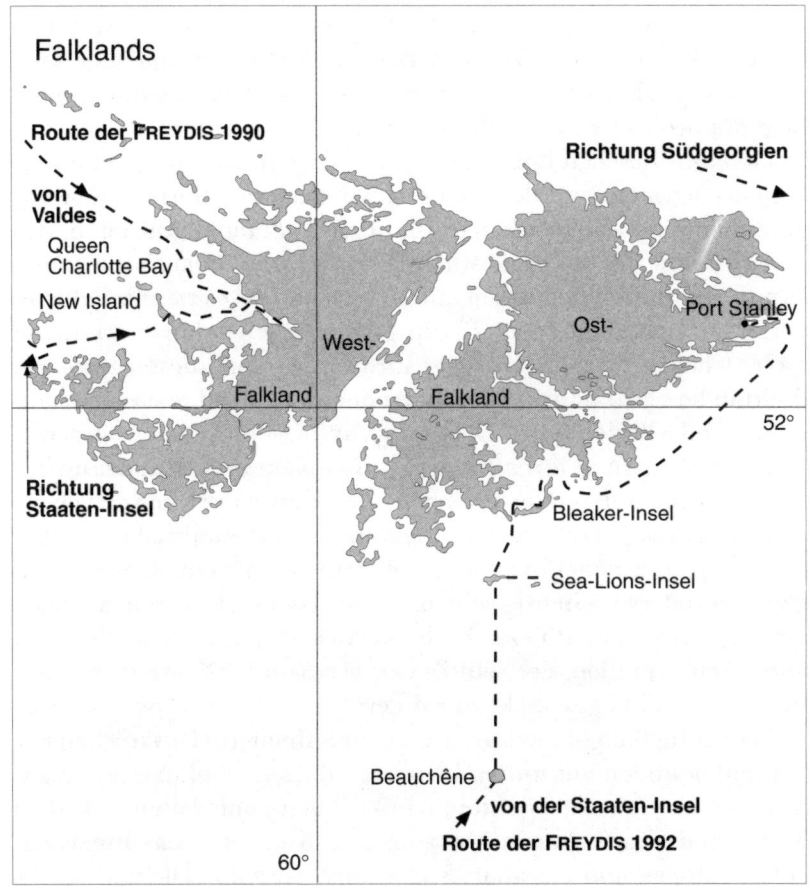

Unser Wunsch, die Insel zu betreten, scheint zunächst aussichtslos: nirgends eine Bucht, ein Ankerplatz, nicht einmal ein Fleckchen Sandstrand, an dem man gefahrlos anlanden könnte. Doch Erich gibt nicht auf. Nach mehrmaliger Inselumrundung will er es mit dem Dingi in einem kleinen Felseinschnitt versuchen, der allerdings schon von einer Elefantenrobben-Großfamilie belegt ist, die wohl ebenfalls keine andere Landemöglichkeit gefunden hat. Während Gert und Brigitte es vorziehen, an Bord zu bleiben, Kreise zu fahren und die Insel aus sicherer Entfernung zu genießen (tatsächlich stinkt's hier zum Himmel, und der Lärm ist ohrenbetäubend), landet die übrige Mannschaft gut gepolstert inmitten zahlreicher, im Kelp spielender Elefantenrobbenkinder, die Maul und Nase aufsperren über den fremdartigen Besuch. Auf den felsigen Simsen über uns räkeln sich ein paar Seebären in der Sonne, etwas abseits liegt ein Seelöwe mit gewaltiger, leuchtend roter Mähne.

Daß um 1800 den Robben selbst auf diesem unzugänglichen Eiland nachgestellt wurde, erfahren wir aus dem Reisebericht des amerikanischen Robbenfängers Edmund Fannings: „Auf der Spitze eines Felsens, der das nordöstliche Ufer der Insel Beauchêne bildet, kann man die Robben sehen, die sich einen Platz von anscheinend perfekter Sicherheit gegen die Angriffe der anlandenden Seeleute erobert haben. Sie werfen sogar ihre Jungen auf diesen zwei- bis dreihundert Fuß hohen Plätzen, zu denen eine Folge abschüssiger Felsen und Klippen führt. Der ganze Gipfel ist buchstäblich übersät mit Pelzrobben und ihren Jungen. Einige sieht man auch zum Ufer schwimmen, andere klettern nach oben oder ruhen sich auf Klippen aus. Die Jagd auf die Tiere beginnt bei Tagesanbruch mit dem schwierigen Aufstieg. Oben angekommen, müssen die Seeleute ganz besonders vorsichtig sein, denn der Boden ist extrem schlüpfrig; sie laufen deshalb Gefahr, beim Anschlag auf einen zornigen alten Robbenbullen, der sein Revier verteidigt, den Abgrund hinunter in den Tod geschickt zu werden."

Vorsichtig hangeln wir uns ein paar glattpolierte Felsbrocken höher und befinden uns mitten im Tiergetümmel. Wohin man schaut Mollymauks, diese Vogelriesen mit Flügelspannweiten von 2.30 Meter und einem Augen-Make-up à la Kleopatra, das ihnen ein edles, ruhiges und ernsthaftes Aussehen verleiht. Dicht an dicht hocken sie in Reih' und Glied auf ihren stabilen runden Sockeln aus Erde und Pflanzenresten, geduldig ein, selten zwei Eier ausbrütend. Auf vielen thronen bereits Jungvögel, weiße Daunenknäuel mit den kräftigen Schnäbeln der Ausgewachsenen, die sie – kommt man ihnen zu nahe – unter lautem Krächzen empört auf und zu klappen. Auch die Felsenpinguine, diese Dreikäsehoch-Punks mit ihren putzigen, goldgelben Federbüscheln über den roten Augen, haben schon flaumigen Nachwuchs. Sie nisten auf dem mit spärlichen Grasbüscheln bewachsenen Untergrund in harmonischer Eintracht mit den Albatrossen,

„Jetzt oder nie", scheinen sich die Raubmöwen zu sagen und klauen, was die Nester hergeben, denn auch ihre Brut wartet schließlich auf Futter, etwas weiter oben auf den Felsen. Die höchste Spitze aber hat ein seltener weißgestreifter Falke mit Beschlag belegt, den die Falkländer liebevoll „Johnny Rook" nennen, weil er sich von Natur aus dem Menschen gegenüber so ungewöhnlich zahm und geradezu drollig neugierig verhält. Das mag auch der Grund sein, weshalb er in seinen anderen Verbreitungsgebieten (im Süden Südamerikas) stark bedroht oder bereits ausgerottet ist. Johnny scheint auf uns gewartet zu haben. Er schwebt uns entgegen und verfolgt unsere Unternehmungen mit größtem Interesse, wobei er auf gelben Steckerlbeinen und kräftigen Krallenfüssen ständig um uns herumhüpft wie ein Clown. Entfernt man sich einmal von der Crew, um ganz allein zu sein, steht er gewiß gleich spitzbübisch lauernd hinter einem. Werden wir ihm zu langweilig, stolziert er durch die Reihen der Albatros- und Pinguinnester, um hier und dort Kleinigkeiten abzustauben und seien es nur ein paar Nahrungsreste aus Exkrementen.

Weil sie so schwer sind, nisten Albatrosse nur auf Inseln, die gute Plätze zum Start in die Lüfte bieten. Deshalb hat Beauchêne natürlich auch eine „Rollbahn", eine von Nestern freigehaltene, breite Flugschneise für ab- und anfliegende Jumbo-Albatrosse: ein gefährliches Terrain, in dem sich kein kluger Vogel länger als unbedingt notwendig aufhält (wir natürlich auch nicht). Selbst die Pinguine haben es hier eilig und machen beim Überqueren den Eindruck geschäftigen, umsichtigen Bodenpersonals. Trotzdem kommt es häufig zu Bruchlandungen und Karambolagen. Immer wieder sehen wir Albatrosse mit gebrochenen Flügeln, sich dahinschleppende Trauerfiguren, meist von ihren rührend besorgten Partnern begleitet, die nicht müde werden, sie zu liebkosen und ihr verschmutztes Gefieder zu putzen. Dahinter lauern in angemessenem Abstand die Raubmöwen und rücken immer näher, je schlechter es dem Patienten geht. Wie dicht Schönheit und Grausamkeit in der Natur doch beieinanderliegen! Am liebsten würde ich eine Woche bleiben und all diesen armen Vögeln die Flügel schienen. Erich sieht es nüchterner: „Aber dann müßtest du dein Leben hier verbringen und würdest außerdem die Raubmöwen verhungern sehen."

25 Seemeilen Schwachwindsegelei unter Blister, und wir erreichen Sea Lions Island, die abgelegenste aller bewohnten Falklandinseln. Vor dem Sandstrand einer gen Süden weit offenen Bucht fällt unser Anker. Mr. Gray, der Verwalter der Insel, teilt uns über UKW mit, daß wir am nächsten Morgen an Land gehen und in seinem kleinen Hotel auch duschen und frühstücken können. Man möchte das Radio umarmen, wenn so freundliche Dinge herauskommen. In der Vor-Radio-Ära gab es auf den Falklands und insbesondere auf Sea Lions lediglich Feuersignale zur Kommunikation mit vorbeiziehenden Schiffen und dem Festland. Zum Beispiel bedeuteten drei Feuer in einer Reihe, daß Hilfe gebraucht wurde.

Wegen der isolierten Lage und rauhen Küsten ohne natürlichen Hafen hatten sich auf der Insel nur die hartgesottensten, zähesten Schaffarmer niedergelassen. Lediglich ein-, zweimal im Jahr holte ein Schiff die Wolle ab und brachte Post und Lebensmittel. Erst seit Anfang der achtziger Jahre wird Sea Lions drei- bis viermal jährlich von Küstenschiffen angelaufen, aber ihre Fracht muß noch immer an den steilen Klippen hochgezogen werden. Nur im Hochsommer fliegen robuste kleine Inselhüpfer fast täglich mit Besuchern ein und aus.

Auch für die einheimische Tier- und Pflanzenwelt haben sich die Lebensbedingungen in den letzten Jahren gebessert. Die Schafe wurden größtenteils von der Insel verbannt und weite Teile zum Naturreservat erklärt. Wir haben unsere Freude daran: Im Tussokgras nisten Scharen von Eselspinguinen, und Magellanpinguine schauen aus kleinen Erdhöhlen. Elefantenrobben-Bullen messen am Strand ihre Kräfte oder schaufeln sich mit den Flossen feuchten Sand als Sonnenschutz über ihre fetten Leiber. Falklandgänse und Enten führen ihre Küken durch die Brandung, während Johnny Rook alles aus der Luft verfolgt.

Das kleine, zur Siedlung gehörige Hotel ist voll belegt, und gegen Mittag läuft sogar das Kreuzfahrtschiff SOCIETY EXPLORER in unsere Ankerbucht ein, um seinen Gästen im Hotel Kaffee und Kuchen inmitten falkländischer Fauna und Flora zu bieten. Dann folgt ein außergewöhnliches Schauspiel: Mr. Gray hat uns die Orcafamilie bereits angekündigt, die seit Wochen fast jeden Nachmittag zum Jagen in die Bucht kommt. Nun ist es soweit: Lange schwarze Rückenflossen schneiden wie Messer durchs Wasser. Die fünf Killerwale rücken an, zunächst einer hinter dem anderen. Plötzlich verteilen sie sich und preschen wie auf Kommando gleichzeitig los. Mit ihrer unglaublichen Geschwindigkeit und hoch aufschäumenden Heckwelle erinnern sie an stark motorisierte Speedboote. Von verschiedenen Seiten aus treiben sie die Pinguine zusammen – und jetzt beginnt das große Fressen. Obwohl ich Jagdszenen aller Art verabscheue, bin ich diesmal fasziniert und gleichzeitig so aufgeregt, daß ich am ganzen Körper zittere. Unglaublich, die Kraft dieser Tiere, unglaublich ihr Zusammenspiel bei diesem brutalen Überfall! Das läßt sich mit angeborenen Verhaltensweisen oder Instinkt nicht erklären, dazu gehören Intelligenz, Raffinesse und ein vorzüglich funktionierendes Kommunikationssystem.

Erich ist nicht mehr zu halten, wendet das Dingi, mit dem wir gerade unterwegs sind, und braust los, um einige Nahaufnahmen zu machen. Er ist von der Gutartigkeit der Orcas gegenüber Menschen überzeugt. Als die schwarz-weißen Muskelpakete aber dicht an uns vorbeihechten und das Dingi zum Schlingern bringen, wird uns doch mulmig. Rasch drehen wir ab und flüchten zum Strand. „Das war sehr gefährlich", sagt Mr. Gray. „Die werfen euer Dingi um, und wenn's nur aus Neugier ist."

Abschied von der Lions-Insel. Mr. Gray gibt über UKW den letzten Port-Stanley-Wetterbericht durch und wünscht uns gute Fahrt, während die Elefantenrobben am Strand ein unüberhörbares „Good bye" rülpsen. Im Logbuch steht über diesen Tag: „Herrliches Segeln bei Sonnenschein und blauem Himmel. O happy sailing! O happy days! Die Crew ist am Überschnappen: Wir machen *zehn* Knoten Fahrt!"

Doch als wir in der Nähe der Siedlung auf Bleaker Island anlegen, hat das Wetter sich verschlechtert. Kräftiger, kalter Wind pfeift uns um die Ohren und drückt die FREYDIS beängstigend gegen die kleine, baufällige Holzpier. Mr. Fin, einziger menschlicher Bewohner der Insel, begrüßt uns freundlich und offensichtlich froh darüber, Gesellschaft zu bekommen. Seit sechs Jahren bewirtschaftet der 58jährige Farmer das Settlement, zu dem ein weißes Steinhaus, eine Holzscheune, ein kleiner Gemüsegarten mit einem Dutzend Hühnern, drei Katzen und ausgedehnte Weiden für Schafe, Rinder und Pferde gehören. Zwei Frauen seien ihm schon davongelaufen, klagt er, die letzte vor zwei Jahren, kaum ein Jahr nach der Hochzeit: „Zu einsam, zuviel Arbeit hier." Aber die Insel will er trotzdem nicht verlassen.

Am Abend Pizzaessen an Bord. Mr. Fin findet das toll und will uns für den nächsten Tag zu Omelettes aus Pinguineiern einladen. 800 Eier sammelt er jährlich auf der kleinen Insel, nur für sich allein. Früher gab es auf den Falklands Anfang November sogar eine sogenannte „egging week", eine Woche des Eiersammelns. Und noch heute werden von der falkländischen Regierung Lizenzen fürs Sammeln von Pinguineiern vergeben: eine hoffentlich aussterbende Tradition.

Wir begnügen uns mit Hühnereiern zum Frühstück. Auf ein Falklandschaf wollen wir dagegen nicht verzichten. Es hängt schon frisch geschlachtet in der Scheune und die Arbeit natürlich an mir. Während ich das Fleisch in handliche Bratenstücke zerlege, die in den Bordbackofen passen, stelle ich mir ein Leben als Farmersfrau auf den Falklands vor. Eine dieser wilden Robinsoninseln steht zum Verkauf – für nur 100 000 Dollar!

# Törnvorbereitungen auf den Falklands

*Inselbekanntschaften – Eine Sache der Liebe –
Gnade für einen Killer – Startschuß am Neujahrstag*

Auf unserem Weg vom Kap Hoorn zum Kap der Guten Hoffnung liegen wir erstmals sicher vertäut am Fipass, dem gewaltigen neuen Schwimmponton von Port Stanley auf den Falklands. Auf der ersten Etappe unserer Antarktisreise, die vier Monate dauern soll, war uns Rasmus, Gott der See und des Windes, wohlgesonnen. Natürlich halfen uns auch unsere Revierkenntnisse aus zahlreichen früheren Segeltouren. Nun aber liegt wieder Neuland vor uns.

Wir rüsten für den längsten Abschnitt der Tour: von den Falklands nach Südgeorgien und zu den Südsandwich-Inseln, dann über Tristan da Cunha nach Kapstadt: acht Wochen an einem Stück und mit derselben Crew durch ein Gebiet, das teilweise noch unvollständig kartographiert ist und wegen seiner häufig und rasch wechselnden Witterungsverhältnisse – Nebel, Sturm, Eisberge – nicht nur von kleinen Yachten, sondern auch von großen Schiffen gemieden wird.

In Port Stanley ackern und rackern wir zwei Wochen, damit das Schiff startklar ist, bis die neue Crew eintrifft. Es ist gar nicht so einfach, Proviant für sechzig Tage und acht Leute einzukaufen, noch dazu für einen Törn, auf dem wir unterwegs voraussichtlich keinen einzigen Krümel ergänzen können. Obwohl es inzwischen in Port Stanley viel mehr zu kaufen gibt als noch vor zehn Jahren (damals waren wir von hier zu unserem ersten Antarktistörn gestartet[*]), haben wir mit den Eiern – es sollen mindestens 200 Stück sein

---

[*] Siehe Heide Wilts: *Weit im Norden liegt Kap Hoorn*, Delius Klasing Verlag

– auch diesmal wieder Probleme (ach, wenn es doch die einzigen blieben!). Schließlich aber hilft uns ein lieber Bekannter, Les Halliday, ehemals Hafenmeister und Zöllner, aus der Misere: Er stiftet uns ein paar Dutzend frische Eier aus seinem eigenen Hühnerhof. Les macht uns auch mit Kapitän Hamilton bekannt, dessen kleiner Luxuskreuzer an einer Pier am Ende der Stadt liegt. Er war bis vor kurzem Kapitän eines Fischdampfers in Neufundland. Überfischung hat die Neufundlandbänke – einst die reichsten Fischgründe der Welt – (für immer?) leergefegt. 30 000 Fischer sind arbeitslos. Offenen Auges hätten sie sich in die Katastrophe hineingefischt, erklärt Hamilton, weil sie natürlich wußten, daß sie durch ihren Raubbau nicht nur den letzten Fisch, sondern auch die gesamte Fischbrut vernichteten; aber sie hätten keine Alternative gesehen. Hamilton ist einer der wenigen Glücklichen, die einen neuen Job gefunden haben. Der Luxuskreuzer mit Namen ABEL T. (nach Abel Tasman, dem Entdecker Tasmaniens und Neuseelands) gehört einem Amerikaner und wird an Filmgesellschaften, Organisationen oder Privatleute verchartert, kürzlich auch an eine Gruppe deutscher Funkamateure, die zu den Südsandwich-Inseln wollten. Auch Südgeorgien hat Hamilton schon mehrfach mit der ABEL T. besucht und kann uns deshalb wertvolle Tips geben.

Er führt uns durch das rund 25 Meter lange, kräftig gebaute und stark motorisierte Schiff, das einen Hebekran fürs Dingi und sogar Anti-Schlingertanks besitzt. Auch im Schiffsinnern ist alles vom Feinsten: hübsch eingerichtete, helle Kajüten, eine Kombüse mit Elektroherd, Kühlschrank, Gefriertruhe etc., ein gemütlicher, geräumiger Salon, in dem gerade ein Weihnachtsbaum dekoriert wird, eine Funkbude mit Computer, Telefon und Fax und eine Schiffsbrücke, die nur so strotzt von supermodernen Navigationsgeräten. Wir sind voller Bewunderung. Zwischen einer solchen Motoryacht und der FREYDIS liegen Welten. Kein Zweifel, die ABEL T. ist ein kleines Traumschiff, und doch ist sie nicht *unser* Traum. Wir bevorzugen unsere FREYDIS, die trotz Hilfsmotor und einiger moderner Geräte immer noch ein Segelschiff ist. Warum? „Die moderne Seefahrt ist unpersönlicher und methodischer in ihren Ansprüchen, die nicht so mühselig, aber auch nicht so befriedigend sind, weil diesem Dienst der enge Kontakt fehlt, der den Künstler mit dem Medium seiner Kunst verbindet, kurz, sie ist nicht mehr so sehr eine Sache der Liebe ... Sie ist Gewerbe ... Sie ist nicht die mühselige, verzehrende Ausübung einer Kunst, deren Erfolge letztlich im Schoße der Götter liegen" (Joseph Conrad).

Bei einem Spaziergang durch das Städtchen entdecken wir in einem Garten den knöchernen Schädel eines Killerwals, wie ein Denkmal postiert. Daneben ein Schild *Stop the Whale Killing* mit stählernem Wal-Konterfei. Solche Schilder sind uns bereits an mehreren Straßenecken Port Stanleys aufgefallen. Wir wollen gern mehr wissen über die Kampagne und klingeln mutig an der Haustür. Ein uralter, O-beiniger Hammel wankt aus dem Garten auf uns zu und stellt sich neben uns. Gleich darauf öffnet sich die Tür, und eine Hand mit Keksen streckt sich uns entgegen. Die Kekse sind für den Hammel; wir werden nicht abgespeist, sondern von Michael Butcher und seiner Frau Trudi freundlich ins Haus gebeten. Michael, der 1958 mit seinen Eltern aus England auf die Insel kam, setzt sich seit ein paar Jahren für den Schutz der Wale ein. In seiner kleinen Werkstatt fertigt er die kunstvollen Schilder und schreibt auch Flugblätter, die er von Kindern im Städtchen verteilen läßt. Er habe der Schlächterei durch japanische, russische, norwegische und einige andere Walfangflotten einfach nicht mehr tatenlos zusehen können, erklärt er.

Auf meine Frage, was es mit dem Orca-Schädel im Garten auf sich hat, zeigt uns Trudi einen Zeitungsausschnitt mit dem Titel *Gnade für einen Killer*. Es ist die erstaunliche Geschichte von der Rettungsaktion für einen Killerwal, der in der Nähe Port Stanleys strandete: „Das 22 Fuß große Orca-Weibchen lag in ganz flachem Wasser, als die Rettungsmannschaft, darunter Michael Butcher und sein Freund Mel Lloyd, im Geländewagen ankam, ausgerüstet mit Tauen, Winde und einem Gummiboot. Vögel hatten ihr bereits die Haut aufgerissen und ein Auge ausgepickt. Ihr Blas war sehr schwach, und sie sah aus wie tot ... Die Retter verknüpften alle Taue und Drähte, um sie mit dem Geländewagen über den glatten Schlick in einen tieferen Priel zu ziehen, was auch gelang. Anschließend dirigierte Mel Lloyd sie an der Rückenfinne Richtung See. Vier Stunden lang hielt er diese Anstrengung durch, oft bis zum Hals im Wasser. Er ist wohl der erste Mensch auf den Falklands, der einen lebenden Killerwal berührt hat. Nach einiger Zeit schwamm sie von allein, und ihr Blas wurde kräftiger. Als die Flut immer höher auflief, mußte das Experiment abgebrochen werden. Dem Orca-Weibchen blieb es überlassen, die letzte Viertelmeile bis zur See allein zu bewältigen."

„Wir dachten, sie hätte es geschafft", erklärt Michael. „Aber einige Tage später fanden wir sie tot am Strand. Der Schädel im Garten stammt von ihr."

Später sollen wir in Australien und vor allem in Neuseeland noch häufig erfahren, wie mühsam und meist erfolglos solche Rettungsversuche sind. Abgesehen davon, daß man nicht genau weiß, warum Wale überhaupt stranden, und deshalb die Ursache selbst nicht beseitigen oder bekämpfen kann, sind diese Aktionen kostspielig und zeitaufwendig. Neuerdings werden die Wale auf eine Art Luftmatratze gerollt und von Schiffen in tieferes Wasser geschleppt, denn bei direktem Zug an der Schwanzflosse kommt es häufig zu Verletzungen von Wirbelsäule und Rückenmark.

Als wir uns verabschieden, steht der krummbeinige Hammel wieder vor der Tür und holt sich Kekse ab. „Er ist das älteste Schaf auf den Falklands, 20 Jahre alt", erzählt Michael – wohl der einzige Falkländer, der kein Schaffleisch ißt – und krault lächelnd das zottelige Fell. „Sogar den Krieg vor zehn Jahren mit den Argentiniern hat er überstanden. Wir hatten ihn die ganze Zeit auf der Veranda versteckt."

Michael ist ein in sich gekehrter, nachdenklicher Mensch. Sein Tagebuch mit Notizen und Skizzen über den Falklandkrieg, so wie er ihn – ganz privat – von seinem Haus aus erlebt, gesehen und gehört hat, wurde veröffentlicht. Von naiver Einfachheit, wie mit den Augen eines erstaunten Kindes gesehen, und vielleicht eben darum von philosophischer Größe, ist es ein ergreifendes Dokument menschlicher Irrungen und Abgründe.

Von Beruf Schlosser und Metallbauer, hilft Michael auch unserer FREYDIS. Er schweißt einen noch von der Strandung herrührenden Riß in der Backskiste im Cockpit, wechselt eines ihrer verrosteten Scharniere aus und repariert einen undichten Tankdeckel. Als wir ihn bezahlen wollen, winkt er ab: „Von gestrandeten Yachties nehme ich kein Geld."

Kurz vor Weihnachten lernen wir Ronny Samson, rechte Hand des Gouverneurs, und seine Frau Jean kennen. Die beiden stehen plötzlich vor der FREYDIS mit einer Einladung für den Heiligen Abend. Es wird ein anregendes Fest in ihrem malerischen, typisch falkländischen Haus mit der geräumigen, gegen die rauhen Winde geschlossenen Glasveranda voller Blumen, und zugleich der Anfang einer herzlichen Freundschaft.

Zu Silvester rücken fünf unserer Crewmitglieder aus Deutschland und der Schweiz an. Allerdings fehlt zu unserer Enttäuschung Freund Hans Ulrich als sechster Mann. Ausgerechnet bei dem einzigen, der uns schon einmal auf der FREYDIS in die Antarktis begleitet hat, sind private Hindernisse aufgetreten. Wenn ein so erfahrener Mann ausfällt, bedeutet das für uns eine ganze Menge mehr Verantwortung und weniger Entlastung, und das auf einer derart langen Strecke.

Von dem großen, nach dem Falklandkrieg erbauten und außerhalb Port Stanleys gelegenen Flughafen Mount Pleasant werden unsere fünf Getreuen vom neuen Zöllner persönlich mit dem Landrover zur FREYDIS gebracht, die während der Festtage umlagert ist von Eisbrechern, Patrouillenbooten und Fischereischiffen. Auch wenn sich auf den Falklands nach dem Krieg vieles verändert hat, Freundlichkeit und Hilfsbereitschaft sind immer noch fest verankerte Tugenden, auf die sich jeder auf den Inseln verlassen kann.

Die Neuankömmlinge sind alle müde von der anstrengenden Flugreise. Sie halten gerade noch bis Mitternacht durch, dann sinken sie in ihre Kojen.

Nach einem Neujahrsempfang beim Gouverneur und dem Abschied von alten und neuen Freunden verläßt die FREYDIS Stanley Harbour. Nur ein einziges Fischereischiff kreuzt unseren Weg auf die offene See. Am Fipass haben wir gehört, daß es mit der Fischerei hier nicht mehr so rosig ausschaut wie noch vor zwei Jahren, als wir auf unserer Reise zur antarktischen Halbinsel einer ganzen Flotte von Fabrikschiffen begegneten. Die Tintenfisch-Schwärme werden auf ihrer jährlichen Wanderung zunehmend bereits in argentinischen Gewässern abgefischt, wo die Fangsaison bei gleicher Lizenzgebühr deutlich länger ist. Daß die Tiere dort noch nicht ausgewachsen sind, stört weiter keinen, denn der Verlust an Qualität kann durch Quantität allemal wettgemacht werden. Viele ehemalige Falkland-Lizenznehmer (hauptsächlich Asiaten, Polen und Spanier) sind bereits abgewandert. Eine Überfischung der Schwärme wird nicht ausbleiben. Falkländer bangen nicht nur um ihre Einnahmen, sondern auch um ihre Meeresfauna, die auf die Tintenfische angewiesen ist.

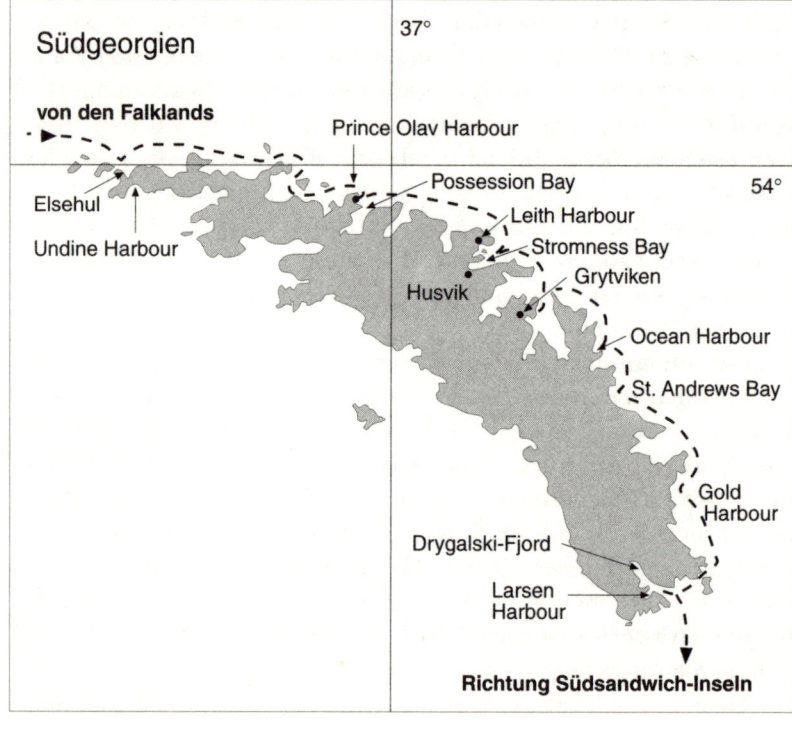

# Wieder in den kalten Süden

*Per aspera ad astra – Die neue Crew –
Im Reich der weißen Riesen – Albatros-Träume –
Landfall auf Südgeorgien*

Wie zwei weiße Luftballons, die gen Himmel fliegen wollen, blähen sich Groß und ausgebaumte Genua bei den frischen achterlichen Winden und lassen unser Schiff über die gewaltigen Wogen der Schottischen See tanzen. So hätte es weitergehen können! Es hätte sogar noch stärker blasen dürfen, die schwere FREYDIS macht das locker mit. Hauptsache, der Wind kommt von achtern, und das ist uns doch versprochen. Schließlich führt unser Kurs durch die Wütenden Fünfziger und Schreienden Sechziger des Westwindgürtels. Aber schon in der zweiten Nacht dreht der Wind, entgegen allen schlauen Windkarten und Voraussagen, nach einer Flautenpause auf Nordnordost, bläst uns auf die Nase und legt darüber hinaus auch noch gehörig zu. Ein komischer Westwindgürtel ist das! Statt schön von achtern geschoben zu werden, erleben wir wieder mal nichts als elende Hackerei.

Ausgerechnet jetzt muß ich mich unten im Mief aufhalten, weil ich mir auf den Falklands eine Mittelohrentzündung zugelegt habe. Nicht nur mein Ohr schmerzt, auch die Seekrankheit hat mich mal wieder fest im Würgegriff. Für welche Sünden muß ich hier eigentlich so büßen? Schließlich zwingt mich keiner, nach Südgeorgien oder zu den Südsandwich-Inseln zu segeln, ich könnte es mir zu Hause gemütlich machen. Aber schon bei den alten Römern galt der Spruch *per aspera ad astra*, auf rauhen Wegen zu den Sternen, und ich will unbedingt zu diesen Sternen, zu dieser „Märcheninsel" Südgeorgien, über die ich gelesen habe, was ich in die Finger bekommen konnte: über ihre Entdeckung oder Wiederentdeckung durch James Cook 1775, der das Eiland zunächst für ein Vorgebirge des sagenhaften Südlands hielt und erst später, als er die Südküste umsegelte, seinen Irrtum erkannte. Über die denkwürdige 800-Seemeilen-Reise Ernest Shakletons, der nach Verlust seines Schiffes in der Antarktis im offenen Rettungsboot nach Südgeorgien segelte. Ich kenne auch den Bericht des Alpinisten und Seglers H.W. Tilman über seinen Besuch mit der MISCHIEF 1967 und die Inselerlebnisse des Franzosen Jerome Poncet auf seiner Yacht DAMIEN, der jetzt mit seiner Familie auf den Falklands lebt.

Wie sehr hoffe ich, daß uns Eis und Stürme keinen Strich durch die Rechnung machen, wenn wir anschließend die noch weiter südlich gelegenen, noch viel einsameren, unbewohnten Südsandwich-Inseln anlaufen! Wie Erich und ich sind natürlich auch die neuen Crewmitglieder voll gespannter Erwartung. Es ist ihre erste Annäherung an die Antarktis, eine Mutprobe und ungewohnte Anstrengung. Sie hoffen (mit Recht), dort Wunder zu schauen, und fiebern ihrem ersten Eisberg entgegen.

Eva, 56 Jahre, ist Neurologin und Psychiaterin (sehr beruhigend, falls auf der Reise einer von uns durchdrehen sollte, wenn sie's nicht gerade selber ist) und dazu eine Segelveteranin. Schon vor dreißig Jahren ist sie mit einer polnischen Yacht rund Kap Hoorn gesegelt. Birgit, mit 30 Jahren die Jüngste, ist Allgemeinmedizinerin und Hobbyköchin. Mit mir sind wir also drei Ärztinnen an Bord. Die FREYDIS verfügt dementsprechend über eine außergewöhnlich reichhaltige Reiseapotheke und sogar über ein kleines chirurgisches Besteck sowie eine batteriebetriebene Zahnbohrmaschine. Karl war beim Einpacken immer mißtrauischer geworden. „Wollt ihr das etwa alles an uns ausprobieren?" fragte er. Danko, Birgits Mann, schlug vor, die FREYDIS weiß zu streichen und ein rotes Kreuz draufzumalen. Er ist 32, Computerfachmann, ursprünglich Kroate und lebt seit seinem vierzehnten Jahr in Deutschland. Birgit und Danko sind zwar schon auf Charteryachten im Mittelmeer gesegelt, aber überwiegend kurze Strecken, und haben keine Vorstellung, was auf sie zukommen kann.

Karl, 60 Jahre, ist Ingenieur und seit kurzem im Ruhestand. Er ist schon häufiger auf der FREYDIS mitgesegelt und hat auch Kap Hoorn und die Staateninsel mit uns besucht. Als ausgesprochener

Individualist sondert er sich gern mal ab, weil er ganz einfach Freiraum braucht. Für ihn sind diese Reisen die Erfüllung seiner Jugendträume, das Lebendigwerden all dessen, was ihn früher an Abenteuerbüchern fesselte. Erhard, 48 Jahre, Konstrukteur, erfahrener Hochseesegler nach mehreren Törns im Roten Meer und in der Südsee, begleitete uns vor zwei Jahren von Rio nach Kap Hoorn. In Mar del Plata war er unsere größte Stütze bei der Brandbekämpfung an Bord und der Beseitigung der Schäden. Erhard ist einer, der auch in schwierigen Situationen nicht die Übersicht und den Humor verliert.

Wir bilden diesmal zwei Wachen zu dreimal vier Stunden nachts und zweimal sechs Stunden tagsüber. Erich und Erhard führen jeweils eine Wache. Dieses System ist kräftezehrend, aber die Alternative wären drei Wachen zu nur zwei Mann. In diesem Revier sind jedoch zwei Mann pro Wache zu wenig, denn einer muß rudergehen, einer Eisausguck halten und einer im offenen Deckshaus für alle Fälle verfügbar bleiben. Ein halbstündiger Wechsel der Aufgaben verhindert dabei Überforderung, Unterkühlung und Nachlassen der Konzentration.

Bei dem vorlichen Starkwind und der aufgetürmten See wollen wir unsere Nerven nicht schon zu Beginn der Reise überstrapazieren und drehen deshalb unter doppelt gerefftem Groß erst einmal bei. Danach herrscht in der FREYDIS – jedenfalls im Vergleich zum Achterbahnfahren vorher – eine geradezu feierliche Ruhe. Von Windgetöse und haushohen Wellen ist in der Kajüte kaum noch etwas zu spüren: eine Eigenschaft, die wir an unserem schweren, gutmütigen Boot besonders schätzen und über die auch unsere Mitsegler staunen.

Die Mannschaft erwacht zu neuem Leben. Während nur noch einer im Deckshaus Posten beziehen muß, wird's im Salon richtig gemütlich. Es wird gekocht, gegessen, getrunken, gelesen und geplaudert – und das Allerbeste dabei: Auch beigedreht läuft die FREYDIS noch mit eineinhalb Knoten auf unser Ziel zu, denn der Southern Ocean Current, der nach seinem Weg durchs Nadelöhr der Drakestraße mit immerhin ein bis zwei Knoten nach Nordost setzt, arbeitet für uns. Andererseits führt er aber auch das Eis aus dem kalten Süden mit sich. Deshalb müssen wir besonders wachsam Ausguck halten, Tag und Nacht, pausenlos, beigedreht oder nicht. Das ist selbst am Tag gar nicht einfach bei der meist eingeschränkten Sicht, den tiefhängenden Wolken und der unruhigen See. Und erst recht nicht in den pechschwarzen, mond- und sternenlosen Nächten.

Um 21 Uhr segelt die FREYDIS zum fünften Mal über die antarktische Konvergenz. Diese Linie in der Karte ist in Wirklichkeit eine viele Kilometer breite Zone, in der kaltes, nach Norden fließendes Antarktiswasser unter die wärmere subantarktische Strömung sinkt. Dadurch wird das Wasser stark abgekühlt, die chemische Zusammensetzung ändert sich und auch das Leben darin. Von jetzt an segeln wir also wieder im Polarmeer, haben die Grenze zur Antarktis passiert. Seltsamerweise macht die Konvergenz, die im übrigen einen Kreis um die Antarktis beschreibt, in diesem Teil einen kleinen Schlenker. Sie spart die Falklands aus, schließt aber Südgeorgien ein, weshalb das Klima auf dieser Insel wesentlich rauher ist. In der Nacht wird die Luft denn auch spürbar kühler: Am Morgen nur noch sieben Grad im Deckshaus, und die Wassertemperatur ist von sieben auf fünf Grad zurückgegangen.

Im Morgengrauen sehen wir den ersten Eisberg. Er hat freundlicherweise gewartet, bis es hell wurde und die Crew ihn mit entsprechendem Hallo begrüßen konnte. Auch Erich und ich sprinten an Deck. Obwohl wir im Lauf unserer Segelreisen schon Hunderten und Tausenden dieser Eismonster begegnet sind, ist ihr Anblick auch für uns immer wieder aufregend. Erich erinnert sich an seinen ersten Eisberg, vor fast dreißig Jahren auf einer Segelreise rund Island. Ein ehrfurchtgebietender Koloss kreuzte den Kurs der motorlosen Yacht. Zu dieser Zeit war die Insel Surtsey gerade aus dem Meer aufgetaucht, ein rotglühender, feuerspeiender Vulkan, den er bestieg. Er glaubt, daß diese Erlebnisse gegensätzlicher Naturgewalten, von einem Segelboot aus erfahren, schicksalbestimmend für sein Leben wurden.

Ich dagegen denke nur mit Schaudern an meine ersten großen Eisberge zurück. Auf unserer Reise mit der FREYDIS 1982 in die Antarktis war urplötzlich eine gigantische Eiswand aus dem Nebel aufgetaucht; nur um Haaresbreite konnten wir damals eine Kollision abwenden. Ein weiterer Eisberg-Alptraum wurde auf einer unserer Touren nach Südgrönland Wirklichkeit, als ein Eisriese kenterte und auseinanderbrach, während ein Mitsegler ihn gerade bestieg. Doch trotz dieser Erfahrungen haben die unberechenbaren Giganten für uns beide nichts von ihrer magischen Anziehungskraft verloren – vielleicht gerade, weil sie so unberechenbar sind und eigenen Gesetzen folgen.

Ebenso sehnen wir uns immer wieder nach der Antarktis, ihrer Schönheit, Reinheit, wilden Ursprünglichkeit, und immer wieder empfängt sie uns gleichermaßen feindselig und verweigernd. Aber ungeachtet dieser eindeutigen Kriterien für eine unglückliche Liebe hat sie uns nie enttäuscht – im Gegenteil, sie hat uns bereichert, ja beglückt.

In den nächsten Stunden folgen noch viel mehr Eisberge – kein Zweifel, wir sind wieder im Reich der weißen Riesen. Wie eine Galerie gigantischer Skulpturen driften sie an uns vorüber, und die Crew hört nicht auf, sich an ihren phantasieanregenden Formen und den unbeschreiblich vielfältigen Farbschattierungen zu begeistern. Eine neue, fremde Welt voll eisiger Mysterien hat sich für sie aufgetan.

Bei fünf Windstärken aus Nordnordost ist die See jetzt gut erträglich. Die FREYDIS macht unter vollen Segeln wieder munter Meilen. Einen gehörigen Lärm macht sie allerdings auch: Bei hoher Geschwindigkeit vibriert das Seil, mit dem wir ihren Schwenkkiel gesichert haben, damit er bei ruppiger See nicht klappert. Wenn man in der Freiwache das müde Haupt auf die Matratze legt, dröhnt es manchmal wie bei einem Motocross- Rennen. Aber Hauptsache, das Rennen führt nach Südgeorgien.

Neben Eisbergen bekommen wir auch einige Pinguine und sogar Pelzrobben zu sehen. Die meisten Robben segeln mit aufgestellten Flossen gen Westen. Eine Robbe treibt, auf dem Rücken liegend und in den Himmel guckend, ganz nahe an uns vorbei. Als sie uns bemerkt, hebt sie verdutzt den Kopf. Erich lacht: „Ja, da staunst du, ein roter Eisberg mit so komischen Pinguinen drauf!"

In der Luft kreisen unermüdlich Wanderalbatrosse in weiten Schleifen um die FREYDIS. Französische Wissenschaftler, die den Flug eines Wanderalbatrosses per Satellit verfolgten, haben festgestellt, daß er in 33 Tagen 10000 Meilen flog, pro Tag also durchschnittlich 300, manchmal sogar bis zu 600 Meilen, und daß er dabei mit nur einer Stunde Schlaf auskam. Die Nacht ist für die Albatrosse nicht zum Schlafen da, denn dann machen sie Jagd auf biolumineszente Tintenfische, die zum Fressen an die Oberfläche kommen.

Mich begleiten die Albatrosse bis in den Schlaf: Ich träume, ich kann fliegen! Von dieser beglückenden Erfahrung will ich Erich unbedingt erzählen und ihm Mut machen, es ebenfalls zu probieren. Schließlich ist Fliegen im Traum nicht viel schwieriger als Schwimmen. Man muß beim Start nur ungeheuer schnell übers Wasser laufen – eben wie Albatrosse. Aber ich werde geweckt von rüden Schiffsbewegungen, fühle mich zerschlagen und alles andere als beschwingt.

Der Wind hat aufgefrischt und kommt wieder vorlicher. Gegen die hohe See anzupreschen, ist kein Vergnügen. Wir tragen überall blaue Flecken davon, und zu allem Überfluß klemmt sich Erhard auch noch einen Finger in der Motorklappe ein. „Ach, das bißchen Finger", tröstet Wachkamerad Karl. „Schwund ist nun mal bei jeder Sache." Segeln macht hart, ich sag's ja!

Meile für Meile kämpfen wir uns unter gerefften Segeln vorwärts. Ab und zu hauen Brecher übers Deck. Rudergänger Karl bekommt eine satte Ladung ab und schüttelt sich wie ein nasser Hund. Erhard feixt: „Endlich hast du mal ordentlich geduscht, Karl, war ja auch Zeit!" Als es etwas später Erhard am Steuer genauso naßkalt erwischt, murmelt sein Wachkamerad zufrieden „Gott ist gerecht" in seinen Stoppelbart. Karl ist nämlich verhinderter katholischer Pfarrer (seine Frau kam, Gott sei's gedankt, dazwischen).

Die Steuerbordkojen werden immer nasser, weil wir ständig auf Steuerbordbug laufen und die Kojenfenster undicht sind. Seit unserer Strandung in der Antarktis hasse ich Leckagen. Am liebsten würde ich alle Fenster und Lüfter zuschweißen, dann hätten wir Ruhe, aber ein muffiges Kellerschiff. In Südgeorgien müssen wir die Fenster wenigstens wieder mal mit Sicaflex abdichten.

Das nasse Übel trifft besonders Erhard, Karl und mich. Wir bauen Schutzwälle aus Frotteetüchern, ziehen Müllsäcke über Kissen und legen Luftmatratzen auf unsere feuchten Schaumstoffpolster. Damit müssen wir leben. Und auch mit dem Schwitzwasser, das ständig von den Decksluken tropft. In diesen Breiten ist Segeln nun mal kein Müßiggang mit Sonnenbaden. Und trotzdem mache ich immer wieder dieselbe Erfahrung: Was letztlich in Erinnerung bleibt und zählt, sind nicht Strapazen und Entbehrungen, nicht harte Arbeit, bittere Kälte, Seekrankheit und Angst, sondern es sind die schönen Bilder von Buchten und Meeren, von rauchenden Vulkanen, wildlebenden Tieren und – last not least – das Glücks- und Geborgenheitsgefühl, endlich am Ziel zu sein, endlich geschützt vor Anker zu liegen. Natürlich sind es auch die Freundschaften mit anderen Menschen, die sich während einer Reise ergeben.

„Wenn der Wind nicht endlich dreht, kriegen wir nicht mal mehr die Nordwestecke von Südgeorgien zu fassen", brummt Erich, verdrießlich über die Karte gebeugt. „Und dabei sind's nur noch 160 Meilen bis dorthin." Das heißt, wir müßten die Südküste Südgeorgiens anlaufen. Die aber ist viel unwirtlicher, weil vollständig vergletschert, und ein Landfall deshalb entsprechend riskant. Schließlich entscheidet sich Erich für Motorunterstützung, vielleicht packen wir's ja damit.

Kaum eine Viertelstunde läuft die Maschine, als uns Dampf im Salon und ein penetranter Gestank nach verbranntem Gummi auffällt. Der Wachhabende hat vergessen, beim Starten das Seeventil zu öffnen, und der Impeller der Seewasserpumpe ist verschmort. Zum Glück gibt's keine weiteren Schäden, nach zwei Stunden Reparatur ist der Motor wieder o.k.

Auf einem Boot muß eben alles seine festgelegte Ordnung haben. Es ist schon so, wie Moitessier schreibt: Eine Streichholzschachtel, die nicht an den gewohnten Platz zurückgelegt wird, kann das Boot kosten. Das „Unternehmen Schiff" muß unter allen Umständen – die Elemente scheren sich den Teufel darum, wie fit, erschöpft oder seekrank wir sind – ständig einsatzbereit und funktionstüchtig gehalten werden. Es muß autark sein, denn auf See und in menschenleeren Zonen ist man allein auf sich gestellt. Regelmäßig müssen deshalb Sicherheitseinrichtungen, Motor, Batterien, Segel, Rigg, Wind, Strömung, Seegang, Kurs, Himmel und vieles andere kontrolliert, jeder Änderung der Bordgeräusche muß nachgespürt werden. „Mein sind Wogen und Wind, spricht der Herr, Segel und Steuer sind Euer!" Karl hat in kritischen Momenten immer den passenden Spruch drauf.

In der Nacht überfällt uns noch ein Sturmtief – natürlich aus Ost, als wäre der Weg zu den Sternen noch nicht rauh genug! Müssen uns diese falschen Fünfziger ausgerechnet auf den letzten hundert Meilen noch zeigen, zu welcher Niedertracht sie fähig sind? Wie stets gibt der Klügere nach: Wir drehen wieder bei. Groß dicht, Ruder nach Lee und abwarten. Die FREYDIS schaukelt sanft über hohe Berge, durch tiefe Täler und wird nur gelegentlich von härteren Stößen aus dem Rhythmus und Gleichgewicht gebracht. Man könnte fast glauben, wir lägen in einer geschützten Lagune und nicht quer zu grober antarktischer Sturmsee. Oder ist die Ruhe, die wir drinnen empfinden, nur eine relative, weil's draußen so hoch hergeht?

Wie unwirklich mir alles erscheint! Als ob unser Schiff ein kleiner Stern wäre, der durchs All fährt, zeitlos, in einem Meer der Ewigkeit. Nichts dringt vom Lärm der Zivilisation zu uns, wir erfahren nichts, leben unser eigenes, abgekapseltes Leben in unserem Schiff, in *unserer* Welt. Vielleicht suchen wir die einsamsten, menschenfeindlichsten Gegenden auf, um die anderen, noch menschenfeindlicheren, eine Zeitlang zu vergessen? Wie auch immer – am Morgen ist die Mannschaft jedenfalls erholt und gut gelaunt. Danko: „Mir ist zum Bäumeausreißen, aber es ist ja leider kein Baum da." Erich: „Doch, aber den solltest du besser nicht ausreißen. Dafür darfst du an den Schoten reißen und das Groß ausreffen. Dazu setzen wir die kleine Fock, um höher an den Wind zu kommen." Gesagt, getan, und dabei scheint sogar die Sonne freundlich, wenn auch nicht warm vom blaßblauen Polarhimmel. Das Barometer steigt, und der Wind hat nachgelassen. Seine verkehrte Richtung aber will er einfach nicht ändern. Also zusätzlich wieder Motorbetrieb, denn wir müssen aufholen. Beigedreht sind wir etliche Meilen in die verkehrte Richtung getrieben, diesmal hat uns der Strom versetzt.

Als es dunkelt, schwenkt der Wind auf Südsüdost und flaut weiter ab. Die FREYDIS stampft brav mit fünf bis sechs Knoten vorwärts. Nur noch achtzig Meilen sind es bis zur Elsehul-Bucht am Westende Südgeorgiens, die wir für unseren ersten Landfall ausgewählt haben. Erich ist sichtbar erleichtert: „Wenn uns nichts mehr aufhält, können wir morgen vormittag dort vor Anker liegen." Nachts vier Windstärken aus Südsüdost, gar nicht so schlecht, gegen Morgen aber hüllt uns scheußlich kalter, klebriger Nebel ein. Behutsam pirschen wir uns an die unsichtbare Insel heran, von der sich bald zahlreiche hohe, vergletscherte Felsspitzen aus dem Dunst schälen. Was für ein grandioser und gleichzeitig gespenstischer Anblick! Vor uns liegt die gut 2 700 Meter aus dem Meer ragende, von nicht weniger als 163 Gletschern überzogene, größte Insel des südlichen Eismeers. Abweisend zeigt sie sich uns in unwilliger, herber, kalter Schönheit. „Die wilden Felsen erhoben ihre Gipfel bis in die Wolken, und die Täler lagen unter ewigem Schnee begraben. Kein Baum, kein Strauch waren zu sehen, die auch nur die Höhe eines Zahnstochers erreicht hätten. Ich landete an drei Stellen, pflanzte unsere Flagge auf und nahm unter Abfeuern einiger Salutschüsse das Land im Namen Seiner Majestät in Besitz." (Captain James Cook, HMS Resolution)

Schemenhaft schimmert die Steilküste durch die milchige Suppe, als wir uns mit Radarhilfe in die tiefe Bucht von Elsehul vortasten. Schon am Eingang empfangen uns rudelweise Pelzrobben. Diese Tiere wurden von den Robbenfängern auch Seebären genannt – wegen ihres Pelzes, der dichter und schöner ist als der aller anderen Robbenarten. Je weiter wir eindringen, desto größer wird der Geleitzug dieser grölenden, brüllenden, kläffenden, bellenden, heulenden und quiekenden Tiere. Das Wasser um unseren Ankerplatz in Ufernähe scheint förmlich zu kochen von all den glänzenden, stromlinienförmigen Leibern, die sich dort zu Hunderten, ja Tausenden tummeln, balgen, raufen, kreuz und quer durcheinanderwirbeln, tauchen, springen und um die Wette schwimmen. Auch am Strand und auf den steilen, mit Tussokgras bewachsenen Hängen ist bis zur Vegetationsgrenze hinauf jeder Quadratmeter von Pelzrobben besetzt. Dazwischen drängen sich kleine Gruppen von Elefantenrobben und Pinguinen.

# Südgeorgien – Insel ohne Baum und Strauch

*Von Robbenschlägern und Schlägerrobben – Elefanten im Porzellanladen – Rettungsaktionen – Von Bucht zu Bucht – Shackletons Grab – Um Haaresbreite überrollt – Heiratsantrag eines Pinguins*

Nach dem Ankermanöver können wir uns dem überwältigenden Szenario zuwenden. Eine derartige Menge von Tieren hatten wir nicht erwartet. Wie stark dieser erste Landfall auf Südgeorgien auch die übrigen Crewmitglieder beeindruckt, geht aus Birgits Tagebuch hervor: „Unfaßbar, diese Ankunft! Ich bin zu Tränen gerührt von der Atmosphäre dieser Robben- und Pinguinsiedlung. Nie habe ich mir vorgestellt, so viele Tiere zu sehen, zu hören und zu riechen (das allerdings nicht so gern). Die Tiere lassen sich nicht im mindesten von uns stören. Einige Robben schwimmen neugierig ganz nahe ans Beiboot und schauen sich die Neuankömmlinge an."

So etwa muß es an den Stränden ausgesehen haben, als Cook und seine Leute die Insel anliefen; bald darauf folgten die ersten Robbenschläger. Cook hielt dieses Land zwar für wirtschaftlich wertlos, doch es wurde bald danach ein Dorado für die Robbenjagd. 1821, also kaum fünfzig Jahre nach Cooks Landgang, kreuzten nicht weniger als 91 Fangschiffe an den Küsten Südgeorgiens. Mehr als drei Millionen Felle und 20 000 Tonnen Tran von Elefantenrobben wurden erbeutet. Im späten 19. Jahrhundert waren die Kolonien dann nahezu leergefegt. Inzwischen hat sich die Population aber wieder gut erholt. Bei einem derartigen Bevölkerungsdruck ist es kein Wunder, daß wir unterwegs zahlreichen Auswanderern begegneten.

Die Robbenfänger sollen übrigens häufig ihre Boote über den schmalen Landrücken transportiert haben, der die Elsehul-Bucht von dem gegenüberliegenden Undine-Hafen auf der Südseite trennt. Dadurch brauchten sie nicht in ihren kleinen Booten um die ungeschützten, schroffen westlichen Ausläufer der Insel zu segeln. Wir lassen die FREYDIS zurück und machen uns unbeschwert auf den Weg über die Landenge – laut Karte nur ein kleiner Spaziergang von etwa einem Kilometer.

Zuvor überlegen wir, ob wir überhaupt an Land gehen sollen. Schließlich hocken dort die Seebären so dicht beisammen wie Fußballfans beim Weltcup-Endspiel; auch Rowdies gibt's genug. Unentwegt giften sie sich an, drohen oder vertreiben brüllend und zähnebleckend Rivalen aus dem Revier. Ihre dauernden Grenzstreitigkeiten führen manchmal sogar zu kräftigem Zubeißen. Und auch die mächtigen Elefantenrobben-Bullen, die am Ufer Brust an Brust ihre Kräfte messen, sind keine Kuscheltiere. Wir sorgen uns nicht nur um unsere eigene Sicherheit sondern auch um die der Tiere, die wir möglichst wenig stören wollen. Doch dann beobachten wir ein paar dicke Elefantenrobben, die ihre tonnenschweren Leiber durch die Reviere der Seebären und Pinguine schieben, um sich irgendwo zum Schläfchen niederzulassen. Alle Tiere geraten zwar zunächst in Unruhe und weichen lieber aus, bevor sie niedergewalzt werden, finden sich aber rasch wieder mit ihrer veränderten Lage zurecht.

Wenn die dicken Brocken soviel Unruhe wie „Elefanten im Porzellanladen" stiften dürfen, wird man uns Zweibeinern einen Landgang wohl auch nicht verwehren. Wagemutig setzen wir mit dem Dingi ans sandige Ufer über. Da kommt uns schon das offizielle Begrüßungskomitee entgegen: eine Gruppe piekfein gekleideter, golddekorierter Königspinguine mit der vornehmen Zurückhaltung echter Aristokraten. Einer dieser fast einen Meter großen, stattlichen Frackträger beginnt mit langgestrecktem Hals ein Trompetensolo, andere fallen aus voller Kehle ein. Damit scheint die Zeremonie gegenüber Fremden beendet. Ohne weiteres geben sie den Weg frei.

Aber wohin? Auf Schritt und Tritt werden wir mit Zähnefletschen, Knurren und Gebrüll empfangen und müssen unsere Haut vor wild anstürmenden Robbenbullen retten. Wohin wir uns auch wenden, verletzen wir Reviere, begehen sozusagen Hausfriedensbruch und ziehen uns den Zorn der stets wachsamen Hausherren zu. Erstaunlich behende rennen, watscheln und klettern die Tiere auf ihren umgeknickten Flossen, die seitlich abstehen wie Charlie-Chaplin-Latschen. Zum Lachen ist uns aber wirklich nicht zumute, denn sie holen uns auf dem unwegsamen Gelände mühelos ein. Schon glaubt man, dem furchterregenden Raubtiergebiß nicht mehr entrinnen zu können, da besinnt sich der Rasende, kaum einen halben Meter entfernt, plötzlich doch noch. Er nimmt Witterung auf, schwenkt seinen gewaltigen Mähnenkopf brummend und grollend hin und her und wendet sich schließlich ab, als hätte er etwas Widerliches in die Nase bekommen. Aber wer weiß schon, ob es immer so glimpflich abgeht? In Grytviken erfahren wir später, daß ein Fotograf, der beim Weglaufen strauchelte und fiel, lebensgefährliche Bißwunden davontrug.

Wohlweislich haben wir Skistöcke und Bootshaken mitgenommen, um uns allzu angriffslustige Bullen vom Leib zu halten. Bewaffnet wie mittelalterliche Landsknechte, marschieren wir durch die Meute. Obwohl die Reviere längst abgesteckt und die Familien gebildet sind, ist der Umgangston immer noch sehr rauh. Selbst die Ende November/Anfang Dezember geborenen Säuglinge, die verspielt und drollig wie Welpen sind, haben schon das tiefe, drohende Knurren der Alten drauf, mit dem sie uns immer wieder gehörig erschrecken. Unentwegt werden wir von Wegelagerern, Raufbolden, dummdreisten Halbstarken und rotzfrechen Kindern angemacht.

Wurden früher die Seebären hier zu Tausenden erbarmungslos erschlagen, erstochen oder abgeknallt, ihnen noch bei lebendigem Leibe das Fell abgezogen, so haben sich die Zeiten gründlich gewandelt. Auf Südgeorgien gibt es keine Robbenschläger mehr, allenfalls Schlägerrobben, und häufig genug müssen wir Fersengeld geben. Das ist auch gut so: Schließlich sind wir die Eindringlinge, die Fremden in einer Natur, in der wir nichts zu suchen haben, weil wir so, wie wir geschaffen sind, gar nicht überleben könnten. Hier ist nicht der Mensch, hier sind Pinguine und Robben die Krone der Schöpfung.

Auf diesem „Bußgang" lernen wir aber doch, uns zu behaupten. Der Trick ist, langsam, aber ohne Zögern durch das Gewimmel zu gehen und uns durch lautes Reden bemerkbar zu machen, damit die Tiere nicht unvorbereitet mit uns zusammentreffen. Auch vermeiden wir, sie direkt anzuschauen, weil sie sich dadurch angegriffen fühlen. Eva, unsere Psychiaterin, ist geradezu ein Naturtalent, sie schwebt wie eine Heilige durchs grausige Gewürm, ihren Skistock wie ein Banner des Glaubens hochhaltend. Ich sehe nicht, daß sie auch nur einmal von einem Tier angegriffen wird.

Birgits Tagebuch: „Als wir an Land gingen, attackierten sie uns, und ich hatte fürchterliche Angst. Im Lauf der nächsten Tage merkten wir jedoch, daß die Tiere nur bis zu einem bestimmten Abstand herankommen. Nur wenige Halbstarke wollen raufen, und diese können wir meist durch Anbrüllen abwehren."

Übrigens sind etwa fünf Prozent der Seebären blonde, fast weiß bepelzte Gesellen – keine Albinos, denn sie haben schwarze Schnauzen und dunkle Augen. Es ist ein Erbmerkmal wie bei weißen und schwarzen Hunden, nur erheblich seltener.

Unser erster Spießrutenlauf über die Landenge dauert rund eineinhalb Stunden, dann haben wir den Undine-Hafen auf der Südseite vor uns: ein Gebirgspanorama aus hohen, vergletscherten Felsgipfeln und gestrandeten Eisbergen rund um eine weite, ebene Bucht, mit Geröll, Schlamm und Modder übersät. Und auch hier: Hunderte von Seebären!

Am folgenden Tag entdecken wir am Strand von Elsehul, nahe einer Nothütte, einige der alten gußeisernen Kessel, die etwa vierhundert Liter fassen und in denen Robben- und Pinguinblubber zu Tran verkocht wurde. Auf einem aus Backsteinen gezimmerten Herd standen sie über dem Feuer. In friedlicher Ahnungslosigkeit liegen Robbenmütter mit ihren Jungen in den Kesseln wie in einem behaglichen Nest. Einem der kleinen Seebären wird ein solcher Pott allerdings beinahe zum Verhängnis. Wir gehen einem kläglichen Quieken und Maunzen nach und entdecken, daß sich der Kleine in einem breiten Spalt der Kesselwand eingeklemmt hat. Birgit und Danko, mit dicken Lederhandschuhen gegen eventuelle Bisse geschützt, befreien den vor Schreck stillhaltenden Unglückswurm aus der Falle. Auch Mutter und Vater Seebär bleiben friedlich. Liebevoll nehmen sie den jaulenden Sprößling in ihre Mitte.

Eine weitere Rettungsaktion, bei der wir ein Weibchen von tief in ihren Hals einschneidenden Netzsträngen befreien wollen, schlägt leider fehl. Der Einsatz ist gut geplant, jeder von uns weiß, was er zu tun hat, und sogar ein Operationsbesteck liegt bereit. Wir wollen den Bullen mit Stangen abhalten, aber er schützt sein Weibchen so geschickt und schnell, daß es an uns vorbei ins Wasser flüchten kann. Stundenlang warten wir, aber es läßt sich nicht mehr blicken.

Noch häufig sehen wir solch arme Kreaturen mit Netzresten, Schlingen oder Drahtseilen um den Hals. „Ein Betäubungsgewehr müßte man haben", überlege ich laut. „Aber wer weiß, ob sie nach dem Schuß nicht noch schnell entwischen und dann ertrinken." Auch Erich ist skeptisch: „Vielleicht könntest du so eine oder zwei retten, hundert andere aber nicht. Netze, Tauwerk und Drahtseile treiben doch heutzutage auf allen Meeren. Wenn du dagegen etwas tun wolltest, müßtest du erst mal der Fischerei eine Betäubungsspritze verpassen." Natürlich hat er recht. Selbst an den Stränden Spitzbergens, auf 80 Grad Nord, haben wir Rentiere gefunden, die sich mit ihren Geweihen in angeschwemmten Netzresten verstrickt hatten und jämmerlich zugrunde gingen. Aber es schmerzt, das Elend der Tiere mit ansehen zu müssen, ohne helfen zu können.

Uns fallen auch zahlreiche auf andere Weise als durch Bißwunden und Zivilisationsmüll verletzte und kranke Tiere auf; besonders viele leiden an eitrigen Augenentzündungen, möglicherweise wegen der starken UV-Strahlung in diesen Regionen. Allgegenwärtig wie die Krankheit ist auch die Gesundheitspolizei in Gestalt der Raubmöwen, Riesensturmvögel und der schneeweißen Scheidenschnäbler, die auf der Suche nach Verletzten und Gebrechlichen emsig durch die Kolonien eilen. Sie picken und zwicken alles und jeden, und wer sich nicht mehr wehren kann, wird brutal angefallen. „Ihr weißes Aussehen entspricht nicht ihren schmutzigen Gewohnheiten", steht in meinem sonst so sachlich gehaltenen Vogel-Bestimmungsbuch.

Auch die Riesensturmvögel, von den Seefahrern „Stinker" genannt, sind keine Unschuldslämmer. Zudem sind sie groß und kräftig mit ihrer Flügelspannweite von über zwei Metern. An Land bewegen sie sich äußerst ungeschickt; mit ausgebreiteten Flügeln mühsam Balance haltend, geben sie sich mit der Rolle von Aasgeiern zufrieden und unterstützen auf ihre Weise die Scheidenschnäbler beim Aufräumen. Auf dem Wasser werden sie dagegen zu blutrünstigen Raubvögeln, die in kleinen Gruppen mit ihren gewaltigen, durch Hornplatten verstärkten Schnäbeln auf Robbenbabies, die sich zu weit von ihren Müttern entfernt haben, einhacken und sie zerfetzen. Und wie immer, wenn's was zu fressen gibt, stürzen die Skuas, diese gerissenen Seeräuber, im Tiefflug herbei und erstreiten sich ihren Anteil.

Wunderschöne, sonnige Tage wie in einer anderen Welt sind das, fremd, faszinierend, unheimlich, unwirklich. Danko ist begeistert: „Was ich hier erlebe, ist Abenteuer – Abenteuer pur!"

Abends taucht der Barographenanzeiger bis an den unteren Rand der Trommel hinab, 966 mb. In der Nacht fallen Sturmböen von allen Seiten über uns her und versuchen, uns vom Ankerplatz zu blasen. Aber wir haben 60 Meter Kette gesteckt, das reicht. Am Morgen sind die Berghänge schneebedeckt. Vom Strand ist nicht mehr viel zu sehen, das Wasser ist hoch aufgelaufen und brandet direkt an der Hütte. Ein „Ruhetag" bei Sturm kommt uns nicht ungelegen. Wir heizen dem Dieselofen ordentlich ein und trocknen unsere feuchten Klamotten. Brot wird gebacken, eine Mahlzeit für den nächsten Tag vorgekocht, Tagebücher werden auf den neuesten Stand gebracht und einige kleinere Arbeiten am Schiff erledigt.

Am nächsten Tag wieder herrlicher Sonnenschein, es kann weitergehen. Knapp drei Wochen Zeit haben wir eingeplant für einige der schönsten Buchten und Plätze an der Nordküste der Insel. Sie ist zwar nur 90 Meilen lang und maximal drei Meilen breit, aber an ihren Rändern so ausgefranst, daß sie auf der Karte wie ein angeknabbertes Frühstückshörnchen ausschaut – Buchten also in Hülle und Fülle.

Wir wollen in die Possession Bay, wo Cook erstmals den Fuß auf dieses Land gesetzt hat. Das schöne Wetter, die aufregende Gletscher- und Berglandschaft, die vielfältige Vogel- und Tierwelt – kurz, all die Erlebnisse der letzten Tage stimmen uns euphorisch. Ja, wir sind wie betrunken ohne einen Tropfen Alkohol. Doch Übermut tut selten gut, diese Binsenweisheit bewahrheitet sich auch auf Südgeorgien. Kaum steuern wir etwas nonchalant durch die Bay of Isles, um einer kleinen Albatrosinsel schnell einen Besuch abzustatten, da sitzen wir schon auf den blinden, kelpbewachsenen Rockies. Also rasch Segel runter, Motor starten, Kiel hochkurbeln! Dank unseres Schwenkkiels kommen wir nahezu mühelos wieder frei. Nach diesem kleinen Strandungs-Zwischenspiel sehen wir alles wieder ein wenig nüchterner, lassen die verrockte Insel links liegen und begnügen uns, die Albatrosse am blauen Himmel zu betrachten.

Wie stets halten wir auch Ausschau nach Walen, können aber nirgendwo einen Blas entdecken. Vielleicht meiden die Tiere diesen Ort, an dem ein so gnadenloser Vernichtungsfeldzug gegen sie geführt wurde. Der Walfang in der Antarktis begann erst so richtig im Jahre 1903, als C. A. Larsen bei Grytviken die erste moderne Walfangkompanie gründete. Das Geschäft florierte, und nur ein Jahrzehnt später waren bereits ein halbes Dutzend weiterer Fabriken und über ein Dutzend schwimmende Trankochereien bei der Arbeit.

George Forster, ein deutscher Wissenschaftler, der Cook auf der RESOLUTION begleitete, hatte den Walfang auf Südgeorgien noch in weiter Ferne gesehen: „Sollten die Walfische des nördlichen Eismeeres vermittels unserer jährlichen Fischereien jemals ganz ausgerottet werden, so würde es Zeit sein, dergleichen in der anderen Halbkugel, wo sie bekanntermaßen häufig sind, aufzusuchen. Doch ist dieser Zeitpunkt jetzt noch sehr weit entfernt." Wie hat er sich doch geirrt! Bereits ein Jahrhundert später wurde Südgeorgien zum Dorado für Robbenschläger und Walfänger. Das letzte der gigantischen Schlachthäuser Südgeorgiens schloß, unrentabel geworden, 1965 seine Tore.

Bei Sonnenuntergang laufen wir in die Cook Bay ein, an deren Strand uns das eindrucksvolle Wrack eines Dreimasters im warmen Abendlicht entgegenleuchtet. Wir legen an der halbverrotteten Holzpier von Prince Olav Harbour an, wo wir gleich wieder von Seebären empfangen werden. Wir marschieren durch die Ruinen des 1931 verlassenen Walfängerdorfs, vorbei an hohläugigen Häusern, rostigen Kesseln, Dampfmaschinen und Vorratstanks, den

Hang hinauf zum alten Walfängerfriedhof. Zwischen den kunstvoll verzierten Eisenkreuzen halten Seebären und Pinguine Totenwache bei ihren längst verwesten, ehemaligen Schlächtern. Überall haben sie es sich gemütlich gemacht, auch in den früheren Wohnquartieren der Walfänger, in der kleinen Apotheke und der Bäckerei. Die größeren Räumlichkeiten wie Kasino, Geräteschuppen und Bootshallen sind überwiegend von Elefantenrobben belegt. Schaue ich in ein dunkles Zimmer, und jemand knurrt mich an, sage ich: „Entschuldigung", und gehe wieder hinaus. Man wird ganz verwirrt bei all dem schizophrenen Durcheinander aus elendem Zivilisationsschrott der Walfängerperiode und wieder auferstandener Wildnis. Ist das, was ich hier sehe, ein alptraumartiges Chaos oder nur ein chaotischer Alptraum?

Von Pinguinen eskortiert, überqueren wir die große, weitverzweigte Possession Bay, die sich an Prince Olav Harbour anschließt. Es ist Nachmittag, als wir bei tiefhängenden Wolken und schlechter Sicht mit Radarunterstützung weitere 20 Meilen an der Küste entlang nach Südosten schippern. Blinde Klippen und steile Felsen vor der Küste, an denen die See mehrere Meter hoch brandet, halten uns in Atem, und auch die Zahl der Eisberge nimmt stetig zu. Aus der Weddellsee kommend, driften sie von Süden her um die Insel herum. Sie sind nicht allzu groß und meist arg gebeutelt von der beschwerlichen Reise über den Schelfsockel der Insel.

Knapp vor Einbruch der Dunkelheit erreichen wir die Stromness Bay, in der man unwillkürlich an den englischen Antarktisforscher Ernest Shackleton denken muß. Seine erste Antarktisexpedition hatte er 1901/4 mit Scott zusammen gemacht und anschließend mehrere Expeditionen selbst geleitet. 1915 war sein Schiff im Eis zerdrückt worden, seine Mannschaft hatte er jedoch auf Elefant Island in Sicherheit bringen können. Um Hilfe zu holen, war er mit fünf Leuten im offenen Boot durch die wilde Schottische See nach Südgeorgien gesegelt, 800 Seemeilen in 16 Tagen. Nachdem er drei seiner Leute an der unbewohnten Südwestküste zurückgelassen hatte, mußte er mit seinen Begleitern noch einen gewaltigen Gebirgszug im Inselinnern überqueren, um endlich die Stromness Bay zu erreichen. Durch seine schier unglaubliche Anstrengung konnte er Retter mobilisieren und all seine Leute abbergen – charakteristisch für seine außerordentlichen Führungsqualitäten. Die Ankunft in der Stromness-Walfangstation im Mai 1916 beschreibt er so:

*Zitternd vor Kälte, doch leichten, glücklichen Herzens machten wir uns auf den Weg zur Walfangstation, die nur noch eine halbe Meile entfernt war. Wir versuchten, uns ein wenig herzurichten, denn der Gedanke, auf der Station vielleicht Frauen anzutreffen, brachte uns unsere unzivilisierte Erscheinung peinlich zu Bewußtsein. Unsere Bärte waren lang und unsere Haare verfilzt. Wir waren ungewaschen, und die Kleidung, die wir fast ein Jahr ununterbrochen getragen hatten, war zerlumpt und ausgebleicht. Drei unerfreulicher ausschauende Gesellen kann man sich kaum vorstellen ...*
*Wir kamen zur Werft, wo der Verantwortliche seinen Dienst versah. Ich fragte ihn, ob Mr. Sorlle (der Manager) zu Hause sei.*
*„Ja", sagte er und starrte uns an.*
*„Wir würden ihn gerne sprechen", sagte ich.*
*„Wer seid ihr?" fragte er.*
*„Wir haben unser Schiff verloren und sind über die Insel gekommen", antwortete ich.*
*„Ihr seid über die Insel gekommen?" sagte er in äußerst mißtrauischem Ton. Der Mann ging zum Haus des Managers, und wir folgten ihm. Später erfuhr ich, was er zu Mr. Sorlle sagte: „Da sind drei seltsam aussehende Gestalten, die behaupten, über die Insel gekommen zu sein und Sie zu kennen. Ich hab' sie draußen gelassen." Eine dringend erforderliche Vorsichtsmaßnahme aus seiner Sicht.*
*Mr. Sorlle kam aus der Tür und sagte: „Bitte?"*
*„Kennen Sie mich nicht?" fragte ich.*
*„Ich kenne Ihre Stimme", anwortete er zögernd. „Sie sind der Maat der* DAISY.*"*
*Ich sagte: „Mein Name ist Shackleton."*
*Sofort streckte er mir die Hand entgegen und sagte: „Kommen Sie herein, kommen Sie herein."*
*„Sagen Sie mir, wann war der Krieg zu Ende?" fragte ich.*
*„Der Krieg ist nicht zu Ende", antwortete er. „Millionen werden getötet. Europa ist verrückt. Die Welt ist verrückt."*

Wunderschöne graublaue Rußalbatrosse und Küstenseeschwalben mit schwarzen Käppchen begleiten uns zwischen moosgrün bewachsenen kleinen Inseln nach Leith Harbour hinein. Wieder legen wir an einer alten Holzpier an, diesmal allerdings in einem richtigen Hafenbecken und vor einer großen, in dieser Einsamkeit gigantisch und unheimlich anmutenden, recht gut erhaltenen Geisterstadt. Diese Walfangstation wurde erst 1965 aufgegeben. In den letzten Jahren waren mangels Walen fast nur noch Elefantenrobben abgeschlachtet worden. Und doch empfängt uns gerade hier am Steg eine kolossale, rülpsende Elefantenrobbendame.

Wir verbringen eine friedliche Nacht. Außer dem Rülpsen und Knurren der Robben ist kein Laut zu hören, und auch der Wind ist eingeschlafen. Am Morgen Bilderbuchwetter und zehn Grad Wärme! Entdeckungsfreudig ziehen wir in kleinen Gruppen in verschiedene Richtungen los. An den grünen Hängen äsen Rentiere, deren Vorfahren von dem Gründer Grytvikens, Kapitän Larsen, für die Jagd nach Südgeorgien gebracht wurden. Seither haben sie sich stark vermehrt. Damit sie die Vogel-Brutplätze nicht gefährden, hat man eine größere Anzahl von ihnen zum Abschuß freigegeben. Die Tiere sind nicht scheu – von uns haben sie ja auch nichts zu befürchten.

Ich schaue mir die Walfängersiedlung an, die tatsächlich so gigantisch ist wie die Tiere, die hier verarbeitet wurden. Mehrstöckige Wohnhäuser, Klubräume, Hospital, Bibliothek, Kirche, Sportplätze, Trockendocks und Hellingen, zahllose Hochdrucköfen, Tran- und Vorratstanks, die große Flensrampe, Dampfmaschinen, Bulldozer, Motorboote, Tonnen von rostigem Werkzeug, Drähten, Kabeln und Maschinenteilen, Stapel von Harpunensprengköpfen und vor allem Berge von Knochen – sie alle zeugen von einer einst blühenden und schon damals äußerst fragwürdigen Tötungsindustrie, in die Millionen hineingepumpt wurden und die jetzt verkommen und verfallen ist. Keiner wird dafür zur Rechenschaft gezogen, im Gegenteil, das Meer wird weiterhin rücksichtslos leergefischt. Die Lobby der Verantwortungslosen, die gemäß der Devise *Nach uns die Sintflut* handeln, regiert auch heute unsere Welt.

Wir dichten die Fenster mit Sicaflex ab. Birgit und Danko feiern ein Badefest und karren unsere Kanister voll Gletscherwasser zu einem Häuschen gegenüber der Pier. Birgit in ihrem Tagebuch: „Ein neuer Höhepunkt. Herrliches Robinsonleben in Leith. Wir setzen die Badehütte wieder instand, heizen den alten Kohleofen, waschen Wäsche und uns selber." Auch die Bordkojen sind wieder sauber und trocken.

Für ein paar Stunden laufen wir mit der FREYDIS in die südlichste der Stromness-Buchten ein, in Husvik, wo einige britische Forscher am Werk sind. Nach dem Auszug der Walfänger hat auf Südgeorgien die Wissenschaft Einzug gehalten und betreibt aufwendige Studien über Fisch und Krill.

Bei gutem Wetter segeln wir am Nachmittag weiter, um eine vorspringende Felsnase herum und in die Cumberland-Bucht hinein. Wie ein großer stiller Alpensee breitet sich die Ostbucht vor uns aus. An ihrem südlichen Ende aber kracht, knallt und poltert es; dort schiebt sich die gewaltige Eisfront des Nordenskjöldgletschers ins Meer, fortwährend Eisberge kalbend. Wir biegen in das tief eingeschnittene, natürliche Hafenbecken ein. Auf King Edward Point, einer Landzunge am Eingang, wo seit dem Falklandkrieg 1982 – die Argentinier hatten damals auch Südgeorgien besetzt – eine kleine englische Garnison von vierzig Mann stationiert ist, klarieren wir erst einmal ein. Erfreulicherweise ist uns keiner gram, daß wir diese Formalität erst jetzt erledigen, sondern wir werden von dem jungen, sympathischen Hafenmeister Pat sehr freundlich empfangen. Er entschuldigt sich dafür, bereits ein paar Gläschen geleert zu haben, zu Ehren Cooks. Gerade heute werde nämlich der Tag der Landnahme auf Südgeorgien (vor 218 Jahren) gefeiert. In diesem Jahr sei er sogar zum offiziellen Feiertag erklärt worden. Daraufhin gibt's natürlich auch auf der FREYDIS gleich mehrere Drinks und beim Major im Offizierskasino noch eine ganze Menge Guinness zuviel. Daß wir als Gastgeschenk ausgerechnet eine Flasche argentinischen Sekt überreichen, trübt die Stimmung nicht im geringsten.

Wir verholen nach Grytviken, der keine Meile entfernten alten Walfängerhochburg, wo wir an der Pier neben drei ausrangierten Walfang-Dampfschiffen anlegen. Vor uns wieder ein Geisterdorf, aber kleiner und weniger gut erhalten als Leith Harbour. Wahrscheinlich waren hier mehr Zerstörer und Plünderer am Werk. Der Vandalismus auf den Stationen ist genauso erschreckend und abstoßend wie der Walfang selbst. Auf Grytviken ist man aber erfreulicherweise dabei, aufzuräumen und diese alte Siedlung, in der während der Saison rund fünfhundert Menschen lebten und arbeiteten, zu einem Museumsdorf herzurichten; das ehemalige Verwaltungsgebäude, gegenüber der Pier, beherbergt sogar schon ein kleines Walfangmuseum, eine Attraktion auch für die Kreuzfahrtschiffe.

Auf Grytviken bekommen die Passagiere einen recht guten Einblick in die Epoche des Walfangs und des Robbenschlachtens. Auf einem kleinen Hügel außerhalb des Dorfs liegt der Walfängerfriedhof mit vielen Gräbern aus der Zeit, als die Station von Diphtherie- und Typhusepidemien heimgesucht wurde. Ernest Shackleton liegt ebenfalls hier begraben. Er starb im Januar 1921 mit 48 Jahren an einer Herzattacke an Bord seines Schiffes QUEST in Grytviken.

Am Nachmittag besuchen uns der Major, sein Adjutant und der Arzt, der gleichzeitig Postmeister ist. Bei einer Tasse Kaffee wird die Philatelistenbörse eröffnet. Auf den hübschen Briefmarken sind die Tiere Südgeorgiens und Szenen aus der Expeditionsgeschichte abgebildet. „Aber in unserer Geschichte waren gewiß noch niemals vier Ärzte gleichzeitig in Grytviken, noch dazu drei weibliche", lacht der Garnisonsarzt und lädt uns ein, sein kleines Hospital zu besichtigen, in dem er sogar röntgen und kleine operative Eingriffe durchführen kann. Außerdem bekommen wir die Erlaubnis, in den Einrichtungen der Garnison zu duschen und unsere Wäsche zu waschen. Die großzügigen Geschenke der Militärs – 250 Liter Diesel, Limonensaft und eine Kiste Apfelsinen – kommen uns wirklich gut zupaß. Wir revanchieren uns mit einer Spende fürs Walfängermuseum.

In aller Frühe gehen Erich und ich, mit Filmkamera und Fotoapparaten bewaffnet, auf die Pirsch. Es wird ein anregender Vormittag voller Eindrücke und kleiner Erlebnisse. Das letzte hat es allerdings in sich: Als Erich am Strand einem kolossalen Elefantenrobbenbullen inmitten seines Harems mit der Kamera zu nahe auf den Pelz rückt, fühlt dieser sich offensichtlich grob belästigt und geht blitzschnell mit aufgeblasenem Nasensack wutschnaubend auf Erich los. Um ein Haar hätte er ihn mit seinen drei bis vier Tonnen überrollt. Von da an machen wir einen großen Bogen um die Tiere.

Kein Wunder, daß mich bei unserem nächsten Landgang in Ocean Harbour nackte Angst packt, als wir abends mit dem Dingi zum Ufer paddeln und plötzlich Elefantenrobbenmachos auf uns zuschwimmen. Ein Rammstoß genügt, und wir liegen alle im eiskalten Wasser! Aber sie sind nur ein bißchen neugierig, drehen gleich wieder ab. Auch am Strand bleiben wir unbehelligt, obwohl sie dort in großer Zahl herumliegen oder ins Wasser robben, gründeln und fressen. Erhard macht einen tollen Fund: einen gewaltigen Elefantenrobbenzahn in einem noch gewaltigeren Unterkieferknochen. In der Crew bricht ein wahrer Elfenbeinrausch aus, jeder will so einen Zahn finden. Erst bei Dunkelheit sind wir wieder an Bord. Wer keinen Zahn abbekommen hat, kriegt als Trostpflaster ein besonders großes Stück der Pizza, und das ist auch nicht schlecht.

Ein paar Meilen von Ocean Harbour entfernt ankern wir in der St. Andrews Bay, einer weit offenen Bucht mit phantastischem Panorama. Gletscherzungen wälzen sich bis zur breiten Strandebene hinunter. Am Ufer zieht ein Finnwal-Paar entlang: Endlich sehen wir Heimkehrer in ihren angestammten Revieren! Diesmal haben wir überhaupt „tierisches" Glück.

Als wir an Land gehen, schieben sich Wolken über die Berggipfel und bringen Dauernieselregen. Weil ich nicht filmen kann – meine Kamera ist leider nicht wasserdicht –, setze ich mich einfach an den Strand und lasse mich naßregnen. Dabei beobachte ich das Strandleben, gegen das die Copacabana ein elender Provinzstrand ist (die St.-Andrews-Bucht beherbergt immerhin 10 000 brütende Paare von Königspinguinen), und freue mich darüber, wie es hier „menschelt". In kleinen Gruppen versammelte Zeitgenossen begegnen sich mit Verbeugungen und Trompetenstößen, Liebespaare stehen weltversunken aneinandergeschmiegt im Getümmel, Suchende wandern ruhelos umher, laut schreiend und überall nach dem Partner Ausschau haltend, während zufriedene Mütter und Väter ihre fettgefütterten, in dicke braune Daunenmäntel gehüllten Kinder ausführen. Gar nicht selten kommt es auch zu Verstimmungen und Händeln, oder vielmehr „Flosseln", unter den Strandbesuchern. Die Streithähne schrecken nicht davor zurück, ihren Widersachern kräftig eins mit den Flossen überzubraten.

1 Rund Kap Hoorn im Winter

2 Die FREYDIS an der MICALVI, einem ehemaligen Rheindampfer, im Naturhafen von Puerto Williams im Beaglekanal

3 Abschied von unseren amerikanischen Freunden Greta und Ken

4 Auf der Suche nach alten Indianer-Lag
 stätten überraschen uns Schneestürme
5 Schneekehren als Morgengymnastik
6 Ausfall des Echolots: Heiner muß ein
 Ersatz-Echolotgeber außenbords halte

7 Aufregende Funde am Kap Hoorn: Jagdinstrumente ehemaliger Feuerland-Indianer und…

8 …ein Delphinskelett am Strand.

9 Bei den starken Fallwinden auf der Stateninsel muß das Schiff sorgfältig mit Leinen gesichert werden.

10 In einer geschützten Bucht der Staateninsel lassen wir uns trockenfallen, um die Fenster abzudichten und den Echolotgeber auszuwechseln.

11 Eine Königskrabbe wird an Bord zubereitet: Jessica zeigt mir, wie's gemacht wird.

13

14

12 Birgit und Skipper in der „Klempnerwerkstatt" FREYDIS

13 Flugschneise der Albatrosgroßstadt auf Beauchêne

14 Eselspinguin mit Brautgeschenk

15 Schlauchbootpartie durch moorige Wildwasserbäche auf der Staateninsel

16

17

18

16 Unser Dingi wird bestaunt wie eine fliegende Untertasse.

17 Ein tolles Ding! Da vergessen kleine Robben und Riesensturmvögel sogar ihre Feindschaft.

18 Seebären als Grabwächter auf Südgeorgien

19 Eltern führen ihre Kinder spazieren.

20 Eva und das Königspinguin-Empfangskomitee

**21**

**22**

**23**

21 Schwarz und Weiß aus demselben Wurf: Bei den Robben auf Südgeorgien gibt's keine Rassenprobleme.

22 Mit Netzresten strangulierte Robbe

23 Birgit rettet ein Robbenbaby, das sich im Sprung eines alten Trankessels eingeklemmt hat.

Mit mir wollen die Pinguine nichts zu tun haben. Wenn sie mich entdecken, wenden sie sich ab, gehen mir aus dem Weg. Aber plötzlich faßt sich einer doch ein Herz und kommt geradewegs auf mich zu. Er ist ganz eifrig, untersucht mit spitzem Schnabel meinen roten Segeloverall und meine Kamerahülle. Lange sitze ich ihm Aug' in Auge gegenüber – wunderschöne, bernsteinfarbene Augen hat der Kerl. Er scheint vor mir genauso wenig Furcht zu haben wie vor seinen Artgenossen. Ich rede mit ihm, aber er hüllt sich in Schweigen, ziert sich ein bißchen. Plötzlich dreht er sich um und geht weg, aber nur, um mit dem Schnabel einen Stein aufzunehmen und ihn mir vor die Füsse zu legen. In der Pinguinsprache bedeutet das ein Brautgeschenk. Ich bin ganz gerührt. „Ach was, er hat dir eine Art Fehdehandschuh hingeworfen", lacht Karl, als ich später von meiner Begegnung mit dem schönen Pinguin erzähle, aber ich glaube ihm nicht. Ich bin sicher, es war Liebe auf den ersten Blick.

Wir segeln dreißig Meilen weiter und werfen den Anker in Gold Harbour. Auch diese Bucht ist weit offen, aber etwas ruhiger, weil es nicht ganz so stark hereinschwellt. Wieder großartiges Gletscherpanorama: direkt in die Bucht kalbende Gletscherzungen, Endmoränenstrände, große Kolonien von Königspinguinen und jede Menge anderen Getiers. Das einmalige Abenteuer wird langsam zur Gewohnheit, auch Birgit stellt fest: „Wir waten schon wieder durch Pinguine, alles ist vertreten: balzende, brütende und Kinderstuben."

In der Nacht weht es stark, zum Glück ablandig. Gegen Mittag laufen wir aus, in Richtung auf unser letztes Ziel in Südgeorgien, den Drygalskifjord am südöstlichen, eisigen Ende der Insel. Es ist zwar nur ein Katzensprung von zwanzig Meilen, aber hier weiß man ja nie. Als immer mehr schwarze Wolken aufziehen, sind wir schon sicher, daß es uns diesmal erwischt. Aber Rasmus ist gnädig gestimmt, läßt uns unter drohend schwarzem Himmel in den schmalen Larsen Harbour hineinsegeln, einen Seitenast des großen Drygalskifjords mit hohen, vergletscherten Bergen und zahllosen verschneiten Sandstränden. Wir ankern auf 16 Meter Tiefe und stecken unsere ganzen 60 Meter Kette. Das Barometer ist stark gefallen, man muß mit allem rechnen.

Trotzdem wird die Nacht wunderbar ruhig wie in Abrahams Schoß. Ab und zu kratzen zwar kleine Growler mit Katzenpfötchen an der Außenhaut, aber das kann uns nicht aus den Kojen reißen. Ich genieße dieses Nomadentum auf See mit seiner urigen Blockhüttenatmosphäre, obwohl wir dabei ständig auf dem Sprung sind, immer flexibel und improvisationsbereit. Alle fühlen sich übrigens robbenwohl, auch wenn Karl bei manchen Galeerenarbeiten ein Stoßgebet zum Himmel sendet oder ernüchtert die Frage stellt: „Welcher Idiot hat eigentlich gesagt ‚Seefahrt tut not'?"

Am Morgen scheint die Sonne. Wir haben richtig warmes Föhnwetter, nur ein paar Linsenwölkchen kleben am Himmel. Nach einem gemütlichen Frühstück starten wir mit dem Dingi zu einer Erkundungsfahrt durch den Larsen Harbour. Auf den kleinen Eiskälbern vor einem Gletscherabbruch haben sich junge Blauaugen-Kormorane versammelt. Mit langen Hälsen beugen sie sich zu uns herab, fallen vor Neugierde beinahe ins Dingi und schauen mit kornblumenblauen Augen geradezu kamerageil in unsere Objektive.

An den kleinen Stränden treffen wir neben dem üblichen Pelzgetier erstmals wieder auf Wedellrobben, die sich sonst überwiegend an den Küsten des antarktischen Festlands und der südlicheren Inseln aufhalten. Während unserer Überwinterung auf Deception hatten wir mit zwei solcher Robben enge Freundschaft geschlossen. Wir freuen uns über das Wiedersehen mit ihren Artgenossen, gleichzeitig ist die Erinnerung an unsere Überwinterung mit allen höllischen und paradiesischen Stunden wieder gegenwärtig. Träge liegen die großen, zwei bis drei Meter langen, sanftmütigen Tiere auf den schattigen Plätzchen im Eis.

Esel-, Goldschopf- und Kehlstreifenpinguine sind wesentlich aktiver. In Reih und Glied stapfen die kleinen Wichte die vereisten Schneehänge hoch bis zu einem Vorsprung, wo sie sich wie Skifahrer vor dem Lift drängeln. Wenn sie wieder ins Wasser wollen, rutschen sie einfach bäuchlings den Hang hinunter, wobei so manche Rutschpartie mit unsanftem Plumps auf ihren Frackhosenboden oder mit Purzelbäumen endet.

Auch wir steigen hinauf, aber viel höher, nämlich bis zu einem Bergsattel, von dem aus wir aufs offene Meer schauen können. Zugegeben, ein nicht ganz risikofreies Unternehmen, weil die Sonne auf die Schneebretter brennt, über die wir zwei Stunden lang klettern müssen. Aber wir werden belohnt. Eva notiert: „Traumhaftes Panorama! Der Blick auf den unter uns liegenden Fjord mit der winzigen FREYDIS und aufs offene Meer mit unzähligen Eisbergen, hinter denen unser nächstes Ziel, die Südsandwich-Inseln liegen, läßt alle Mühen und allen Schweiß vergessen." Aber hinten am Horizont breiten sich dunkle, drohende Nebelbänke aus, auch das haben wir gesehen.

Der Barographenzeiger ist in den Keller gestürzt und bleibt dort stehen. Diesmal geht der erwartete Hexentanz mit Einbruch der Dunkelheit dann auch richtig los. Wind heult und pfeift in der Takelage. Fallböen sausen wie Hammerschläge auf uns herab, und die FREYDIS hüpft und bockt hysterisch um den Anker, reißt und ruckt an ihrer Kette. Also verstärkte Ankerwache, und zur Sicherheit muß der zweite Anker klargemacht, 30 Meter schwere Kette aus den Tiefen der Bilge an Deck gezerrt und dort bereitgelegt werden.

Die ganze Nacht Starkwindböen. Gegen Morgen nimmt der Wind ab, es ist diesig und deutlich kälter. Die weibliche Crew veranstaltet trotzdem eine Duschorgie unter einem Wasserfall, wobei sie von den Pelzrobben-Machos wie von Spannern beobachtet wird. Karl und Erhard waschen in einem Gletscherbach ihre Wäsche und suchen die Strände ab, die aber „zahnmäßig nicht besonders ergiebig" sind. Danko unternimmt eine Bergwanderung auf eigene Faust. Es sind richtige Ferientage, in denen Erich und ich uns auch die Zeit nehmen, ein Resümee der bisherigen Reise zu ziehen. Schließlich sind wir auf dieser Etappe schon 23 Tage unterwegs. Wir fragen uns, wie sich das Zusammenleben an Bord entwickelt und ob Südgeorgien unseren Erwartungen entsprochen hat, ob wir uns noch weiter zu den Südsandwich-Inseln vorwagen oder lieber den kürzesten Weg nach Tristan da Cunha in die gemäßigten Breiten einschlagen sollen.

Beim Zusammenleben an Bord bilden sich im Lauf einer Reise gewisse Strukturen heraus. Abgesehen von der Hierarchie, die Skipper, Eigner und Wachführer verkörpern, kommt es zu Cliquen, Freundschaften, Feindschaften, Zu- oder Abneigungen, Konkurrenz- und Positionskämpfen, kaum anders als im täglichen Leben. Aber auf einem kleinen Schiff, noch dazu in einer Region, die alle Kräfte fordert, können sich Charakterzüge und Verhaltensweisen ungleich intensiver auswirken. Es gibt eben keinen Feierabend, an dem man abschalten und sich regenerieren kann, keine Trennung in geschäftliche und private Sphäre. Ständig hockt man aufeinander. Der Anpassungsdruck ist enorm und kostet viel Energie – je nachdem, ob einer von Natur aus tolerant und kommunikationsfreudig oder eher introvertiert ist. Verstellen kann man sich jedenfalls kaum unter diesen Bedingungen und auch keinem etwas vormachen. An Bord zählt nur, was einer fürs Boot und für die Gemeinschaft bringt. Und gerade das ist ja auch eine der besten Seiten der Segelei.

Erich und ich hatten vor der Reise mehrere Punkte aufgeschrieben, die unserer Meinung nach für das Gelingen eines solchen Törns wichtig sind. Zum Beispiel sollte die Crew sich vorher untereinander kennenlernen und der Schwierigkeitsgrad der Reise ihren praktischen Erfahrungen und theoretischen Kenntnissen angemessen sein. Der Landaufenthalt mit Erholungspausen darf nicht zu kurz sein, auch sollte es keinen Gruppenzwang geben; jeder kann während der Freiwache oder an Land seinen persönlichen Interessen nachgehen. Alkohol während der Wache ist tabu, ebenso Rauchen unter Deck.

Auch sollte die Mannschaft vor Antritt der Reise darüber nachdenken, wie sie an Bord auftretende Konflikte lösen will. Diese Punkte wurden beim ersten Treffen angesprochen und von der Crew durch viele Vorschläge und Anregungen ergänzt. Natürlich haben wir keine Patentrezepte, aber allein schon das Ansprechen möglicher Probleme und das Nachdenken darüber hilft oft, sie zu lösen.

Bisher ist die Reise aus unserer Sicht sehr gut verlaufen. Erhard und sein Wachkamerad Karl sind dicke Freunde geworden, Birgit und Danko haben sich trotz der Ankündigung, ab und zu ginge es bei ihnen „hoch her", immer noch nicht gezankt. Eva hat eine besonders ausgeprägte Gabe, nirgendwo Aggressionen zu wecken, das haben selbst die Seebären bemerkt. Erich hat so viel Verantwortung und Arbeit, daß er sowieso friedlich ist, und ich koche für die ganze Gesellschaft, wohl wissend, daß Liebe durch den Magen geht. Die Crew ist aufeinander eingespielt und mit dem Schiff gut vertraut.

Südgeorgien war von einer einmaligen Erlebnisdichte für uns. Die Insel ist eine grandiose Mischung aus ursprünglicher Landschaft und Tierparadies. Trotzdem reizt es uns alle, „vielleicht noch einen oben drauf zu setzen", wie Erich es ausdrückt. Südgeorgien ist ja noch Teil der bekannten Welt. Dahinter aber hört die Welt auf, auch heute noch. Von den Südsandwich-Inseln gibt es nur einige wenige veraltete und ungenaue Karten.

Der British Antarctic Pilot liefert nur spärliche Informationen und Hinweise auf das, was uns dort erwartet. Diese vergessenen Eilande, die wir anlaufen wollen, sind zwar mit unseren modernen Navigationshilfen nicht mehr so schwer zu finden, aber wir wissen, daß es an ihren Küsten keine einzige geschützte Bucht gibt, in der wir gefahrlos ankern können, und daß ein Betreten nur unter allergünstigsten Wetterbedingungen möglich sein wird. Was aber unsere Neugier hauptsächlich anfacht, ist ihr aktiver Vulkanismus und die Massen an Tieren, deren ungeheure Zahl sogar Südgeorgien noch weit übertreffen soll.

Alle sind dafür, den Versuch zu wagen. Packen wir's an!

Vor dem Auslaufen müssen wir noch einige Arbeiten am Schiff erledigen: den orangeroten Sack an der Saling, unseren mit Gas aufblasbaren Auftriebskörper für den Fall einer Kenterung, neu befestigen; den Kiel wieder mit einer Drahtschlinge festzurren; den Tank mit Gletscherwasser auffüllen; Brot backen und für harte Zeiten vorkochen; Steuerseile überprüfen und Bilge säubern. Dann verschlingen wir noch ein paar Sandwiches – was sonst –, und los geht's. Raume Winde blasen uns vorwärts. Im goldenen Schimmer der Abendsonne versinkt achteraus die gebirgige, klippenübersäte Küste Südgeorgiens, deren Gewässer einst die reichsten Walfanggründe der Erde waren. Nichts ist uns geblieben, das man hätte festhalten können, außer in der Erinnerung.

# Zu den Südsandwich-Inseln, dem schrecklichsten Platz auf Erden

*Slalomfahrt durchs Eis – Gigantisches Billardspiel – Luzifers Reich – Lebensgefährlicher Landgang – Gasmasken und grüne Lungen – Tausendundein Pinguin – Feuerwalzen in der Finsternis – In Saus und Braus Richtung Tristan*

Kaum haben wir Südgeorgien verlassen, frischt der Wind beträchtlich auf, bläst mit sieben Beaufort, zum Glück noch immer von achtern. Und auch der Southern Ocean Current schiebt uns wieder vorwärts. Mit full speed – zehn Knoten! – stürmen wir durch die aufgewühlte Wasserlandschaft. Rund 400 Seemeilen sind es bis zu unserem nächsten Ziel, den Südsandwich-Inseln, über die niemand etwas Genaues zu wissen scheint. Sie werden selten besucht und noch viel seltener betreten, so selten, daß wir selbst auf Südgeorgien und den Falklands, den Verwaltungsorten der Inseln, so gut wie keine Informationen über sie erhalten konnten.

Aus dem Antarctic Pilot und unserem Kartenmaterial haben wir herausgefunden, daß die Inseln von einem flachen unterseeischen Riff zusammengehalten werden und einen nach Osten konvexen Bogen bilden, der sich in Nord-Süd-Richtung über vier Breitengrade hinzieht und fast den sechzigsten tangiert. Die meisten Inseln sind vulkanischen Ursprungs, einige davon wie Zavodovski und Candlemas sogar noch aktiv.

Im Winter und Frühjahr sind die Eilande, soweit bekannt, vollständig vom Packeis aus der Weddellsee eingeschlossen. Im Dezember oder Januar sollen sie aber wieder frei sein, wobei das Datum

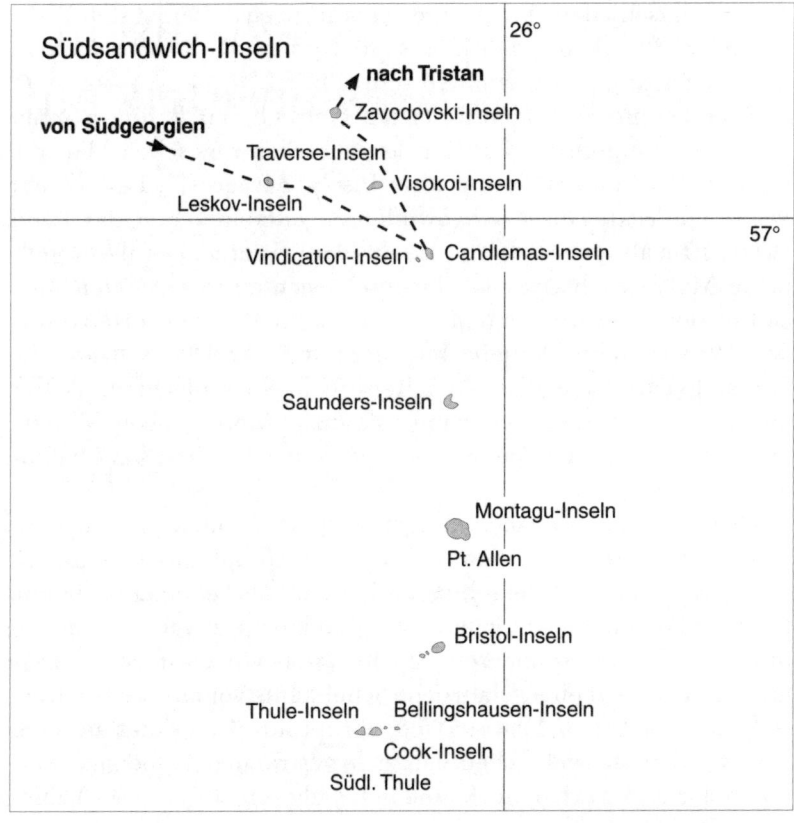

Jahr für Jahr variiert. James Cook entdeckte 1775 eine Reihe eisüberzogener und, wie ihm schien, durch tiefe Buchten getrennter Gipfel, die er Südliches Thule oder Sandwichland nannte, nach dem vierten Earl of Sandwich (dem man übrigens auch die Erfindung dieser belegten Brotscheiben zuschreibt). Er erkannte sie nicht als Inseln und hielt sie, zusammen mit den vielen Eisbergen, für einen Gebirgszug des sagenhaften Südlands, nach dem er ja suchte.

„Es ist noch ungewiß, ob die verschiedenen vorspringenden Spitzen (...) ein zusammenhängendes Land oder gesonderte Eilande ausmachen", schreibt George Forster, der wissenschaftliche Begleiter Cooks. „Vielleicht bleibt dies auch auf viele künftige Jahrhunderte unentschieden, indem eine Seefahrt nach dieser wüsten Weltgegend nicht allein gefährlich, sondern auch dem menschlichen Geschlecht zu nichts vorteilhaft sein würde."

Aber bereits 1819 konnte Fabian Gottlieb von Bellingshausen (ein deutschstämmiger Offizier der kaiserlich russischen Marine), der den Nordteil der Gruppe, die Inseln Zavodovski, Leskov und Viskoi entdeckte, diese Ungewißheiten aufklären und das Land zweifelsfrei als eine Kette von Inseln identifizieren. Der ihn begleitende Maler Michailow hat die Inselansichten so gut gezeichnet, daß sie noch heute unverändert im Antarctic Pilot abgedruckt werden. 1911 erreichte Wilhelm Filchner mit der SS DEUTSCHLAND die Südsandwich-Inseln, auf einer Reise bei sehr schlechtem Wetter und, nach Filchners Schätzung, zwanzig Meter hohen Wellen. Durch Sturm wurden die wissenschaftlichen Arbeiten stark behindert.

Diese wenigen Angaben klingen wirklich nicht, als ob wir Langeweile bekommen würden – was mag bloß auf uns zukommen? Wie beflügelt gleitet die schwerfällige FREYDIS bei dem Starkwind über die Wellen. Sie braucht diesen Wind, ist jetzt voll und ganz in ihrem Element. An anderen Tagen hätten wir darüber gejubelt, aber diesmal liegt eine gefährliche Schelfkante vor uns, wo der Meeresboden von 2 000 Metern Tiefe abrupt auf 100 Meter ansteigt. Dort werden uns wahrscheinlich viele gestrandete Eisberge erwarten und mit Sicherheit auch eine hohe, überbrechende See. Außerdem erhebt sich dort eine Gruppe einsamer Felsen steil aus dem Wasser, die Clerke Rocks. Wir hatten gehofft, diese Hindernisse erst am frühen Morgen zu erreichen. Bei Tageslicht wäre ein Ausweichen aller Voraussicht nach problemlos gewesen, ja sogar ein faszinierendes Erlebnis. Nun aber werden wir bei Dunkelheit in den Schlamassel geraten. Wir könnten natürlich beidrehen und so die Fahrt verzögern, aber wer macht das schon gern bei optimalen Segelbedingungen? Und außerdem: Vielleicht ist ja gar kein Eis da?

Es ist da! Im Radar sehen wir ein unglaubliches Bild: Ein breites Band weißer Punkte zieht sich wie eine Milchstraße über den Schirm. Alles Eisberge. Als die Nacht hereinbricht, können wir gerade noch die schwarzen Clerke Rocks gegen den Himmel ausmachen, die wie Krümel in der See verstreut liegen. Dahinter das unübersehbare, dichte Feld allmächtiger Eisberge. Eine unwirkliche, furchterregende Silhouette, so als näherte sich eine Front weit überlegener Feinde, eine eisige Antarktisarmee. Immer näher rückt die Front. „Ich wollte, es wäre Tag oder der Wind legte sich!" zitiert Erich frei nach Wellington.

Wenig später tasten wir uns mit Hilfe des Radars und konzentriertem Ausguck bei stockfinsterer Nacht durch ein nicht enden wollendes Labyrinth aus Eis. Alle Mann sind an Deck, die Furcht sitzt uns im Nacken. Erhard und Danko vorn am Bug weisen Erich am Ruder den besten Ausweichweg. Oft rufen sie ihm entgegengesetzte Richtungen zu, weil die FREYDIS überall von weißen Wänden und Brandungsrauschen umgeben ist. Bei der Kälte und dem scharfen Wind wird die ganze Crew zum ersten Mal richtig tiefgefroren. Eine Ablösung ist nicht möglich, denn keiner ist entbehrlich. Über vier Stunden dauert die riskante Slalomfahrt durch diese Geisterwelt, dann endlich haben wir wieder freies Wasser vor uns und können aufatmen. Die Freiwache kann unter Deck ihre erstarrten Glieder mit Tee und heißer Suppe zum Leben erwecken.

Gegen Morgen dreht der Wind wieder vorlich. Den ganzen Tag bolzen wir durch hohe Seen, werden hin und her geschleudert und machen trotz dieser Marter nur jämmerliche vier Knoten Fahrt. Enge, Kälte, Nässe: Wie menschenfeindlich Seefahrt sein kann, wird allen Crewmitgliedern ohne romantische Beschönigung vorgeführt. Entsprechend sinkt die Stimmung an Bord. Besonders auf langen, harten Reisen ist kaum ein Segler gegen negative Gemütsschwankungen restlos gefeit. Birgit, sonst eher Muntermacherin ihrer Wache, weint, weil die Seekrankheit sie fertigmacht, und wünscht sich nichts mehr, als aussteigen zu können. Karl spendet Trost mit Bibelsprüchen: „Und wenn es schön war, so war es Mühsal und Arbeit. Kinder, vergeßt das nicht!" Viele Vögel begleiten uns getreu, allen voran Wanderalbatrosse und Mollymauks, aber auch Seeschwalben, Sturmtaucher und Sturmschwalben. Gelegentlich schwimmen sogar Esels- oder Zügelpinguine mit uns um die Wette. Daß das Baro stetig fällt, macht nur uns unruhig.

Bis zur Insel Leskov, die wir als erste erreichen, weil sie etwas westlich des Bogens liegt, den die übrigen Südsandwich-Inseln beschreiben, sind es am Abend noch 160 Seemeilen. Doch Leskov ist kein Zufluchtsort bei Sturm, sondern eine ringsum abschüssige Insel ohne eine einzige geschützte Bucht. Bis nach Candlemas, wo wir auf einen einigermaßen sicheren Ankerplatz hoffen, sind es sogar noch über 200 Meilen. In der Nacht wieder Eisbergkarawanen. Warum kommen die bloß immer im Dunkeln aus ihren Verstecken? Das Radar zeigt zwar alle großen Eisberge, bei Growlern aber, die oft hinter Wellenbergen versinken, ist auch das Radar unzuverlässig. Dabei wiegt ein Growler mit nur zehn Metern Kantenlänge, der zu acht Zehntel unter Wasser schwimmt, immerhin tausend Tonnen. Bei einer Kollision wäre er für die FREYDIS genauso tödlich wie ein ausgewachsener Eisberg.

Der Crew bleibt nichts anderes übrig, als Stunde um Stunde am Bug Ausschau zu halten, bis die Nacht vorüber ist. Die Temperatur ist in den letzten Stunden weiter abgesackt, wir haben nur noch zwei Grad über Null. Das Baro hat sich's überlegt und verhält sich jetzt neutral. Bei fünf Windstärken aus Nordost können wir die Insel nicht mehr auf direktem Kurs anlaufen, sondern müssen kreuzen. Wir setzen deshalb die kleine rote Fock, um höher an den Wind zu kommen, und hoffen, daß er bald dreht.

Unser Zeitplan, nach dem wir bereits am nächsten Abend Candlemas erreichen sollen, gerät ins Wanken. Noch 145 Meilen sind es bis dorthin – aber es werden lange, beschwerliche Meilen. Trotzdem können wir uns nicht beklagen. Jedes Wetter ist besser als Sturm, denn Eisberge und Growler sind bei fliegender Gischt und hoher, schäumender See kaum auszumachen; ein Aufenthalt in so einem Hexenkessel gliche Russischem Roulette oder einem gigantischen Billardspiel mit vielen weißen und einer roten Kugel.

Wir sind alle ganz schön weichgeklopft – bei der Anstrengung und dem Schlafmangel der letzten Tage kein Wunder. Das Stimmungsbarometer steigt trotzdem wieder, und Erhard hat weiterhin seine lockeren Sprüche drauf. Als Karl mit verquollener, unausgeschlafener Miene seine Wache antritt, frozzelt er: „Wer zerknittert aufwacht, hat den ganzen Tag Entfaltungsmöglichkeiten." Karl: „Sag' das lieber mal dieser zerknitterten See."

Als der Wind nachläßt, glättet sich die See tatsächlich, als hätte sie sich Karls Anspielung zu Herzen genommen. Wir segeln wieder auf Backbordbug. Um sieben Uhr kommt Leskov in Sicht. Etwas später erkennen wir östlich davon die Inseln Viskoi und Zavodovski, alle drei glatte, abschüssige Vulkankegel.

Zwei Stunden später schlängeln wir uns zwischen den rund um Leskov gestrandeten, glasig blau gefärbten Eiskolossen hindurch und weiter an der steilen Felswand entlang, die nirgendwo einen Ruheplatz bietet. Die knapp 200 Meter hohe, abgeflachte Insel ist fast vollständig vergletschert. Intensiver Schwefelgeruch, der uns in die Nase beißt, verrät, daß sie noch vulkanisch aktiv ist.

Für die Nacht brauchen wir unbedingt einen sicheren Liegeplatz. Wir steuern deshalb Candlemas und Vindication an. Es sind Überbleibsel eines riesigen, versunkenen Vulkankraters, nur getrennt durch einen zwei Seemeilen breiten Wasserstreifen, den Nelson Channel. Noch 46 Meilen. Wir sind gespannt, was uns dort erwartet, und fragen uns, ob man den aktiven Vulkan mit dem ominösen Namen Luzifer besteigen kann. Und was soll man sich vorstellen unter dem Medusa Pool, einer kleinen Lagune, die laut Kartenskizze einen schmalen Zugang zum Nelson Channel hat? Oder unter Gorgon Pool, Chimaera Flats, Sarcophagus und Demonpoint, Sea Serpent und Kraken Cove? Erich: „Sicher ist bisher nur die makabre Phantasie desjenigen, der diese Namen verteilt hat."

„Ist mir egàl", lacht Birgit. „Für mich steht fest, daß ich dort in den erstbesten Supermarkt gehe und Obst und Salat kaufe, auch wenn sie auf dem Sarcophagus Point gewachsen sind." Birgit hat in den letzten Tagen stark unter Seekrankheit gelitten, aber jetzt wieder gesunden Appetit. Auf Frischproviant wird sie allerdings noch eine ganze Weile warten müssen. Statt dessen gibt's heute Sauerkraut, dieses seit Cooks Zeiten hochgeschätzte Vorbeugungsmittel gegen die Geißel Skorbut.

Auf welch einfallsreiche Weise man auf der RESOLUTION selbst in diesen Breiten noch an Frischfleisch kam, erzählt George Forster: „Ein alter Quartermaster (der ehrwürdige Graukopf verdient, daß man ihn nennt) namens John Ellwell hatte eine Lieblingskatze, und diese brachte ihm jeden Morgen eine feine Ratte, die sie unten im Schiff fing. Mit diesem Leckerbissen hielten es die beiden Freunde folgendermaßen: John Ellwell zog ihr das Fell ab, nahm sie aus und briet sie, wenn alles fertig war. Die Katze erhielt erst die äußeren Teile und wohl auch einige kleine Bissen vom Rumpf. Alsdann aß

John Ellwell das übrige." Darauf Erich: „Wieso haben wir eigentlich keine Katze mehr an Bord?"

Wir laufen einige Meilen westlich an Visokoi vorbei. Die Bergspitze wird von tiefhängenden Wolken – oder ist es Dampf und Rauch? – eingehüllt. Sie sieht aus wie mit der Rasierklinge abgeschnitten. Bald darauf begegnen uns, gar nicht weit entfernt, drei Buckelwale; ein Kalb ist auch dabei. Sie scheren sich nicht im geringsten um uns, kreisen an der Oberfläche und blasen in gleichmäßigem Rhythmus ihre Wasserfontänen in die Luft.

Am späten Nachmittag erreichen wir bei klarer Sicht und Sonnenschein die Candlemas-Gruppe (englisch für „Lichtmeß", weil sie am 2. Februar von Cook gesichtet wurde). „Da liegt die Insel vor einem – lächelnd, unwillig, einladend, grandios, niederträchtig, abgeschmackt oder barbarisch und immer stumm, immer mit einer Miene, als flüstere sie: Komm, vergewissere dich." Joseph Conrads Beschreibung trifft genau die eigenartige Ausstrahlung der vor uns liegenden Insel, auch wenn sie einer ganz anderen galt. Wir sind erst einmal am Ziel unserer Wünsche, ein Gefühl der Dankbarkeit erfüllt uns, gemischt mit Stolz und Euphorie. Was ich empfinde, kann ich nur vergleichen mit dem immensen Glücksgefühl vor zehn Jahren, als sich uns zum ersten Mal die eisige Welt der Antarktis offenbarte. Karl: „Das ist ja wie Weihnachten und Ostern zugleich."

Vor uns liegt ein Riff, das von der Westinsel Vindication in östlicher Richtung gen Candlemas zu bis weit über die Mitte des Nelson Channel ragt – eine natürliche Barriere für Eisberge, die dort wie auf einem riesigen Friedhof gestrandet sind. Bei der Suche nach einem geeigneteren Ankerplatz umrunden wir Candlemas, eine faszinierend häßliche, unglaublich aufregende, vielgesichtige Ausgeburt der Hölle. Dort, wo wir laut Karte den Eingang zum Medusa Pool suchen, liegt eine breite, von der See aufgeworfenen Geröllbarriere. Die einstige Lagune ist vom Meer völlig abgeschnitten. Luzifer aber raucht und dampft wie in alten Zeiten, und seine 240 Meter hohen Kraterwände opalesieren aufreizend rot, schwefelgelb und violett.

Im Gegensatz zu der flacheren, weitgehend unvergletscherten Nachbarinsel Vindication ist Candlemas fast vollständig unter einer enormen Gletschereisdecke begraben und hat, neben Luzifer, noch zwei erheblich höhere Berge, den 550 Meter hohen Mount Andromeda und den benachbarten Mount Perseus. Der Namensgeber hat sich offenbar gut ausgekannt in der griechischen Mythologie. Zum Glück haben wir Schwabs *Griechische Sagenwelt* in unserer Bordbibliothek und können nachlesen: Um die Götter zu versöhnen, wurde die schöne Andromeda von ihrem Vater an eine Klippe geschmiedet, wo sie einem Ungeheuer – hier kann nur der stinkende und qualmende Luzifer gemeint sein – preisgegeben war; Perseus befreite sie und erhielt sie dafür zur Frau.

Staunend segeln wir vorbei an Hängen aus glasigem Eis, die manchmal bis zum Wasser hinunter reichen, an schroffen dunklen Wänden aus orgelpfeifenartigem, mit Eisstalaktiten geschmücktem Basalt, an kleinen Kieselstrandbuchten voller Pinguine und an marineblauen, flaschengrünen oder bunt wie Achat gemaserten Eisbergen, wie wir sie noch nie gesehen haben. Weniger edel ist die Rotfärbung an der Oberfläche anderer Eiskolosse, die von Pinguin-Exkrementen stammt, und der widerlich faulige Geruch, der über allem liegt. Schwer zu entscheiden, was mehr stinkt, Vulkan oder Pinguine. Scharen von ihnen jumpen durchs Wasser, krallen sich an glatten Eisbergwänden fest und klettern wie mit Steigeisen, den Schnabel als Eispickel benutzend, auf Simse und Plateaus. Dort sitzen sie dann wie Touristen auf überfüllten Kreuzfahrtschiffen. Auch die FREYDIS versuchen sie zu entern, oft mit einem kühnen Sprung aus dem Wasser, wobei sie mit dem Bauch gegen den Rumpf klatschen und mal schnell wie neugierige Kinder durch die Scheiben in Salon und Toilettenraum spähen.

Nach einer Umrundung der Insel ankern wir abends in einer Bucht an ihrer Nordseite. Hier sind wir gegen alle Windrichtungen außer den nördlichen geschützt. Da es aber inzwischen aus Südost bläst, besteht im Moment keine Gefahr. Für alle Fälle stecken wir jedoch 60 Meter Kette und markieren den Anker mit einer Boje. Die Bucht ist begrenzt durch grobe Bimssteinlava, dunklen Sand und von einer Barre aus dicken, rundgeschliffenen Steinen. Dahinter liegt ein kleiner Inselsee, ein Teil des womöglich verlandenden Medusa Pools, der im Gegensatz zur veralteten Karte auch nach Westen zu vom Meer abgetrennt ist.

Trotz hohen Schwells und tosender Brandung rudern wir nach relativ ruhiger Nacht alle mit dem Dingi an Land. Welch ein aufregendes Gefühl, den Fuß auf eine Insel zu setzen, deren Bewohner wahrscheinlich noch niemals einen Menschen gesehen haben! Uns ist, als beträten wir einen fremden Planeten. Unzählige Kehlstreifenpinguine bevölkern das Wasser, die Steine, den See dahinter und seine dunklen Aschenstrände. Auch einige Seebären, Elefanten- und Weddellrobben mischen sich darunter. Durch ein Labyrinth aus schwarzer, stacheliger Lava und grotesken, urzeitlich anmutenden Gesteinsformationen, die zum Teil durch Eisbrücken zusammengehalten werden, kraxeln wir bis zum Fuße Luzifers, sozusagen durch die Vorhölle. Wie kleine schwarz-weiße Teufelchen hocken Zügel-, Esels- und Adeliepinguine mit Kind und Kegel zwischen den schwarzen Lavadornen, in Höhlen, Schluchten und Spalten. Auf hohen Lavapfeilern halten Raubmöwen Ausschau nach verwundeten Tieren, unbewachten Küken und Eiern. Eine Etage höher kauern Riesensturmvögel bei ihrer schneeweißen Brut. Kommen wir ihnen unbeabsichtigt zu nahe, knurren sie so empört wie Seebären.

Über Steilhänge aus Tuffstein und Vulkanasche steigen wir, an den Nisthöhlen kleinerer Sturmvogelarten vorbei, bis zum Kraterrand. Dort werden wir eingehüllt in Schwefelwasserstoffdämpfe und müssen höllisch aufpassen, um nicht mit den Schuhen im heißen, backsteinroten Brei zu versinken, aus dem zahllose Fumarolen schmauchen. Oder um nicht an den schwefelgelben Innenwänden abzurutschen, hinein in den heißen Aschentrichter.

Das bedrohliche Tosen der Brandung ist nur noch von fern zu hören und vermischt sich mit dem Krächzen und Kreischen der Vögel. Hier oben ist es erholsam still, und man hat einen hervorragenden Blick auf die Bucht mit der FREYDIS, auf die beiden Inselseen im Westen und Norden mit dem Plateau aus Sand und Asche. Dazwischen liegt ein kümmerlich schmaler, aber doch lebendig grüner Vegetationsstreifen. Eine ganze Weile stehen wir da, wie berauscht von dieser übermächtigen, drohend imposanten Natur, deren Kraft so unvermittelt fühlbar wird in dem kochend heißen Atem des Vulkans, in dem kalten, über uns hinwegfegenden Wind, in der grellweiß aufschäumenden, gegen tiefschwarze Felsen und

Riffe donnernden See und den draußen auf geheimnisvollen Kursen ziehenden Eisgiganten.

Trotz Flaute laufen am Abend hohe, gemeine Roller in die Bucht, lassen die FREYDIS die ganze Nacht erbarmungslos hin und herrollen und uns in den Kojen mit. Am Morgen sind wir wie gerädert. Danko kann sich kaum mehr rühren vor Ischiasschmerzen, aber er hat ja seine Privatärztin Birgit dabei, die verpaßt ihm zwei Spritzen, und die Qual hat ein Ende. Ohne Danko müssen sich Karl und Erhard beim Ankeraufmanöver mächtig ins Zeug legen. Karl feuert seinen Wachkameraden an, der, über den Bugkorb gebeugt, keuchend an der Ankerkette zerrt: „Zum Geburtstag schenk' ich dir 'ne Ankerkette zum Trimmen, dann kriegst du endlich Fäuste wie Kettennüsse."

So rasch wie möglich treibt es uns aus der ungastlichen Bucht und mit dem aufkommenden leichten Südostwind in Richtung Zavodovski. Wieder passieren wir die über tausend Meter hohe, düstere Insel Visokoi mit ihrem wolkenverhangenen Gipfel und laufen dicht an ihrem schroffen Felsufer entlang. Zwischen gestrandeten Eisbergen begegnen wir den zwei großen Buckelwalen mit dem Kalb, die wir schon einmal in dieser Gegend getroffen haben. Diesmal schwimmen, blasen und tauchen sie sogar so dicht am Schiff, daß wir nicht nur ihren glänzenden Buckel mit der schrumpeligen Rückenflosse, sondern auch ihre langen, an der Unterseite weißen Brustflossen erkennen können. Weil diese Walart sich so arglos und gemächlich bewegt und kaum flieht, war sie die erste leichte Beute der Walfänger. Um so mehr freuen wir uns, die selten gewordenen, urwüchsigen Lebewesen fast auf Tuchfühlung zu haben; vor Begeisterung tritt sich die Crew beim Fotografieren unentwegt auf die Füße.

Während wir uns der fabulösen Insel Zavodovski nähern, wird der Dunstschleier immer dichter, das hindurchschimmernde Sonnenlicht immer gespenstischer. „Im Norden hingen dicke schwarze Wolken, und weil sich deren Standort und auch ihre Formation nicht veränderte, nahmen wir an, daß es in der Nähe hohes Land geben müsse. Und wirklich, so war es. Sahen wir doch, nachdem beide Schiffe einige Stunden in jene Richtung gesegelt waren, eine wieder recht dunkel wirkende Insel, die gebirgig war. Eine Vulkaninsel ohne Zweifel, denn aus dem höchsten Gipfel stieg ein übelriechender Rauchpilz, der sich droben auflöste. Dabei quoll aus dem Vulkan heraus ständig Nachschub des stinkenden Rauchs." So berichtet F.G. von Bellingshausen über die Entdeckung der Insel, der er den Namen des Kommandanten Zavodovski gab, der das zweite Schiff der Expedition führte und die Insel mit seinen Leuten sogar betrat.

Das Eiland besteht nur aus dem Vulkan, der andauernd rumort, kleine Ausbrüche inszeniert, heißen Rauch und Gase ausstößt. Den ominösen Namen Asphyxia trägt er nicht zu unrecht. Larsen, der die Insel 1908 kurz aufsuchte, erlitt durch ihre aggressiven Dämpfe eine lebensbedrohliche Vergiftung und kehrte schwerkrank nach Südgeorgien zurück. Uns hätte leicht Ähnliches zustoßen können.

Auf der Suche nach einem Ankerplatz finden wir im Westen zwei etwas angenehmere Buchten mit kurzen, schwarzen Strandstreifen. Dahinter steigen dunkle, mit obskuren Farbklecksen und schwefelgelben Rinnsalen beschmutzte, aus zahllosen Löchern, Höhlen und Spalten dampfende und qualmende Wände senkrecht in die Höhe. Von den Strandfleckchen aus ziehen auf schmalsten Zick-Zack-Pfaden Karawanen von Pinguinen hinauf, eine hinter der anderen, und sammeln sich auf vereisten, verschneiten, halsbrecherisch abschüssigen Vorsprüngen. Obwohl die See hier relativ ruhig ist, riskieren wir es nicht, in dieser Hexenküche, in der selbst das Wasser dampft, zu ankern. Die ätzenden Dünste in unseren Nasen warnen vor längerem Aufenthalt. Erich beim Anblick der Pinguine: „Das muß eine Spezialtruppe sein, vielleicht haben die Gasmasken?"

Die Insel gleicht einer Festung. Im Norden, Osten und Süden ist sie begrenzt von einem bis zu 15 Meter hohen schwarzen Lavasockel, über dem sich ein weites Plateau ausbreitet, das terrassenförmig zum Fuß des teilweise vergletscherten Vulkankegels ansteigt. Das ganze Plateau ist mit Pinguinen wie übersät. Überall Pinguine, nichts als Pinguine. Fünf bis zehn Millionen sollen es nach neuester Schätzung auf Zavodovski sein, einer Insel von nur fünf Kilometern Durchmesser. Fünf bis zehn Millionen schreiender, krakeelender und Rabatz machender Kehlstreifenpinguine und auch ein paar anderer Arten – das stelle man sich einmal vor. Hier ist was los! Das hört man, sieht man – und riecht man.

Dabeisein ist alles, sagen wir uns und ankern auf 16 Meter Tiefe mit 40 Meter Kette in einer flachen, ungeschützten Bucht im Südwesten, wo die Luft weniger vulkanverpestet, dafür aber intensiver mit „Eau de Pinguin" parfümiert ist. Trotz vieler Eisberge als Wellenbrecher schwellt es ungemütlich herein, und Lavazacken umgeben uns wie geifernde, zähnebleckende Ungeheuer. Trotzdem wird unser erholsamer Schlaf lediglich unterbrochen durch Ankerwachen, weil man ja doch ständig auf der Hut sein muß.

Am Morgen ruckt das Schiff böse im Schwell, die Kette hat sich an einem der Lavazähne verhakt. Wir stecken weitere zehn Meter und haben fürs erste Ruhe. Der Dunst hat sich gelichtet, die Sonne scheint, und wir bekommen endlich auch die qualmende Vulkanspitze zu sehen. Nach einem Zavodovski-Frühstück, bei dem alles, auch das einwandfreie Rührei, faulig riecht, machen sich Erich und Erhard im Dingi auf die Suche nach einem Landungsplatz. Bei den hohen Rollern, die überall gegen das Land donnern, bin ich erst beruhigt, als sie wohlbehalten wieder zurückkehren. Ihre Erkundungsfahrt war jedoch erfolglos, nirgends gibt es eine Stelle zum Anlanden. Wir klarieren die Kette, lichten den Anker und verholen uns für den Rest des Tages auf die Südseite, den einzig möglichen Landeplatz unter den derzeitigen Wind- und Seeverhältnissen.

An einem kleinen Einschnitt des Lavasockels setzen wir alle mit dem Schlauchboot zum Land über. In der Brandung fällt Eva über Bord, Erich kann sie aber wieder ins Boot reißen. Bei den eisigen Wassertemperaturen – nur zwei Grad! – war das kein Spaß, sondern lebensgefährlich. Auch wir haben zumindest nasse Füße bekommen. Die vorsorglich mitgenommenen, wasserdicht verpackten Klamotten sind jetzt Gold wert.

Ganz in unserer Nähe bricht plötzlich ein Growler auseinander, und die darauf hockenden Pinguine purzeln ins Wasser. Einige werden in der Brandung beinahe von den schweren, gegen den steilen Steinstrand prallenden Eisstücken erschlagen und entkommen nur mit gebrochenen Gliedern. Die Skuas haben das natürlich bemerkt, sie brauchen nur noch ein bißchen zu warten ... Ein anderer Pinguin ist offensichtlich erst vor kurzem kopfüber in einen Gletscherspalt gefallen und steckt dort hoffnungslos fest. Erhard gelingt es – beinahe wäre er selbst steckengeblieben –, den kleinen Kerl an den

Schwanzfedern herauszuziehen. Nach allgemeiner Ansicht stünde ihm dafür eine Lebensretter-Medaille zu.

Natürlich liegen auch einige alte Freunde am Strand herum: Seebären, Elefanten- und Weddellrobben. Aber hier auf Zavodovski haben sie gar nichts zu sagen. Die Mehrheit regiert dieses Land, und das sind die Kehlstreifenpinguine, die alle ausschauen wie kleine Gardesoldaten: selbstbewußte, zuweilen ganz schön aggressive Burschen, richtige Kämpfernaturen. Auch wenn wir in gebührendem Abstand an ihren Kolonien vorbeimarschieren, kommen stets einige von ihnen, wahrscheinlich die Wachhabenden, wie angestochen auf uns zugerannt und beschimpfen uns unflätig – so wenigstens kommt es uns vor, wenn sie laut kreischend und mit den Flügelflossen fuchtelnd vor unseren Füßen stehenbleiben. Auch nicht die Spur von Furcht ist bei ihnen zu entdecken. Danko langt's irgendwann mit der ewigen Anpöbelei, wie Goliath vor David baut er sich vor einem der Wichte auf und brüllt zurück: „Siehst du nicht, daß ich viel größer bin als du, du kleiner Schreihals? Was denkst du eigentlich, was du dir erlauben kannst?" Wortlos dreht sich der Kleine um, hebt sein Bürzelchen und spritzt einen rotbraunen Brei über Dankos Stiefel: Da hat er die Antwort. Trotzdem – wir fühlen uns wohl im Märchenland von „Tausendundeinem Pinguin".

Der Krater ist wieder dicht verhangen. Wir wagen es nicht, hinaufzusteigen, sondern stapfen und waten lieber durch reißende Gletscherbäche, die tiefe Einschnitte in die vielen Schichten aus Guano und Asche gesägt haben, und verfolgen sie bis zu ihrer Quelle am Mount Asphyxia. Dann steigen wir auf die höher gelegenen Terrassen des Plateaus, wo ein paar armselige Grünalgenflecken wie Oasen in der Wüste leuchten. Mit den „grünen Lungen" der Pinguin-Großstädte ist's auf Zavodovski nicht weit her.

Auf dem Heimweg zur F<small>REYDIS</small> kommen wir einigermaßen glimpflich durch die Brandung. An Bord hat Birgit, die Vulkan mit Pinguin nicht mehr riechen kann und sich im Augenblick nur noch in die Karibik wünscht, eine Lasagne zubereitet, über die wir uns mit Heißhunger hermachen. Und dann nichts wie ab in die Kojen. Die Nacht ist kurz, denn um vier Uhr früh heißt es bereits wieder: alle Mann an Deck. Wir laufen aus. Generalkurs 28 Grad, Ziel Tristan da Cunha.

Nach einem solchen Höhepunkt wie den Südsandwich-Inseln fängt uns nun wieder Segelroutine ein. Unsere Situation läßt sich mit der eines Alpinisten vergleichen, der den Berg nicht nur hinauf, sondern auch wieder hinunter muß. Wir müssen wieder raus aus der Gefahrenzone. Erst wenn wir außerhalb der Konvergenz in gemäßigte Breiten kommen, können wir aufatmen. Erst dann dürfen wir uns ohne unterschwellige Angst über das freuen, was wir geschafft und erlebt haben. Aber bis dahin ist's noch ein weiter Weg.

Der Rückzug über das eis- und sturmreiche, wohl einsamste Meer unserer Erde fällt uns mit all seinen Risiken und Gefahren viel schwerer als der Hinweg. Nicht nur, weil am Ende kein „Stern" mehr lockt, sondern auch, weil bereits viel Energie aufgezehrt und der Erlebnishunger fürs erste gestillt ist. Die Entfernung bis Nightingale, der südlichsten Insel der Tristan-da-Cunha-Gruppe, die weit im Nordosten auf dem 37. Breitengrad liegt, beträgt laut GPS 1 284 Seemeilen. Das wird die bisher längste Seestrecke auf diesem Törn. Mit sechs Windstärken bläst es aus Nordwest, die See ist rauh, die Sicht miserabel. Am Vormittag entdeckt Erhard eine neue, noch nicht in der Karte eingezeichnete „Insel". Leider wird es aber nichts mit „Erhard Island", seine Entdeckung entpuppt sich als großflächiger, viele Meilen langer Tafeleisberg.

Zu Beginn der Nacht aufregendes Meeresleuchten: Waagerecht liegende Stäbe schimmern wie Neonröhren in der See. Vielleicht sind das ja die „Feuerwalzen", von denen ich gelesen habe: schlauchartige, durchsichtige Meerestiere, die Leuchtbakterien beherbergen. Es soll auch Fische geben, die solche Bakterien in ihren Zellen aufnehmen, sie ernähren und dafür „erleuchtet" werden. Einige Fische sollen ihr Licht sogar selbst chemisch erzeugen. Wozu, das weiß bisher niemand. Vielleicht zur Verständigung bei der Partnerwahl oder zum Anlocken von Beute. Aber wer da wie und warum auch immer leuchtet – das Ganze ist ein faszinierendes, geheimnisvolles Schauspiel und nimmt der Finsternis etwas von ihrem Schrecken.

Kurze Zeit werden auch die Sterne sichtbar, dann baut sich Nebel vor uns auf. Nur durch ständigen Ausguck vermeiden wir Kollisionen mit Growlern oder Eisbergen. Warum sind nur die Nächte so dunkel? Auf der Südhalbkugel scheint's keinen Mond mehr zu geben, seit Wochen läßt er sich nicht blicken. Uns ist, als segelten wir in ein schwarzes Loch hinein. Unsicherheit erfaßt uns, denn das Auge hat nichts, an dem es sich festhalten könnte, außer an der schwankenden, sich ewig drehenden Kompaßrose. Die Bewegungen des Schiffes werden als bedrohlich empfunden, als ein Torkeln, Trudeln, Fallen ins Leere, ins Nichts. Dazu die ständige Angst vor der überall lauernden Gefahr eines Zusammenpralls mit scharfkantigen, stahlharten Eisbergen. Auf diesem nächtlichen Meer der Einsamkeit erleben wir uns als klein, ausgeliefert, aller Macht beraubt.

Die Luft ist milder geworden, das Baro stürzt in den Abgrund. Am Abend Sturm aus Westnordwest, mit schweren Böen. Rudergänger Karl bekommt immer wieder eisige Salzwassergüsse ab. Erhard feixt nach unten: „Karl wachsen schon Schwimmflossen, so oft duscht er." Auf Steuerbordbug läuft die Toilette über, ein Ventil ist korrodiert und nicht mehr dicht zu drehen. Eva verzweifelt: „Karl, mach' das Schiff gerade!" Bald schwappt eine ganze Menge Wasser in der Bilge herum. Als wir unter dreifach gerefftem Groß beigedreht liegen, pumpen wir es ab und schließen das äußere Ventil für den Seewasserzulauf zur Toilette.

Den ganzen Tag neun bis zehn Windstärken. Unter Deck ist's gut auszuhalten – wie meist, wenn wir beidrehen –, obwohl jetzt über zehn Meter hohe Seen auf uns zurollen, die das Schiff manchmal so stark auf die Seite legen, daß alle möglichen Dinge als Wurfgeschosse durch die Kajüte fliegen und das Geschirr in den Schränken scheppert, als ginge alles zu Bruch. Trotz des hohen Seegangs gibt's warme Mahlzeiten, mittags Kartoffelsuppe mit Corned-beef und Würstchen. Beim Essen bleibt es allerdings nicht aus, daß man sich manchmal auch einen Löffel voll sonstwohin kippt. Danach plündern wir die Bücherkiste, schmökern in unseren Kojen und hören Musik.

Draußen Weltuntergangsstimmung, schwerer Sturm mit Orkanböen. Jede halbe Stunde wird der Wachhabende abgelöst. Erich überlegt, ob wir nicht doch besser vor Topp und Takel lenzen sollen, denn die Gefahr, überrollt zu werden, wäre nicht so groß. Aber wir würden dann nicht mehr mit nur ein bis zwei Knoten driften, also im gleichen Tempo wie das Eis, sondern mit viel mehr Fahrt vor dem Sturm ablaufen. Die Gefahr einer Kollision würde sich dadurch erhöhen, besonders bei Dunkelheit.

Wieder Alarmstimmung: Weiße Feinde umzingeln uns, sind auf Kollisionskurs! Der Sturm hat sie das Segeln gelehrt. Unaufhaltsam wanken und wippen sie durch die aufgebrachte See, immer näher auf uns zu. Bei dem Chaos und der fliegenden Gischt sind sie kaum zu unterscheiden von den weißen Kämmen brechender Seen. Rasch werfen wir den Motor an, ein Manöver des letzten Augenblicks ist angesagt. Kurz darauf ein ungewohntes Geräusch. Erich: „Die Kühlwasserpumpe ist im Eimer, ausgerechnet jetzt, so eine Sch ..."
Mit Erhard zusammen schuftet er im Maschinenraum gegen die Zeit. Innerhalb von zehn Minuten wird der von Eisstückchen verstopfte Impeller gewechselt und der Motor neu gestartet. Er läuft! Endlich können wir den Ring der Feinde durchbrechen und sie abschütteln. Durch eine Sintflut von Brechern fliehen wir und drehen in sicherem Abstand wieder bei, warten auf den nächsten Überfall.

Am Morgen dreht der Wind auf Westsüdwest und läßt ein wenig nach. Das Baro steigt. Ab acht Uhr segeln wir. Endlich geht's wieder vorwärts! Wir sind froh, auch wenn wir noch so brutal gebeutelt werden. Aber wir müssen hier weg, weg vom Eis und über die Konvergenz.

Karl repariert die demolierte Halterung unseres halbkardanisch aufgehängten Herds, der sich in der Nacht unter den Schlägen der See verselbständigt hat. Anschließend gibt's heißen Kaffee und Honigbrot. Die Crew ist bester Laune, freut sich, daß sie und das Schiff den Sturm heil überstanden hat. Bis zur Konvergenz sind's nur noch 200 Meilen, und der Wind kommt von achtern. Was will man mehr? Die Sonne blinzelt durch die Wolken. Wir fegen durch ein marineblaues Seengebirge mit leuchtend weißen Gipfeln: ein Anblick zum Jubeln, säße man nicht auf dieser kleinen Nußschale, allen Widrigkeiten preisgegeben. Und doch empfinde ich diese Art zu leben als ehrlich und intensiv: eine Mischung aus Herausforderung, Bedrohung, Glück und Entsetzen.

Zu früh gefreut! Schon ab Mittag kommt der Wind wieder spitzer ein. Das Baro stürzt in bedrohliche Tiefen. Um acht Uhr abends ist an ein Vorwärtskommen nicht mehr zu denken. Ein Brecher nach dem anderen schlägt übers Schiff, und der Wind orgelt mit neun bis zehn Stärken durch die Takelage. Uns bleibt keine Wahl, wir müssen wieder beidrehen, eine weitere mondlose Nacht in „Saus und Braus" verbringen.

Morgens höre ich Eva den Skipper wecken: „Lauter Growler um uns herum, wir müssen schnellstens weg!" Also wieder Motor starten – und ab durch die Mitte. Diesmal entkommen wir der Meute nicht ganz ungeschoren, ein Monsterchen erwischt uns noch mit einem kräftigen Tritt ins Achterteil. Es rumst gewaltig, und eine kleine Beule mehr erinnert uns an die Antarktis.

Noch 50 Meilen bis zur Konvergenz-Zone. Der Wind dreht auf Süd, und die Kreuzseen beruhigen sich. Wir segeln wieder, hurra!

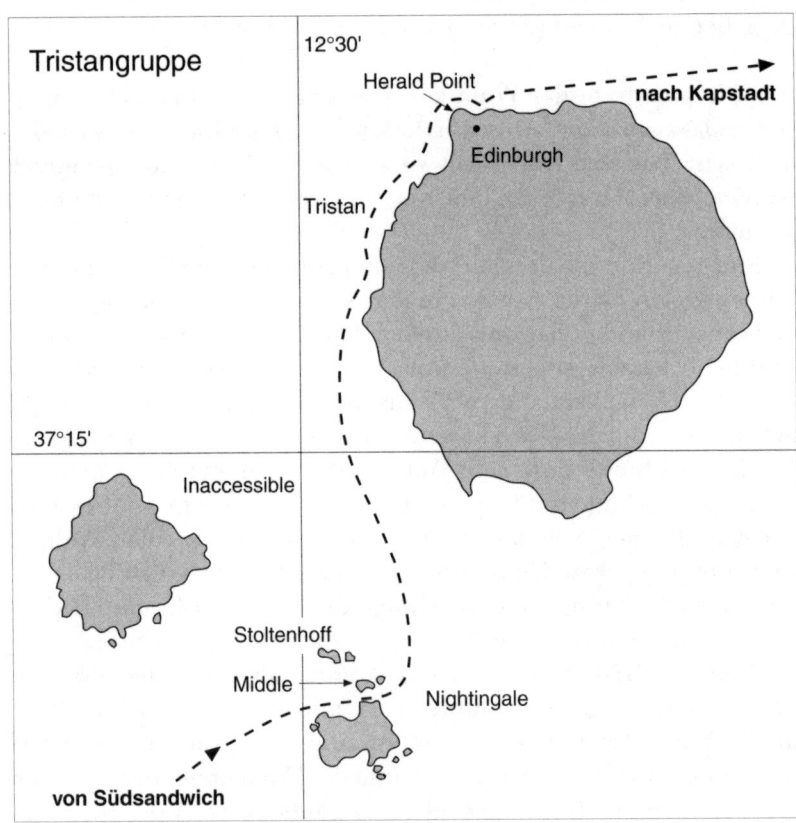

# Dampfkessel der afrikanischen Meere: Tristan da Cunha

*Frühlingsgefühle – Abenteuerliche Inselchronik –
Ein Stückchen vom Paradies – Ausgebootet und abserviert –
Zum Schwarzen Kontinent – Knall bei Landfall*

Unser nächstes Ziel gilt als die entlegenste Inselgruppe der bewohnten Welt. Bewohnt ist allerdings nur die Hauptinsel selbst, Tristan da Cunha, nicht aber die beiden kleineren, ebenfalls zum Archipel gehörenden Eilande Inaccessible und Nightingale. Die Gruppe liegt mitten im Atlantik – 1 200 Meilen von St. Helena, 1 500 vom Kap der Guten Hoffnung und 1 800 von Uruguay entfernt – auf dem vulkangespickten Mittelatlantischen Rücken, der sich über die Vulkaninseln St. Helena, Ascension, St. Peter und Paul, die Azoren bis Island und Jan Mayen erstreckt. Und wie diese sind auch die Tristan-Inseln vulkanischen Ursprungs. Die letzte Eruption auf der Hauptinsel liegt erst 30 Jahre zurück.

4. Februar, nachmittags 17.00 Uhr: Wir passieren den 50. Breitengrad bei 21° 22' West, diesmal in Richtung Brüllende Vierziger. Und in der folgenden Nacht erreichen wir auch die Antarktische Konvergenz, verlassen damit also offiziell das Südpolarmeer. Ich habe das Gefühl, nicht nur eine imaginäre Linie in der Karte, sondern tatsächlich die Schwelle zu einer vertrauteren, freundlicheren Welt zu überqueren, in der ich nach sechs Wochen Eis, Kälte und Sturm erleichtert aufatmen kann. Den anderen scheint es ähnlich zu gehen. „Von nun an halten wir Ausschau nach Palmen. Sind aber schwer auszumachen", schreibt Erich gutgelaunt ins Logbuch.

Die Realität beschert uns eine Schule großer Delphine mit auffälliger Schwarz-weiß-Zeichnung und relativ spitzem Kopf, die bei ihren Sprüngen genauso neugierig ins Cockpit schauen wie wir nach draußen. Im Erkennungsbuch finde ich sie als seltene Stundenglasdelphine beschrieben. Weil die Gewässer der Konvergenz besonders plankton- und fischreich sind, ist auch in der Luft „high life": Graukopfalbatrosse, Taubensturmvögel, Sturmtaucher und Sturmschwalben präsentieren eine Kunstflugschau, die uns das graue Einerlei aus Himmel und See vergessen läßt.

Im Cockpit klettert das Thermometer am Mittag auf verheißungsvolle zehn Grad, ganze fünf mehr als gestern. Das Eismeer scheint nun wirklich hinter uns zu liegen. Aber auch die Brüllenden Vierziger haben es in sich. Nicht lange, da blasen sie uns aus vollen Rohren entgegen, und eine chaotische Stromsee macht das Maß voll. Ich versuche, eine warme Mahlzeit zu kochen, aber bei der Bolzerei müßte ich fünf Hände haben, um alles gleichzeitig festzuhalten. Außerdem spüre ich wieder mal das altbekannte mulmige Gefühl in der Magengegend. Vom Amulett gegen böse Geister bis zur Perle am Handgelenk habe ich gegen die Seekrankheit einfach alles versucht, aber bei so niederträchtiger See packt's mich jedesmal aufs neue. Erich ist mit zunehmendem Alter seefester geworden, mir scheint diese Entschädigung bisher nicht vergönnt zu sein. Erhard weiß ein gutes Mittel: „Im Schatten einer alten Eiche ruhen!" Der Witzbold.

Zur Abwechslung Regenböen, richtige Wolkenbrüche – leider noch viel zu kalt für eine Dusche unserer salzgepökelten, gefriergetrockneten Körper. In der Nacht kurze Geisterspiele des abnehmenden Mondes hinter jagenden Wolkenfetzen. Dann wieder Regen, Nacht und allesverschlingendes, brüllendes Dunkel. Auch am Morgen pustet uns der Wind weiter um die Nasen, und trübseliges Regenwetter macht sich breit. Karls Aufmunterungs-Countdown: „Trist – weniger trist – Tristan!" ringt uns nur ein müdes Lächeln ab. Immerhin liegt noch die Kleinigkeit von 600 Seemeilen vor uns.

Südsüdost mit fünf Beaufort. Die See hat sich beruhigt. Brav strampelt unser Schiffchen unter Groß und Genua seine fünf bis sechs Knoten herunter, wie auf Schienen. An Bord Schlafwagen-Atmosphäre. Eva schreibt ins Logbuch: „Während Birgit und Danko in Morpheus' Armen liegen, üben sich Erhard und Karl im Synchronrasieren und Bartstyling, in Haarpflege und Maniküre. Wohlgerüche durchziehen das Cockpit. Tristan da Cunha nähert sich, und wer weiß, wem man dort begegnet? Mit der Temperatur – mittags 15°C – steigt auch die Stimmung. Erich betätigt sich als Animateur mit Kassettenmusik und Gesang. Die Krönung sind Heides Eierkuchen mit Pfirsichen, um die sich die Crew wie Skuas reißt. Erhard eröffnet die Saison der Meerwasserduschen auf dem Vorschiff und setzt damit Maßstäbe: ziemlich ‚unverfroren', aber *kalt*schnäuzig."

Tiefhängende Wolken, Flaute, das Baro ist wieder am Sinken. „Kann noch ein verdammt langer Törn werden", brummt Erich, das Groß dichtholend. Zu allem Übel hat das GPS-Gerät seinen Geist aufgegeben. Gut, daß wir vor der Reise noch ein Handgerät gekauft haben, das erspart uns nun zeitraubende Messungen mit dem Sextanten und seekrankheitsfördernde Rechnerei – sofern sich Sonne, Mond und Sterne überhaupt sehen lassen.

Gegen Abend Starkwind aus Südost, dann Ost. Unter dreifach gerefftem Groß und ausgebaumter Fock rauschen wir durchs aufgewühlte Meer. Rudergehen ist zur Konzentrationsübung geworden. Vor allem nachts müssen wir höllisch aufpassen, daß uns die hohen, von achtern anrollenden Brecher nicht unversehens aus dem Kurs werfen. Eine Halse könnte uns den Mast kosten!

Wir erreichen den 40. Breitengrad, segeln also fortan in den gemäßigten Dreißigern, einer zivilisierteren Gegend, in der die Winde hoffentlich nicht immer gleich brüllen, schreien oder kreischen. Eine kräftige achterliche Brise schiebt uns auf weißen Schaumkämmen über stahlblaues Meer. Die Sonne strahlt vom wolkenlosen Himmel, als wolle sie alles wieder wettmachen, und die Luft ist aufmunternd frühlingshaft. Wie schön kann Segeln sein! „Das ‚Grey-out' der Südsandwiches und die Welt der Eisberge liegen lange hinter uns. Unsere Erlebnisse mit den geschäftig brütenden, lärmenden Pinguinen, den rülpsenden trägen Elefantenrobben und den flinken Seebären mit ihren Drohgebärden erscheinen uns rückblickend ganz unwirklich und fern", schreibt Eva ins Logbuch.

Die Begeisterung fürs Segeln und Vagabundieren wird bei der Crew neu angefacht. Sie fiebert dem nächsten Landfall entgegen und kramt eifrig in der Bücherkiste nach Lesestoff über Tristan da

Cunha. Ich habe Jules Vernes Romane *Eissphinx* und *Die Kinder des Kapitäns Grant* mitgenommen, in denen der Autor die Inseln ausführlich und – obwohl er sie selbst nie besucht hat – durchaus treffend beschreibt. Auch *Kreuzfahrt des Grauens* ist an Bord, der Bericht des Seglers Erling Tambs über seine Erlebnisse in Tristangewässern. Im Auftrag einer norwegischen Biologengruppe war er mehrere Monate bei miserablen Wetter- und Seebedingungen zwischen den Inseln hin und her gekreuzt, ohne sich auch nur ein einziges Mal an Land zu wagen.

Was im Seehandbuch des Südatlantischen Ozeans ganz offiziell übers Tristanwetter steht, ist auch nicht gerade das, was wir uns erhoffen: „Naß und windig ... Kräftige Stürme aus West fegen zu allen Jahreszeiten, hauptsächlich im Winter, über sie hinweg ... In Küstennähe der bis auf 3 000 Meter Tiefe steil abfallenden Inseln häufig überhohe, nicht brechende Wellen, sogenannte Roller, die Schiffe beim Ankern in große Gefahr bringen können ... Die schwersten Roller hat man in der schönsten Jahreszeit von Dezember bis Februar, häufig bei Windstille; sie dauern dann manchmal drei bis vier Tage ..."

Jetzt *haben* wir Februar! Ich dachte, Grauen und Gänsehaut lägen hinter uns, jetzt würde endlich Wohlbehagen ausbrechen, doch alles spricht dagegen. Selbst die Eisberggefahr ist noch nicht ganz vorbei. In der Nachbarschaft Tristans wurde im Frühjahr 1855 das Auswandererschiff GUIDING STAR von immens großen Eisbergen gerammt und ging mit Mann und Maus verloren, berichtet Barrow in seinem *Three Years in Tristan da Cunha*. Bleibt nur zu hoffen, daß sich die Routen der Eisberge in den letzten 140 Jahren verlagert haben.

Die Entdeckungs- und Besiedlungsgeschichte der Insel ist dramatisch. Im März 1506 war der portugiesische Admiral Tristao da Cunha aus Lissabon ausgelaufen, mit Ziel Ostafrika und Indien, war aber bei den Kapverden vom üblichen Kurs abgekommen und statt dessen zur Küste Brasiliens verschlagen worden. Als er den Ozean erneut überquerte, um das Kap der Guten Hoffnung doch noch zu erreichen, wurde er weit nach Süden versetzt. Mehrere seiner Leute starben den Kältetod, und die übrige Mannschaft war so benommen, daß sie die Segel nicht mehr bedienen konnte. Für die armen

Kerle war es sicher ein schwacher Trost, daß sie auf dieser Reise die Inseln entdeckten, die heute als Tristan-da-Cunha-Gruppe bekannt sind. Weder die Portugiesen noch die Holländer, die sie mehr als hundert Jahre später wiederfanden, und auch nicht die danach eintreffenden Engländer und Franzosen schenkten den kargen, von kalten, stürmischen Gewässern umgebenen Inseln besondere Aufmerksamkeit. Sie fanden sie nicht attraktiv genug, um dort eine Niederlassung zu gründen. Der Erste, der nachweislich seinen Fuß auf Tristan setzte, war 1790 der Amerikaner John Patten, Kapitän eines Robbenfängers, dessen Mannschaft in den sieben Monaten ihres Aufenthalts im Archipel nicht weniger als 5 600 Robbenfelle erbeutete.

Die eigentliche Besiedlung Tristans begann Anfang des 19. Jahrhunderts, als drei amerikanische Abenteurer mit einer Art Arche Noah voller Schafe, Geflügel und Saatgut auf der Insel landeten. Einer von ihnen, Jonathan Lambert, ernannte sich selbst zum König, kreierte sogar eine eigene Fahne und ließ seine Herrschaft in der *Boston Gazette* und der *Cape Times* offiziell bekanntmachen. Seine Amtszeit währte nicht lange: Zwei Jahre später ertrank er zusammen mit einem Begleiter beim Fischen und Sammeln von Strandgut. Der letzte des Trios soll mit Geld nur so um sich geworfen und in alkoholisiertem Zustand Andeutungen über eine Schatztruhe gemacht haben. Leider starb er, ohne ihr Versteck preiszugeben. Bisher wurde die Truhe noch nicht gefunden.

Als 1816 Napoleon ins Exil nach St. Helena gebracht wurde, erhoben die Briten im Rahmen ihrer Bewachungsstrategie Anspruch auf Tristan da Cunha und stationierten dort eine Garnison. Doch ein Jahr später wurden die Soldaten bereits wieder abgezogen, und die Insel wäre erneut verwaist, wenn nicht der schottische Korporal William Glass es vorgezogen hätte, mit seiner jungen Frau dort zu bleiben (der einsame Amerikaner hatte sich inzwischen zu Tode gesoffen). Ihre 16 Kinder wurden auf Tristan geboren und waren somit die ersten echten Insulaner.

In den folgenden Jahrzehnten sah die Insel ein Kommen und Gehen von Menschen unterschiedlichster Nationalität und Herkunft, die es oft auf abenteuerlichem Wege dorthin verschlagen hatte: Walfänger, Soldaten, gescheiterte oder desertierte Seeleute,

Schiffbrüchige etc. Einige fanden auf Tristan ein Zuhause, andere konnten die Insel nicht schnell genug wieder verlassen.

Ein unfreiwilliger Gast war auch der Naturforscher Augustus Earle, später Maler auf der BEAGLE von Charles Darwin. 1824 hatte er Rio mit der DRUM OF GLOUSTER in Richtung Kap der Guten Hoffnung verlassen, um dort auf ein Schiff nach Indien zu gehen. Statt dessen strandete er auf Tristan da Cunha. Sein Kapitän, der nur Kartoffeln und Wasser hatte bunkern wollen, lief bei plötzlich einsetzendem Starkwind eilig aus und ließ Earl am Strand zurück. Erst acht Monaten später kam ein Schiff und nahm ihn auf. Obwohl er bei den Bewohnern Tristans – damals sieben Männer, zwei Frauen und mehrere Kinder – freundliche Aufnahme fand, war ihm die Zeit auf der Insel recht lang geworden. Er schrieb:

„Wenn ich aus meinem Quartier blicke, kann kein Fleck auf der Erde trostloser sein, besonders in einer stürmischen Nacht. Das Brüllen der See ist ohrenbetäubend, und der Wind tobt wütend die senkrechten Berge hinab, die fast 900 Fuß hoch sind und aus Massen schroffer Felsen bestehen. Das alles macht einen ungewöhnlichen, beinahe übernatürlichen Eindruck. Sobald es dunkel wird, ist die Luft voller Nachtvögel, die Klageschreie ausstoßen."

Der Kapitän der DRUM OF GLOUSTER hatte aber doch ein schlechtes Gewissen und kehrte wieder zurück. Um den Bewohnern einen Gefallen zu tun, brachte er fünf farbige Frauen aus St. Helena mit, weil auf Tristan großer Frauenmangel herrschte. Es waren vier Mulattinnen und eine Schwarze mit vier Kindern, nicht gerade die Partnerinnen, von denen die Männer geträumt hatten. Aber durch diese Frauen kam die kleine Gemeinschaft erst richtig in Schwung. 1848 hatte ein Reverend auf Besuch nicht weniger als 41 Kinder zu taufen!

Doch gab es auch schwere Rückschläge. Bei einem Bootsunglück im Jahre 1885 ertranken 15 kräftige Männer. Auf dem Eiland blieben nur noch Frauen, Kinder und ein paar alte Leute zurück. Einige von ihnen wanderten freiwillig nach Südafrika aus, der Rest sollte im Auftrag der britischen Regierung, unter deren Verwaltung Tristan seit 1876 stand, ebenfalls zur Kapkolonie umgesiedelt werden. Aber die meisten wollten auf ihrer Insel bleiben.

Die letzte große Bedrohung der Gemeinde ging vom Vulkan aus.

Im August 1961 waren plötzlich Felsbrocken aus der Bergwand hinter der Siedlung gebrochen und Erdstöße zu spüren gewesen. Bis Oktober hatte sich am Fuß des Berges in geringer Entfernung von den Häusern ein breiter Riß aufgetan, aus dem Hitze und Schwefelschwaden entwichen. Aus Angst zogen alle 290 Bewohner auf die Kartoffelfelder im Westen um. Am folgenden Morgen wurden sie von Fischerbooten auf die 25 Meilen entfernte Insel Nightingale und von dort nach Kapstadt gebracht. Als sie an Tristan vorbeifuhren, sahen sie aus dem mittlerweile hochaktiven Vulkan Rauch und Asche aufsteigen und Lava hervorquellen, die sich als glühender Strom zur See hinab wälzte.

Ein Jahr danach landete eine Expedition auf der Insel, um den Schaden zu begutachten. Die kleine Fischfabrik am Strand war zerstört, aber zum Glück nur ein einziges Wohnhaus. Die zurückgelassenen Rinder und Esel waren in passablem Zustand, Katzen und Geflügel jedoch so gut wie verschwunden. Etwa zwanzig Hunde hatten, dem Ruf der Wildnis folgend, ein Rudel gebildet und ganze Schafherden über die Klippen in den Tod gejagt. Von den 740 Schnucken Tristans hatten nur 17 überlebt.

Von Kapstadt wurden die Insulaner nach England gebracht. Zwei Jahre später, als Tristan wieder für sicher befunden wurde, kehrten die meisten zurück. Ein kleiner Hafen und eine neue Fischfabrik wurden gebaut und viele Verbesserungen und Annehmlichkeiten eingeführt. Heute leben 80 Familien auf Tristan. Daß wir diese Insel und ihre Bewohner vielleicht schon in wenigen Tagen kennenlernen würden, bedeutete für uns einen Höhepunkt der Reise. Aber es sollte anders kommen ...

In der Nacht festliche Beleuchtung auf dem Meer: Tausende kleiner Lichter blinken, blitzen und glitzern auf dem Wasser. Ab Mitternacht frischt der Wind auf, die See wird ruppiger, das Schiff legt sich auf die Backbordseite. Aus Nordost kriechen schwarze Wolkenungetüme auf uns zu. Windböen und Luftdruckabfall verkünden nichts Gutes. Eilig binden wir zwei Reffs ein und warten, aber nichts tut sich. Nach einer Stunde hat sich das Ungetüm aufgelöst, der Wind verpustet. Wir sind eben nicht mehr in den Brüllenden Vierzigern. Erleichtert reffen wir aus.

Auch der Wunderkasten GPS rechnet wieder, denn Danko hat die korrodierten Antennenkontakte gereinigt. Erster Wegpunkt: Nightingale. Sie bietet als einzige der drei Inseln passable Ankermöglichkeiten. Zweiter Wegpunkt Inaccessible, dritter Tristan da Cunha und vierter Kapstadt, 1 560 Meilen weiter östlich.

Stellenweise kocht das Wasser geradezu vor jagenden und flüchtenden Fischen. Angelexperte Erhard denkt sich immer neue Tricks aus, um die kapitalen Burschen, die in geradezu herausfordernder Weise um uns herum aus dem Wasser jumpen, an die Leine und in die Pfanne zu locken. Aber die Fische lassen seine Haken leer, und uns bleiben vorerst nur Sardinen aus der Dose.

In freudiger Erwartung des Warmwassersegelns graben wir schon jetzt unsere Sommerkleidung aus den Seesäcken. Es kommt mir schier unglaublich vor, wie rasch wir mit unserer Nußschale die Klimazonen durchqueren. Haben nicht vor wenigen Tagen noch Hände und Füsse in beißender Kälte geschmerzt, und glich das Rudergehen nicht einer Strafe? Aber mir ist schon lange klar geworden: Mit der „unendlichen Weite" der Ozeane ist es nicht weit her. In Wirklichkeit sind die Meere beängstigend endlich – und erschöpfbar.

Nur noch 120 Seemeilen bis Nightingale, unserer ersten Ansteuerung. Um uns herum immer häufiger die wunderschönen Dunkelalbatrosse mit ihren sanften, weiß beringten, in die Ferne gerichteten Augen. Und dann, in strahlender Morgensonne, endlich Land voraus: Inaccessible, Nightingale und dahinter, noch etwas schemenhaft im Dunst, Tristan da Cunha selbst. O Islands in the Sun, wir kommen! Wie sehnen wir uns nach saftigem Grün, nach eisfreiem Land und warmem Wasser zum Baden! Aber was da vor uns liegt, sieht beim Näherkommen gar nicht mehr so einladend aus. Was Wunder, sind diese Inseln doch nichts weiter als die Gipfelregionen riesiger unterseeischer Vulkane, die noch rund 3 000 Meter tiefer ins Wasser hinab reichen.

Mit einigen Meilen Abstand passieren wir Inaccessible, die Unzugängliche. Sie ist ein steinerner Klotz mit steil ansteigenden, mehrere hundert Meter hohen Kliffs und zeigt sich unzugänglich wie eine Festung – abweisender noch als die Falklandinsel Beauchêne. Sie besitzt nur eine einzige Stelle, an der man landen kann, doch nirgends eine richtige Bucht. Unser Bedarf an gewagten Ankermanövern ist jedoch nach der Antarktis mehr als gedeckt, deshalb wenden wir uns lieber Nightingale zu, der Insel mit dem lieblichen Namen, und hoffen, dort zumindest einen geschützten Liegeplatz zu finden.

Mit einem Durchmesser von nur einer Seemeile ist Nightingale die kleinste Insel der Gruppe und macht beim Annähern einen etwas gefälligeren, weil flacheren und zugänglicheren Eindruck; ebenso ihre zwei Satelliteninseln Middle und Stoltenhoff, die Jules Verne mit Burgruinen vergleicht. Wir ankern am frühen Morgen im Nordwesten Nightingales, hinter einem Riff aus Felsen und blinden Klippen, das die Insel mit ihrem Ableger Middle verbindet und uns vor den aus Ost anrollenden Seen schützt. Sofern der Wind nicht dreht, haben wir hier gute Chancen, mit dem Dingi sogar ungeschoren an Land zu kommen. Während unseres Ankermanövers taucht plötzlich wie eine Luftspiegelung ein Schiff zwischen den Klippen auf. Über UKW gibt es sich als ganz gewöhnlicher Kapstädter Fischkutter zu erkennen: Es ist die TRISTANIA II, auf dem Weg nach Tristan. Wir berichten, wer wir sind, woher wir kommen, und daß wir nach einer Ruhepause die Hauptinsel besuchen wollen. Der Funker verspricht, uns in Tristan anzumelden.

Von den Felsen am Ufer dringt das wohlvertraute heisere Kläffen spielender Pelzrobben zu uns herüber; auf dem Wasser putzen sich Scharen von Gelbnasen-Albatrossen, als gelte es, einen Schönheitswettbewerb zu gewinnen. Einige Meter tiefer können wir von Bord aus jede Menge fetter Makrelen und andere appetitliche Fische erkennen. Danko zu Erhard, in Anspielung auf dessen Fischfang-Fehlschlag: „Wolltest du nicht angeln lernen?" Erhard vergrätzt: „Wenn du all die Fische essen müßtest, die ich in meinem Leben schon gefangen habe!" Allgemeines Gelächter. Nach einem deftigen Bauernfrühstück stürzen wir uns in die blauen, 18 Grad warmen Fluten. Hätten wir gewußt, was Peter, Berufstaucher auf Tristan, uns später erzählt – daß es nämlich hier nur so wimmelt von gefährlichen Haien –, wir wären gewiß nicht so sorglos umhergeschwommen.

Beim Übersetzen mit dem Dingi ist die See ruhig, und die Seebären sind mit ihren eigenen Badespäßen an den Uferfelsen so beschäftigt, daß sie keine Zeit finden, uns anzuschnauzen. Aber nicht nur See und Seebären sind friedlich, die ganze Insel ist idyllisch und voll unbekümmerten Lebens: ein Ort, der auch uns erlaubt, unbeschwert zu genießen. Wir sitzen im Gras, schauen den Vögeln nach, freuen uns am Grün der Büsche und Bäume und versuchen behutsam und leise, die Geheimnisse der Insel zu erforschen.

Gleich hinter der Uferböschung, im Schilf versteckt, finden wir zahlreiche Wellblechhäuschen, die den Bewohnern Tristans während der letzten Vulkaneruption 1961 als Notquartiere gedient haben mögen. Auf glitschigen Spuren um die Behausungen herum weisen uns kleine Gruppen von Felsenhüpferpinguinen rutschend, stapfend, hüpfend und mit lustigen blonden Federschöpfen wippend, den Weg zu ihrer schilfgetarnten Kolonie. Auf einem großen, mit Tussokgras bewachsenen Plateau rennen Scharen vorwitziger Spottdrosseln aus allen Schlupfwinkeln auf uns zu, begucken und begleiten uns und setzen sich neugierig-zutraulich auf unsere Schultern. Unter mannshohem Grasdickicht am Hang ist der Boden von unzähligen Nisthöhlen schwarzkappiger Sturmtaucher wie ein Sieb durchlöchert und mit Leben erfüllt. Ein schmaler Pfad führt hinauf zu einem etwa 300 Meter hoch gelegenen Hain aus flechtenbehangenen, dickblättrigen Myrtenbäumen. Es ist der schönste Platz der Insel, mit einem grandiosen Rundblick aufs Meer. Hier liegt die Kinderstube der Albatrosse mit den goldenen, schwarz- gerahmten Schnäbeln. Jetzt in der Mittagszeit sind die meisten Elternpaare auf See zum Fischen. Ihre stattlichen, flauschigen Daunenkinder thronen allein auf den sockelförmigen Nestern unter den Bäumen und mustern uns mit aufmerksamen Augen. Einige noch kinderlose Pärchen sind dagegen so vertieft in zärtliches Schnäbeln, daß sie uns gar nicht bemerken. Der Anblick dieser wunderschönen Geschöpfe ergreift mich jedesmal aufs neue, und ich muß mich bremsen, um nicht ins Schwärmen zu kommen.

Was für eine Insel! Ein Stück Paradies! Rückblickend kommt mir Zavodovski vor wie eine Ausgeburt des Bösen; ihre elementare Brutalität läßt mich jetzt noch erschaudern.

In der Ferne kann ich Inaccessible erkennen und bin doppelt froh, daß ich hier, auf Nightingale, bin. Ich denke an die Robinsonade, die sich 1871/72 dort zugetragen hat. Zwei Deutsche – die

Brüder Gustav und Friedrich Stoltenhoff – hatten auf der Insel ihr Glück in der Robbenjagd gesucht, statt dessen aber ums Überleben kämpfen müssen. Die Robben waren damals schon selten geworden geworden; es gab aber wilde Ziegen und Schweine. Wenn Wetter und Schwell es zuließen, konnten die beiden Deutschen auch fischen, jedenfalls so lange, bis ihr mitgebrachtes kleines Boot von einem Sturm zerstört wurde. Die Tristaner, die mit den neuen Bewohnern der Nachbarinsel nicht einverstanden waren, hielten ihr Versprechen, ihnen Proviant zu bringen, nicht ein; im Gegenteil, hinterrücks schossen sie auch noch die letzten Ziegen auf Inaccessible ab. Die Schweine waren sowieso fast ungenießbar, weil sie überwiegend tote Pinguine fraßen. Als nach zwei Jahren zufällig das Forschungsschiff CHALLENGER aufkreuzte, waren die Brüder heilfroh, die Insel verlassen zu können. Vorher jedoch brannten sie noch ihre Hütte nieder, um ihren ungastlichen Nachbarn gar nichts Wertvolles zu hinterlassen. Die Satelliteninsel auf der Nordseite Nightingales heißt nach diesen beiden Überlebenskünstlern Stoltenhoff.

Im Anschluß an unseren Landgang unternehmen wir eine ungewöhnliche Dingipartie in die Unterwelt aus verzweigten Höhlen und Grotten der Lava-Uferwand, wo donnerndes Brandungsgetöse, Ächzen, Stöhnen, Seufzen und Pfeifen uns nicht nur das Gruseln lehren, sondern einmalige Motive unsere Fotografen immer wieder in Begeisterung versetzen. Und weil auch die umgebenden Fischgründe so einzigartig sind, gibt's dank unseren fleißigen Anglern Erhard und Danko zum Abendessen endlich „Fisch satt"auf der FREYDIS. Nightingale, wir lieben dich!

Als die Dämmerung heraufzieht, kehren große Scharen von Sturmtauchern von See zurück. Wie reifes Obst fallen sie aus dem Flug ins Gras hinab und laufen auf der Erde zu ihren Nestern, um ihre Jungen zu füttern. Ihre schrillen, klagenden Schreie halten uns noch lange wach. In der Nacht dreht der Wind auf West und baut an unserem Ankerplatz eine ungemütliche Dünung auf. Am Morgen verholen wir uns deshalb auf die Ostseite des Riffs, wo wir aber kaum besser liegen; außerdem lauern dort überall spitze Klippen im Wasser.

Trotz Winddrehung bleibt das Wetter freundlich. Während unsere Mitsegler zur Middle-Insel oder zum Angeln ausschwärmen, machen Erich und ich Inventur an Bord. Wir überprüfen Proviantbestände, graben eiserne Reserven aus schwer zugänglichen Winkeln und ziehen Bilanz: Wasser, Mehl, Toilettenpapier und Diesel brauchen wir dringend; freuen würden wir uns über Frischfleisch, Kartoffeln, Zwiebeln, Karotten und anderes Gemüse. Doch wer weiß, vielleicht leben die Bewohner Tristans am Rande des Existenzminimums und wären froh, etwas von unserem Proviant zu bekommen?

Vor Sonnenuntergang trudeln unsere Mitsegler gutgelaunt ein und bringen eine Geschirrspülwanne voller Fisch und einen Seebärenhunger mit. Nach dem Abendessen sitzen wir noch lange im Cockpit, spinnen Seemannsgarn, erzählen, träumen, und schauen hinüber zum zwanzig Seemeilen entfernten, 2 000 Meter hohen Vulkankegel, auf dessen längsgefurchte Hänge die Abendsonne immer leuchtendere rosaviolette Töne zaubert. Die Kette scharrt leise über den felsigen Grund, und die FREYDIS hebt und senkt sich im Rhythmus der Dünung. Morgen segeln wir nach Tristan!

Wunderbarerweise haben wir immer noch Bilderbuchwetter, als wir Nightingale verlassen: Flaute, Sonne, sanften Seegang. So schnell wie möglich brummen wir unter Maschine nach Tristan – nur nicht warten, bis Rasmus es sich anders überlegt. Weit und breit ist kein Schiff zu sehen, nur zwei Wale kreuzen unseren Kurs. Im letzten Jahrhundert war es hier nicht so einsam: Tristan lag auf der Route der Rahsegler von Nordamerika und Europa nach Indien und Fernost. Während sie gegen den Südostpassat im Südatlantik aufkreuzten, wurden sie weit nach Südwesten versetzt und bekamen erst auf der Breite Tristans die „braven" Westwinde zu fassen, die es ihnen erlaubten, aufs Kap der Guten Hoffnung zuzuhalten. Wenn das Wetter es zuließ, suchten sie die Hauptinsel gerne auf, um Trinkwasser und Frischproviant zu bunkern.

Heute nehmen Schiffe mit denselben Zielen die Abkürzung durch den Suezkanal, und die wenigen, die ihrer Größe wegen noch immer ums Kap müssen, laufen mit Maschinenkraft auf direktem Kurs dorthin. Abgesehen von einigen Fischereischiffen, die zwischen Kapstadt und Tristan verkehren, und ganz selten einmal von

Yachties wie uns, bekommen die Inseln deshalb heutzutage kaum mehr Besuch.

Am Nachmittag erreichen wir Tristan, „jene seltsame Insel, von der man gesagt hat, daß sie der Dampfkessel der afrikanischen Meere sei" (Jules Verne). Wir schippern an den steilen, olivgrünen Hängen entlang nach Nordwesten, wo Edinburgh, die einzige Niederlassung Tristans, liegt. Nirgends eine Bucht, kein einziges geschütztes Eckchen, wo wir ankern oder an Land gehen könnten. Ein breiter grüner Ring aus Elefantenkelp umspannt die Insel, aber trotz dieses Wellendämpfers und der Windstille ist die Brandung der immerwährenden Atlantikdünung gewaltig und bedrohlich. An einigen der schmalen Steinstrände entdeckt unser Skipper Objekte seiner Begierde: Fender. Wie am Kap Hoorn sind sie offensichtlich Fischdampfern abhanden gekommen und hier gestrandet. Zu meinem Entsetzen ist auch Danko Feuer und Flamme, mit dem Dingi durch die Brandung an Land zu surfen, um sie zu holen. Als wir uns mit der FREYDIS aber näher ans Ufer wagen, gerät sie in üble Grundseen und schlägt fast einen Salto. Der volle Teekessel hüpft aus der Halterung und poltert mit ein paar Tassen zu Boden, Geschirr klappert wie wild in den Schränken, und in den Schapps rutschen die schweren, dosengefüllten Plastikkörbe unheilverkündend hin und her. „Wehe, wenn sie losgelassen!" Zu meiner Erleichterung stoppen die beiden daraufhin ihr Vorhaben. Was haben wir dann erst von den richtigen Rollern zu erwarten, die so charakteristisch sein sollen für diese Küsten?

Nach Nordwesten zu wird der Berghang etwas flacher. Zahlreiche bepflanzte Felder kommen in Sicht und etwas später vereinzelte kleine Gehöfte und Häuser auf einer Anhöhe mit saftig grünen, hügeligen Wiesen, auf denen Schafe und Rinder grasen. Am Ufer liegt der ausgeschlachtete Rumpf einer gestrandeten Segelyacht, und hinter der 18 Meter hohen, steilen Nordwesthuk ist schließlich auch die Fischkonservenfabrik mit einer kleinen Steinpier zu erkennen. Darüber Häuser und Funkmasten. Wir ankern zwischen Huk und einem Lavabollwerk, das beim letzten Ausbruch am Ufer erstarrte. Weder Huk noch Bollwerk bieten ausreichenden Schutz gegen Wind und Dünung, einen besseren Ankerplatz aber gibt's nicht. Um so glücklicher sind wir über das Wetter: Günstigere Bedingungen für einen Landgang könnten wir uns gar nicht wünschen.

Doch dann die bittere Enttäuschung! Wir seien nicht willkommen, erfahren wir über Funk. Der britische Administrator verweigert uns offiziell den Besuch der Insel. Grund: unerlaubter Landgang auf Nightingale. Daß wir eine anstrengende Reise hinter uns haben und Nightingale im ganzen Revier der einzige einigermaßen geschützte Ankerplatz für eine Yacht ist, läßt er als Entschuldigung nicht gelten. In anderen Ländern müßten wir für ein derartiges „Vergehen" sogar mit Gefängnis rechnen, behauptet er. Auch unsere Bitte um frische Nahrungsmittel und Diesel wird abgeschlagen, nur Wasser will man uns geben. Morgen früh sollen wir die Inseln verlassen: strenge Bestimmungen für eine so einsame Inselgruppe! Eine Geldbuße oder offizielle Entschuldigung hätten wir noch verstanden, aber eine solche Strafe erscheint uns schlichtweg unmenschlich. Betroffen und ratlos warten wir ab, können einfach nicht glauben, was wir hören. So lange haben wir davon geträumt, die Insel zu besuchen und ihre Bewohner kennenzulernen! Und jetzt, da die Tür sozusagen weit offen steht, dürfen wir nicht eintreten.

Zwei wortkarge, aber freundliche Tristanbewohner und Peter, ein hier als Taucher angestellter Wiener, der beim Ausbau der kleinen Hafenanlage hilft, holen mit unseren Kanistern in einem Motorboot das Wasser von der kleinen Pier. Ihnen wird sogar untersagt, zu uns an Bord zu kommen. Unser eigenes Dingi, das wir bereits im Wasser haben, müssen wir wieder an Deck nehmen. Der Administrator muß uns entweder für Feinde des britischen Empire, für Verbrecher oder Vandalen halten, daß er uns derart „ausbootet". Außerdem scheint er ziemlich absolutistisch zu herrschen. Peter, der ihn nicht verärgern will – er ist finanziell von ihm abhängig – und deshalb auch nur vom schaukelnden Boot aus mit uns redet, steckt uns heimlich seinen eigenen Sack Kartoffeln zu, dazu aus dem kleinen Museum Unterlagen über die Insel, um die ich ihn gebeten habe. Er ist schon ein paar Wochen auf Tristan und würde uns gern über die Insel führen, auch den Weg zum Gipfel kennt er. Mehrmals versucht er, den Administrator umzustimmen, aber selbst sein Wiener Charme stößt auf Granit. Auf unserer gesamten Reise mit all ihren Widrigkeiten haben wir uns nie so wehrlos gefühlt, so ausgeliefert und geprellt wie hier vor Tristan. Wir sind entsetzt über die herzlose Prinzipienreiterei einer Bürokratenseele. Was war das doch alles so einfach auf Südgeorgien!

Am nächsten Morgen verlassen wir den ungastlichen Ort. Der Hafen, die Huk, die schwarze Lavamauer, das grüne Plateau mit dem kleinen Dorf und der sich darüber auftürmende Berg verschwinden langsam achteraus und mit ihnen auch unsere Trauer und unser Ärger. „Gestern war der Dreizehnte, kein Wunder", erkläre ich. Und Karl: „Hab' ich doch gleich gesagt: trist, trister, Tristan. Aber ich bin sicher, auf Kapstadt bereiten sie uns einen großen Empfang!"

Versöhnlich lacht die Sonne vom Himmel, als wir nach Osten in die Zielgerade einbiegen. Noch 1 500 Seemeilen bis Kapstadt: Eine lächerliche Strecke scheint uns dies nach all der Segelei, aber immerhin entspricht sie der Distanz von Emden zum Nordkap. Da uns in den Dreißigern voraussichtlich mehr oder weniger gemächliches Segeln erwartet, überlegt der Skipper schon wieder, ob wir nicht doch besser etwas weiter südlich gen Osten laufen, um mehr Wind einzufangen, und erst später nach Norden einschwenken sollten. Aber die Crew hat die Nase voll von Starkwind und Stürmen und wünscht sich nichts sehnlicher als friedliches Segeln, zumal die Winde am Kap uns noch gehörig den Marsch blasen können.

Also hacken wir unter Groß und Genua hoch am Wind nach Nordosten, in der Hoffnung auf eine günstige Winddrehung. In der Nacht wieder ungewöhnlich helles Meeresleuchten: Delphine jagen wie fluoreszierende Torpedos mit langem Feuerschweif ums Schiff, und in unserer Heckwelle funkelt's wie tausend Wunderkerzen.

Nach einem weiteren Bolz- und Hacktag, noch dazu mit Nieselregen, raumt der Wind endlich, und wir können die Genua ausbaumen. Danach liegt das Schiff angenehm ruhig in den Seen. Auch die Temperatur ist angenehm: 21 Grad im Cockpit. Wir duschen auf dem Vordeck, bringen Ordnung in unsere Seesäcke, die wir aus Platzmangel teilweise in der feuchten Vorpiek verstaut haben, und waschen unter möglichst geringem Wasserverbrauch aus, was

Schimmel und Stockflecken angesetzt hat. Wir kochen aufwendige Menüs, essen genüßlich und ohne Hast, lesen, träumen und leben zufrieden in den Tag hinein. Wie schön kann Segeln sein, wenn man im Vollbesitz seiner Kräfte und nicht durch Seekrankheit, Kälte und Furcht bedrängt ist! Wenn man nicht, auf Sparflamme dahinvegetierend, alle anfallenden Arbeiten nur unter größten Mühen bewältigt und schließlich nicht mehr weiß, ob man lachen oder weinen soll.

In der sternklaren Nacht zähle ich Sternschnuppen und wünsche mir, daß die Reise nach Kapstadt ohne Zwischenfälle verläuft. Wir hatten gehofft, von Tristan aus unsere Familien benachrichtigen zu können, aber es hätte – ganz abgesehen von unserem Landeverbot – auf der Insel gar kein Telefon gegeben, wie wir später erfahren. Erich bemüht sich, über unseren eigenen KW-Sender Verbindung mit Deutschland aufzunehmen. Plötzlich tönen vertraute Stimmen aus dem Lautsprecher: Wolfgang und Gaby von der WILDEN MATHILDE. Dem Segler-Ehepaar, das seit mehreren Jahren auf seiner Ketsch vom Typ Joshua lebt und lange Zeit in der Türkei, in Gambia und entlang der südamerikanischen Ostküste segelte, sind wir auf unseren Reisen schon mehrfach begegnet. Wir haben gemeinsam viele schöne, erlebnisreiche Tage verbracht, zuletzt in Buenos Aires. Was für eine freudige Überraschung, besonders als wir erfahren, daß die beiden auch auf dem Weg nach Kapstadt sind und nur 600 Seemeilen von uns entfernt! Endlich haben wir Verbindung mit der Zivilisation. Nach sieben langen, einsamen Wochen – in dieser Zeit waren wir so sehr mit uns selbst beschäftigt, daß wir nicht einmal die Deutsche Welle gehört haben – nehmen wir wieder teil am Weltgeschehen.

Auch mit unserem Freund Günther Hirschberg von Intermar in Deutschland klappt die Verbindung. Günther ruft sogar unsere Angehörigen an, gibt unsere Position durch und daß wir alle wohlauf sind. Natürlich erhalten auch wir Neuigkeiten von zu Hause. Danach gibt's auf der FREYDIS erst einmal jede Menge frischen Gesprächs- und Gedankenstoff.

Noch 1 000 Meilen bis Kapstadt. Mein Geburtstag ist nicht gerade vom Wetter begünstigt. Feucht-schwüle Luft – 23 Grad im Cockpit –, und das Baro fällt. Gegen Mittag böiger Wind, die See steilt sich auf. Schließlich regnet es in Strömen. Es gibt einen Geburtstagskaffee mit Hefezopf à la Birgit und Schweizer Schokolade, die Erhard – kaum zu glauben – bis heute aufgespart hat. Erich schenkt mir einen golden-goldigen Papagei, um mir den Abschied von Pinguinen und Albatrossen zu erleichtern, Eva kandierte Ingwerkugeln gegen Seekrankheit, solche Medikamente schätze ich besonders. Und am Abend tönen Glückwünsche von zu Hause über den Äther. Die Stimmung an Bord ist heiter bis ausgelassen (Erichs Gin Tonic „spezial" hat seinen Anteil daran). Anläßlich der bevorstehenden Fastnacht werden bis in die Nacht hinein tiefschürfende Büttenreden gehalten.

Günthers Wetterfax: Südlich von uns liegt ein dickes Tief, nördlich ein kräftiges Hoch. Um nicht in die Hoch-Flautenzone zu geraten, entschließen wir uns nun doch, mit achterlichen Winden etwas südlicher zu laufen. Wind und Regenböen zwingen uns zu mehrmaligem Reffen. Die Schaumkronen achtern anrollender Wellenungetüme leuchten grellweiß durch die stockfinstere Neumondnacht. Noch 800 Meilen, und ich bin froh über jede einzelne, die wir hinter uns bringen. Ich sehne mich nach Land, nach Ruhe, Alleinsein, Durchschlafen, Bummeln in der Stadt. Wo bleibt die große Freiheit der Meere auf einem winzigen Boot? Krampfhaft versuche ich, die fortwährend hin und her huschenden Kurszahlen auf dem beleuchteten Kompaß mit dem Steuerrad zu fixieren. Eva hält mich wach, wir reden über alte Filme, über die *Kinder des Olymp*, *Orpheu Negro* und *Tanz der Vampire*.

Auch auf der FREYDIS gibt's anscheinend Vampire. Sie saugen kein Blut, knacken aber Lümmelbeschläge aus vier Millimeter dickem Nirostahl, löschen Kompaßbeleuchtung und Topplicht. Eine Lattentasche im Groß haben sie wohl auch zerfetzt, und schon eine ganze Weile nagen sie offenbar am Genua-Unterliek, das immer stärker ausfranst und aufreißt.

Um sieben Uhr morgens gelingt erneut Funkkontakt mit Günther und mit Udo aus Österreich, einem Einhandsegler auf direktem Weg von den Falklands über Tristan da Cunha nach Kapstadt, später mit Wolfgang und Gaby, die in der Flaute dümpeln. Uns blasen frische, raume Winde aus Westsüdwest voran. Nach Frontdurchzug am Mittag Temperatursturz auf 16 Grad. Hoher Seegang.

In der Nacht schläft der Wind ein: stundenlanges nervenaufreibendes Geigen. Auch Wolfgang und Gaby haben weiterhin Flaute; durch die elende Schaukelei sei eine ganze Flasche Speiseöl ausgelaufen, eine Riesenschweinerei, klagt Gaby. In der Nähe des Kaps soll's ziemlich blasen.

Wir setzen Blister, um auch den leisesten Windhauch einzufangen. Die Lampen in der Kajüte werden immer schwächer, die Funkerei verbraucht zuviel Saft. Wir lassen den Motor mitlaufen, um die Batterien aufzuladen. In der Nacht kommt uns ein japanisches Fischereischiff zu nahe. Als wir die Decksbeleuchtung einschalten, dreht es ab.

Stechende Sonne, Flaute, langgezogene, müde Altsee aus Süd, dann schläfriger Wind. Wir laufen unter Maschine. Bei der Topplichtreparatur bewährt sich Erhard wieder mal als Klettermeister. Danko und ich säumen das widerspenstige Genua-Unterliek mit Kreuzstichen und Blutflecken. Erich verwandelt das Deck in eine Klempnerwerkstatt: Nacheinander baut er die beiden mit Urinstein zugesetzten Toiletten aus – eine Prozedur, die alle zwei bis drei Jahre fällig wird und nun wirklich nicht länger aufgeschoben werden kann. Birgit hilft beim Zerlegen, Reinigen und Erneuern der Dichtungen. Karl schrubbt mit Eifer verkleisterte Kochtöpfe blank. Birgit entsetzt: „Was machst du denn mit *der* Bürste, mit der hab' ich doch gerade die Toiletten gereinigt!" Anschließend Badefest an Deck.

In der Nacht ein Schiff auf Gegenkurs, zum Glück brennt unser Topplicht wieder. Noch 500 Meilen. Ich kann's kaum erwarten. Wolfgang und Gaby, die Glücklichen, sind problemlos in Kapstadt eingelaufen. Sie erwarten uns. Einhand-Udo segelt 70 Meilen vor Tristan mit gutem Wind. Wir sind gespannt, ob er dort landen kann.

Totale Flaute. Aus der wie polierten Wasserfläche springen silberne Fische. Wir sichten zwei V-förmige Blasfontänen, charakteristisch für Südliche Glattwale. Den Luftraum beherrschen Tölpel und Möwen. Funkneuigkeiten: Udo konnte auf Tristan nicht landen, ein „Kuhsturm" baute viel zu starken Schwell vor der Insel auf. Immerhin hat man ihm per Boot Frischproviant, Kartoffeln und Lammfleisch gebracht.

Endlich erhebt sich vor uns der imposante Tafelberg im Postkartenglanz. Bereits 1503 beeindruckte sein platter Gipfel den portugiesischen Admiral und Entdecker Antonio da Saldanha derart, daß er ihm den Namen Taboa do Cabo (Tafel des Kaps) gab. Bald danach wurde der Berg in alle Seekarten eingezeichnet und ist bis heute eine oft heiß herbeigesehnte Landmarke für Seefahrer. Auch das Kap der Guten Hoffnung kommt in Sicht. Der Freibeuter Sir Francis Drake bezeichnete es 1580 als das lieblichste Kap, das er je gesehen hätte. Hoffentlich bleibt es das auch für uns. Noch immer Flaute und Sonnenschein. Kap-Seebären sonnen sich auf dem Wasser, strecken ihre Flossen in die Luft und spielen „toter Mann". Hin und wieder sehen wir auch Pinguine; sie haben große Ähnlichkeit mit ihren Verwandten in der Magellanstraße. Am Nachmittag schließlich liegt Kapstadt zum Greifen nahe. Voller Erwartung macht die Crew sich landfein. Weiße Hemden und saubere Hosen (mit Bügelfalten!) tauchen plötzlich aus der Versenkung auf. Erhard erscheint im modischen Matrosenlook, Erich hat sogar seinen struppigen Seemannsbart auf zivile Länge gestutzt.

Im Hafen empfangen uns Gaby, Wolfgang und Jörg, der Stützpunktleiter von „Trans Ocean" in Kapstadt. Erich fährt, wie sich's gehört, ein schneidiges Anlegemanöver. Als er aber kurz vor der Pier den Rückwärtsgang einlegt, reißt der Bowdenzug: 22 Tonnen Schiff donnern gegen die Betonpier. Das meiste kriegt der Bügelanker ab, sein Schaft biegt sich wie ein Katzenbuckel. Wolfgang über unseren ersten Kontakt mit dem neuen Kontinent: „Ihr geht ja ganz schön stürmisch ran!" Trotz des Malheurs fallen wir uns lachend in die Arme.

# Südafrika

*Liegeplatz für mehrere Monate – Alte und neue Freunde – Schwelbrand an Bord – Kein Krieg, aber auch kein Frieden – Gefährliche Südküste – Wale und Haie*

Kapstadt ist ein schmutziger Großstadthafen mit geschäftiger Unruhe durch ständig ein- und auslaufende Schiffe und Yachten. Bei ablandiger Windrichtung weht einem der städtische Müll aufs Deck. Es wird viel geklaut, und die Liegegebühren sind happig. Wolfgang, der für einige Wochen nach Deutschland fliegen und sein Schiff in dieser Zeit an einen sicheren Ort legen will, entscheidet sich für Hout Bay, einen kleinen Fischerei- und Ausflugshafen südlich von Kapstadt. Auch für uns ist das eine gute Alternative. Nachdem wir erste Bekanntschaft mit der Stadt und ihren Einwohnern gemacht, alle Formalitäten und Behördengänge erledigt und unsere Mitsegler verabschiedet haben – sie brennen darauf, vor ihrem Rückflug nach Deutschland noch so viel wie möglich von der Spitze des heißen Kontinents zu sehen –, überführen wir die FREYDIS im Konvoi mit der WILDEN MATHILDE in den Hout Bay Yacht Club, unseren Liegeplatz fürs nächste halbe Jahr. „Hout" ist übrigens das holländische Wort für Holz. Im 17. Jahrhundert war die Bucht wegen ihrer dichtbewaldeten Berge so benannt worden. Heute ist Hout Bay zwar weitgehend abgeholzt, aber immer noch grün und malerisch.

Auch Einhand-Udo mit seiner roten Stahlslup macht eine Woche nach uns in Hout Bay fest. Im Yachtklub wird es voll, denn Ende Februar geht die Segelsaison zu Ende. Der letzte Schwung der Weltumsegler aus dem Indischen Ozean passiert das Kap der Guten Hoffnung. Einige Yachten landen in unserer Nachbarschaft, andere ziehen es vor, nach Kapstadt zu laufen.

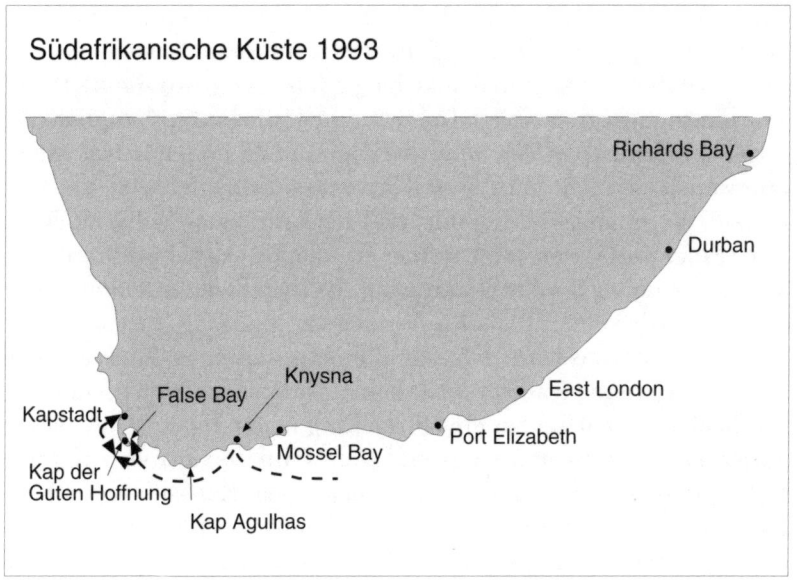

Die deutschsprechenden Segler treffen sich zum ausgiebigen Erlebnisaustausch bei „Trans-Ocean"-Stützpunktleiter Jörg in Kapstadt. Fast alle haben sie, von Australien kommend, den Indischen Ozean auf nördlicher Route überquert und sind nun auf dem letzten Abschnitt ihrer Weltumsegelung, von Kapstadt nach Europa. Nur Udo, Gaby, Wolfgang und wir kommen von Westen. Während die drei aber im Atlantik bleiben, werden wir weiter „gegen den Strich" in den Indischen Ozean ziehen. Unser Alleingang stimmt mich nachdenklich. Machen wir vielleicht einen großen Fehler?

Gaby, Wolfgang und Udo starten mit dem eigenen Wagen zu einem Ausflug, der sie an der Küste entlang nach Norden bis zum Krüger-Nationalpark führen soll. Wir setzen währenddessen unsere in Feuerland unterbrochene Renovierung der FREYDIS fort. Drei Monate Schufterei erwarten uns. Für die Reinigungs-, Entrostungs- und Pinselarbeiten heuern wir schwarze Hilfskräfte an; oft sind drei gleichzeitig an Bord. Sie kommen aus der Transkai, wo sie ihre Familien zurückgelassen haben, um in Kapstadt Geld zu verdienen. Hier leben sie in den ständig wachsenden Slums, die die Stadt wie ein Krebsgeschwür umzingeln. Jeden Tag versorgen sie uns aufs neue mit Flöhen, die bei uns „breakfast, lunch and dinner" einnehmen, so daß wir manchmal ausschauen, als hätten wir die Blattern. Trotzdem sind wir natürlich froh über die Hilfe und Anhänglichkeit unserer Schwarzen. Wie unsere Feuerland-Indianer haben allerdings auch sie nicht gelernt, selbstverantwortlich zu arbeiten. Wir müssen sie unablässig anleiten und deshalb fast ständig an Bord sein. Einer von ihnen fragt immer wieder, ob er nicht mit auf See kommen und an Bord arbeiten kann. Es ist schwer, ihm klarzumachen, daß wir keinen Platz für ihn haben.

„Das Schiff, das kenn' ich doch!" hören wir eines Tages auf der Pier einen Mann zu seiner Frau sagen. „Jetzt weiß ich's wieder: Da war doch ein Artikel über eine Strandung in der *Yacht*." Und an uns gerichtet: „Seid ihr das gewesen?" Fünf Minuten später sitzen wir fröhlich plaudernd zusammen im Cockpit bei Kaffee und Kuchen. Es ist der Beginn einer Freundschaft, die uns nicht nur ein behagliches Gefühl des Zuhauseseins in diesem Zipfel des schwarzen Kontinents vermittelt, sondern auch mehr Verständnis für das Land und seine Probleme.

Kurt Schwarzkopff und seine Frau Waltrud sind vor dreißig Jahren aus Deutschland nach Südafrika ausgewandert und haben sich in Kapstadt eine Existenz in Form einer kleinen Textilfabrik aufgebaut. Beide sind erfahrene Segler der alten Schule. Vor ein paar Jahren haben sie mit ihrer Yacht am Rennen Kapstadt-Rio teilgenommen, mußten aber abbrechen, weil ihre Wantenterminals bei stärkerer Belastung ausrissen. Gerade sind sie auf der Suche nach einem neuen, stabileren Schiff. Natürlich kennen sie die südafrikanische Küste wie ihre Westentasche und versorgen uns mit wertvollen Tips.

Waltrud ist eine Hamburger Deern, Enkelin eines Kapitäns und Tochter eines Schiffbauingenieurs. Sie ist eine liebenswürdige, weltoffene Pioniersfrau. Kurt rennt zwar dauernd mit harten Machosprüchen auf den Lippen und geladenem Revolver in der Hosentasche herum – manchmal könnte man ihn glatt für einen ausgekochten Chauvinisten und Rassisten halten, doch weit gefehlt. Schon allein die gute Stimmung in der Mischlingsbelegschaft seiner Firma, die wir besuchen, widerlegt dieses Bild. Und welcher

Rassist verteilt wie er nachts Decken und Petroleumkocher an obdachlose Schwarze? 

Die Stunden mit Waltrud und Kurt sind für uns Lichtblicke in den arbeitsreichen Wochen an Bord, in denen es unerfreuliche Überraschungen nur so hagelt: Zunächst wird eines unserer beiden Dingis gestohlen. Das trifft uns vor allem finanziell hart, weil wir gleichzeitig vom TÜV erfahren, daß unsere Rettungsinsel mürbe ist und ersetzt werden muß. Auch ein neuer Windgenerator ist fällig, der alte ist bei der Strandung zerstört worden. Nach seiner Installation durch einen Yachtelektriker entdecken wir einen Schwelbrand im Schiff, der zu allem Übel auch noch meinen Laptop durch Kurzschluß zum Absturz bringt. Den Brand können wir zwar löschen, aber die Geschichte geht weiter: Der Elektriker erkennt seinen Fehler nicht, gibt fadenscheinige Erklärungen ab und baut, auf unsere Kosten natürlich, alles in gleicher Weise neu und mit gleichem Ergebnis ein. Das Resultat ist auch diesmal wieder ein Schwelbrand in der Navigationsecke! Wir raufen uns die Haare, aber der „Spezialist" zuckt nur mit den Schultern, beharrt darauf, daß Windgeneratoren so und nicht anders eingebaut werden, und macht sich aus dem Staub. Als mir kurz darauf ein nagelneues UKW-Gerät – das alte hatte irreparable Wasserschäden – beim Anbordklettern aus der Hand rutscht und im Hafenwasser versinkt, ist das Maß voll.

Doch schon am nächsten Tag atmen wir auf: Kurt und Waltrud schicken uns ihren deutschen Yachtelektriker (es hätte natürlich auch ein tüchtiger südafrikanischer sein können), der sofort den richtigen Riecher hat. Erfolgreich baut er Sperrdioden ein, die verhindern, daß bei vollgeladenen Batterien und laufenden Lichtmaschinen der Regler des Windgenerators sich überhitzt und in Brand gerät. Der Yachtausrüster freut sich, daß er uns schon wieder ein Radio verkaufen kann und obendrein noch einen dreiflammigen Gasherd. Bei unserem alten Herd, den wir nach der Strandung aus dem Eis gerettet haben und der uns bis jetzt gute Dienste geleistet hat, sind einige Dichtungen an den Reglern korrodiert. Höchste Zeit, ihn zu entsorgen. Unser Bedarf an Bränden ist gedeckt!

Weil es in Hout Bay und Kapstadt keine Möglichkeiten zum Aufslippen für uns gibt, verholen wir die FREYDIS für einige Tage an den Strand, säubern das Unterwasserschiff und streichen den gesamten Rumpf. Danach gönnen wir uns wieder mehr Verschnauf- und Erholungspausen und vergessen zeitweise Boot und Arbeit (das haben wir während unserer Überwinterung in der Antarktis gelernt). Wir machen Ausflüge nach Cape Point, wo das warme Wasser des Indischen Ozeans auf das kalte des Atlantischen trifft, fahren zum Cape Agulhas, dem südlichsten Punkt Afrikas, und zu den langen einsamen Stränden Muizenbergs; wir schweben per Seilbahn hinauf zum 1000 Meter hohen Tafelberg, füttern dort touristenfreundliche Klippschläfer mit Erdnüssen, genießen atemberaubende Panoramablicke auf die Stadt, Lions Head, Signal Hill und Hout Bay und bestaunen eine einzigartige Gebirgspflanzenwelt. Wir bummeln durch Kapstadt und seine Waterfront, zu der uns nicht nur Schickerialäden, Cafés, Bars, Kneipen und der gut erhaltene historische Hafen mit Schiffsrepliken locken, sondern auch ein großer französischer Trimaran, der auf dem Rennen um die Jules-Verne-Trophäe *In 80 Tagen um die Welt* bei der Kollision mit einem Wal oder Treibgut einen seiner Schwimmer verlor und deshalb vor kurzem hier aufgeben mußte.

Wir besuchen Naturreservate, Vogel-, Krokodil- und Straußenfarmen, probieren Kapweine, exotisches Gemüse, Obst und hausgemachte Torten aus Pionierstil-Läden oder lassen uns ganz einfach im „Fishermen's Cove" frischen Angelfisch und Hummer schmecken – auch wenn letzterer aus Tristan da Cunha stammt. Viele Abende verbringen wir mit Seglern im Klub oder mit unseren Freunden Kurt und Waltrud in deren schönem, gepflegtem Haus. Kein Wunder, daß wir mit der Zeit wahre Fans der Kapprovinz werden und gut nachvollziehen können, daß viele Europäer hier eine neue Heimat gefunden haben.

Als Gaby, Wolfgang und Udo von ihrer Autotour zurückkehren, sind sie genauso begeistert von diesem schönen, abwechslungsreichen Land wie wir. Zwar sind sie beim Campen im Krügerpark beinahe von Elefanten zertrampelt worden – aber wie heißt es so schön? „No risk, no fun!" Sonst ging alles glatt, sogar ihr Auto blieb heil.

Trotz aller Faszination, die dieses Land auf uns ausübt, empfinden wir seine politischen und sozialen Probleme als äußerst bedrückend: die festungsähnlichen, alarmgesicherten protzigen Häuser der Weißen, die Armut in den Slums, die Terroranschläge mit Toten und Verletzten. Selbst um unseren Klub herum wachsen die Zäune höher und höher, und die Wächter patrouillieren die ganze Nacht übers Gelände. Bei Dunkelheit darf man nicht in die Innenstadt und nicht an einsame Strände, weil man sonst Gefahr läuft, überfallen, ausgeraubt oder ermordet zu werden. Vor allem aber ist ein normaler Kontakt mit Schwarzen gar nicht mehr möglich. Über dem Land lastet eine Countdown-Spannung; niemand weiß, was bei Null passiert. Man hat zwar nicht das Gefühl, im Krieg zu sein, aber auch nicht im Frieden. Je länger wir im Land sind, desto mehr belastet uns diese fatale Situation. Wie sehr, merken wir erst so richtig in Australien, wo wir uns wieder überall zu jeder Tages- und Nachtzeit frei und ohne Furcht bewegen können.

Langsam zieht der Winter ins Land, die Tage werden kürzer und unfreundlicher, und die Winde jagen immer wilder ums Kap. Wir fliegen für drei Monate in den Nordsommer nach Deutschland und lassen unsere FREYDIS in Wolfgangs und Gabys Obhut zurück. Kurz nach unserer Abreise erlebt Kapstadt den stärksten Sturm seit Jahrzehnten. Zehn Meter hohe Wellen schlagen über die Hafenbefestigungen, Schiffe sinken, Rettungsdienste haben Großeinsatz. Die Nachrichten, die wir in Deutschland durch Zeitung und Fernsehen erhalten, sind alarmierend. Wir telefonieren mit Wolfgang in Südafrika und atmen auf: Zwar hat der Sturm auch in Hout Bay schwere Schäden an Fischerbooten und Yachten angerichtet, aber die FREYDIS kam dank Wolfgangs Fürsorge zum Glück mit Farbabschürfungen und einem geplatzten Fender davon.

Als wir im Juli nach Südafrika zurückkehren, ist das Kapwetter noch immer launisch und unberechenbar. Häufig herrscht tagelang Sturm. Wenn sich über den Tafelberg ein schneeweißes Wolkentischtuch legt, wird es höchste Zeit, ein sturmsicheres Plätzchen aufzusuchen, denn kurze Zeit später bläst es mit solcher Kraft vom Berg herab, daß Schiffe in Seenot geraten und in der Innenstadt Seile in den Straßen gespannt werden, damit Passanten sich daran entlanghangeln können. Hout Bay liegt zwar in hohe Berge eingebettet, aber diese scheinen den Wind eher zu kanalisieren als ihn fernzuhalten. Bei Sturm faucht es wie aus einer Düse und fegt uns fast von der Pier. Am schlimmsten ist der Dauerregen. Monatelang bleibt die Küstenstraße am Chapman's Peak wegen Steinschlags gesperrt, weil der Berg bei der Nässe immer wieder ins Rutschen kommt. Als Wolfgang und Gaby nach Deutschland fliegen, zu ihrem ersten Heimatbesuch nach sieben Jahren, wäre ich am liebsten wieder mitgeflogen.

Bevor wir mit der FREYDIS lossegeln, erkunden wir im Leihwagen die Südküste bis Knysna, besuchen viele kleine Buchten und Fischereihäfen, lesen im *Pilot* nach und holen uns Auskünfte bei anderen Seglern. Ergebnis: eine gefährliche Küste! Die einzigen geschützten Naturhäfen zwischen Kapstadt und Durban sind Hout Bay und Knysna. Dann gibt es noch drei künstlich angelegte sichere Häfen – Mossel Bay, Port Elizabeth und East London –, dazu einige Landnasen, hinter denen man sich verstecken kann, zum Beispiel hinter Cape Francis bei westlichen Winden. Springt der Wind jedoch um, muß man solche Plätze fluchtartig verlassen, weil man sonst auf Legerwall gerät. An allen anderen Stränden und Buchten dieser Küste liegt das Boot auf dem Präsentierteller und ist auflandigen Stürmen voll ausgesetzt.

Auch Simonstown und Gordon in der False Bay, dicht beim Kap der Guten Hoffnung, bieten kaum Schutz. Vor Gordon liegt eine üble Sandbarre, auf der sich schon bei mäßigem Wind die Brecher türmen. Außerdem setzt der Agulhasstrom auf der 200-Meter-Linie mit bis zu fünf Knoten parallel zur Küste nach Westen. Wir überlegen, was bei unserem gegenläufigen Kurs von Kapstadt nach Durban besser ist: Weiter draußen, jenseits des Stroms, zu segeln oder dicht an der Küste entlang, also in einer relativ ruhigen Zone zwischen Brandung und Strom. Aber dort muß man mit gefährlichen Rollern, sogenannten „freak waves" rechnen, die sich bei stürmischen auflandigen Winden rasch auf dem flachen Küstenschelf bilden. Bei solchen Winden ist es ratsam, schnellstens in Häfen oder hinter Landzungen Schutz zu suchen oder so weit wie möglich aufs offene Meer hinaus zu laufen. Zum Glück sind die Wettervorhersagen, die man auf See über UKW, an Land über Telefon empfängt, sehr genau. Sie gelten aber nur für zwölf Stunden, für weitere Prognosen ändert sich das Wetter viel zu schnell.

Anfangs fällt es uns schwer zu begreifen, daß wir nicht wie anderswo mit hochgeholtem Kiel in Flußmündungen einlaufen können. Solche Verstecke lieben wir ganz besonders, weil wir dort meist einsam liegen und die Natur genießen können. Aber die Flüsse transportieren an dieser Küste solche Sandmassen zum Meer, daß praktisch vor jedem Fluß unüberwindliche Sandbarren liegen. Einige aufwendige Versuche, in solchen Flußmündungen Marinas anzulegen, waren von vornherein zum Scheitern verurteilt, da die ausgebaggerten Zufahrten in kürzester Zeit versanden.

Auch Hiscock war hier in die Falle gelaufen. Aus seinem Buch *Willkommen an Bord*, das ich vor 20 Jahren gelesen habe, ist mir diese Szene noch lebhaft in Erinnerung: „Die Einfahrt zum Kromme River war von See nicht leicht auszumachen; denn das ganze Ufer, das ungeschützt offenlag für den Indischen Ozean, war mit Brechern übersät. Nachdem wir eine äußere Barre überquert hatten, mußten wir uns hinter einer Landspitze nach Backbord wenden; diese Landzunge verlief parallel zum Ufer und war ebenfalls mit Brechern übersät. Ken war zuversichtlich, doch Susan und ich waren ängstlicher, als wir vielleicht jemals in unserem Seefahrerleben gewesen sind. Und als wir auf die harte Sandbarre mit einem schrecklichen, sich wie Zähneknirschen anhörenden Dröhnen aufschlugen, merkte ich, welch ein Narr ich gewesen war, mich jemals zur Einfahrt in eine so gefährliche Falle überreden zu lassen ... " Im Fluß auf Grund, bei jedem Niedrigwasser voll auf der Seite liegend und in Sandstürmen, war das Bordleben für die Hiscocks nur schwer erträglich. Erst nach 18 Tagen kamen sie bei Springhochwasser endlich wieder frei.

Das Kap der Guten Hoffnung liegt 15 Breitengrade nördlicher als Kap Hoorn. Wir haben geglaubt oder besser gehofft, daß die Berichte über die Gefahren hier und an der afrikanischen Südküste vielleicht doch etwas übertrieben sind: von Leuten in die Welt gesetzt, die aus den ruhigeren, warmen Gefilden des Indischen Ozeans kommen. Wir dagegen sind sturmerprobt, achtmal ums Kap Hoorn gesegelt, haben jeder Menge arktischer und antarktischer Stürme getrotzt. Es wird schon nicht so schlimm werden, denken wir selbstsicher. Von wegen!

Unsere ersten Mitsegler in der Kapregion sind ein befreundetes Ehepaar und ihre neun und zwölf Jahre alten Töchter, die noch nie zuvor auf einem Segelboot waren. Was haben wir uns da an dieser rauhen Küste bloß für eine Verantwortung aufgeladen! Ich war drauf und dran, den Törn im letzten Moment noch abzublasen, aber das hätten unsere Freunde sicher mißverstanden. Wir beschließen, nur bei bestem Wetter auszulaufen und nur die große False Bay abzusegeln. Dort ist das Wasser wenigstens fünf Grad wärmer als in Kapstadt oder Hout Bay. Während nämlich die Atlantikküste mit dem antarktisch kalten Wasser des Benguelenstroms gekühlt wird, streicht an der Südküste der Agulhasstrom aus dem warmen Indik entlang.

Doch alles läuft viel gemütlicher und friedlicher als gedacht. Unsere Freunde sind nicht ängstlich, und ihre Töchter, für ihr Alter sehr vernünftig, finden sich an Bord erstaunlich schnell zurecht. Regen und Sturm machen zwar durch viele Segelaktivitäten einen Strich, aber das ist halb so schlimm, denn für unsere Gäste ist hier alles neu, und auch an Land gibt's viel zu sehen. Die große False Bay (Falsche Bucht), so genannt, weil früher manchmal Schiffe in der irrigen Annahme einliefen, auf diesem Weg Kapstadt zu erreichen, stellt sich für unsere Mannschaft als genau richtig heraus: In ihr sind wir nie zu weit vom Land entfernt, um für die Nacht einen Hafen anzulaufen, und bekommen dennoch jede Menge Tiere zu sehen. Die Felsinseln in der Mitte der Bucht sind mit Pelzrobben und ihrem Nachwuchs übersät; aus dem schäumenden Wasser um sie herum strecken sich überall schnauzbärtige dunkle Köpfe der FREYDIS entgegen. Begeistert hängen die Mädchen über der Reling und wären am liebsten mitten ins Getümmel gesprungen. Aber der Schwell ist hoch, die Strömung gefährlich. Doch auch in den Fischereihäfen treiben sich die pelzigen Gesellen herum, um Fischabfälle zu ergattern, und drehen zur Freude der Mädchen ihre Runden um die FREYDIS.

Wir begegnen großen Delphinschulen und vielen Seevögeln, Höhepunkt aber sind die Wale. Ähnlich wie der südamerikanische Golfo Nuevo, der große Meerbusen im Süden der Halbinsel Valdès, ist die False Bay eine Art Wal-Entbindungsstation; auch die Wale sind von der gleichen Art: südliche Glattwale. Die ersten kommen Anfang Juli, und nun, Ende des Monats, sind die meisten schon da. Die Mädchen flippen fast aus, als eine trächtige Walkuh mit einer Begleiterin, ihrer „Hebamme", ganz in unserer Nähe auftaucht. Es ist immer wieder überwältigend, diese größten Tiere unserer Erde auf See zu beobachten. Ihre meterhohen Atemfontänen zischen, als ließe eine Lokomotive Dampf ab, und wir spüren einen feinen Sprühregen auf unserer Haut. Nur ganz langsam setzen wir die Fahrt fort, denn auf keinen Fall wollen wir sie versehentlich rammen. Hochträchtige Walkühe sind manövrierbehindert und schaffen höchstens drei Knoten durchs Wasser.

Zu enger Kontakt könnte natürlich auch uns schlecht bekommen: Ich kann mich noch gut entsinnen, als bei den Färöern ein abtauchender Wal unserem Heck nur einen kleinen Schlag mit der Fluke versetzte und mal eben die Windsteuerung zertrümmerte. Im Yachtklub von Simonstown berichten uns Segler, wie kürzlich ein Wal seinen Buckel an einem der Boote scheuerte und dabei die ganze Ruderanlage in Schrott verwandelte. Ein anderer Wal verhedderte sich in Ankerketten und versenkte dabei fast eine Kunststoffyacht. Ein Schäferhund, der sich auf dem Boot als Wache befand, habe fürchterlich gebellt und gejault, sei aber, auf allen Vieren übers schräg geneigte Deck rutschend, nicht um ein kühles Bad herumgekommen.

Der weiße Hai, ebenfalls Bewohner dieser Bucht, auf den unsere beiden Mädchen ganz besonders neugierig sind, zeigt sich allerdings nicht. Aber wir lernen Mike kennen, der ohne Schutz zu den Haien hinabtaucht. Stolz zeigt er uns einige unglaubliche Fotos, die er aus nächster Nähe von ihnen geschossen hat. Ganz schön mutig, wenn man bedenkt, daß sich die meisten Hai-Unfälle der Südküste ausgerechnet hier in der False Bay ereignet haben, von 1949 bis 1987 insgesamt 20. Der Übeltäter war überwiegend der weiße Hai. Mike hat bisher nur ein paar Kratzer ihrer rauhen Flossen davongetragen, gebissen wurde er noch nie. Er ist Feuer und Flamme für diese aufregenden Fotomodelle, die bis zu sieben Meter lang werden, und setzt sich mit einer Gruppe von Zoologen und Tauchern energisch für ihren Schutz ein: Südafrika soll das erste Land werden, das den weißen Hai unter Naturschutz stellt. Gegen Hochseeangler und Fischer, die ihm wegen seines Gebisses und seiner Flossen nachstellen, hat er sonst keine Chance.

Weil ich für einen gemeinsamen Bildband noch Texte überarbeiten muß und die Zeit drängt, entscheiden wir nach dieser Tour, die uns wieder ums Kap der Guten Hoffnung nach Hout Bay zurückbringt, daß ich nach Richards Bay, einem jungen, aufstrebenden Hafenstädtchen nördlich von Durban, vorausfliegen soll, um in Ruhe zu arbeiten. Außerdem kann ich dort schon Vorbereitungen treffen für unsere anschließende mehrmonatige Reise durch die Straße von Moçambique. Weil wir erst Anfang des Südsommers, also im Dezember, zu unserem großen Sprung nach Australien starten können, wollen wir die Wartezeit mit einem Besuch subtropischer und tropischer Inseln des Indischen Ozeans ausfüllen, zu dem wir von Richards Bay aus starten werden. Erich erwartet deshalb die nicht ganz leichte Aufgabe, im August, also mitten im Winter, mit einer fünfköpfigen, nicht eingespielten Crew an der unwirtlichen Südküste entlang nach Richards Bay zu segeln.

Als die sechs nach drei Wochen Richards Bay erreichen, sind sie jedoch bester Dinge. Auf der ganzen Reise waren die Windbedingungen erträglich – nur zweimal Starkwind, nie Sturm. Auf den 1000 Meilen legten sie zwei längere Stopps in Knysna und Durban ein, die sie zu Landausflügen verwendeten, im übrigen segelten sie dicht unter Land an der Küste entlang. Dadurch konnten sie dem gegenläufigen Agulhasstrom zum Teil ausweichen und mitlaufende Neerströme nutzen. Außerdem erwies sich die Navigation dicht am Ufer auch nachts mit Unterstützung des Radars und einer überaus aufmerksamen, verantwortungsbewußten Crew als unproblematisch. Und da sie die weit offenen Buchten aussegelten, begegneten sie auch diesmal wieder einer Menge Wale und Delphine. „Alles verlief prima, nur einmal hat uns Rasmus gelinkt", resümiert Erich. „Nachts in den Stromseen von Durban haben überkommende Brecher die am Mastfuß gestaute 30-Meter-Reservekette glatt von Bord gewaschen. Als wir's rasseln hörten, war's schon zu spät."

Wir planen einen Abstecher von mehreren Monaten in die Straße von Moçambique, zwischen Afrika und Madagaskar. In diesen Gewässern kreuzte die FREYDIS schon einmal, auf ihrer Reise rund Afrika. Doch Erich und ich segelten damals nur von den Seychellen zu den Komoren. Weil unsere jetzige Segelreise an die vergangene anknüpft, und weil Aldabra ein so außergewöhnliches Atoll ist, will ich – bevor ich die Schilderung unserer Reise fortsetze – einen Blick zurück werfen auf die damaligen Erlebnisse.

# Seychellen, Aldabra und Komoren – ein Rückblick

*Strychnin und himmlisches Manna – Die teuerste Nuß der Welt – Eiland der Riesenschildkröten – Ein Meter Herz – Die Blume der Blumen – Begegnung mit dem Quastenflosser – Ein Vulkan wird bestiegen – Abschied von den „Inseln des Mondes"*

Mit der Air Seychelles waren wir in sechs Stunden von Frankfurt nach Mahé geflogen, der Hauptinsel der Seychellen. Feuchtheiße Treibhausluft zwang schon bald nach der Ankunft unsere an kühle mitteleuropäische Temperaturen gewöhnten Körper in die Knie. Im Strandhotel an der Beau-Vallon-Bucht genossen wir deshalb zunächst ausgiebig das Duschen, bevor wir weitere Schritte zur Erkundung unseres neuen Umfelds wagten. Mahé hatten wir als Ausgangspunkt für unsere Indikreise mit der FREYDIS gewählt, die wir in St. Victoria, der Inselhauptstadt, in den nächsten Tagen unter ihrem Gastskipper erwarteten. Aber erst einmal totales Entspannen: am weißen Sandstrand bummeln, in türkisfarbenem Wasser baden, Drachenfliegern zuschauen, wie sie am azurblauen Himmel dahinglitten, würzige kreolische Speisen kosten. Gegen Abend immer noch 30 Grad im Schatten und 80 Prozent Luftfeuchtigkeit: Zeit für kühle Drinks an der Hotelbar. In der Nacht wolkenbruchartiger Monsunregen, am Morgen Sonnenschein, die Erde dampfte. Die Badesachen blieben feucht, der Schweiß kochte auf der Stirn statt zu kühlen.

Im Mietauto fuhren wir über die Insel und fanden überall lohnende Fotomotive: lila, blau, orange und gelb blühenden Hibiskus, rosa-violette Bougainvillea, feuerrote Flamboyanten, leuchtend grüne Geckos, blaugrüne Kolibris, Monsterspinnen in feinen Net-

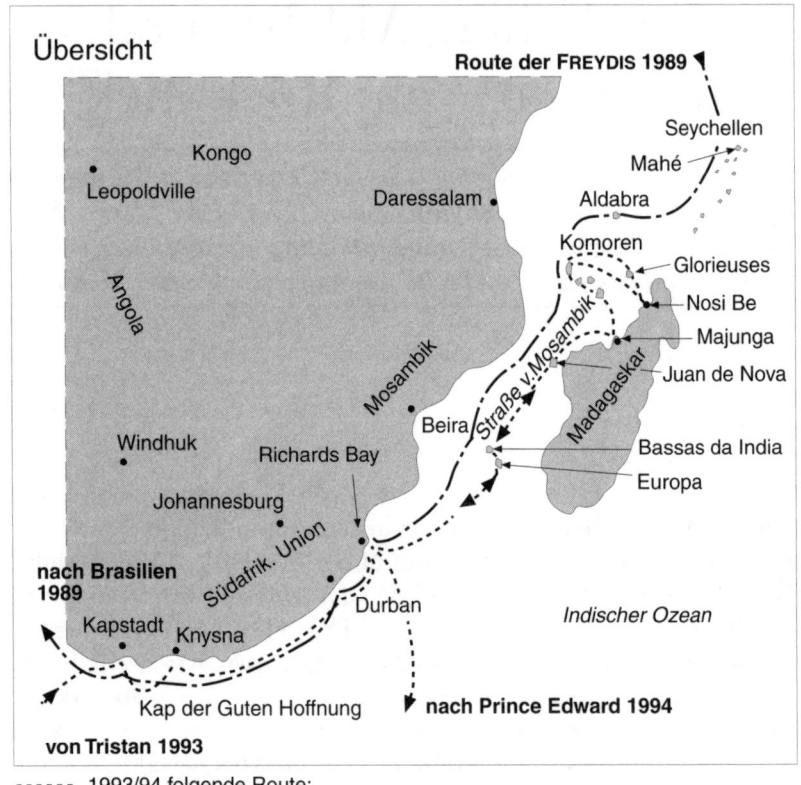

------ 1993/94 folgende Route:
Kapstadt - Knysna - Jurban - Richards Bay - Europa - Bassas da India - Juan de Nova - Majunga - Mayotte - Moheli - Grande Comore - Moheli - Anjuan - Nosi Be - Glorieuses - Grande Comore.

zen, die nur der Tau sichtbar machte, und Flederhunde, die wie kleine Affen an den Bäumen hingen – nur kopfunter. Sogar einen Schwarzwald gab es hier, den „Forêt Noir", einen üppig wuchernden Tropenwald, in dem unten riesige Farne und wilde Vanille wuchsen und oben dichte Baumkronen um einen Platz an der Sonne kämpften. Auch die fleischfressende „Pitchers Plant" mit ihren wie ein Pfeifenkopf mit Deckel geformten Blütenblättern, die eine Flüssigkeit voller Insekten enthielten, bekamen wir zu Gesicht.

Auf den Seychellen gibt es zwar Moskitos und andere Insekten, aber zum Glück keine Malaria und kein Gelbfieber. An giftigen

Pflanzen dagegen mangelt es nicht. Eine von vielen ist der „Stern von Bethlehem", der einem nicht mehr lange leuchtet, wenn man den Saft der Pflanze trinkt, denn er führt zur Erblindung. Oder der Strychninbaum, der das gleichnamige giftige Alkaloid enthält. Ohne kundige Hilfe fiel es uns schwer, all die fremdartigen Bäume und Sträucher zu identifizieren. Schließlich begnügte ich mich damit, nur noch ihre Formen, Farben und Düfte als zwar namenlose, aber unvergeßliche Erlebnisse aufzunehmen.

Wir besuchten auch die kleinen Nachbarinseln Praslin und La Digue, diesen perfekten Urlaubstraum aus rosa Granit, weißem Sand, grünen Palmen und türkisfarbenem, kristallklarem Wasser. Auf La Digue gab es damals keine größeren Hotels, keinen Flugplatz und auch keine Autos, nur Ochsenkarren mit Kutscher konnte man mieten. Wir aber zogen „Drahtesel" vor und radelten durch Kokos- und Vanilleplantagen, vorbei an einer Kopramühle, an einem Gehege mit Riesenschildkröten aus Aldabra und an seltsamen, haushohen Granitblöcken. Welch eine paradiesische Kulisse! Kein Wunder, daß in einer der verträumten Buchten gerade ein Werbespot für eine bekannte Rum-Marke gedreht wurde: Lächelnde, hüftwiegende Bikini-Engel und smarte Jungs süffelten so genießerisch ihre Drinks, als wär's himmlisches Manna. Wir dagegen machten uns halb verdurstet über die wie vom Himmel gefallenen Mangos und Kokosnüsse her und waren uns einig: Etwa so mußten auch Adam und Eva im Paradies gelebt haben.

Auf Praslin wächst die berühmteste und teuerste Nuß der Welt, die legendäre Coco de Mer, mit bis zu fünfzehn Kilo Gewicht die größte Frucht, die es gibt. Ihre Wiege steht im Vallée de Mai, einem versteckten Tal inmitten der Insel. Nirgendwo sonst auf der Erde gedeiht die hohe, schlanke Meerespalme mit den riesengroßen Blättern, nur in diesem seit Jahrmillionen unberührten Urwald, der allen Rodungseifer früherer Jahrhunderte wie durch ein Wunder überstand. Eine seltsam unwirkliche Stimmung umgab uns: Dämmerlicht und entrückte Stille wie in einer gotischen Kathedrale, ächzende Laute und plötzliche grelle Lichtreflexe, wenn sich die Blätter bewegten. Dazu der schrille Schrei des schwarzen Praslin-Papageis, den ich erst zu sehen bekam, als ich mich alleine tiefer in den Urwald hineinwagte.

Ein Hauch von Geheimnis umwittert seit altersher die Coco de Mer. Weil sie manchmal an den Küsten Indiens und Ceylons angeschwemmt wurde, hieß es, sie wüchse im Meer. Erst als Praslin Mitte des 18. Jahrhunderts die nach ihm benannte Insel entdeckte, wurde das Rätsel ihrer Herkunft gelöst. Die Form der Doppelnuß, die einem weiblichen Becken ähnelt, regte die Phantasie der Menschen an, die ihr eine aphrodisierende Eigenschaft zuschrieben und Mondpreise für sie zahlten. So wird berichtet, daß der Habsburger Rudolf II. viertausend Goldforint für eine Nuß bot, was dem damaligen Wert von fünfhundert Milchkühen entsprach. Heute dürfen jährlich nur dreitausend Nüsse geerntet werden, bei einem Preis von umgerechnet 150 bis 300 Mark pro Stück. Für die Ausfuhr jeder einzelnen Nuß ist eine Sondergenehmigung erforderlich.

Nach dem pünktlichen Eintreffen der FREYDIS und zahllosen ermüdenden Behördengängen bei sengender Sonne – obwohl die insgesamt 110 Seychelleninseln zum Teil sehr weit auseinander liegen, ist das Ein- und Ausklarieren nur in Mahé möglich – brachen wir auf zu der Alphonse-Inselgruppe und dem 700 Seemeilen entfernten Atoll Aldabra, für das wir eine Sondergenehmigung besaßen. Bei dem vorlichen Wind, der holprigen See und der drückenden Hitze standen wir zu Anfang alle auf recht wackligen Seebeinen. Grellen, unerträglich heißen Sonnentagen folgten erholsame, mondlose Nächte mit zigtausend glitzernden Sternen am pechschwarzen Himmel. In diesem Bereich des Indischen Ozeans wechselt die Hauptwindrichtung zweimal im Jahr: Von April bis Oktober weht der Südost-Monsun und bringt etwas kühlere Temperaturen. Von November bis März herrschen nordwestliche Winde vor, mit feuchtwarmer Luft: Regenzeit.

Ein kurzer Schauer brachte uns an Bord ab und zu willkommene Erfrischung. Manchmal aber schüttete es auch mehrere Stunden lang vom Himmel, dann kühlte es so weit ab, daß wir an Deck fröstelnd zum Faserpelz griffen, während es unten noch backofenheiß war, weil die Luken wegen des Regens geschlossen bleiben mußten. Schweißgebadet krochen wir aus der Koje zur Wache an Deck und fühlten uns dabei wie weichgekochte Eier, die abgeschreckt wurden.

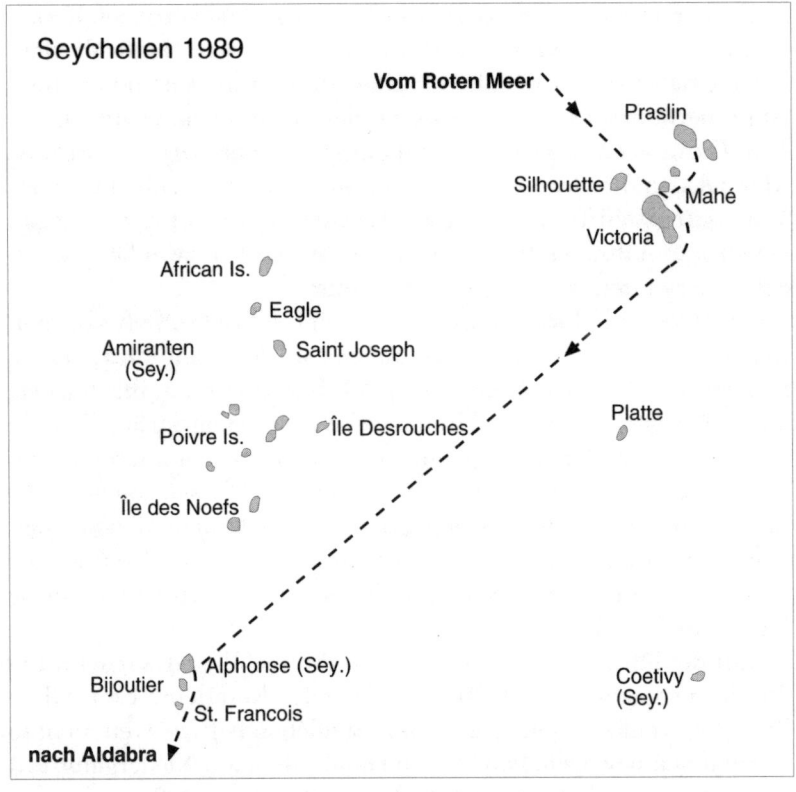

Um zwölf Uhr mittags tönt Erichs Stimme laut durchs Schiff: „Land in Sicht!" Voraus liegt die Alphonse-Gruppe. Auf dem vorgelagerten Riff, wo sich hohe Brandung türmt, rosten zwei große Wracks: koreanische Fischtrawler. Fünfzig Meter davor biegen wir ab, eine kleine Lücke in der Brandungsmauer ist unser einziges Wegzeichen. Im Wasser der Schatten eines großen Manta, dicht an der Oberfläche. Wie ein guter Geist, der uns den rechten Weg weisen will, entschwebt er in Richtung Lagune. Dort empfangen uns ruhiges Wasser und eine kleine Palmeninsel, an deren Strand gerade ein Boot zu Wasser gelassen wird.

Früher lebten hier bis zu siebzig Menschen und betrieben Kopramühlen oder fischten. Wir aber trafen nur auf eine Handvoll Männer, die dabei waren, die alten Hütten zu restaurieren und die Insel zu säubern, denn schon bald sollte hier ein Bungalowhotel entstehen. Dafür aber wurden wir unerwartet herzlich begrüßt, und von Marcial, dem Boss der Truppe, erfuhren wir auch, warum: Das letzte Versorgungsschiff kam vor drei Monaten, und nicht nur die Zigaretten waren ihnen schon lange ausgegangen. Mit zwei Duty-Free-Stangen retteten wir die gute Stimmung.

Am nächsten Morgen umrundeten wir die Insel zu Fuß, sammelten Muscheln und blaue oder dunkelrote Korallen vom weißen Sandstrand, beobachteten leuchtend bunte Fische im flachen, durchsichtigen Wasser und Reiher im Mangrovengestrüpp. Vor der unerträglich heißen Mittagssonne flüchteten wir uns unter das grüne Zelt des Palmenwalds und schließlich ins Wasser. „Solange die Sonne scheint, könnt ihr baden", hatte Marcial gesagt. Barrakudas, Hammer-, Blau- und Weißhaie kommen erst am Abend in die Bucht, um zu räubern. Dann allerdings wird's gefährlich, denn sie lauern auch im Flachen, dicht am Strand.

Auf der FREYDIS waren einige Reparaturen fällig, deshalb fuhren wir sie bei Springtide auf den Strand vor den Korallenstöcken. Ohne ihren Schwenkkiel könnten wir uns in solchen Riffrevieren nicht so unbefangen bewegen. Durch eine Handkurbel am Niedergang, mit der man den Kiel über eine Talje hochziehen kann, läßt sich unsere Kielyacht mit 2.20 Meter Tiefgang sozusagen im Handumdrehen in ein Plattbodenschiff mit all seinen Vorzügen in flachen Gewässern, bei Untiefen oder beim Trockenfallen verwandeln. Als letzten Kraftakt tauschten Erich und ein Mitsegler noch die korrodierte Ankerwinsch gegen eine neue aus – das Aufholen des 30 Kilo schweren Ankers von Hand war uns doch allzu schmerzhaft ins Kreuz gefahren.

Nach den Reparaturen mußten wir Abschied nehmen, denn unser eigentliches Ziel hieß ja Aldabra. Pünktlich um 19 Uhr war Sonnenuntergang, wir lagen hart an der Kreuz. Zum Glück lief der Äquatorialstrom mit. Nachts huschten Baßtölpel als schwarze Schatten über uns hinweg, und fliegende Fische flüchteten im blassen Schein des zunehmenden Mondes vor dem stampfenden Steven.

Wo wohl die BAAL geblieben war, die Yacht unseres Freundes Christian aus München, der mit uns gemeinsam Afrika umrunden wollte? Auf Mahé hatten wir sie vergeblich erwartet, und auch unsere Hoffnung, sie bei St. Alphonse wiederzusehen, hatte sich nicht erfüllt. Die nächste Chance für ein Treffen war nun Aldabra.

Ein Törn im Passat – sonst Inbegriff des „schönen" Segelns – kann zur Qual werden, wenn man wie die FREYDIS ausgerechnet in die Gegenrichtung der freundlichen Winde will. Unser Schiff bewegte sich nur noch hackend vorwärts, im Innern brütete eine kaum erträgliche Hitze, weil wegen überkommender Seen die Luken geschlossen bleiben mußten. Nicht einmal in unserem nach achtern offenen Deckshaus wehte ein winziges Lüftchen. Erbarmungslos packte mich wieder die Seekrankheit und vermieste uns die sonst so heitere Urlaubsstimmung. Der Kartoffelbrei ließ sich immer schwerer schlucken, die Rindsrouladen wurden wie Gummisohlen gekaut. Wenigstens gelang es endlich, den Defekt in der Kühlanlage zu reparieren. Wir schwelgten in kalten Drinks, und Erich schüttete vergnügt einen Schluck ins warme Meer: „Auf Rasmus, die alte Rübensau!"

Doch dann, nach all der Quälerei, schließlich Aldabra, der nicht zu übertreffende Höhepunkt unserer Reise und eines der wenigen noch unberührten Wunder der Natur. Mit seinen spitzzackigen, gewölbeartig überhängenden oder senkrecht aus dem Meer steigenden Riffkanten, an denen sich die Seen donnernd brachen, machte es auf uns den Eindruck einer uneinnehmbaren Zwingburg. Kein Wunder, daß dieses unwirtliche Atoll, inmitten des Indischen Ozeans und abseits der üblichen Schiffahrtsrouten gelegen, bisher von der Zivilisation weitgehend verschont blieb.

Eine hohe See schob unser Dingi mit beängstigendem Schwung durch eine kleine Lücke in der Riffmauer und setzte es unsanft auf den weißen Sand. Frappierendes tat sich vor unseren Augen auf: ausgedehnte Felder abgestorbener Korallen, eine schrumpelige Kruste aus gitterförmigen, messerscharfen Kalkskeletten, die mit ihren stacheligen Türmen, Gängen und Grotten erstarrter Lava ähnelten. Wohl dem, der hier festes Schuhwerk hatte!

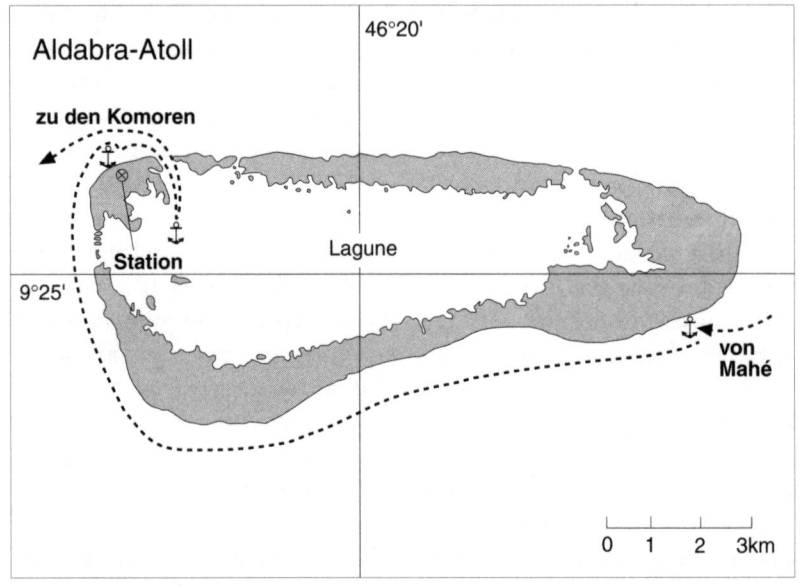

Die Insel Aldabra (von altägyptisch Al-Khadra, „die Grüne") kam uns alles andere als grün vor, sondern eher wie ein überdimensionales Reibeisen. Sie schien uns der ungünstigste Platz zu sein für die Riesenschildkröten, die ausgerechnet hier ihre letzte Heimat fanden. Nur auf diesem „Galapagos des Indik" konnten die Riesenreptilien überleben, die auf Mauritius, Reunion, Rodriges und anderen westindischen Inseln als schmackhafte und leichte Beute von den Menschen längst ausgerottet sind. Auf Aldabra aber lebten bei unserem Besuch noch 150 000 Tiere, die meisten davon im Osten der Insel, in der Nähe unseres Ankerplatzes.

Doch zunächst sahen wir nur einen riesigen Schildkrötenfriedhof. Überall lagen sonnengebleichte, leuchtend weiße Knochenpanzer herum, auf denen manchmal noch braune, sechseckige Hornplatten klebten. Erst auf den zweiten Blick erkannten wir die große Zahl der lebenden Vorzeitkreaturen um uns herum. Als Einzelgänger oder in kleinen Gruppen stapften, rutschten oder kletterten sie wahrhaft todesmutig durchs Korallenlabyrinth. Außer der unbarmherzigen Sonne haben die Riesenschildkröten hier keine natürlichen Feinde. Vor ihr suchen sie Schutz unter den spärlichen Sträuchern oder in Grotten. Schon morgens pilgern sie aus allen Himmelrichtungen zu diesen Schattenoasen, wo sie sich schubsend und schiebend zusammendrängen. In ihrer Not verstecken sie sich auch unter vertrockneten Grasbüscheln oder dem am Strand angeschwemmten Zivilisationsmüll. Wer nicht rechtzeitig unterkriecht, dem droht der Tod durch Hitzestau.

Als wir die Insel besuchten, hatte es seit einem Monat nicht geregnet, die Wasserlöcher waren fast alle ausgetrocknet. Aber Schildkröten sind wahre Durst- und Hungerkünstler, was die Seefahrer früherer Zeiten zu schätzen wußten: Ohne Wasser und Nahrung überlebten die auf den Rücken gedrehten Tiere oft monatelang in düsteren Schiffsrümpfen, bevor sie verzehrt wurden.

Als ich ein kleines, aber unvermutet schweres Tier hochnahm, fauchte und zischte es aufgebracht, versteckte den Kopf in seiner „Tonne" und strampelte wild in der Luft. Vielleicht war die Dame ja böse, weil Erich sie „Lady Curzon" titulierte. Als ich sie absetzte, marschierte sie auf kurzen Elefantenbeinchen unglaublich flink zum Mangrovengebüsch. Bei uns lief in der Mittagshitze alles viel langsamer ab. Der Rückweg war so schweißtreibend, daß wir uns bald selbst wie vertrocknete Schildkröten vorkamen, als wir endlich die FREYDIS erreichten. Nach kühlen Drinks mit Salzzusatz erfrischten wir uns durch Tauchen und Schnorcheln in der wunderschönen Unterwasserwelt. Bunte Papageienfische weideten die Korallen ab, grüne Seeschildkröten paarten sich neben dem Schiff. Nur der große Barrakuda, der uns lauernden Auges verfolgte, paßte nicht so recht ins Vergnügen. Abends war er uns dann aber höchst willkommen: paniert, frittiert und mit Zitrone beträufelt.

Als die FREYDIS im auffrischenden Wind zu rollen begann, verholten wir uns zur Westseite, von wo uns der Vogelwart und der Meteorologe der Insel freundlich durchs Riff lotsten. Diese größte Lagune der Welt, die zweimal am Tag bei Niedrigwasser nahezu vollständig trockenfällt, hat nur drei schmale Durchlässe, in denen gewaltige Strömungen stehen sollen – mit bis zu zwölf Knoten Geschwindigkeit –, ein hohes Risiko für kleine Schiffe. Wie ein riesiges Stundenglas leeren und füllen sie unentwegt die Lagune. Um so größer war unsere Erleichterung, als wir friedliches Wasser vorfanden und in einer versteckten kleinen Bucht ankerten, die niemals trockenfiel. Nahe dem sandigen, mangrovenbestandenen Ufer und auf spiegelglattem Wasser, in dem nur ab und zu eine neugierige Schildkröte oder flüchtende Fische ein paar Wellen schlugen, fühlten wir uns herrlich geborgen.

Die Forschungsstation auf Aldabra wird – ähnlich wie die Darwinstation auf den Galapagos – von Wissenschaftlern aus aller Welt aufgesucht. Bei unserem Besuch waren es neun Leute, die hier wohnten, arbeiteten und das Lagunenparadies behüteten. Sie luden uns zum Essen ein, und wir erfuhren, daß Riesenschildkröten ununterbrochen wachsen, von der Geburt bis zum Tod, und daß die erreichte Größe vom Nahrungsangebot abhängt. Manche werden bis zu 400 Kilo schwer und 1,5 Meter lang. Eine davon trug mich, als wäre sie das Inseltaxi vom Dienst, auf ihrem Rücken mühelos bis zur Station.

Es gab Fisch und Reis und dazu die Königin der Gemüse: Palmenherz! In Sojasoße gedünstet, mundete es delikat wie zarte Bambussprossen, Spargelköpfe oder frische Nüsse. Die Wissenschaftler hatten kurz zuvor eine Palme gefällt, die zu dicht an einer anderen wuchs, und das weiße Innere herausgeschält. Auch wir bekamen einen ganzen Meter Herz geschenkt.

Große Freude am nächsten Tag auf der FREYDIS: Freund Christian von der BAAL meldete sich endlich auf UKW! Über Funk lotsten wir seine Festkiel-Yacht geradewegs in unsere Lagunen-„Badewanne", wo ihr Anker kurze Zeit später dicht neben der FREYDIS fiel. Wegen ihres allzu knapp bemessenen Dieselvorrats hatten sie tagelang in einer Flaute dümpeln müssen.

Unvergeßlich sind uns die Entdeckungsfahrten durchs Lagunenidyll, die wir allein im Dingi oder gemeinsam mit dem Boot der Wissenschaftler unternahmen. Große dunkle Fischkörper schossen pfeilschnell durchs Wasser, meterlange Haie dicht am Boot machten Schwimmen und Tauchen auch in der Lagune nicht ratsam. Wir nahmen deshalb nur eine Kostprobe, schauten mit Taucherbrillen vom Dingi aus ins Wasser. Daß es hier kapitale Fische gab, hatten wir gleich zu Anfang beobachtet: Ein großer Reiher versuchte, einen dieser Burschen zu packen, wurde aber von ihm unter Wasser gezogen und nach kurzem Kampf nicht mehr gesehen: Der Tod des einen bedeutet Leben für den anderen.

Daran mußte ich denken, als wir beim Landgang an einer kapitalen Seeschildkröte vorbeikamen, die – eingeklemmt zwischen zwei Korallenstöcken – offenbar erst vor kurzem in der Mittagshitze verendet war und nun ein Fest für die Vögel abgab. Auch eine Ralle hatte den Braten schon entdeckt. Rallen sind dohlengroße Vögel mit feinem braunem Gefieder, mit rotem Schnabel und weißem Lätzchen, die als einzige der flugunfähigen Vögel des Indischen Ozeans überlebt haben – nur hier auf Aldabra. Ihre angeborene Neugier mag den Untergang der Art beschleunigt haben. Das galt auch für unsere Ralle: Obwohl wir alle dicht um den kleinen Kerl herumhockten, schien er keinerlei Angst zu haben. Mit dem Schnabel prüfte er alles, was wir ihm reichten, zupfte an Schuhbändern, zerrte an Socken und pickte sogar in Erichs großen Zeh. Über den Himmel zogen Scharen von Fregattvögeln und ab und zu ein Tropikvogel mit leuchtend roten Schwanzfedern. In den Mangroven – dicht überm Wasser und zum Greifen nahe – hockten junge weiße Tölpel in ihren Nestern, einträchtig dicht neben Fregattvögeln, und schauten uns mit großen Augen an. Wer war wohl für wen interessanter?

Wie wuschelige Trollköpfe ragten die bewachsenen Champignonkorallen aus dem Wasser: Reste von Korallenstöcken, deren unterer Teil in Jahrtausenden von der Brandung bis auf dünne Strünke abgenagt wurde. Alle Atolle dieser Erde waren anfangs ein Korallenkranz um einen Vulkan. Während dieser langsam wieder im Meer versank, wuchsen die Korallenstöcke weiter nach oben und bildeten schließlich ein Ringriff, das eine Lagune umschloß. Aldabra, dieses lebendige Naturkundemuseum, ragt etwa zehn Meter aus dem Meer. Buchstäblich in letzter Minute wurde es 1982 unter Naturschutz gestellt, bevor darauf ein angloamerikanischer Militärstützpunkt errichtet werden konnte.

An meinem Geburtstag, einem Samstag, werde ich schon früh vom Geräusch eines Außenbordmotors geweckt. Will mir da jemand ein Ständchen bringen? Plötzlich stoßen zwei Männer die Tür zur Vorderkammer auf. Statt Gitarre und Madoline haben sie Maschinengewehre im Anschlag: Polizisten von der Küstenwache, die unser Schiff durchsuchen. Als sie Papiere und Sondergenehmigung in Ordnung finden, werden sie freundlicher, fallen jedoch anschließend auch auf der BAAL ein. Aber Kontrollen sind auf dieser Insel sicherlich notwendig und durchaus auch in unserem Interesse.

Gleich nach dem Frühstück holten wir den Anker auf. Kaum hatten wir die Geborgenheit unseres versteckten Liegeplatzes verlassen, da packten uns jäh die Strudel der Springtide, reißender Sog schob uns zum schmalen Durchlaß, der sich noch vor wenigen Tagen so harmlos präsentiert hatte. Haushohe Grundseen ließen die sonst so steife FREYDIS brutal zur Kehr gehen, und die schaumumbrandeten, gezackten Riffkanten zu beiden Seiten, die mir wie ein zähnefletschendes Riesenmaul vorkamen, schienen sie zermalmen zu wollen. Auch die BAAL, die uns folgte, wurde arg gebeutelt. Wie ein Korken tanzte und torkelte sie auf den Wellenkämmen und verschwand mitunter ganz, als wäre sie verschluckt worden. Mir brach am Steuer der Angstschweiß aus; meinen Geburtstag hatte ich mir etwas anders vorgestellt. Doch eine letzte Überraschung erwartete mich noch: Als wir das Schiff der Küstenwache grüßend passierten, stand der Kapitän auf der Brücke. „Happy Birthday!" brüllte er herüber und: „Gute Reise zu den Komoren!"

Starkwind fast direkt von vorn, die FREYDIS hackt durch kurze, hohe Seen. Das Thermometer im Deckshaus zeigt 36 Grad. Mittags fallen die Schatten fast senkrecht. Zum letzten Mal sehen wir die Sonne im Süden, morgen um diese Zeit wird sie im Norden stehen – sie wandert uns entgegen.

Vulkaninseln haben es in sich: Ihre meist steil aus dem Meer steigenden Wände bieten geeignete Ankertiefe oft erst gefährlich nahe der Brandungszone. Deshalb gingen wir nachts vor Grande Comore mit ihrem knapp 2 400 Meter hohen Vulkan erst einmal auf Wartekurs, um später bei Helligkeit die Lage zu peilen. Doch selbst in Moroni, der Hauptstadt der Insel, drang der hohe Schwell ungehindert in den völlig ungeschützten Hafen. Mit großem Fender- und Leinenaufgebot machten wir die FREYDIS an dem roststarrenden Frachtschiff fest, das die einzige kleine Pier blockierte.

Vier Meter Tidenhub, das Wasser fiel rasch. Harte Stöße setzten die arme FREYDIS immer wieder brutal auf die Felsen, bis endlich

Ocean Harbour, Südgeorgien: in der Bucht das Wrack eines Rahseglers

25

26

27

29

25 Shackletons Grab in Grytviken, Südgeorgien
26 Von der ehemaligen Wal-Verwertungsanlage auf Grytviken zeugen nur noch roststarrende Rampen und Schlote.
27 Robben und Pinguine haben die verwaisten Hütten in Besitz genommen.
28 Golden Bay auf Südgeorgien
29 Ein Königspinguin mitten im Walfängerschrott: „Ich war's nicht!"
30 Danko beim Geschirrspülen; in Grytviken gibt's sogar fließendes Wasser.

**31**

31 Hoch über dem Drygalski-fjord im Südosten Südgeorgiens

32 Windschiefes Kino, im Hintergrund die restaurierte Kirche von Grytviken

33 Die verlassene Werft wird zum Abenteuerspielplatz für Robbenkinder.

**32**

**33**

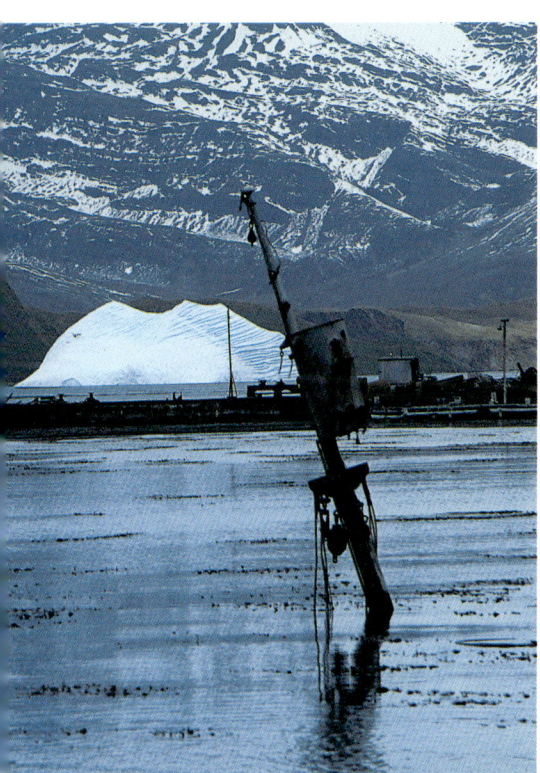

34 Krähennest eines gesunkenen Walfängers vor Südgeorgien

35 Wir landen in Elsehul, empfangen vom Zähnefletschen und Gebrüll der Robben.

34

35

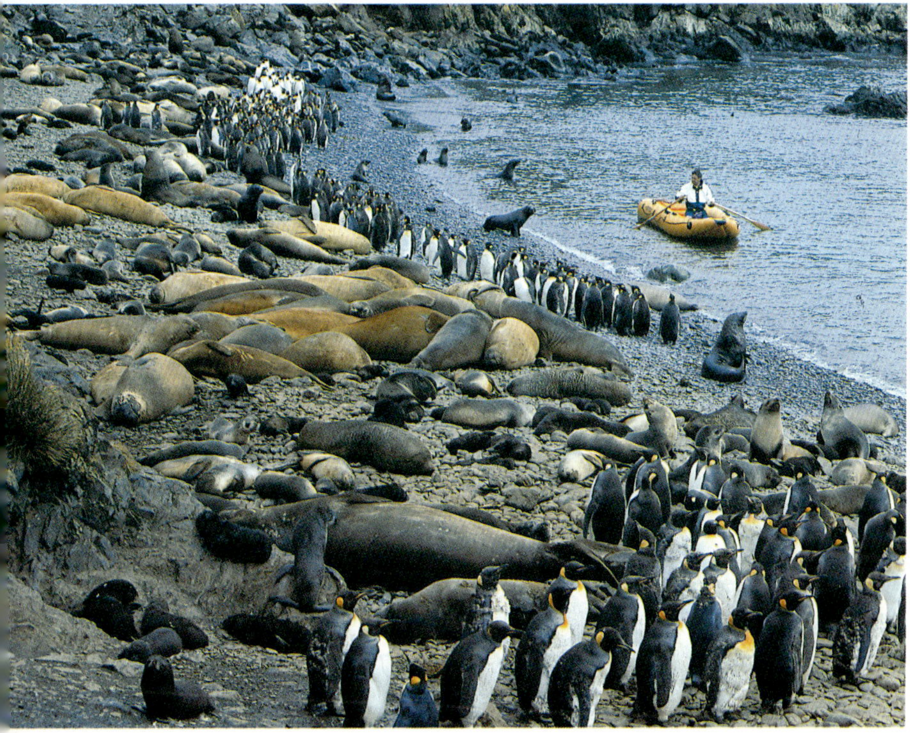

36

37

38

36 Eisberg mit Pinguinen vor qualmendem Vulkan auf Zavodowski

37 Anbandeln mit Albatrossen

38 Auf einem Eisbergjuwel posiert ein Pinguin für die Fotografen.

39 Insel Zavodowski, Heimat für fünf Millionen Pinguine

40 Wedellrobbe auf Candlemas

41 Freundliche Tristaner versorgen uns mit Frischwasser.

42 Ankunft in Kapstadt

43 Wieder unter Freunden

41

43   42

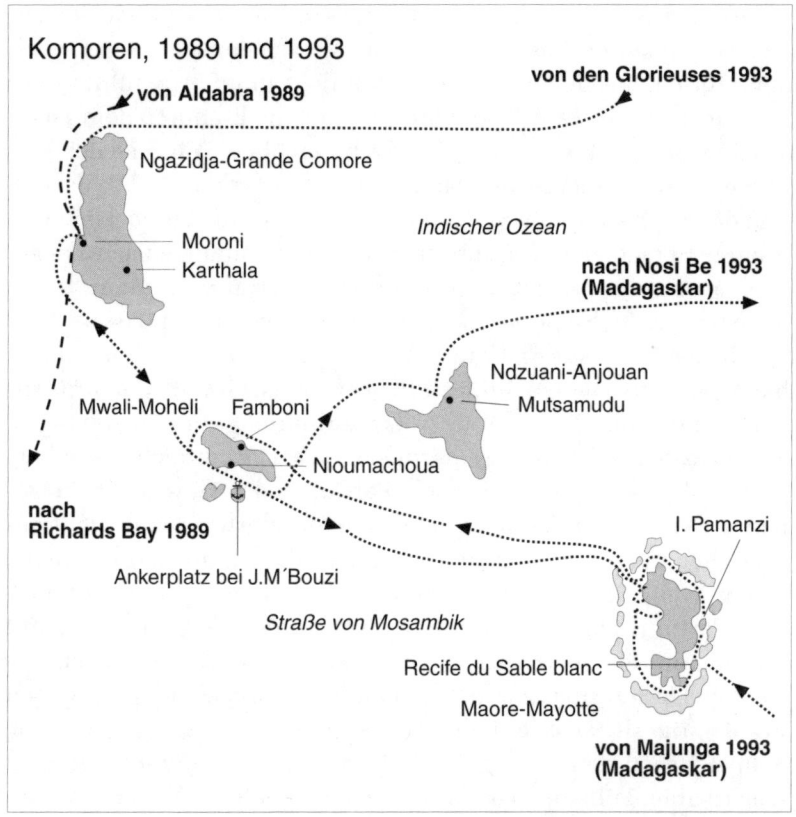

für kurze Zeit Ruhe unterm Schiff eintrat. Dicht am Ufer weiße Gebäude wie aus „Tausendundeiner Nacht": Moscheen, Minarette, Säulenbalustraden, Bogengänge und dahinter ein saftig grüner Vegetationsteppich an steilen dunklen Vulkanhängen. Die Verständigung mit den schaulustigen Einheimischen klappte hervorragend durch Gestik und Mimik, wohltuende Freundlichkeit war Trumpf, sogar bei den Offiziellen.

Nachmittags traf auch die BAAL ein, die allerdings – im Gegensatz zur FREYDIS mit ihrem Schwenkkiel – nicht im Hafen trockenfallen konnte. Unsere Begegnung mußte sich deshalb auf UKW-Kontakt beschränken, weil Freund Christian, um nicht im hohen Schwell draußen zu ankern, zur Nachbarinsel Anjouan weiterlief.

In der 25 000-Einwohner-Stadt mit dem arabischen Flair, den engen, verwinkelten Gassen und den fensterarmen Steinhäusern, mit den Hütten, aus denen abends Kerzenlicht flimmerte, fühlten wir uns zurückversetzt ins Mittelalter, als sich die Komoren dem Islam anschlossen, der bis heute die Volksreligion blieb. Während der Araberherrschaft brachte der Handel mit Negersklaven Wohlstand, und das ostafrikanische Suaheli ist immer noch die am meisten verbreitete Sprache auf den Inseln. Erst als die Sultanate nach kriegerischen Auseinandersetzungen mit Madagaskar verarmten, konnten europäische Kolonialstaaten auf den Komoren Fuß fassen. 1912 wurde der Archipel von Frankreich annektiert und 1946 zum unabhängigen Departement erklärt. 1974 erhielten Grande Comore, Anjouan und Moheli nach einer Volksabstimmung ihre Unabhängigkeit, nur die Insel Mayotte entschied sich, bei Frankreich zu bleiben.

Auf den Komoren, die auch Parfüm- oder Gewürzinseln genannt werden, hat die moderne Kosmetikindustrie ein gewichtiges Wörtchen mitzureden. Denn hier wächst die „Blume der Blumen", Ylang-Ylang, deren zartgelbe Blätter den Rohstoff für die teuersten Parfüms abgeben. Aus den Zweigen des Parfümbaums, mit Korallenbrocken zerrieben und Wasser vermischt, bestehen die weißen Gesichtsmasken der orientalisch farbenfroh gekleideten Frauen, die sie sogar auf der Straße tragen, als Schutz gegen die Sonne. Neben dem Ylang-Ylang-Parfümbaum gedeihen auf dem fruchtbaren Vulkanboden Jasmin, Gewürznelken, Vanille, Kardamom, Zimt, Muskatnuß und Pfeffer, aber auch so prosaische Produkte wie Zuckerrohr, Kaffee, Kakao, Tabak, Sisal, Aloe und eine große Palette tropischer Früchte wie die Kokosnuß, die schon so vielen gestrandeten Seeleuten das Leben gerettet hat.

Was für die Seychellen die Coco de Mer und für Aldabra die Riesenschildkröte, ist für die Komoren der Quastenflosser, jenes Bindeglied zwischen Meeres- und Landtieren, das schon seit Jahrmillionen ausgestorben schien. Erst in den dreißiger Jahren fiel Wissenschaftlern der seit langem auf den Komoren als „Gombessa" bekannte Fisch mit den beinähnlichen Flossen auf, der eigentlich gar kein richtiger Fisch ist, sondern eben ein Coelacanthus, ein Quastenflosser. Universitäten zahlen auch heute noch astronomische Preise für eines dieser Tiere, die nur in den Gewässern der Komoren

– durchschnittlich einmal pro Jahr – geangelt werden. Sie können bis zu zwei Meter lang und 100 Kilo schwer werden, haben ein Knochengerüst wie Landtiere, eine Art Lunge und dazu angeblich ein furchterregendes Gebiß und ein Herz wie ein Hai.

Das kleine Museum von Moroni wurde gerade renoviert und war geschlossen, aber wir hatten Glück und durften das kostbare Ausstellungsstück trotzdem besichtigen: Stoßsicher in Styropor gebettet, lag es in einer Holzkiste wie eine Mumie in ihrem Sarkophag. Seltsam aufgeregt sah ich zu, als zwei Hilfskräfte den etwa 70 Kilo schweren und 1,50 Meter langen, dunkelbraunen Körper (seine zu Lebzeiten schöne blaue Farbe verliert er nach dem Tode) ans Licht hoben. Das also war das berühmte anachronistische, von der Evolution anscheinend unberührte Geschöpf prähistorischen Designs, das in seinem Reich der Tiefe und Finsternis selbst den gierigsten Fischtrawlern entgangen war. Seine großen, der Dunkelheit angepaßten, früher gelblich phosphoreszierenden Augen starrten eingetrocknet ins Leere. Trotz aller Schutzmaßnahmen, dachte ich, mußte bald jede Universität, jedes Museum einen „Archaeopterix der Meere" besitzen, bis er schließlich – und diesmal endgültig – aussterben würde. Traurig verließ ich das Museum.

Der Quastenflosser könnte ein Altersgenosse des Vulkans Karthala sein, den wir als nächstes bestiegen. Vulkane üben auf mich eine merkwürdig starke Faszination aus, vielleicht wegen ihrer Unberechenbarkeit (auch heute noch) und der elementaren Gewalt, mit der sie Feuer und Lava speien, Gesteinsbrocken ausschleudern, Asche abregnen und Leben auslöschen. Dies und ihr beißender Schwefelgeruch hat seit jeher die Phantasie der Menschen angeregt, die lange Zeit in ihnen Tore zur Hölle sahen.

Es ist fünf Uhr morgens und noch dunkel, als wir mit einem Bergführer aufbrechen. In einem klapprigen Taxi holpern wir die ersten 1 200 Meter hinauf bis zum schlafenden Bergdorf Boboni. Von da geht es zu Fuß weiter auf einem lehmigen Pfad, der sich zunächst durch Kokos-, Zuckerrohr-, Bananen-, Papaya-, Manjok-, Mais- und Reisfelder windet und später, zunehmend steiler, durch die immergrüne Wildnis des Urwalds. Unheimliche Ruhe umgibt uns. Außer unserem keuchenden Atem und dem gelegentlichen Rascheln eines flüchtenden Borstenigels ist kein Laut zu hören.

Schweigend klettern wir hintereinander durch das Labyrinth aus Schlingpflanzen, Wurzelgestrüpp und Lavabrocken. Bloß nicht stolpern oder fallen!

Obwohl kaum ein Sonnenstrahl das dichte Blätterdach durchdringt, macht sich eine unerträglich drückende Schwüle breit. Oder strömt die Hitze gar aus dem Boden? Alle zehn Jahre regt sich der Karthala; beim letzten Mal begruben 1977 seine Lavaströme das Dorf Singani im Süden der Insel unter sich. Die Bewohner konnten glücklicherweise noch rechtzeitig flüchten. Ist etwa bald ein neuer Ausbruch fällig?

Der Schweiß rinnt uns am Körper herunter, die Wasserflaschen leeren sich bedenklich schnell. Und nirgends ein Bach, eine Quelle. In der Monsunzeit regnet es zwar häufiger an den Hängen, aber der Boden hält das Wasser nicht fest, es versickert sofort im porösen Lavagestein. Als Ersatz bleiben uns nur wilde Limonen.

Weiter oben ein Wald aus Riesenfarnen, Takamakas, Palisander, Ebenholz, Akazien, Lianen – und dazwischen Orchideen wie funkelnde Edelsteine (Rousseaus Staffelei muß hier irgendwo gestanden haben). Dann wird die Vegetation allmählich karger, verkrüppelt zu niedrigem verfilztem Gebüsch. In der nun klareren Luft weht eine angenehm frische Brise vom Gipfel herab. Zusätzlich hat unser Bergführer eine Überraschung für uns: Unter dichtem Gestrüpp verbirgt sich der Traum jedes Verdurstenden, eine schmale, tiefe Felsspalte, gefüllt mit kühlem Wasser. Das wird ein hochwillkommener Badespaß für alle. Im Gegensatz zu unserem Bergführer wagen wir die kaffeebraune Flüssigkeit allerdings nicht zu trinken.

Noch ein schroffer Hang, gespickt mit einem Agaven-Antennen-Wald, dann plötzlich ein Spuk am Mittag: Aus dicht am Boden kauernden Nebelschwaden ragen wie eine Schar Berggeister bleiche, mit langen, silbrig grauen Bartflechten überwucherte Baumskelette empor. Wahrscheinlich sind die Bäume bei der letzten Eruption zugrundegegangen. Gut gedeiht jedoch die Bartflechte, als empfindliche Schmarotzerpflanze geradezu ein Indikator für reine Luft.

Unter dem Nebel haben wir bei dieser Klarheit unglaublich gute Sicht über die gesamte Insel mit dem etwa 1000 Meter hohen, kraterübersäten Bergmassiv La Grille im Norden, der flachen Erhebung von Mbadgini im Süden und weit darüber hinaus aufs offene, blaugrün schimmernde Meer.

Durch violettes Heidekraut trotten wir einen letzten Buckel hinauf, dann endlich, nach zehn Stunden Gewaltmarsch, ist die Kuppe in 2 360 Meter Höhe erreicht. Bald stehen wir staunend am Rand des größten Kraters der Erde, einer gigantischen Felsgalerie aus Lavagestein, die in mehreren ineinander verschachtelten Riesenlöchern, den Calderas, 300 Meter in die Tiefe abfällt. Feine Wasserdampf-Fontänen steigen aus dem schwarzen Schlund auf, und gelegentlich ist ein leises Grummeln des träumenden Drachens zu hören. Wie an allen Vulkankratern, die ich besucht habe, überkommt mich auch hier ein Gefühl von etwas ungeheuer Bedrohlichem, Unbezähmbarem – als befände ich mich auf einem fremden Planeten, in einer anderen, wilderen Welt.

Am letzten Abend auf Grande Comore war uns noch ein seltenes Naturschauspiel vergönnt: Seltsam ringförmig geisterte der Mond über die Insel, niemand von uns hatte ihn jemals so gesehen. Kein Wunder – wir erlebten eine Mondfinsternis! Der Trabant lag im Schatten der Erde. „Inseln des Mondes" nannten die arabischen Entdecker die Komoren („Qamar"), aus welchem Grund auch immer. Uns jedenfalls schien es der schönste ihrer vielen Namen zu sein.

Fünf Jahre sind seit dieser Reise vergangen. In der Zwischenzeit hat sich vieles verändert und zugetragen in unserem Leben, aber eines ist geblieben: unsere Freude am Segeln, auch auf dieser heiß-kalten Reise um den Globus.

Im südafrikanischen Richards Bay stehen wir bereits in den Startblöcken zu unserem Törn in subtropische und tropische Gewässer. Leider müssen wir uns, wenn wir rechtzeitig im Dezember – also im Südsommer – für den Vorstoß in die Antarktis wieder zurück sein wollen, auf unserem neuen Streifzug durch den Indik mit nur drei Monaten Zeit begnügen. Wir haben deshalb die Iles Eparses (Europa, Bassas da India, Juan de Nova und die Glorieuses) und ein Wiedersehen mit den Komoren als Höhepunkte ausgewählt. Auch zwei Abstecher nach Madagaskar sind eingeplant.

# Vergessene Inseln im Indischen Ozean

*Zu Fuß und mit Traktor durch „Europa" – Bassas da India, die unerreichbare Lagune – „Yellow Submarine" vor Juan de Nova – Von Wracks, Ausreißern und Schlammspringern*

Trotz des Risikos, abgewiesen zu werden, ist die Versuchung, auf unserem Segeltörn von Südafrika nach Madagaskar die Insel Europa anzulaufen, unwiderstehlich: Sie liegt mitten auf unserem Weg in der südlichen Straße von Mosambik. Wir starten zu sechst, mit zwei weiteren Paaren. Daß die 600 Seemeilen von Richards Bay nicht einfach werden, ist uns klar. Segler, die diese Strecke kennen, berichten übereinstimmend von einer üblen See.

Doch gerade solch vergessene Fleckchen Erde erregen immer wieder unsere Neugier. Denn wer kennt schon Europa, die nach dem englischen Schiff gleichen Namens benannte Insel, das sie erst 1774 entdeckte? Immerhin erfuhren wir in Südafrika, daß Europa eine Koralleninsel mit einer Lagune ist und unter französischer Verwaltung steht. Die Franzosen sollen dort eine Station unterhalten, aber ob Yachties sie besuchen dürfen, ist äußerst zweifelhaft. Mit Recht werden immer mehr derartig entlegene Eilande zu Naturreservaten erklärt und für Besucher gesperrt. Lediglich Wissenschaftler mit speziellem Auftrag erhalten Sondergenehmigungen.

Über dem flachen Küstenschelf vor Richards Bay empfängt uns denn auch prompt eine steile Agulhas-Stromsee und Starkwind von vorn, der sich bald zum Sturm auswächst. Nach vielen Stunden Kampf müssen wir beidrehen und abwarten, weil die F<small>REYDIS</small> nur noch durch die aufgewühlte See hackt und kaum mehr Fahrt voraus macht. Karin, eine erfahrene Mitseglerin, will die Crew psychologisch aufrüsten: „Wir sind gern und freudig hier, und wir sehen das verdammt noch mal positiv!" Bei den Seekranken hat sie damit allerdings wenig Erfolg. Außerdem reagiert unsere Mitseglerin Uli auf das Scopodermpflaster mit beängstigender Verwirrtheit, die uns die ganze Nacht nicht zur Ruhe kommen läßt.

Endlich dreht der Wind auf Süd, und wir können wieder segeln. Sofort wird die Stimmung optimistisch, die Crew erholt sich. Als uns der Wind am dritten und vierten Tag verläßt, motoren wir weiter, um keine Zeit zu verlieren. Zwar sind Abgase und Maschinenlärm das letzte, woran wir Segler unsere Freude haben, aber immerhin können wir die ruhige See, den blauen Himmel und die wärmende Sonne genießen. Und vor allem das rege Leben rundum: Buckelwale scheinen uns mit ihren langen Brustflossen zuzuwinken, Thunfische schnellen aus dem Wasser, Sturmvögel und Albatrosse ziehen ihre Schleifen um die FREYDIS. Sternschnuppen und Meeresleuchten verzaubern die Nächte.

Der Morgen des fünften Tages bringt endlich einen Windhauch aus Südost. Weil auch der Gegenstrom nachläßt, machen wir zeitweise sieben Knoten über Grund. Die Sonne allerdings wird von Tag zu Tag heißer, durchdringender und lästiger. Je näher die Insel Europa rückt, desto stärker packt uns das Landfieber. Uli, unsere Landhungrigste, jubelt, als Karl-Ludwig bei der Ortsbestimmung einen Fehler in der Positionsangabe des Seehandbuchs entdeckt, weil wir uns damit 50 Seemeilen ersparen. Europa liegt demnach auf 40°20', nicht auf 41°20' östlicher Länge. „Ein ganzer Ferientag auf der Insel geschenkt!" freut sie sich. Bernd skeptisch: „Immer vorausgesetzt, man läßt uns drauf."

Das fragen wir uns alle, als wir um 04.00 Uhr vor der Insel beidrehen und auf den Morgen warten. Um 06.00 zeichnet sie sich als flacher Schemen am Horizont ab. Wir liegen etwa 1,5 Seemeilen vor dem sie umgebenden Korallenriff. Zwischen dunklen Wolkenungetümen geht blutrot die Sonne auf, der Himmel ist voller Vögel, und wie ein Mahnmal thront ein Wrack auf dem Riff. Was für eine unheimliche Szenerie als Auftakt unseres Inselbesuchs!

Langsam tasten wir uns am Riff entlang, zumal uns noch weitere rostzerfressene Schiffsleichen darauf warnen. Dahinter lockt wie eine Fata Morgana die große Lagune mit ihrem schillernden Far-

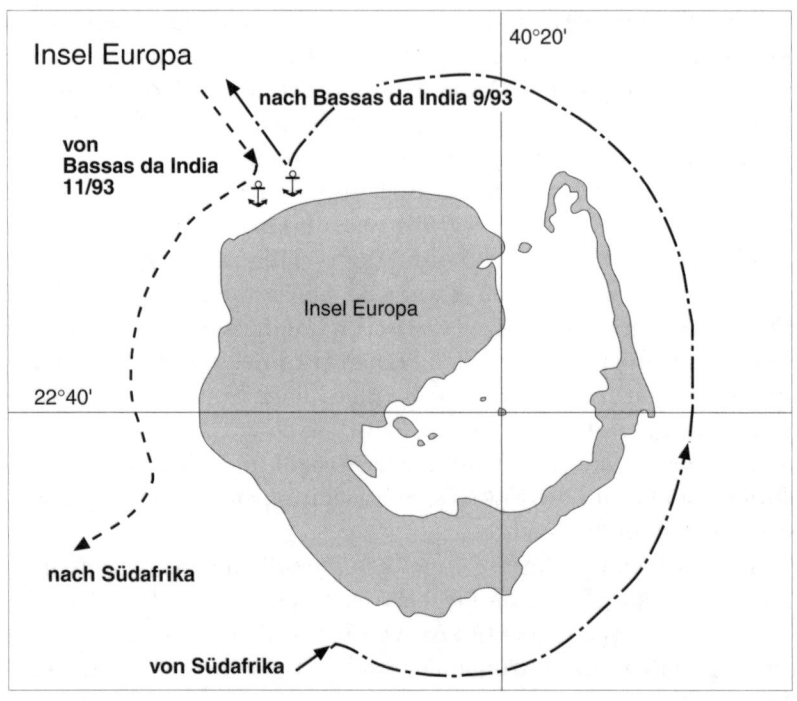

benspiel aus herrlichen Blau-, Grün- und Türkisschattierungen. Und wie ein Trugbild erweist sie sich als Enttäuschung: flach, mit unzähligen Korallenköpfen gespickt, gewährt sie Schiffen keinen Zugang, nicht einmal unserer FREYDIS mit ihrem aufholbaren Kiel. Das Ankern am Außenriff aber wäre zu gefährlich.

Dürfen wir überhaupt auf die Insel? Als wir in etwa einer Seemeile Entfernung ein kleines Boot entdecken, halten wir darauf zu. Die drei Angler darin – einer ist Chinese – spreche ich in meinem besten Schulfranzösisch an. Keine Reaktion. Ich versuche es auf englisch, schließlich sogar mit Zeichensprache – alles vergeblich. Was sollen wir bloß tun? „Beidrehen, nicht Anker werfen", entscheidet Erich. „Heide und ich gehen im Dingi an Land."

Am Strand empfangen uns zwei freundliche junge Soldaten, denen wir unser Anliegen unterbreiten. Doch sie zeigen nur auf das Anglerboot, das jetzt ebenfalls anlandet. Ob wir auf die Insel dürfen, könne nur der Chef entscheiden, und das sei Lam-Yam, der Chinese.

Er und Robert, der Inselgendarm, begleiten uns zur kleinen Station, kaum 50 Schritte entfernt am Ufer. Von ihm erfahren wir, daß Europa seit 1975 Naturschutzgebiet und für Yachten strikt gesperrt ist. Doch als die beiden unsere Begeisterung für ihr einsames Eiland spüren und die Bücher mit den Bildern von unseren Reisen durchblättern, tauen sie langsam auf. Schließlich bewilligt uns Lam-Yam den ersehnten Aufenthalt, und Robert will uns sogar selbst über die Insel führen.

Zur Besatzung der seit 1948 bestehenden Wetterstation, die halbjährlich ausgetauscht wird, gehören noch zwei Hilfskräfte. Und weil die Insel für Frankreich strategische Bedeutung hat, zeigen sieben Soldaten auf einer eigenen kleinen Basis in der Nachbarschaft militärische Präsenz.

Auf schlechtem Grund vor der Wetterstation fällt unser Anker. Hoffen wir, daß der Wind nicht zunimmt! Das Boot allein zu lassen, ist ein Risiko, aber wer von der Crew wollte schon auf den Landgang verzichten?

Drei Tage lang führt uns Robert, sportlich trainiert und das heiße Klima gewöhnt, trotz der sengenden Sonne kreuz und quer über die karge Insel, die aus einem alten, teilweise versandeten Atoll vulkanischen Ursprungs entstanden ist. Wir vergessen Hitze und Erschöpfung, wenn wir uns über Korallenschutt, tote Bäume und dorniges Gestrüpp an die lebensprallen Nistplätze der streitbaren Seeschwalben heranpirschen, die alljährlich zu Tausenden von den antarktischen Kerguelen hier herauf zum Brüten kommen. Wir besuchen die größte Fregattvogel-Kolonie im Indischen Ozean, in der friedliche Tölpel als Untermieter wohnen. Im Dingi erkunden wir die Lagune mit ihren silbernen Korallenfischen, gefährlichen Tiger- und Hammerhaien, kolossalen Karett- und Suppenschildkröten und den graziösen Flamingos. Mangroven, Euphorbien, Flamboyanten, Tamarinden, Bougainvillea, Sisalagaven und einige wenige Kokospalmen bilden den schmalen Vegetationsgürtel.

Trotz ihres grünen Saums und der Hitze ist die Insel jedoch keine Tropenidylle, dazu gibt es zu wenig Farbenprächtiges, Blühendes, Saftiges. Viele Pflanzen sind vertrocknet und abgestorben, denn Süßwasser ist hier Mangelware. Nur einmal im Jahr, zur Regenzeit, fallen Niederschläge, und die Tümpel sind längst ausgetrocknet. Trotzdem überfallen uns bei Sonnenuntergang Myriaden blutrünstiger Stechmücken. Vermummt wie Imker umstehen wir die Sandhügel, aus denen Schildkrötenkinder schlüpfen. Rund 160 000 werden alljährlich an diesen Stränden geboren, aber nur jedes tausendste schafft es, den überall lauernden Räubern zu entkommen.

Stein- und Holzkreuze, die wir inmitten einer verwilderten Sisalplantage entdecken, geben uns Rätsel auf. Bis uns Robert die traurige Geschichte der Siedlerfamilie erzählt, die sich hier durch Sisalanbau eine Existenz geschaffen hatte: Als der Pflanzer nach Madagaskar gesegelt war, um Proviant und neues Arbeitsgerät zu beschaffen, ermordeten drei Bedienstete seine junge Frau und die kleine Tochter. Nach seiner Rückkehr erschlug er die Mörder und verließ das Eiland für immer. So liegen nun Opfer und Täter gemeinsam auf dem kleinen Friedhof.

Zwielichtiges Gesindel hat die Insel häufiger aufgesucht. Im vorigen Jahrhundert war sie ein beliebtes Ziel für Piraten, die ihre Schiffe hier mit Schildkröten und verwilderten Ziegen verproviantierten. Die Ratten, die sie dafür zurückließen, sind heute eine schlimme Plage, vor allem für die am Boden brütenden Vögel. Daß die Piraten nicht nur Ratten, sondern wahrscheinlich auch Schätze hinterließen, erfahren wir auf der Station. Vor ein paar Jahren hat ein Mitarbeiter einen Gegenstand gefunden, den er für pures Gold hielt. Er hütete ihn wie seinen Augapfel und ließ keinen mehr in sein Zimmer aus Angst, jemand könnte ihn bestehlen. Später hat sich herausgestellt, daß es nur Kupfer war, erzählt uns Lam-Yam lachend beim gemeinsamen Abendessen auf der Station. Auch uns ist es nicht beschieden, auf dieser Insel einen Schatz zu finden. Im Gegenteil, wir sollen hier noch Wertvolles verlieren.

Trotz ihres Durchmessers von nur vier Seemeilen scheint uns Europa endlos groß zu sein, deshalb ersparen wir uns mit Traktorfahrten einen Teil der Fußmärsche. Allerdings werden wir dabei gerüttelt und geschüttelt, bis wir kreuzlahm sind. Das Wandern ist eine solche Strapaze, daß Karin und Karl-Ludwig im durchlöcherten Terrain der großen Landkrabben entnervt aufgeben. Ich verkrieche mich kurz vor dem Hitzekollaps in einem feuchten, düsteren Wrack. Erschöpft stürzt Erich über Korallenschutt, ohne zu bemerken, daß dabei sein Tausend-Dollar-Objektiv aus der Fototasche rollt; und Bernd verliert seine teure James-Bond-Sonnenbrille.

Uns „schafft" dieses abweisende Fleckchen Erde unter dem Wendekreis des Steinbocks. Zwar hat es ein ganz eigenes Gepräge und ist ein einzigartiger Zufluchtsort für Tiere; aber Menschen gegenüber zeigt es sich so feindselig, daß wir nicht begreifen, wie sich jemals ein Siedler freiwillig darauf niederlassen konnte. Seine Hitze, seine Mücken, seine scharfen Korallen und spitzen Dornen sind zuviel für uns.

Bei der vergeblichen Suche nach unseren Wertsachen handle ich mir einen Sonnen- und tausend Mückenstiche ein. Mit hohem Fieber, rasenden Kopfschmerzen und Armen und Beinen, die ausschauen, als hätte ich die Beulenpest, liege ich beim Auslaufen in der Koje. Was für eine grausame Insel! Erst als es mir nach Aspirin und Wadenwickeln besser geht, bin ich bereit, mich mit ihr zu versöhnen. Die Freude über glückliche Augenblicke überwiegt allmählich, während ich mich erinnere: Wie wir ein Schildkrötenbaby vor gierigen Fregattvögeln retteten, wie wir eine nach der Eiablage zu Tode erschöpfte, mehrere hundert Pfund schwere Suppenschildkröte zum Wasser zurück schleppten, und wie sich junge Seeschwalben auf meinen Schultern niederließen, so daß ich mir vorkam wie Alice im Wunderland.

Ich öffne die Augen und glaube, im Fieber zu träumen: Auf meinem Leebrett sitzt eine Seeschwalbe! Doch der Traum mausert sich zum sehr realen blinden Passagier, der sich ins Schiff verirrt hat. Überall an Bord hinterläßt der Vogel seine Spuren. Bernds Kommentar im Logbuch: „Eine ganz beschissene Situation!"

Mit achterlichen Winden rauschen wir in der Nacht unter Groß und Genua nach Bassas da India, einem etwa 70 Seemeilen nordwestlich der Insel Europa liegenden Ringriff von beachtlichen neun Seemeilen Durchmesser, das bei Hochwasser vollständig überspült wird. Wie wir von Lam-Yam erfuhren, wurde Bassas da India ebenfalls 1774 von dem englischen Schiff EUROPA entdeckt und später an Frankreich abgetreten. Natürlich ging es dabei vor allem um Fischereirechte.

Wir bergen das Groß, um die Fahrt zu drosseln. Bloß keine An-

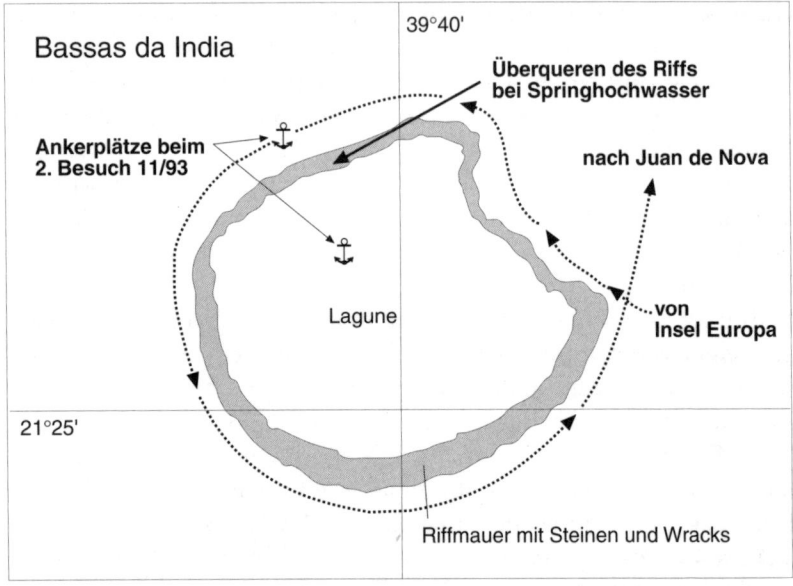

näherung bei Dunkelheit! Um acht Uhr morgens sichten wir – vier Seemeilen voraus – eine weiße Brandungslinie. Das muß das Riff sein! Um zwölf Uhr mittags stehen wir vor einem etwa 100 Meter breiten Korallenwall; auch hier recken wieder eine ganze Reihe Wracks ihre rostzerfressenen Skeletteile in den blauen Himmel. Erich steuert aufregend nahe an der Untiefe entlang, auf der in Luv eine so hohe Brandung steht, daß wir immer wieder Gischtduschen abbekommen. In Lee ist die See zwar relativ ruhig, aber weil das Riff senkrecht in die Tiefe abfällt, können wir auch dort nicht ankern. Außerdem herrschen hier starke, unberechenbare Strömungen.

Angestrengt halten wir Ausschau, entdecken jedoch nirgends einen Zugang zur Lagune; der Ring ist und bleibt geschlossen. Bei zunehmendem Mond, also Midtide, haben wir nicht einmal bei Hochwasser eine Chance, übers Riff gespült zu werde. Enttäuscht blicken wir hinüber zur Lagune, dieser Oase, die inmitten des bewegten Ozeans ruhig wie ein Ententeich daliegt und uns schillernd lockt. „Farben zum Ausflippen!" seufzt Karin. Wie gerne würden wir hier, von allen Unbilden der See und des Wetters geschützt, ein paar Tage pausieren! Doch wir müssen aufgeben. Wir drehen den Bug einer „richtigen" Insel zu: Juan de Nova, 330 Seemeilen von Bassas da India entfernt und nur 80 Meilen vor Madagaskars Küste.

Wunderschönes, geruhsames Segeln unter Blister: Wir lesen, schreiben Briefe, baden im meerwassergefüllten Dingi auf dem Vordeck, hören Musik und backen eine unvergleichliche Pizza „Europa", heiß und scharf mit Pepperoni, Knoblauch und Salami, und eine „Bassas da India" mit Meeresfrüchten aus der Dose. Um uns vor der sengenden Sonne zu schützen, stehen wir in weiße Leintücher gehüllt wie Beduinen am Ruder. Die weibliche Crew bevorzugt auch am Abend den orientalischen Look und hüllt sich in die Shalwars, die Karin von einem Pakistanbesuch mit an Bord gebracht hat. Dazu passen die Tänze der „Gajaneh" von Chatschaturjan, die wir auf Kassette hören. Als die Männer jedoch scherzhaft beschließen, uns auf dem Sklavenmarkt in Madagaskar zu verkaufen, schlüpfen wir schnell wieder in unsere alten Segelklamotten und treiben unsererseits die Sklaventreiber beim Blisterbergen an.

Nur noch 65 Seemeilen bis zum Ziel. Eine steife achterliche Brise scheucht uns durch hohe, überbrechende Seen in eine mondlose, brodelnde Nacht hinein. Gespenstisch leuchten die achtern anrollenden Schaumkronen durch die Dunkelheit, und das Topplicht funkelt wie ein einsamer Stern. Zehn Knoten am Speedometer! Das ist viel zu schnell für dieses riffbesetzte Revier. Wir reffen lieber und drehen später sogar bei.

Am frühen Vormittag tasten wir uns an der windabgewandten Nordseite über eine ausgedehnte, bei Niedrigwasser großenteils trockenfallende Korallenplatte in die Nähe der Insel Juan de Nova, die ihren erhabenen Mittelpunkt bildet, und ankern etwa 200 Meter von ihr entfernt über abgestorbenen Korallen. Wir müssen mit einem hohen Tidenhub von vier bis fünf Metern und deshalb mit Grundberührung rechnen. Nun haben wir die Springtide, die uns bei Bassas da India so gefehlt hat!

Eine Schildkröte begrüßt uns, Menschen lassen sich nicht blicken. Erich und ich setzen in bewährter Manier zum Strand über, um zu erfahren, ob wir willkommen sind. Unser erster Eindruck von der Insel ist durchaus erfreulich: Ein ausgedehnter, weißer Sandstrand mit schmaler Dünenkette säumt ein grünes Fleckchen Land, auf dem dichte Kasuarinenwälder erholsamen Schatten spenden und den Boden mit einem angenehm weichen, trittfesten Nadelteppich belegen. Juan de Nova kommt uns auf Anhieb viel zugänglicher und lieblicher vor als die karge, spröde Insel Europa.

Auch hier eine Wetter- und separate Mini-Militärstation und eine Rollbahn für kleine Flugzeuge. Zunächst stoßen wir auf zurückhaltende Gesichter, die aber im Gespräch immer aufgeschlossener werden. Wir merken gar nicht, wie die Zeit vergeht. Erst als man uns von einer Yacht erzählt, die vor ein paar Wochen hier geankert und bei Hochwasser ihr Beiboot verloren hat, hasten wir zurück. Das Riff ist schon völlig überflutet; in der Ferne können wir unser Dingi erkennen, das von den brandenden Wellen hin und her geschleudert wird. Erich hat es zwar an einem Korallenkopf festgebunden, aber an zu kurzer Leine. Wenn es umschlägt oder vollläuft und unter Wasser gerät, können wir den Außenborder vergessen! Wir hetzen über Strand und Riff und müssen die letzten 200 Meter schwimmen. Starke Strömung und kabbelige See machen uns den Endspurt schwer. Erich ist als erster am Ziel und sehr erleichtert: Der Außenborder hat nur Spritzwasser abgekriegt. Er schneidet unter Wasser die Leine durch, weil sie das Dingi nach unten zieht, und fährt mir anschließend als „Yellow Submarine" entgegen. Ich habe große Angst vor den gefährlichen Zitronenhaien, die mit dem Wasser übers Riff kommen. Nie war ich schneller am Dingi und beim Schöpfen.

Die Insel ist nach dem Spanier Juan de Nova benannt, einem Seefahrer im Dienste Portugals, der sie 1501 auf einer Reise nach Indien entdeckte. Daran soll, wie wir vom Leiter der Wetterstation hören, auch Amerigo Vespucci teilgenommen haben. Kaum zu glauben, daß der Namensgeber Amerikas schon seinen Fuß auf diesen gottverlassenen Korallenklecks gesetzt hat!

Später lebten Leute von den Seychellen auf der Insel. 1897 wurde sie von Frankreich annektiert, und bis 1970 baute eine französische Gesellschaft hier Phosphat ab. Von den Franzosen stammt auch der ausgediente Leuchtturm, der bis vor einem Jahr die Seefahrer vor dem Riff warnte. Doch auch hier rosten wieder viele Schiffs-

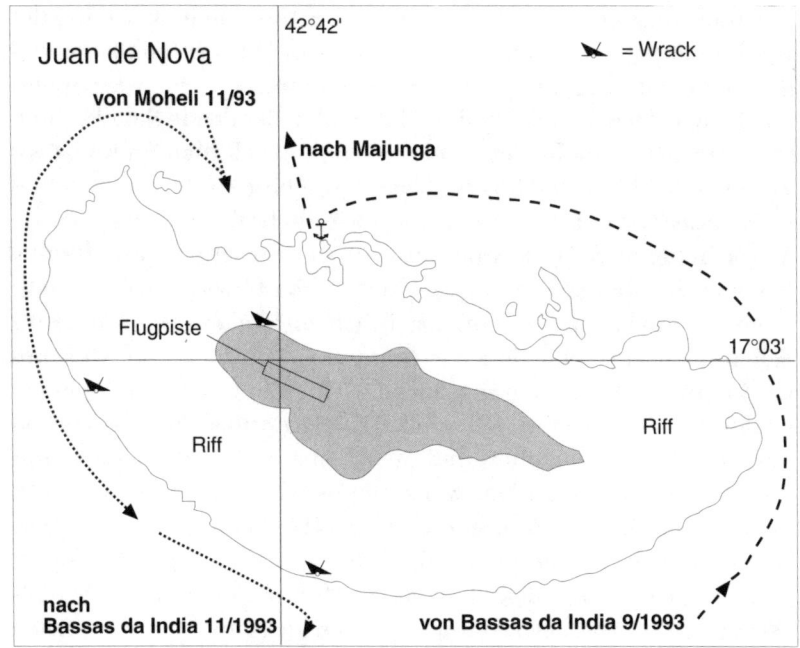

rümpfe und abgetrennte Decksaufbauten auf dem Korallenplateau. Diese Riffinseln kommen mir vor wie gigantische Spinnen in ihren Netzen: Beute sind von ihrer Route abgekommene Schiffe, die im Taifun oder auch bei totaler Flaute – also ohne warnende Brandung – die flachen Riffe nicht ausmachen können.

Eine dieser Schiffsleichen war ein Kohlenfrachter, der während des letzten Weltkriegs hier strandete. Noch jetzt finden wir überall am Ufer Stücke seiner schwarzen Fracht. Ein anderes Wrack, mitten im Kasuarinenwald wie von Geisterhand abgestellt, entpuppt sich als ehemaliger Frachter aus Formosa. Ursprünglich auf der Riffkante gestrandet, wurde er nach fünf Jahren von einem Taifun wie ausgedientes Spielzeug auf die Insel geworfen. 1985 war hier auch eine Segelyacht von den Seychellen im Sturm zerschellt. Die beiden Segler hatten aber durch Leuchtraketen auf sich aufmerksam machen können und wurden von einem französischen Marineboot geborgen.

Am nächsten Morgen fahren wir mit Pierre, dem Gendarm, und mit dem Mechaniker Ariste zum Sitz des ehemaligen Inselverwalters und Aufsehers der Sklaven aus Mauritius, die hier Anfang des Jahrhunderts Guano abbauen mußten. Sein Haus ist großzügig angelegt, zweistöckig, mit Balustrade und einer breiten, eisenverzierten Treppe. Daneben die kleinen Hütten, in denen die Sklaven hausten. Auf der Luvseite der Insel zeugen große Höhlen im Korallengrund vom Abbau des einst so begehrten Düngers.

Die Küste ist auf dieser Seite rauh wie ein Reibeisen: zwei bis drei Meter hohe, terrassenförmig ansteigende, verwitterte Korallengemäuer mit Höhlen, kleinen Teichen und Pfützen, dazu ein sehr schmaler Sandsaum. Er ist offensichtlich ein idealer Lebensraum für Schlammspringer, von denen es hier nur so wimmelt. Sie sehen aus wie kleine Fische, fühlen sich aber auch an Land pudelwohl. Sind es vielleicht kleine Vettern des großen Coelacanthus? Nein, sie haben nur zwei Flossenbeinchen und auch sonst kaum Ähnlichkeit mit ihm. Aber es sind bemerkenswerte kleine Zeitgenossen: Sie schwimmen, hüpfen und klettern so flink durchs Gelände, daß wir uns vergeblich bemühen, einen von ihnen mit der Kamera einzufangen; geschweige denn mit den Händen. Nur Pierre liest sie auf wie Fallobst von der Wiese. „Der Mann muß begnadet sein!" murmelt Erich bewundernd und beeilt sich, eines der mopsköpfigen Kerlchen zu fotografieren, die breitmäulig grinsend in Pierres Hand liegen.

Auf der Insel gibt es eine größere Seeschwalbenkolonie, aber doch wesentlich weniger Vögel als auf Europa. Schuld daran sind die 50 Katzen, die als verwilderte Nachkommen der Hauskatzen ehemaliger Siedler auf der Insel leben. Alle diese Katzen sind grau, bis auf eine, denn zu der Inzuchtbande hat sich vor kurzem eine rot-gelbe, von einer Segelyacht desertierte Katzendame gesellt. Als mir die kleine Tigerin später am Leuchtturm begegnet, locke ich sie mit einem Sandwich und frage sie, ob sie nicht doch lieber wieder segeln will, zum Beispiel auf der FREYDIS? Geschickt weicht sie mir aus, schnappt sich die Wurst und verschwindet mit einem grauen Kameraden im Kasuarinenwald.

Die Sonne ist untergegangen, als wir mit einer Dingiladung Kokosnüsse, dem Abschiedsgeschenk der Militärs, zur FREYDIS zurückkehren. Wir lichten den Anker, baumen draußen vor dem Riff den Blister aus und lassen uns von lauen achterlichen Winden gen Madagaskar blasen, zur viertgrößten Insel der Welt.

# Im Land der Lemuren

*Sindbads Riesenvogel – Ein dickes Ei – Geisterschiffe und Rauchsäulen – Madagaskars blutende Küste – Einklarierung auf orientalisch – Von Piraten, Sklaven und Kulis*

Seit ich als Kind die Abenteuer Sindbad des Seefahrers und die Berichte des venezianischen Reisenden Marco Polo verschlungen habe, ist Madagaskar für mich die Insel des Riesenvogels Rock. Erst viel später erfuhr ich etwas von Lemuren, Chamäleons und anderen Phänomenen auf dieser Insel. Damals hat mich nichts so beeindruckt wie die Geschichten mit dem Vogel Rock. Was liegt näher, als sie noch einmal nachzulesen?

„Ich ging mit den anderen an Land und setzte mich an einen klaren Quell, der unter den Bäumen floß ... Ein lieblicher Zephir wehte, und mir ward so leicht zumute, daß mich der Schlaf überkam ... Als ich wieder aufwachte, fand ich keinen Menschen mehr; das Schiff war abgefahren, keiner von den Kaufleuten und Matrosen hatte mehr an mich gedacht. Ich gab mich verloren und fing an zu weinen und über mich zu klagen, bis mich der Zorn übermannte und ich mir Vorwürfe über mein Tun und Beginnen machte, daß ich mich wieder den Mühsalen der Reise ausgesetzt hatte, nachdem ich in meiner Heimat ein so geruhiges Leben hatte führen können, erfreut und erquickt durch gutes Essen, Trinken und schöne Kleider, und wo es mir an nichts fehlte. Und daß ich wieder auf See gegangen war, obwohl ich doch auf der ersten Reise soviel Not durchgemacht hatte ..." (Er spricht mir aus dem Herzen!)

„Schließlich klomm ich auf einen hohen Baum und hielt nach allen Seiten Ausschau. Mein Blick fiel auf etwas Weißes von großem Umfang. Sofort stieg ich vom Baum herab und ging darauf zu. Es war eine große weiße Kuppel, die hoch in die Luft emporragte.

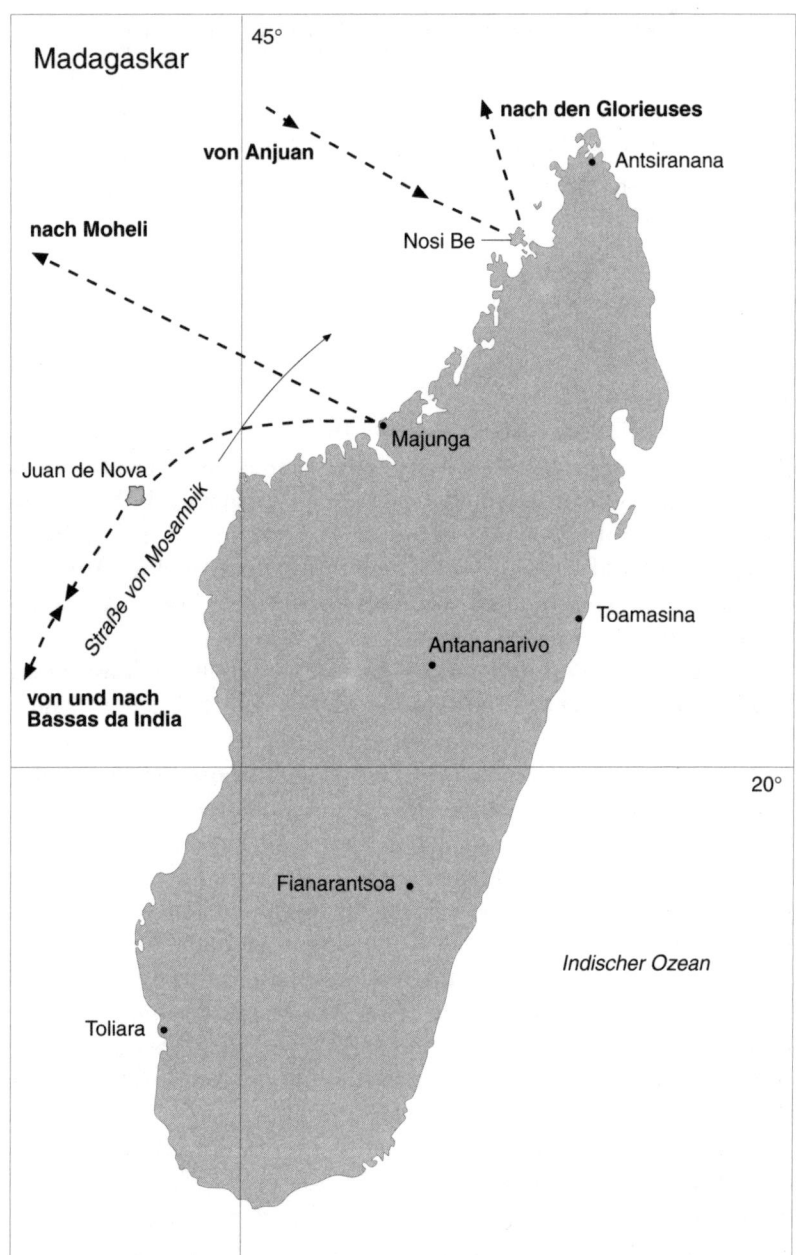

Als ich über ein Mittel nachsann, um in sie einzudringen, verschwand die Sonne ganz plötzlich, und der Himmel verfinsterte sich. Aber es war ja Sommerzeit, und so wunderte ich mich darüber. Ich hob meine Blicke gen Himmel und sah genauer dorthin; und was sah ich da? Einen Vogel von riesiger Gestalt, von gewaltigem Leibesumfang und mit weithin gebreiteten Flügeln, der durch die Luft flog; der war es, der die Sonne verhüllte und ihr Licht von der Insel fernhielt. Nun ward meines Staunens noch mehr, und ich erinnerte mich an eine Geschichte, die Pilger und Reisende erzählt hatten, daß nämlich auf einer Insel ein riesenhafter Vogel hause, Vogel Rock geheißen, der seinen Jungen Elefanten als Futter in den Schnabel stecke, und da war ich sicher, daß jene Kuppel, die ich sah, ein Ei des Vogel Rock sein müsse." Um die Geschichte abzukürzen: Sindbad läßt sich vom Riesenvogel Rock durch die Lüfte in ein anderes Land entführen, sozusagen als mittelalterliche Form des „Shuttle Lift".

Marco Polos Bericht „Über die große Insel Madagaskar" liest sich dagegen wesentlich nüchterner, allerdings kannte er sie nur vom Hörensagen: „Madagaskar ist eine der größten und fruchtbarsten Inseln der Erde ... Die Insel wird von Schiffen aus den verschiedensten Gegenden angelaufen; diese bringen Brokat, Seidenstoffe und andere Waren, mit denen sie gute Gewinne erzielen können ... Die Einwohner der Insel erzählen, daß zu einer bestimmten Zeit im Jahr der wunderbare Vogel Rock aus dem Süden bei ihnen erscheint. Er soll dem Adler ähnlich sehen, aber viel größer, nämlich so groß und stark sein, daß er einen Elefanten mit seinen Krallen durch die Luft entführen kann, bis er diesen fallen läßt, so daß er stirbt. Dann läßt er sich auf ihm nieder und verzehrt ihn."

Bei einem Besuch im Museum in Kapstadt hatte ich ein Ei entdeckt, so groß wie ein Fußball. „Ei des Elefantenvogels aus Madagaskar, 14 Liter Flüssigkeit fassend", stand darunter. Immer wieder werden solche Eier bei heftigen Regenfällen aus dem Küstensand der großen Insel gewaschen.

Der Madagaskarstrauß, auch „Elefantenvogel" genannt, hat wohl für den sagenhafen Rock Pate gestanden. Er soll bis zu drei Meter groß und 500 Kilogramm schwer gewesen sein und zu Zeiten Sindbads und Marco Polos, also im 13. Jahrhundert, vermutlich noch durch die Wälder Madagaskars gestreift sein. Daß dieser Vogel gar nicht fliegen konnte, hat Sindbad in seiner dichterischen Freiheit wenig gestört; Marco Polo dagegen hat man im Hinblick auf diesen Vogel ganz einfach einen „Elefanten" aufgebunden.

Der Madagaskarstrauß ist lange ausgestorben, denn ein anderer Zweibeiner war auf die Insel gekommen, der einen unersättlichen Appetit auf Fleisch hatte und dazu zwei geschickte Arme. Er war ein übermächtiger Gegner. Die ersten Menschen landeten vor nicht ganz tausend Jahren an der roten Küste: Segler aus Polynesien und Arabien. Der erste Europäer, der seinen Fuß auf die Insel setzte, war der portugiesische Seefahrer Diego Diaz im Jahr 1500. Stürme hatten ihn vom Kap der Guten Hoffnung weit abgetrieben, und so landete er an der Küste Madagaskars, bevor er nach Afrika zurücksegelte.

Obwohl es dort also keine Riesenvögel mehr gibt, bleibt noch genug zum Staunen: Dank einer viele Millionen Jahre währenden Isolation nach Abbruch vom Superkontinent Gondwana konnte sich auf Madagaskar eine ganz eigene Tier- und Pflanzenwelt entwikkeln. Ein Beispiel sind die Halbaffen oder Lemuren, Vorfahren unserer Affen, von denen allein 40 Arten auf der Insel heimisch sind. Obwohl das Land größenmäßig eher einem kleinen Kontinent als einer großen Insel gleicht, gehört es geographisch zu Afrika. Die für Afrika so charakteristischen „Big Five" (Nashorn, Elefant, Löwe, Gepard und Büffel) sucht man jedoch vergebens. Und es gibt auch keine giftigen Schlangen; die einzigen Tiere, vor denen wir uns in acht nehmen müssen, sind giftige Skorpione und Krokodile – abgesehen von kleinen Biestern wie den Anophelesmücken.

Madagaskar gilt unter Yachties immer noch als Geheimtip, weil der große Pulk der Weltumsegler an der Insel vorbeizieht. Von Australien kommend, segeln die einen über Réunion und Mauritius nach Südafrika, die anderen durchs Rote Meer ins Mittelmeer. Nur wenige nehmen sich die Zeit, den Nordwesten Madagaskars zu besuchen, der besonders schön sein soll. Überdies hat die kommunistisch-sozialistische Regierung des Landes jahrzehntelang ein unbeschwertes Einreisen verhindert. Erst seit ein paar Jahren, im Zuge der politischen Öffnung und Demokratisierung, sind auch Segler wieder willkommen.

Daß wir eine riesige Insel wie Madagaskar in der kurzen Zeit, die uns bleibt, nicht gründlich kennenlernen können, ist uns klar. Aber wir wollen wenigstens einen Blick hinein werfen. Lange bevor die Küste in Sicht kommt, fallen uns mächtige dunkle Rauchsäulen am Himmel auf. „Sind wir etwa in Feuerland gelandet?" spotte ich. Doch es sind keine Lagerfeuer oder die Rauchzeichen einer Handvoll Indianer wie im „Feuerland" Magellans. Es sind riesige Brände: Bevor die Regenzeit beginnt, zünden Madagaskars Bewohner den Wald an. Trotz ihrer wachsenden Zahl betreiben sie Landwirtschaft wie vor tausend Jahren, leben also noch immer nahezu ausschließlich auf Kosten der Natur. Brandrodung ist auch heute noch ein beliebtes Mittel, um neue Anbauflächen zu gewinnen – und das, obwohl der Wald bereits auf ein Fünftel seiner ursprünglichen Ausdehnung geschrumpft und zu Brachland geworden ist.

Am Abend brist es auf, wir tauschen den Blister gegen die Genua. Eine Wolkenfront zieht über uns hinweg, und der Wind dreht auf Nordost, ohne Abkühlung zu bringen. Bernd knackt erfolgreich die ersten Kokosnüsse aus Juan de Nova auf dem Ankerspill. In ihrem Innern ist nur wenig Flüssigkeit, aber um so mehr kühlendes, sättigendes Fruchtfleisch.

Wir hangeln uns an der flachen Schelfkante entlang, wobei wir uns im Schein der Bordbeleuchtung über die merkwürdige Trübung und Farbe der See wundern. Plötzlich ein Schatten vor uns, kaum 30 Meter entfernt; dann der schwache Lichtstrahl einer Taschenlampe, die wild hin und her geschwenkt wird: ein unbeleuchteter Ankerlieger! Erich reißt im letzten Augenblick das Ruder herum. Zum Glück haben wir Ausschau gehalten, sonst wären wir unweigerlich mit dem „Geisterschiff" zusammengestoßen. Als es in der Nähe des Leuchtfeuers von Kap Katsépé immer flacher wird, beschließen wir, für den Rest der Nacht ebenfalls zu ankern und erst bei Tageslicht nach Majunga weiterzulaufen. Eine helle Ankerlaterne sorgt für ungestörten, erholsamen Schlaf.

Im Licht der aufgehenden Sonne bietet sich uns ein beeindruckendes Bild: eine Küste aus dunkelroten Hügeln und Bergen, die See ein backsteinroter Brei. Noch nie haben wir so etwas gesehen. Später erfahren wir die Ursache dieses Phänomens: Der Betsibokafluß, der in die Bucht mündet, spült die rote, stark eisenhaltige Erde von den abgeholzten Berghängen des Hochlands herunter ins Meer. Madagaskar wird nicht nur hier, sondern an all seinen Flüssen zur Ader gelassen. Amerikanische Astronauten berichteten, von oben sähe es so aus, als blute sich die „große rote Insel" zu Tode. Die Ursache dieser erschreckenden Bodenerosion ist weithin sichtbar: Auch heute raucht es wieder überall.

Als wir in die Bucht einlaufen, an der Majunga liegt, begegnen uns zahlreiche Auslegerboote, die Sisal-, Holz- und andere Frachten transportieren oder zum Fischfang aufs Meer hinaus ziehen. Ihre großen hellen, übers rote Wasser taumelnden Segel gleichen flatternden Schmetterlingen.

Ein beachtlicher Tidenstrom von zwei bis drei Knoten schiebt uns an der Westseite der Bombetoka-Bucht in den geschäftigen Hafen Majungas. Wir überlegen, ob wir an der überfüllten Pier an einer der schmuddeligen Barkassen festmachen oder besser ankern sollen. Aber Ankern ist bei dem starken Tidenstrom problematisch, und außerdem wäre es riskant, das Dingi beim Landgang unbewacht liegen zu lassen. Also machen wir an einem Leichter fest und sehen lieber der Gefahr ins Auge, Ratten und anderes Ungeziefer zu übernehmen. Ein paar Einheimische rufen uns zwar zu, wir müßten ankern, bis die Einklarierungsformalitäten erledigt seien, aber unser Skipper läßt sich, einer glücklichen Eingebung folgend, nicht beirren. Er hatte recht, denn wie wir später erfahren, haben sich in letzter Zeit im Hafen mehrere Außenbordmotoren von unbeaufsichtigten Beibooten „verflüchtigt". Aus gutem Grund hat die französische Yacht aus Mayotte – außer uns die einzige im Hafen – einen bezahlten Wächter an Bord.

Wir spannen Sonnensegel übers Deck und Moskitonetze über die Luken. Dann folgt Einklarierung auf orientalisch: Weil Erich kein Französisch spricht – die einzige Fremdsprache hier – liegt die Hauptlast der Konversation auf mir. In einer Batterie kleiner Verschläge aus Wellblech und Holz, nicht größer als zwei mal zwei Meter, sitzt jeweils ein Beamter hinterm Schreibtisch. Davor ein, zwei Stühle, eine Pritsche und viele Besucher, die offenbar nur auf einen Plausch vorbeigekommen sind und jetzt interessiert unseren Angaben lauschen. Als wir mittags annehmen, wir seien fertig, geht's erst richtig los. Stundenlang trotten wir bei drückender Hitze hinter unserem ständig quasselnden Agenten her, den wir angemustert haben und der sich uns als „Johnny" vorgestellt hat. Durch staubige, schmutzige Straßen führt er uns von Büro zu Büro. Unzählige Formulare sind auszufüllen, dreifach zu fotokopieren, mehrere Paßbilder vorzulegen. Wir warten, werden weggeschickt, um- und wieder einbestellt. Auch unserem Johnny ist nach anderthalb Tagen das Lachen und Quasseln vergangen, er flucht nur noch. Allein die Sonne lacht. Auch Erich und ich werden immer ärgerlicher, denn unsere kostbare Zeit läuft davon; wir haben nur wenige Tage für Majunga eingeplant, würden gerne in die Stadt gehen, den Markt besuchen und nicht nur Beamte, sondern auch andere Menschen kennenlernen. Schließlich platzt mir der Kragen. Ergebnis: Unser Agent bekommt von einem höheren Beamten eins aufs Dach, und plötzlich geht alles einfacher und schneller.

Während wir beide uns mit Papierkram, Agenten und Beamten herumplagen, machen unsere Mitsegler einen Ausflug mit dem Mietwagen zur Forestière d'Ampijoroa, etwa 120 Kilometer von Majunga entfernt. Natürlich benötigen sie dafür behördliche Zustimmung, aber das erledigt der Autoverleiher, der ohne den Wisch kein Geld bekäme, auf wundersame Weise im Eilverfahren.

Am Abend treffen wir uns in der Stadt im „Du Stade", dem kleinen Restaurant eines ehemaligen Fremdenlegionärs (Madagaskar war früher Sitz der französischen Fremdenlegion, und einige Legionäre sind hängengeblieben). Bei Krebsschwänzen, Fisch und madagassischem Wein berichten unsere Freunde von ihren Inselerlebnissen: von canyonartigen Flußtälern, Palmhütten-Dörfern, liebenswürdigen Bewohnern, von scheuen Lemuren, leuchtend grünen Echsen, einem Chamäleon mit langem Zungenlasso, von bizarren Bäumen, vom Trockenwald im Westen und Regenwald im Osten. Als wir an Bord zurückkehren, ist Johnny, unser Wächter, wieder obenauf, lacht und quasselt uns die Ohren taub.

Endlich können auch wir uns der Umgebung widmen, dem alten, malerischen Hafen voller Frachtschiffe, die nur mit Segeln und Muskelkraft vorwärtsbewegt werden. Emsiges Treiben auf den Schiffen und am Ufer: Säcke mit Reis, Maniok, Kaffee und Gewürzen, dazu Bananenstauden, Hausrat und andere Güter werden verstaut, Rümpfe gestrichen, Segel repariert, Netze geflickt. Einige

Schiffe laufen aus, andere drängen sich in die Lücken. Ähnlich mag es schon vor dreihundert Jahren hier ausgesehen haben, als Majunga einer der wichtigsten Häfen für den Handel mit Afrika, Arabien und Asien war. Hier waren indische Kaufleute angelandet, die damals wie heute mit exotischen Waren handelten; und hier wurden auch die Sklaven verschifft, die für die amerikanischen Südstaaten, für englische und französische Kolonien wie Mauritius, Réunion und die Seychellen bestimmt waren. Madagassische Potentaten haben ihre eigenen Landsleute an Sklavenhändler verschachert; von den Arabern erhielten sie dafür Juwelen und andere Pretiosen, von den Europäern Gewehre und Schießpulver. Waffen aus Europa waren heiß begehrt bei den rivalisierenden Sippen, nur damit konnten sie ihre Macht auf der Insel ausweiten und festigen. Am Ende des 17. Jahrhunderts besuchten den Hafen auch häufiger Piraten, die sich für mehrere Jahrzehnte auf Madagaskar einnisteten. Die Insel war zur damaligen Zeit weit entfernt von der zivilisierten Welt und bot ihnen ein hervorragendes Versteck. Sie war auch vorteilhaft für das Verproviantieren und Bemannen ihrer Schiffe, denn gegen Waffen war von den regionalen Machthabern alles zu bekommen. Außerdem lag sie strategisch äußerst günstig für die Kaperfahrten im Indischen Ozean.

Zu den Piraten rechnen die Madagassen übrigens auch die Franzosen, die Majunga zum Augangspunkt für die Operationen ihrer Streitkräfte wählten, durch die sie sich 1896 ganz Madagaskar einverleibten. Echte Piraten allerdings gibt es auf der Insel keine mehr, auch keine Sklaven. Dafür aber jede Menge Kulis, und wir staunen über ihre allgegenwärtigen Rikschas. Bisher verbanden wir Rikschas nur mit China. Und tatsächlich haben chinesische Einwanderer, die im vorigen Jahrhundert als billige Arbeitskräfte für den Bau von Eisenbahnstrecken angeheuert wurden, dieses Verkehrsmittel aus ihrer Heimat mitgebracht. Im armen Madagaskar haben sich diese Rikschas, hier Pousse-Pousse genannt, erfolgreich durchgesetzt und sind unentbehrlich. Auch bei der größten Hitze sieht man die drahtigen Madagassen mit ihren hochrädrigen Karren durch die Straßen eilen; wer es sich leisten kann, bedient sich ihrer, läßt sich für ein paar madagassische Francs zum Markt, zur Post, zum Hafen bringen. Eine echte Sklavenarbeit! Doch die Athleten machen weder einen gedemütigten noch einen gequälten Eindruck.

Überhaupt scheinen uns die Menschen hier, oft trotz bitterster Armut, ausnehmend heiter und unbeschwert zu sein. Eine buntgewandete, schmuckbehängte Madagassin mit ihrem kleinen Sohn fährt in einer Rikscha an uns vorbei und lächelt uns zu. Erich macht rasch ein paar Fotos von den beiden. Die Schöne läßt halten, gibt uns ihre Adresse und lädt uns zu sich nach Hause ein. Doch aus Zeitgründen müssen wir leider verzichten. „La prochaine fois peutêtre?" Ja, vielleicht beim nächsten Mal.

Die Sonne sticht, und ein kräftiger Wind wirbelt Sand und Staub in unsere Augen. Die Straßen sind in miserablem Zustand, auch die ehemals schönen Kolonialhäuser wirken heruntergekommen und verwahrlost. Überall bröckeln die Fassaden ab, und die Spuren des letzten schweren Taifuns, der die Stadt 1983 heimsuchte, sind noch immer nicht beseitigt. Majunga scheint zumindest in dieser Hinsicht in Apathie verfallen.

In einem kleinen Laden trinken wir eine Tasse Kaffee. An den Wänden nichts als leere, verstaubte Holzregale, im kleinen Schaufenster eine Schale mit süßem Gebäck, daneben ein paar Muscheln und einfache Holzschnitzereien zum Verkauf; darüber das Bild einer Hindugöttin. Er lebe schon lange im Lande und fühle sich hier zu Hause, erzählt uns der Ladenbesitzer, ein Inder. Als die Franzosen in die Stadt kamen und viele Bewohner aus Angst vor Versklavung geflohen waren, hatten die Kolonialherren kurzerhand Inder angesiedelt. Einige waren geblieben – auch seine Familie.

Die Geschäfte gehen schlecht, klagt er, und nicht nur seine. Seit die Insel 1960 von den Franzosen in die Unabhängigkeit entlassen wurde, herrscht Stagnation und Resignation auf vielen Gebieten. Sozialistisch orientierte Kräfte übernahmen 1975 die Macht, verstaatlichten französische Firmen und Banken und führten das Land Anfang der achtziger Jahre sogar in den Bankrott.

Danach war die Regierung zwar gezwungen, ihre Politik zugunsten freier Marktwirtschaft und Demokratie zu ändern, doch das Land erholt sich nur schwer; noch immer gehört es zu den ärmsten der Welt und kann ohne finanzielle Hilfe des Auslands nicht existieren.

Der Inder winkt seinen drei hübschen Töchtern zu, die in farbige Saris gekleidet zur Schule gehen. Als Erich fragt, ob er zum Abschied ein Foto machen darf, verschwindet der Hausherr und kehrt nach kurzer Zeit mit seiner Frau in prächtiger indischer Festtagskleidung zurück. Bei aller Armut haben sie sich in dem fremden Land ihren Stolz und ihre Würde bewahrt.

Die Bevölkerung Madagaskars ist überwiegend indonesischer Abstammung. In Majunga aber sieht man Menschen aller Rassen, neben Madagassen auch eine große Zahl von Indern, Franzosen, Chinesen, Komorern und Afrikanern. Alle scheinen friedlich miteinander zu leben, aber was weiß schon ein Kurzbesucher? Ich erinnere mich noch an die Schlagzeilen in der Weltpresse, als es 1977 in Majunga zu rassistischen Ausschreitungen gekommen war, die mit dem Tod von 1000 Menschen und dem Rücktransport von 16000 politischen Komorenflüchtlingen in ihre Heimat endeten.

Auf dem Weg durch die Stadt bewundern wir einen riesigen Baobab-Baum – angeblich der größte des Landes, von eingewanderten afrikanischen Siedlern vor 700 Jahren hier gepflanzt. Wir kommen an Kirchen, an Hindutempeln und Moscheen vorbei. Fast alle Weltreligionen sind auf engstem Raum vertreten, doch einige ihrer Elemente scheinen sich ein bißchen verirrt zu haben, zum Beispiel die Kirchturmuhr, die Karin an einem der Minarette entdeckt. Auch die Madagassen – heute überwiegend Christen – mischen dem neuen Bekenntnis munter ihre alten Riten der Ahnenverehrung bei: „Ein Toter ist nicht tot, solange noch ein Lebender an ihn denkt."

Das Zentrum Majungas ist enttäuschend öde, die wenigen Geschäfte bieten ein minimales Sortiment. Die Bevölkerung kauft überwiegend auf dem Markt – wir auch. Außer Rikschas gibt es nur ein paar Autos; wir haben Glück und erwischen einen dieser Taxiveteranen. Der Markt ist groß, bunt und laut wie jeder tropische Markt. Hinter zahllosen kleinen Ständen sitzen unter Sonnenschirmen Frauen unterschiedlichen Alters, die jüngeren oft mit kleinen Kindern, die sie sich auf Brust oder Rücken gebunden haben. Im brodelnden Menschenauflauf entdecken wir Karin und Karl-Ludwig in ihrer pakistanischen Tracht, in der sie kaum auffallen. Wir freuen uns an den fremdartigen Gerüchen der Garküchen, am exotischen Warenangebot und am Handeln mit den freundlichen Marktfrauen, die neben Malgassy fast alle Französisch sprechen.

Wieder an Bord, stapeln wir Obst, Kartoffeln und haltbares Gemüse in Kisten oder Säcken im Cockpit. Brot wird in einen Wäschekorb gepackt, der an der Salondecke hängt, und alles Verderbliche landet in der Kühltruhe. Diese Truhe ist ein rundum isolierter Edelstahlkasten mit einem Speicher, der über einen von der Maschine getriebenen Kompressor gekühlt wird. Sie kann nichts tief einfrieren – das würde zuviel Energie verbrauchen –, ist aber trotzdem ein wahrer Segen in diesen Breiten. Ohne sie müßten wir bereits zwei Tage nach dem Auslaufen auf allen Frischproviant und auf kühle Getränke verzichten.

Zwar sind wir in der sogenannten kühleren Jahreszeit, trotzdem schmelzen wir vor Hitze. Erich flucht, weil er nicht schlafen kann. „Denk an die Antarktis", rate ich ihm, während ich selbst mit nassen Handtüchern bedeckt in der Koje schmachte. Ich schalte den kleinen Zwölf-Volt-Ventilator ein, den Erich über meiner Koje angebracht hat. Sein Windhauch bringt Erleichterung, und sein Surren übertönt das der blutrünstigen Moskitos. Diese Quälgeister finden immer einen Durchschlupf durch die Netze.

Morgen werden wir auslaufen! Einerseits bin ich froh, die heiße, ernüchternde Stadt zu verlassen, andererseits auch wieder traurig, diesem so viele Geheimnisse versprechenden Land nach so kurzer Zeit schon den Rücken kehren zu müssen. Was ist mir schließlich geblieben von meiner „sagenhaften" Insel? Den Vogel Rock gibt es nicht, nicht einmal mehr den Madagaskarstrauß. Damit habe ich mich abgefunden. Aber von den 40 Lemurenarten habe ich noch keine einzige gesehen, überhaupt nichts von der angeblich einzigartigen Fauna und Flora. Statt dessen gerodete, gebrandschatzte Erde, eine verfallende Stadt, viele sehr arme Menschen, viele Jugendliche und noch viel mehr Kinder. Fast zwei Drittel der Madagassen sind jünger als 35 Jahre. Die Bevölkerung der Insel soll schneller wachsen als in den meisten Ländern Afrikas. Gute Nacht, Madagaskar!

Am Morgen Dieselbunkern und letzte Einkäufe im Laden eines Chinesen. Nach drei Kanisterfuhren mit dem Klappertaxi zur Zapfstelle ist unser Tank genauso voll wie unsere Kühltruhe. Alles läuft wie am Schnürchen, sogar das Ausklarieren wird in wenigen Stunden erledigt: Johnny ist in Höchstform. Wir können auslaufen.

Doch niemals würde unser Skipper einen Leckerbissen wie Madame Chabauds Restaurant auf der anderen Seite der Bucht einfach links liegen lassen. Die Köchin soll in Nizza gelernt haben und wahre Gaumenwunder vollbringen. Auf der Fahrt dorthin liefern wir uns ein Rennen mit einem einheimischen Auslegerboot. Die beiden Madagassen darin haben ihren Spaß und legen sich voll ins Zeug. Einer hängt an einem Tau wie im Trapez weit nach Luv hinaus. Sieben bis acht Knoten zeigt unser Speedometer, als sie uns überholen. Eine tolle Leistung in diesem roh gezimmerten Gefährt aus dem Holz des Trockenwalds, mit verkrüppeltem Mast, geflicktem Patchwork-Segel und einfach geknotetem Sisalrigg ohne Blöcke und Winschen. Wir klatschen und winken. „Bon voyage!" rufen sie uns lachend zu.

Die Sonne versinkt in einem kupferroten Meer. Es ist fast dunkel, als wir am langen weißen Sandstrand vor dem verträumten Fischerort Katepsi Anker werfen. Unser Dingi stellen wir in einer kerzenbeleuchteten Palmzweighütte unter und fragen uns durch die Finsternis zu Madame Chabaud durch. Nur ein paar Schritte am Strand entlang, und wir sind da – leider ein wenig spät. Madame will die Küche gerade schließen. Als sie unsere enttäuschten Gesichter sieht, bindet sie ihre Schürze rasch wieder um. Aber wählen könnten wir nicht mehr, meint sie lächelnd, wir müßten essen, was auf den Tisch kommt. Wir nicken dankbar und warten nicht vergebens auf der gemütlichen, luftigen Veranda. Das Menü aus Meeresfrüchten kann sich sehen lassen. Es ist nicht nur delikat, sondern auch üppig. Danach „läutet" Karin die Fastenzeit ein: „Ab jetzt wird alles nur noch in Salzwasser gekocht, das gibt einen gar köstlichen Geschmack zu allem!" zitiert sie aus *Asterix und Obelix*.

Mit leichten achterlichen Winden verlassen wir am frühen Morgen die Bucht. Während wir Kurs auf die Komoren nehmen, versinkt achteraus langsam die rote Küste. Die See wird wieder klar, und die Brandzeichen am Himmel verlieren sich: Madagaskar hat sich aufgelöst in Wasser und Rauch ...

# Wiedersehen mit den Komoren

*Nach Mayotte durch die Hintertür –
Scharfe Ladung für die* FREYDIS *– Aschenputtel und Prinzessin –
Jäger, Sammler und Räuber – Von Gaunern und Agenten*

Unter Groß und Genua segeln wir bei leichten Winden aus Südwest durch die laue Nacht. Unser Ziel sind die Komoren: Mayotte, Moheli, Anjouan und die uns bereits bekannte Insel Grande Comore. Als die Sonne aufgeht, kreuzt eine Delphinschule von etwa 30 Tieren unseren Kurs und wünscht uns einen guten Morgen. Gleich darauf kommt Mayotte in Sicht, zirka 30 Seemeilen entfernt. Wir setzen den Blister, um auf jeden Fall noch bei Tageslicht das Ringriff passieren zu können, das die gesamte Insel und eine gewaltige Lagune von mehreren Kilometern Durchmesser umschließt.

Das Riff hat mehrere Durchlässe, die aber nicht alle vermessen sind. Nur die offizielle Passage für den Berufsverkehr, die der Inselhauptstadt Dzaoudzi am nächsten liegt, ist durch Seezeichen gekennzeichnet. Obwohl wir in Dzaoudzi einklarieren müssen, entscheiden wir uns für eine weiter südlich gelegene Durchfahrt, weil wir dann auf der Fahrt zurück schon einmal die vielgerühmte Lagune bewundern können.

Wir finden die „Hintertür" zur Lagune, denn bei Niedrigwasser ist die Aussparung im Brandungsring des Riffs gut zu erkennen. Allerdings müssen wir uns ganz auf unsere Augen und unser Echolot verlassen. Nachts oder bei unsichtigem Wetter würden wir uns hier bestimmt nicht durchwagen; die Karten sind viel zu ungenau, und im Radar sind unter Wasser liegende Gefahren nicht auszumachen. Dünung und Strom führen zu bedrohlichen Brandungszonen und Turbulenzen. Mit angehaltenem Atem tasten wir uns voran. Erich steht auf dem Deckshaus und ruft dem Rudergänger Anweisungen zu. Die Situation ist brisant: ein einziger Aufsetzer, und die FREYDIS bräche auseinander wie ein aufgeschlagenes Ei. Doch alles geht gut, und plötzlich liegt die Lagune vor uns: in tiefem Blau, voller Frieden und tatsächlich ungewöhnlich groß. Sie soll einer der sichersten Orte für Yachten im Indischen Ozean sein.

Mayotte selbst ist auch nicht gerade klein und vor allem nicht nur *eine* Insel, sondern gleich ein ganzes Inselgrüppchen. Inmitten der Lagune liegt die Hauptinsel Grande Terre, deren Form einem Seepferdchen gleicht. Die kleinere Nebeninsel Petite Terre, die Teil des Ringriffs ist, sowie über ein Dutzend über die Lagune verstreuter Eilande gehören dazu.

Wie alle Komoreninseln ist auch Mayotte vulkanischen Ursprungs, allerdings nicht mehr aktiv wie Grande Comore. Von dem Vulkan, der sich hier vor vielen Millionen Jahren, Asche und Lava spuckend, aus dem Meer erhob, ist von Bord aus nicht mehr viel zu sehen. Er ist erloschen, seine Krater sind verwittert; die pechschwarzen Lavagipfel von einst haben sich in fruchtbare grüne Hügel verwandelt, und die zur See hinabreichenden Lavazungen in verträumte Buchten voller Palmen, Mangroven, Baobabs und Bandamiers.

An diesem Abend schaffen wir es nicht mehr bis Dzaoudzi. Für die Nacht legen wir uns deshalb zwischen den kleinen Inseln vor Anker. Auf der Weiterfahrt am Morgen passieren wir noch ein paar Inselchen, wobei uns eine einsame weiße Sanddüne nahe dem Außenriff ganz besonders reizvoll erscheint; gleich nach unserem Dzaoudzi-Aufenthalt wollen wir zu ihr zurückkehren.

Schließlich erreichen wir den betriebsamen kleinen Yachthafen von Dzaoudzi. Ein freundlicher Hafenmeister weist uns eine Muring zu; die Einklarierung ist ein Kinderspiel und in fünf Minuten erledigt, denn Mayotte gehört als einzige Komoreninsel zum französischen Überseeterritorium.

Der kleine Ort Dzaoudzi liegt auf einem nur vier Hektar großen Felsen, der durch einen Damm mit Petite Terre verbunden ist. An Land empfängt uns die lebensfrohe Atmosphäre einer kleinen Ferieninsel: Restaurants, Diskotheken, Kolonialstil-Villen mit Kolonaden und Galerien, Gärten voller Bougainvillea, Orchideen und Hibisken. Ein besonders schöner Teil ist Sitz der Fremdenlegion, die vor ein paar Jahren aus Madagaskar abgezogen wurde, als die Franzosen dort nicht mehr erwünscht waren.

Ende des 18. Jahrhunderts, als das Madagaskar am nächsten liegende Mayotte ein besonders beliebtes Ziel madagassischer Piraten und Sklavenfänger war, hätte man die Fremdenlegion gut gebrauchen können. Damals waren die angstgepeinigten Sultane von Grande Terre mit Hunderten ihrer Untergebenen auf diesen kleinen Felsen geflüchtet, auf dem heute Dzaoudzi liegt, und hatten ihn mit einer hohen Mauer befestigt. Die Tore wurden nur geöffnet, wenn kein feindliches Schiff am Horizont zu sehen war. Und auch nur dann war es den Einwohnern erlaubt, ihre Stadt zu verlassen, um Wasser zu holen und an Stränden und Riffen nach Nahrung zu suchen.

Heute können wir zwar ohne Furcht vor Piraten in Dzaoudzi ein und aus gehen, doch Wasser suchen wir trotzdem vergebens. Es wird in der Regenzeit in Reservoirs gesammelt und in der Trockenzeit rationiert abgegeben; nur jeden dritten Tag fließt es aus den Ortshähnen. Unsere Nahrungssuche ist erfolgreicher. Mit der Fähre setzen wir zum 9000-Einwohner-Städtchen Mamoudzou auf Grande Terre über. Vom Anleger aus ist alles, was wir brauchen, in Reichweite: Bank, Touristenbüro, Hotels, Restaurants, Cafés, ein ziemlich teurer Supermarkt und ein preiswerterer, geschäftiger Marktplatz, auf dem pummelige Marktfrauen vor Körben voller Gewürze, Kaffee, Süßigkeiten und vor kleinen Bergen sorgfältig gestapelter tropischer Früchte, Kokosnüsse und Gemüse thronen.

Wir handeln uns mehrere dieser Berge, einen großen Korb voll Gewürze und viel, viel Arbeit ein. Tagelang sind wir damit beschäftigt, die roten und grünen, höllisch scharfen Pfefferschoten klein zu schnippeln und sie dann in Öl, Essig und Salz einzulegen. Zum Schluß haben sich auch unsere Finger durch den scharfen Saft in Pfefferschoten verwandelt: Wehe, wenn wir uns unbedacht die Augen reiben! Unsere FREYDIS braucht Piraten nicht zu fürchten; für die nächsten fünf Jahre dürfte sie ausreichend „scharf geladen" sein.

Ein Höhepunkt soll das Abendessen aus Muscheln, Fisch und Hummer im indisch-französischen Restaurant „Kamoula" auf Petite Terre werden. Und das wird es auch: In der Nacht bescheren uns die Meeresfrüchte „la grande Kamoulage", und die Geräusche, die durch die dünnen Toilettenwände dringen, sind nicht zu beschreiben. Jedenfalls haben wir genug von mayottscher Zivilisation und wünschen uns nichts sehnlicher als einen einsamen Strand. Unter Vollzeug brausen wir zum Récif du Sable, unserer weißen Düne, wo wir uns im weichen Sand aalen und eine stille Unterwasserwelt voller Zauber genießen. Stundenlang schweben wir über Korallenlandschaften, als wären wir Raumsonden über fremden Planeten, staunen über die exotischen Bewohner und besonders über ein paar clownsgesichtige Fische mit so farbenprächtiger Bemalung, als sei ein Graffiti-Künstler am Werk gewesen.

Für die Nacht ankern wir in einer der vielen gut geschützten Buchten der Hauptinsel. Große Wasserschildkröten legen unter gewaltigen Baobabs am Strand ihre Eier ab und hinterlassen tiefe Spuren im Sand. Am folgenden Tag segeln wir an der Ostseite der Insel entlang zu einem Wasserfall, der aus 20 Meter Höhe auf den Strand stürzt. Endlich können wir in Süßwasser schwelgen, unsere Tanks füllen, Wäsche waschen und nach jeder Salzwasserrunde eine Süßwasserdusche einlegen.

Zum Ausklarieren geht's noch einmal zurück nach Dzaoudzi und anschließend durch die nördliche, gut gekennzeichnete Passage wieder hinaus auf See. Nachts laufen wir bei lauen achterlichen Winden und hellem Mondschein an der Insel Anjouan vorbei, die wir erst später besuchen wollen. Der Morgen empfängt uns mit einem dramatischem Auftakt: Zwei große Finnwale springen vor uns aus dem Wasser. Ihre gigantischen Leiber schnellen wie unterseeisch gezündete Raketen in die Luft und fallen, sich auf die Seite drehend, mit lautem Knall in ihr haushoch gischtendes Element zurück. Ein atemberaubender Anblick, vergleichbar nur dem entfesselter Urgewalten!

Moheli baut sich vor uns auf, das kleinste Eiland des Archipels: gebirgig, grün, voller Palmen und schöner Versprechungen. An seiner Nordküste kauert auf einem flachen Landstreifen am Fuß einer Bergkette der 5000-Seelen-Hauptort Fomboni. Unsere Annäherung gestaltet sich schwieriger als erwartet, und auf dem vorgelagerten flachen Riff laufen wir prompt auf Grund. Damit ist für die Männer Morgengymnastik an der Schwertwinde angesagt: 40 Schläge, und die FREYDIS schwimmt wieder. Aber wohin? Es gibt keinen Hafen, nur einen schmalen, trichterförmigen Einschnitt an der Riffkante, in den wir unser Schiffchen, an spitzzackigen Korallenstöcken vorbei, vorsichtig manövrieren. 300 Meter vom Strand entfernt werfen wir Anker.

In unserer Nähe liegt ein Motorsegler aus Moroni am Strand, der bei Hochwasser übers Riff gelaufen ist. Diese Boote, eher schwimmende Rumpelkammern, verkehren als Versorgungsschiffe und Personenfähren zwischen den Inseln und sind uns von unserem ersten Komorenbesuch noch gut in Erinnerung. Damals war gerade eines davon auf hoher See mit Mann und Maus untergegangen. Auch dieses scheint ein ziemlich wackeliges Bindeglied zur Zivilisation zu sein. Die abenteuerliche Frachtmischung aus Menschen, lebendem Vieh, stählernen Bettgestellen, Spiegeln, Töpfen, Holzplanken und Nahrungsmitteln, die nach und nach beim Entladen zum Vorschein kommt, will kein Ende nehmen. „Wie auf der FREYDIS", lacht Karin, die sich noch gut an unser Stauwunder vor der Antarktisüberwinterung erinnert.

Als wir zum Strand übersetzen, wird unser Dingi sofort von einer Schar neugieriger Kinder und Halbwüchsiger belagert. Besucher sind hier eine Attraktion. Erst später, als wir auch die anderen Komoreninseln besucht haben, wird uns klar, daß Moheli die rückständigste ist und von den Bewohnern der anderen als „Aschenputtel" angesehen wird. Von wenigen Individualreisenden abgesehen, die per Fähre oder kleinem Flugzeug ihren Weg hierher finden, hat der Tourismus Moheli bisher verschont. So ist sie eine beschauliche, recht ursprüngliche Insel geblieben.

Bevor wir zum Behördengang ins Dorf starten, engagieren wir auf Anraten des Dorfpolizisten einen Wächter für unser Dingi, auf dem mindestens ein Dutzend vergnügter Kinder herumhüpfen, als wär's ein Trampolin. Der Polizist führt uns an einfachen Lehmhäusern, Hütten aus Holz und geflochtenen Palmzweigen, an einer Schule und einem Marktplatz vorbei zur Polizei und zum Zollamt. Die Einklarierung wird im Schneckentempo erledigt, denn Zeit spielt hier keine Rolle. Während aus dem Lautsprecher die obligaten Gebete zu Allah dröhnen, warte ich geduldig im Schatten eines Mangobaumes bei den Resten des Ramanetaka-Palastes.

Dabei fällt mir Fatima ein, die junge Sultanin, die mit dem Bruder des Sultans von Sansibar vermählt war und im vorigen Jahrhundert zwischen diesen ehemals korallenweißen, mit Operettenkanonen bewehrten Palastmauern lebte. Nach dem Tod ihres Mannes lernte sie einen französischen Abenteurer namens Joseph Lambert kennen, verliebte sich in ihn und stellte ihm auf der Insel ausgedehnte Ländereien zur Verfügung. Ein französischer Historiker beschreibt, welcher Luxus diese Provinzprinzessin umgab: „Wenn Fatima ihren Palast verließ, geschah es immer mit großem Pomp. In ein Gewand aus roter Seide und in ein grünes, silberverziertes Leibchen gekleidet, das Gesicht verhüllt mit einem purpurnen, von einem goldenen Diadem gehalten Schleier, lag sie auf einer goldenen Sänfte ausgestreckt, die von kräftigen Sklaven getragen wurde. Ihre Gefolgsleute um sie herum tanzten, sangen und priesen ihre Verdienste und ihren Ruhm. Die Spitze bildete ihre persönliche Leibwache: 50 wegen ihrer Körpergröße ausgewählte Mohelier in violetten Westen, weißen Hosen und mit roten Kappen. Einige ihrer Leute waren mit schweren Flinten bewaffnet, die Mehrzahl aber trug lediglich Lanzen. Flöten-, Zimbal- und Trommelmusikanten umgaben die Sultanin mit rhythmischer Musik."

Trotz Trommeln und Zimbalen verschlechterte sich jedoch allmählich die Beziehung der beiden Liebenden, und die Sultanin geriet unter den Einfluß des Sultans von Sansibar. Sie entschloß sich sogar, zugunsten ihres Sohnes aus erster Ehe abzudanken. Die Folge war ein immer heftigerer Machtkampf zwischen Frankreich und Sansibar. Er endete damit, daß Fatima entmachtet, Lambert ruiniert, beide aber wieder versöhnt waren. Doch das Gerangel um die Macht auf den Komoren ist noch immer nicht beendet. Bis auf das französische Mayotte sind die Inseln immer noch Musterbeispiele für politische Intrigen, Vetternwirtschaft und Korruption.

Unser Ziel in Fatimas einstigem Reich ist ein Naturschutzgebiet, eine „Réserve Marine", auf der Südseite Mohelis. Es soll ein Taucherparadies und eine der letzten Zufluchtstätten der großen grünen Meeresschildkröten und der scheuen Seekühe sein. Daß wir uns überhaupt auf den Weg dorthin machen können, verdanken wir der Fürsprache eines asthmakranken Beamten, dem ich mit unserer Bordapotheke helfen konnte.

Wir segeln an der gebirgigen Küste Mohelis entlang, auf die die Abendsonne rasch wechselnde Licht- und Schattenspiele zaubert, und erreichen kurz vor Sonnenuntergang eine kleine malerische Bucht des Mini-Eilands Quénefou, einer der insgesamt acht Satelliteninseln im Süden Mohelis. Das hellgrüne Wasser läßt einen sauberen weißen Sandstrand unter uns erkennen, auf dem wir bedenkenlos ankern können. Wohltuende Stille. Nur das Plätschern kleiner Wellen am Bootsrumpf und das Strampeln einer Schildkröte an der Wasseroberfläche sind zu hören. Ein paar Fischer in ihren Auslegerbooten gleiten wie Scherenschnitte über die silberne See. Die Silhouetten der jäh aus dem Wasser aufsteigenden Felsen, Hügel und Berge, über denen der Vollmond wie ein heller Lampion prangt, werden kantig und bizarr: eine Szenerie, die uns ahnen läßt, wie es hier einmal ausgesehen haben mag – vor vielen Millionen Jahren, als Moheli und seine Schwesterinseln bei unterseeischen Vulkanausbrüchen geboren wurden.

Die nächsten Tage verbringen wir auf unserer Robinsoninsel. Wir schwimmen, schnorcheln, tauchen und erkunden die Küste zu Fuß. In einer kleinen Lichtung des fast undurchdringlichen Wäldchens aus Baobabs, Palmen und Gestrüpp, das gleich hinter dem Strand beginnt, entdecken wir die Ruine eines alten Lavasteinhauses, in der eine verwilderte Katze haust. Davor liegen verkohlte Holzreste, Fischgräten und Knochen. Katzenspuren führen zu einer kleinen Süßwasserquelle, die bei Niedrigwasser als schmales Rinnsal sichtbar wird und eine Felsvertiefung füllt, die Landtieren als Tränke dient. Nicht nur die Katze, auch Vögel – schwarze Raben und kleine Papagaien – können wir beobachten. Meine Sympathie für die Inselkatze schwindet, als ich sie morgens dabei ertappe, wie sie sich samt ihrer drei Jungen über frisch geschlüpfte Schildkrötenbabies hermacht.

An den Zweigen der Bäume hängen kopfüber Fliegende Hunde wie zusammengefaltete Taschenschirme und mustern uns neugierig aus der Gegenrichtung. Diese fuchsgesichtigen Knirpse sind freundliche Pflanzenfresser, die weder Mensch noch Tier etwas zuleide tun. Bei unseren Streifzügen halten wir fleißig Ausschau nach ihren großen Brüdern, den Livingston-Flughunden, die bis vor wenigen Jahren noch auf Moheli gesichtet wurden, aber möglicherweise inzwischen ausgestorben sind. Ursache für ihr Verschwinden soll ein Taifun gewesen sein, der über Moheli gewütet hat. Seit ich jedoch mehrmals Jugendliche mit Zwillen auf der Jagd nach Fliegenden Hunden beobachtet habe, kann ich an diese Theorie nicht mehr so recht glauben.

Um unseren Liegeplatz ist das Riff besonders ausgedehnt. Die gesamte Umgebung und große Teile der Nachbarbucht fallen bei Niedrigwasser fast trocken, so daß wir zu unserer Freude den Meeresboden gut mit Taucherbrille ergründen können. Während die Männer mit der Kamera auf die Pirsch gehen, suchen wir Frauen Muscheln: Rückkehr ins Zeitalter der Jäger und Sammler. Korallen, lebende Muscheln und Schneckengehäuse mit Einsiedlerkrebsen darin werden allerdings nur bewundert, und als uns später an Bord aus einem leer geglaubten Gehäuse zwei Stielaugen vorwurfsvoll entgegenstarren, gehen Schneckenhaus und Bewohner umgehend wieder auf Tiefe. Fischer und andere Inselbewohner sind da nicht so zimperlich; sie ernten – ob Reservat oder nicht – bei Niedrigwasser bedenkenlos die Riffe ab, während clevere Jugendliche, mit Brille und Schnorchel ausgerüstet, die zum Teil geschützten Muscheln aus der Tiefe holen. Auf fast allen Inselmärkten des Archipels werden uns solche Trophäen, ausgekocht und poliert, später als Souvenirs angeboten.

Mit einigen der örtlichen Fischer schließen wir jedoch auch Freundschaft. Leider beschränkt sich unser Kontakt auf die Zeichensprache, weil sie nur Suaheli und kaum ein paar Brocken Französisch sprechen. Manchmal kommen sie in ihren Auslegerbooten zur FREYDIS und bieten uns den Fang des Tages – meist nur ein paar kleine Fische – zum Kauf an. Eines Abends jedoch werden wir Augenzeugen eines außergewöhnlichen Beutezugs: Zwei Fischer in ihrem leichten Auslegerboot haben plötzlich einen kolossalen Manta an der Angel. Es entwickelt sich ein wilder Kampf, bei dem das flüchtende Tier das Boot hinter sich her durchs aufgepeitschte Wasser zieht und immer wieder hoch in die Luft springt, als könne es seine Feinde dadurch abschütteln. Aber die Leine hält, die Fischer lassen nicht locker und nehmen schließlich sogar Keulen und Messer zu Hilfe. Nach einer guten Stunde ist der Rochen tot und das Wasser weithin rot von seinem Blut. Weil er nicht ins Boot paßt, binden die Männer ihn außen fest und paddeln eilig in ihr Dorf an der Südküste Mohelis. Dort gibt es am Abend bestimmt überall Mantafilets. Mir allerdings ist durch das Gemetzel der Appetit auf Fisch erst einmal gründlich vergangen.

Die ausgedehnten Korallenbänke um die Vulkaninsel Moheli bieten nicht nur unzähligen Meerestieren Schutz, sondern liefern zerrieben auch die wunderbar weichen Sandstrände, in denen die Wasserschildkröten ihre Eier einbuddeln. Jeden Morgen entdecken wir die Spuren dieser Urtiere im Sand, aber leider auch diejenigen gedanken- oder gewissenloser Menschen: ausgeweidete Panzer und abgeschlagene Reptilienköpfe. Weil die Tiere zur Eiablage an die Strände ihrer Geburt zurückkehren und danach total erschöpft sind, ist es leicht, sie dort zu fangen und damit schließlich auszurotten. Zwar können wir die Menschen verstehen, die sich seit Urzeiten von Fisch und Schildkröten ernährt haben und diese Gewohnheit nicht aufgeben wollen; doch ist der Tag schon absehbar, an dem es auch auf den Komoren keine Meeresschildkröten mehr geben wird.

Als wir zwei Beamten, die mit einem kleinen Boot an Bord kommen, um unsere Papiere zu kontrollieren, davon berichten, erhalten wir nur ein Achselzucken und die Antwort: „Schildkröten schmekken eben gut." Ich bin verärgert, denn ich kann es nicht als Lappalie abtun, wenn Tierarten ausgerottet werden, noch dazu bewußt und mit Duldung offizieller Stellen. Hunger ist nicht die Ursache. Auf der Insel gibt es genug Fisch, Fleisch und andere Nahrungsmittel, das bestätigen auch die Beamten. Als sie beim Abschied dreist nach ein paar Flaschen Wein als Geschenk fragen, zucke ich nun meinerseits die Achseln: „Schmeckt gut, aber Allah verbietet es."

Bei Erkundung des Riffs entdecken wir leider auch, daß weite Teile zerstört sind. „Weil man hier mit Dynamit fischt", erklärt uns ein Einwohner später. Als er meine Betroffenheit bemerkt, fügt er hinzu, das machten Leute aus Anjouan, die herüberkämen. Die Fischer Mohelis seien so arm, die hätten nicht einmal Dynamit.

Erfahrungen dieser Art, die wir auf unserer Reise durch die Komoren und in Madagaskar gemacht haben, stimmen mich nachdenklich. Ich kann es zwar nicht gutheißen, daß Frankreich oder andere Nationen Inseln fernab vom Mutterland aus strategischen und wirtschaftspolitischen Gründen besetzt halten, dennoch scheint es mir wünschenswert, die Inseln, Atolle und Riffe dieser Region nicht in die Hände der Madagassen oder Komorer fallen zu lassen, weil dann keine Chancen mehr für die Erhaltung der einheimischen Tierarten bestünden. Natürlich gibt es Ausnahmen wie Aldabra, das von den Seychellen verwaltet wird; aber auch dort mangelt es an Personal und finanziellen Möglichkeiten, um die unübersichtliche Insel wirksam zu schützen; außerdem sind die Leute auf der Station teilweise gezwungen, sich selbst zu verpflegen. Die Regierung der Seychellen plant neuerdings sogar die touristen- und devisenträchtige Ausschlachtung dieses einzigartigen Naturreservats.

Trotz des bitteren Beigeschmacks verbringen wir unvergeßlich schöne Tage auf Moheli, und als wir den Anker lichten, wissen wir genau, daß wir wiederkommen werden. Problemlos segeln wir in der Nacht nach Grande Comore. Als wir in den Hafen von Moroni einlaufen, weht uns nicht etwa der zarte, liebliche Duft einer Parfüminsel entgegen, sondern übelriechender, schwarzer Qualm. Das ist kein neuer Ausbruch des Karthala, sondern ganz banaler Abfallschmauch. Anwohner kippen ihren Müll über die Uferböschung ins Hafenbecken, und wenn er sich bei Niedrigwasser am Hang auftürmt und zum Himmel stinkt, wird er einfach angezünde. Daß die Übelkeit erregenden Rauchschwaden den ganzen Hafen einhüllen, scheint die Menschen hier nicht weiter zu stören. Männer tratschen am Ufer, Frauen hocken – Kaffee und einen Imbiß anbietend – auf der Pier, und Scharen nackter Kinder planschen im Schmuddelwasser oder kramen in den Abfällen. Nach wenigen Tagen ist die FREYDIS mit einem schmierigen schwarzen Belag überzogen und stinkt genauso eklig wie der ganze Hafen.

Moroni hat sich zu seinem Nachteil verändert. Vor fünf Jahren erschienen uns Insel und Stadt noch wie aus „Tausendundeiner Nacht" auferstanden. Die Beamten waren hilfsbereit und hielten nicht immer gleich die Hand auf; damals brauchte man noch keinen bezahlten Wächter an Bord, mußte nicht auf Schritt und Tritt fürchten, bestohlen oder übervorteilt zu werden, und die Jugendlichen und Halbwüchsigen waren nicht so fordernd aggressiv, ja zum Teil obszön, wie wir es diesmal erleben. Selbst die malerische Altstadt und der Markt haben für uns an Charme verloren, nicht nur wegen der paar neuen Souvenirshops oder touristisch aufgemotzten Hotels. Es ist das veränderte Verhalten der Einwohner gegenüber Fremden, das uns überall auffällt. In den Randbezirken der Stadt sehen wir Zuschauer dutzendweise in ihren Hütten vor westlichen Videos untersten Niveaus hocken; was sie da für ein paar Francs an Brutalität, Sexualität und Luxusleben verinnerlichen, prägt natürlich ihr Bild von den „Westlern". Kein Wunder, wenn die Achtung vor den Gästen sinkt.

Bei den Yachties hat es sich schnell herumgesprochen, daß auf den Komoren – abgesehen von einsamen Buchten und Liegeplätzen – der einzige Ort, wo man sein Schiff sorglos und sogar unverschlossen verlassen kann, der kleine Hafen von Mayotte ist, der unter französischer Verwaltung steht.

Wir haben an der Stirnseite der neuen Pier festgemacht. Zwar berührt das Schwert bei Niedrigwasser die Felsen, aber wenigstens können wir jederzeit ohne Dingi an Land gehen und haben Ruhe vor den einlaufenden Frachtschiffen oder Seelenverkäufern aus Sansibar, Réunion oder Mauritius und auch vor dem modernen Kranungetüm, das auf der schmalen Pier hin und her rollt und dabei beängstigend hohe Containerberge versetzt. Größere Schiffe müssen immer noch draußen auf Reede liegen. Das Leichtern bei bewegter See ist auch hier alles andere als leicht. Das können wir vom Cockpit aus beobachten, als eine Gruppe beherzter Komorer in waghalsiger Jonglierarbeit Dutzende fabrikneuer französischer Autos auf Holzbarkassen verlädt und zur Pier rudert.

Während noch eine Ladung Holzpaneele vom selben Schiff folgt, hören wir plötzlich Geschrei. Mehrere Leute, darunter auch die Hafenpolizisten, laufen aufgeregt auf der Pier zusammen und deuten auf unsere FREYDIS. „Ein Dieb! Ein Dieb unter eurem Boot!" rufen sie uns zu. Dicht am Heck sehen wir einen Mann im Wasser, der einen Stoß Paneele hinter sich herzieht. Er war unter der FREYDIS hindurch auf die andere Seite der Pier getaucht, um dort seine Beute unbemerkt an Land schaffen. Die Paneele aber hatten nicht tauchen wollen und ihn deshalb verraten. Der Dieb wird gefaßt und in Handschellen abgeführt. Die Hand wird ihm nicht mehr abgehackt werden, diese Bestrafung nach Koranregeln ist selbst auf den Komoren passé.

Daß auch selbsternannte Agenten und Schiffsbewacher, die sich hier neuerdings Yachten als Helfer anbieten, nicht immer hilfreich, sondern meist nur auf ihren Vorteil bedacht sind, müssen wir leider bald erkennen. Unser Mohammed, „der Redliche", drängt uns als erstes zu einem angeblich wesentlich günstigeren Geldumtausch bei einem Inder, der im Stadtzentrum einen kleinen Juwelierladen betreibt. Anschließend führt er uns dann aber so offensichtlich in großem Bogen um die einzige Bank herum, daß wir mißtrauisch werden und dort nachfragen. Natürlich sind wir reingefallen! Der Inder gibt uns das zuviel gezahlte Geld zwar zurück, aber wir sind trotzdem verärgert. Mohammed schwört beim Leben seiner Mutter, daß er das nicht gewußt und nicht gewollt habe. Wir versuchen es noch einmal mit ihm, schlucken sogar die unverschämten Preise, die er bei Taxifahrern für uns „aushandelt", und die dreiste Art, mit der er sich jede noch so kleine Handreichung bezahlen läßt und zusätzlich „ein kleines Geschenk" fordert, wobei er auf alles zeigt, was an Bord nicht niet-und nagelfest ist. Daß wir die Sachen selbst brauchen, ist für ihn kein Argument.

Als wir am Abend im Hotel „Ylang-Ylang" Abschied mit der Crew feiern wollen, warten wir zur vereinbarten Stunde vergebens auf Mohammed. Schweren Herzens übernehme ich selbst die Wache, wobei mir ein kleines Boot ganz in unserer Nähe auffällt, in dem zwei Jugendliche immer wieder zur FREYDIS herüberschauen. Erst als Erich zurückkommt, lege ich mich schlafen. Plötzlich schrecke ich hoch: Gepolter an Deck! Wo ist Erich? Nach wenigen Sekunden klettert er mit einem unserer vollen Dieselkanister von der Pier herunter wieder an Deck. Er war von einem schabenden Geräusch aufgewacht und hatte gerade noch gesehen, wie eine Hand den Kanister über die Kante zog. Daraufhin war er sofort hinter dem Dieb hergespurtet, der seine schwere Beute nach kurzer Zeit fallenließ und sich ins Wasser rettete. Nach diesem Bubenstück entschließen wir uns, endgültig auf Mohammeds Dienste zu verzichten, und bleiben auch ungerührt von seinen zahlreichen Entschuldigungen, unter anderem, daß seine Mutter plötzlich krank geworden sei. „Kommt sicher von deinem Schwur neulich", brummt Erich gereizt.

# Ein lebendes Fossil

*Dem Totgesagten auf der Spur – Fang eines Quastenflossers – Die Fischer gehen leer aus*

Die Geschichte des Quastenflossers ist so einmalig und so fest verbunden mit den Komoren, daß es sich lohnt, ausführlicher darauf einzugehen.

Vor etwa 400 Millionen Jahren erschien eine neue Gruppe von Fischen in den Gewässern der Erde, die von entscheidender Bedeutung für die Entwicklung des Lebens an Land werden sollte. Wissenschaftler gehen davon aus, daß von einer ihrer Untergruppen die Amphibien und damit letztlich auch die Menschen abstammen. Während diese Untergruppe jedoch nach ihrem aufregenden Beitrag zur Evolution vor 250 Millionen Jahren wieder verschwand, überlebte eine andere bedeutend länger: die Coelacanthi oder Quastenflosser. Fossilienfunde ermöglichen es den Evolutionsforschern, diese Tiere noch bis zum Ende der Kreidezeit (vor 65 Millionen Jahren) zu verfolgen; jüngere Quastenflosser-Fossilien aber waren nicht zu finden. Man nahm deshalb an, die Tiere seien zusammen mit den Sauriern ausgestorben.

An dieser Theorie gab es nichts zu rütteln, bis Kapitän Goosen an der Südostküste Südafrikas am 22. Dezember 1938 mit dem Schleppnetz einen merkwürdigen Fang aus 75 Meter Tiefe heraufholte. Unter der zappelnden Masse aller möglichen Fische befand sich auch ein 1.35 Meter langes, stahlblaues Tier mit schillernden silbernen Markierungen, knochenharten Schuppen und vier beinähnlichen Flossen, das an Deck noch stundenlang nach Luft schnappte – und auch nach Kapitän Goosens Finger. So einen Fisch hatten er und seine Männer noch nie gesehen. Wieder im Hafen, ließ er Marjorie Courtenay-Latimer rufen, eine junge Kuratorin des

East London Museum, die stets an ungewöhnlichen Exponaten interessiert war. Auch Miss Latimer staunte über das blaue Wunder („der schönste Fisch, den ich je gesehen habe") und wollte ihn unbedingt für ihr Museum haben. Kurzentschlossen bestieg sie samt ihrer öligen, stinkenden Beute ein Taxi und ließ sich von dem entsetzten Fahrer zum Museum bringen.

Da weder eine Kühlanlage noch ein Formalintank zur Konservierung in Reichweite war, übergab sie den Tierkörper schweren Herzens einem Präparator. Sie fertigte jedoch eine Skizze davon an und schickte sie an James L.B. Smith, einen Zoologen in Grahamstown, mit der Bitte um Auskunft. Die Weihnachtsfeiertage und eine Urlaubsreise verzögerten die Ankunft ihres Briefs, aber als der Wissenschaftler schließlich die Skizze sah, „schien eine Bombe in meinem Hirn zu platzen". Das konnte nur ein Quastenflosser sein!

Inzwischen waren allerdings die Innereien des Fisches verlorengegangen. Smith war verzweifelt, tröstete sich aber damit, daß zumindest die äußere Hülle gerettet worden war. Als er in East London eintraf und das Präparat begutachtete, hatte er keinen Zweifel mehr: Es war wirklich ein Quastenflosser! Die Story vom auferstandenen Fossil machte in Südafrika solche Furore, daß bald jeder Fischerkapitän und jeder Hobbyangler an der Küste nach einem Exemplar dieses „alten Vierbeiners" fahndete – ohne Erfolg. Smith kam langsam zu der Ansicht, daß es sich bei dem Exemplar aus East London um ein vom Agulhasstrom vertriebenes Tier handeln müsse, dessen Heimat vielleicht Madagaskar – dort waren fossile Coelacanthen gefunden worden – oder eine andere Insel war. Er ließ deshalb einen Steckbrief anfertigen und überall an der ostafrikanischen Küste und den Inseln des Indischen Ozeans verteilen. Für die ersten beiden Exemplare wurde eine Prämie von je 100 Pfund garantiert.

Den Fischern auf den Komoren war der darauf abgebildete Urfisch kein Unbekannter. Es war ihr „Gombessa"! Im Dezember 1952, also 14 Jahre nach dem ersten Fang eines Quastenflossers, erhielt Smith plötzlich das Telegramm eines Handelsschoner-Kapitäns, der zwischen Afrika und den Komoren hin und herpendelte und auch besagte Plakate dorthin gebracht hatte. Er habe einen Coelacanthus von 1,5 Metern, der in den Gewässern von Anjouan gefangen worden sei, schrieb er. Ein aufregenderes Weihnachtsgeschenk konnte es für den Zoologen nicht geben. Weil die Zeit drängte und Linien-Flugzeuge zwischen Südafrika und den Komoren noch nicht verkehrten, wurde der damalige Premierminister Malan höchstpersönlich eingeschaltet, der Smith unverzüglich eine Militärmaschine zur Verfügung stellte. Der wertvolle Fang entpuppte sich als Quastenflosser wie jener von East London und erreichte in gutem Zustand Grahamstown, wo die Wissenschaftler erstmals in der Geschichte seine inneren Organe untersuchten.

Seitdem wurden nach und nach noch rund 130 Quastenflosser aus der Tiefe geholt. Nachdem die wissenschaftliche Welt dem lange Totgesagten wieder auf die Spur gekommen war, zahlte sie astronomische Preise, um seiner habhaft zu werden, und spornte die einheimischen Fischer zu seinem Fang an. Das rief allerdings auch die Schutzorganisationen auf den Plan, die eine Ausrottung der Tiere befürchteten. 1987 wurde der Quastenflosser auf die Internationale Rote Liste des Washingtoner Artenschutzabkommens gesetzt. Im selben Jahr konnte Professor Hans Fricke vom Deutschen Max-Planck-Institut für Tierverhaltensforschung mit dem Tauchboot GEO erstmals den Urfisch lebend und in seiner natürlichen Umgebung in etwa 200 Metern Tiefe zwischen Lavahöhlen und vorspringenden Klippen beobachten und fotografieren. Übrigens fand eine südafrikanische Unterwasser-Expedition an der Süd- und Ostküste des Kontinents weder einen Coelacanthus, noch Kavernen und Überhänge wie um die Komoren, wo diese Tiere Schutz finden. Ergebnis: Der East-London-Quastenflosser war tatsächlich ein komorischer Irrläufer oder besser „Irrschwimmer" gewesen.

Als ich diesmal auf die Komoren komme, habe ich die feste Absicht, einen Fischer ausfindig zu machen, der schon einmal einen Coelacanthus gefangen hat. Ich bin neugierig, wie und wo das Tier geangelt wurde, was mit ihm geschah und ob es seinem Fischer Glück gebracht hat. Immerhin kann man leichter eine Million im Lotto gewinnen, als einen Coelacanthus aus dem Wasser ziehen.

In Moroni habe ich Glück: Fatima, eine dunkle Schönheit an der Rezeption des Hotels „Ylang-Ylang" (im Foyer kann man jetzt auch einen ausgestopften und sogar metallisch blau schillernden Gombessa bewundern), gibt mir die Adresse eines Fischers in Itsandra, der einen solchen Fisch geangelt hat. Schon am nächsten Tag schwingen wir uns in ein altes Mietauto und klappern nach Itsandra, einen kleinen Vorort Moronis auf schwarzen Lavafelsen. Ein kleiner Junge führt uns auf schmalen Pfaden durch ein Labyrinth aus geflochtenen Palmzweighütten, bis wir schließlich den Gesuchten finden. Bakar Ali, ein freundlicher Mann Mitte 30, ruft aus einer Nachbarhütte seinen Freund Mdahoma, ebenfalls Fischer, mit dem er 1987 den Fisch geangelt hat. Während wir uns mit den beiden unterhalten, versammelt sich eine ganze Menge Schaulustiger; wir haben den Eindruck, daß die beiden Gombessa-Fischer im Dorf als eine Art Volkshelden gelten.

Sie führen uns zu einer kleinen, pechschwarzen Lavabucht dicht beim Dorf, von der sie in der Saison zum Fischen auslaufen. Wir bestaunen ihr leichtes Einbaum-Auslegerboot, eine Galawa, die sie aus einem Mangobaum gefertigt haben. Weil ich neugierig bin, läßt Mdahoma mich einsteigen und paddelt mit mir eine Runde in Ufernähe. Danach kann ich mir noch weniger vorstellen, wie man in einem so schmalen, kippeligen Ding auf offene See gehen kann, noch dazu, um große Raubfische zu angeln.

Wenig später sitzen wir zusammen in einem kleinen Café an der Hauptstraße und hören gespannt ihre Geschichte: Ausländische Journalisten hatten den Fischern des Dorfes für einen lebenden Gombessa viel Geld versprochen. Bakar Ali sah die große Chance seines Lebens, denn er konnte sich noch genau an eine Stelle erinnern, wo sein Vater vor vielen Jahren einen solchen Fisch herausgeholt hatte. Nacht für Nacht paddelten er und sein Freund im schmalen Auslegerboot aufs offene Meer hinaus, wo sie sich mit einer 300 Meter langen Angelleine, mit einem Stein beschwert, an besagter Stelle auf die Lauer legten: sechs lange Monate! Niemand sonst wollte das Risiko und die Strapazen mit ihnen teilen, denn keiner war überzeugt vom Erfolg dieses Unternehmens. Eines Nachts spürten sie plötzlich einen heftigen Ruck. Bakar Ali: „Ich wußte sofort, es war ein Gombessa! So lange hatten wir auf diesen Moment gewartet, aber nun traf es uns doch wie ein Keulenschlag."

Obwohl die beiden Fischer den schweren Fang nur langsam hochholen konnten, geriet ihr Boot dabei aus dem Gleichgewicht und kenterte. Mit dem Gombessa an der Angel schwammen sie im Wasser umher und kämpften nun alle drei um ihr Leben. Um das Boot konnten sie sich zunächst nicht kümmern, denn der kostbare Fisch durfte auf keinen Fall entwischen. Unter großen Anstrengungen und in ständiger Gefahr, von Haien angegriffen zu werden, gelang es den beiden schließlich, ihr Boot zu erreichen, es aufzurichten und den Gombessa, der sich mit aller Kraft wehrte und sie mit Schwanzschlägen und seinen harten, scharfen Schuppen verletzte, daran festzubinden. Auf dem Rückweg war es ihre größte Sorge, daß ihnen im letzten Moment noch ein Hai die schwer erkämpfte Beute wegschnappen könnte. Aber alles ging gut, und als sie bei Morgengrauen mit ihrer Trophäe am schwarzen Strand Itsandras landeten, fühlten sie sich – trotz aller Wunden und ausgestandenen Gefahren – wie glückliche Lotto-Gewinner.

„Was geschah mit dem Gombessa, hat er noch gelebt?" frage ich.

„Natürlich. Er sollte in einen Unterwasserkäfig, bis ein Flugzeug ihn abholen würde", erklärt Bakar Ali. Beim Bau des Käfigs traten allerdings Schwierigkeiten auf, weshalb sich keiner mehr um das gefesselte Tier kümmern konnte, das prompt von Raubfischen angeknabbert wurde.

„Nach fünf Tagen war unser Gombessa tot", beendet Bakar Ali seine Geschichte.

„Und was habt ihr für ihn bekommen?"

„2000 französische Francs (rund 700 Mark) für den Fisch und für unser Angelgeschirr einen Schirm. Außerdem haben sie Fotos von uns gemacht." Die Fischer wirken niedergeschlagen.

„Seid ihr enttäuscht?"

Bakar Ali seufzt. „Man hatte uns versprochen, wir würden nie mehr arm sein. Aber sehen Sie selbst – wir sind genauso arm wie vorher."

Also diesmal kein Mondpreis für das „goldene Fischlein"? Erich bleibt skeptisch. „Vielleicht doch, die Frage ist nur, wer ihn bekommen hat."

Ein Gutes hat die Geschichte doch: Der finanzielle Mißerfolg wird viele Fischer davon abhalten, es Bakar Ali nachzumachen, und das allein ist schon ein großes Glück, nicht nur für den Coelacanthus, sondern für uns alle.

In Moroni besuchen wir mit Bakar Ali zusammen noch einmal das Museum, das nach seiner Renovierung dank französischer Finanzhilfe wirklich sehr schön geworden ist. Der Quastenflosser – von dem Bakar Ali überzeugt ist, es sei seiner – kann jetzt unter Halogenstrahlern in einem gläsernen Schneewittchensarg bewundert werden.

Wir besuchen Bakar Ali und Mdahoma noch mehrmals in ihrem Dorf, und auch sie sind häufig auf der FREYDIS zu Gast. Erich besteigt mit Bakar Ali als Führer noch einmal den Vulkan Karthala, und die beiden klettern sogar in die Caldera hinab bis zu den Stellen, wo der Dampf aus den Erdspalten entweicht. Bakar Ali würde gerne mit uns auf der FREYDIS über die Ozeane fahren. „Etwas von der Welt sehen, das ist was ganz anderes, als hier zu warten – auf nichts", murmelt er. Zum Abschied überreicht er mir eine selbstgeschnitzte Miniatur-Galawa. Wir hingegen trennen uns von unserem Reserve-Ölzeug, von Angelausrüstung und einem Schlafsack, „Souvenirs", die für ihn wertvoll sind.

# Inselpotpourri

*Idyll mit schwarzen Flecken – Perle der Komoren –
Luxusliner und Sperrholzboote – Von prächtigen Palästen und
armseligen Hütten*

Wir planen einen Ausflug über Grande Comore; aber wer soll jetzt das Schiff bewachen, nachdem wir Mohammed an die Luft gesetzt haben? Der Wagen ist bereits gemietet und alles vorbereitet, die Zeit drängt. Wir fragen bei der Hafenpolizei um Rat. Der Beamte nickt verständnisvoll und verspricht, einen Verwandten zu schicken, der den Job zuverlässig übernähme. Wir warten lange. Erst kurz vor dem geplanten Start läßt sich unser designierter FREYDIS-Sitter blicken und fordert ein Kapitänsgehalt. Eine wertvolle Yacht hätten wir, das sei eine große Verantwortung für ihn und koste seinen Preis, lächelt er siegessicher. Ein paar Schaulustige haben sich um unseren Erpresser versammelt und verfolgen lachend und kommentierend die Lektion über das erfolgreiche Ausnehmen der reichen Masungi, der Weißen.

Wir lehnen ab und ziehen uns ins Schiffsinnere zurück. Neugierige Augen beobachten uns durch die offenstehenden Luken. Plötzlich komme ich mir vor wie eine Gefangene in dieser Bruthitze, mit den Fliegen, dem Gestank. „Was gäbe ich drum, in der Antarktis zu sein!" stöhne ich und breche in Tränen aus. Das ist Wasser auf Erichs Mühlen: „Sag ich doch, nie mehr Tropen! Laß uns bloß wieder in den Süden segeln." Ist das, wonach man sich sehnt, nicht immer das Schönste?

Einen Tag später finden wir einen freundlichen jungen Mann, zu dem wir Vertrauen haben, und der unsere FREYDIS für einen annehmbaren Preis bewachen will. Endlich können wir unbeschwert losfahren. Zum zweiten Mal erkunden wir diese widersprüchlichste, geologisch jüngste aller Komoreninseln, die sich einerseits abweisend karg, in gerade erst erkaltetem Urzustand, andererseits in der tropischen Vegetationsfülle und Lieblichkeit eines Südsee-Idylls präsentiert. Während wir den geheimnisvollen, schwefel- und salzhaltigen Kratersee, der nur durch einen schmalen Felsgrat vom Meer getrennt ist, und seine smaragdgrüne Oberfläche erkunden, kommt ein Junge angelaufen, der am Straßenrand Papayas, Muscheln und Schildkrötenpanzer zum Verkauf ausgelegt hat und uns die Geschichte des Sees erzählt:

Als der Prophet Mohammed diesen Krater besuchte, war er von der langen, beschwerlichen Reise hungrig und durstig. Aber die Menschen, die am Kratersee lebten, wollten ihm nichts geben, nur eine alte Frau war barmherzig und reichte ihm etwas Wasser. Mohammed schickte sie als einzige auf einen Hügel und ließ den Krater von den Fluten überspülen.

Die Menschen hier hätten aus dieser Geschichte gelernt und seien jetzt besonders gastfreundlich, erklärt er. „Auch wir sind hungrig und durstig", antworten wir. Der Junge lächelt und deutet auf seine Papayas. Wenn auch für gutes Geld, so haben wir doch mehr Glück als der Prophet. Aber seine präparierten Tritonmuscheln und Schildkrötenpanzer würde ich trotzdem gern in die Fluten versenken.

Nach La Grille im Norden, einer Mondlandschaft aus kleinen erloschenen Kratern, die den alten arabischen Inselnamen „Al Mammar" (der Mond) zu Recht trägt, geht es in den Süden, wo sich die Insel bereits vom Ufer aus steil zum Karthala erhebt und schwarze Lavapisten bis hinunter zum Meer reichen. Dort liegt das kleine Dorf Singani, das 1977 bei der letzten Vulkaneruption von herabquellenden Lavamassen eingeschlossen wurde. Im Museum von Moroni war auf Fotografien zu sehen, wie sich die rotglühende Lava langsam durch das Grün der Hänge fraß.

Zwei Wochen vor der Katastrophe war ein Geisteskranker durch die Straßen des Dorfes gerannt und hatte die Einwohner zur Flucht bewegen wollen, bevor ihre Stadt durch einen Ausbruch des Vulkans zerstört würde. Doch keiner hatte auf ihn gehört. Als drei Tage vor der Eruption die Erde zu beben anfing, erinnerten sich die Bewohner an seine Warnung, und als der Vulkan schließlich überkochte

Logbuchschreiben ist gar nicht so einfach, finden Bubu und Tina in Südafrika.

Eine Walkuh taucht vor unserem Bug auf und beschert unseren Freunden eine kostenlose Dusche.

Freund Christian stöbert uns mit der BAAL in der Lagune von Aldabra auf.

47 Ein Taifun hat das Schiff mitten auf die Insel Juan de Nova gesetzt.

48 Korallengemäuer und sengende Sonne: Aldabra ist ein Fegefeuer für Riesenschildkröten.

49 Wir retten ein frisch geschlüpftes Schildkrötenbaby vor seinen Feinden.

50 Nach der anstrengenden nächtlichen Ei-Ablage am Strand bewältigen die großen Wasserschildkröten oft nur mit letzter Kraft den Rückweg ins Meer.

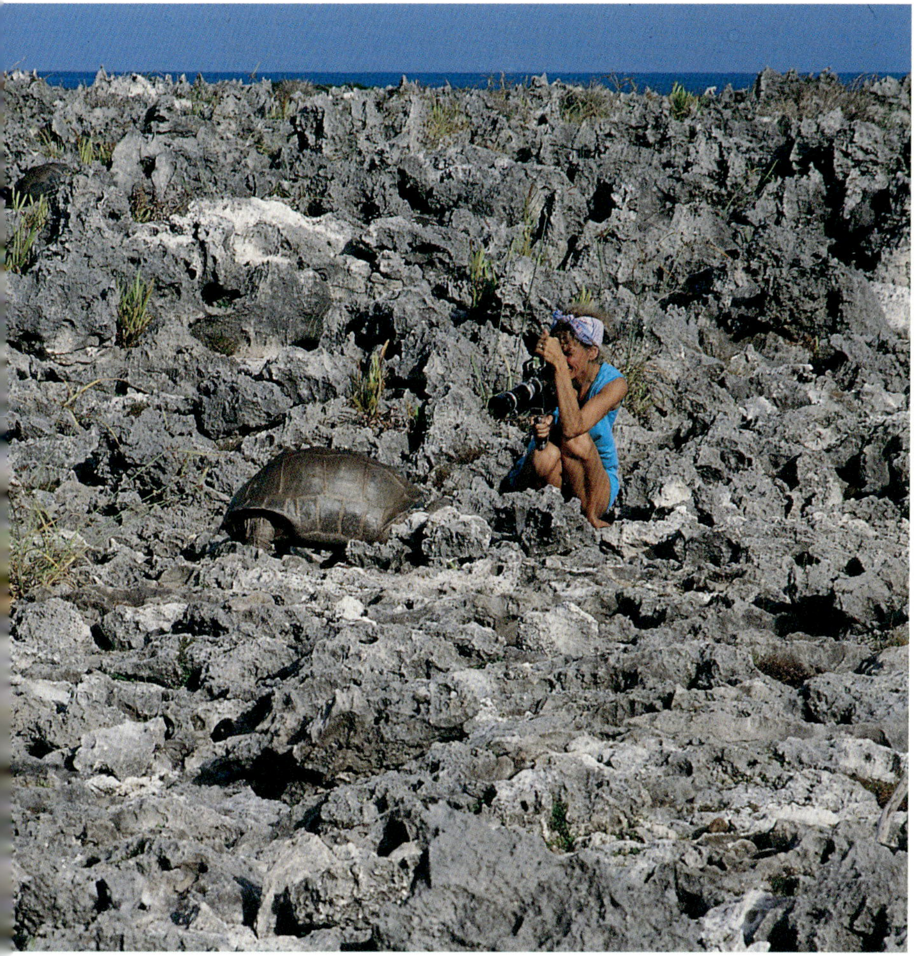

51

52

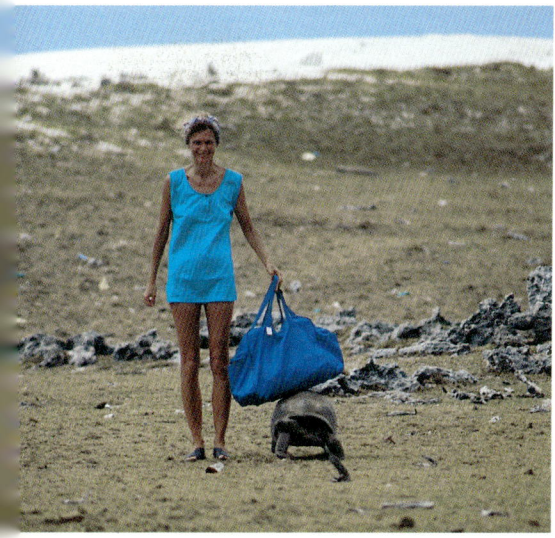

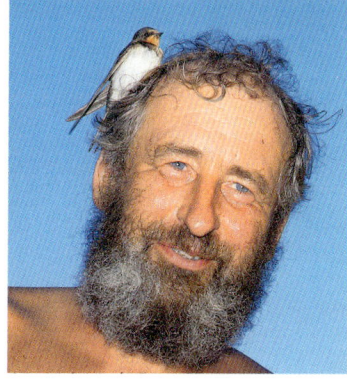

51 Vierbeiniger Gepäckträger auf Aldabra

52 Unser Skipper hat einen Vogel.

53 Unsere Lieblingsbucht auf Moheli

54 Mit Wrackteilen gespicktes Riff auf Bassas da India

55 Christine mit Palmenherz

56 Johnny, unser madagassischer Agent, hat ein sonniges Gemüt.

57 Kokoskrabbe in Abwehrstellung

58 Madagassische Marktfrau mit Anhang

59

60

59 Moroni auf Grande Comore: eine Fassade wie aus Tausendundeiner Nacht
60 Karneval auf Mutsamudu (Anjouan)
61 Neue und alte Boote im Hafen von Moroni
62 Traumbucht auf Nosi Komba, Madagaskar
63 Frisch geschlachtete Schildkröte im Naturreservat auf Moheli
64 Zwei Fischer, die einen Quastenflosser angelten
65 Fürs Museum präparierter Quastenflosser

62

63

64

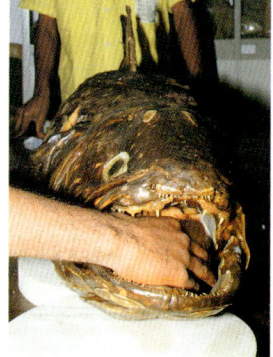
65

**66**

**67**

66 Insulaner auf Nosi Komba (Madagaskar) schnitzen Souvenirboote.

67 Lemurenüberfall auf Nosi Komba

68 Auch eine Fußverletzung kann Max nicht vom Tauchen abhalten.

und die Lava langsam zum Dorf hinab floß, ließen sie sich ohne Widerstand evakuieren. Nur der Geistesgestörte wollte bleiben und verbarrikadierte sich in der Dorfschule. Seltsamerweise teilte sich der Lavastrom genau vor diesem Haus. Erst nach einer Woche konnten Retter ihn herausholen. Danach sei er noch verwirrter gewesen als vorher, erzählen die Leute.

Daß die Singaner ihr Dorf wieder an der alten Stelle aufgebaut haben, beweist ihr Vertrauen zu diesem Höllenberg, der sich trotz seiner zahlreichen Ausbrüche nie mörderisch gezeigt hat. Doch das ist nicht außergewöhnlich. Auch die Bewohner Heimaeys, einer der Westmännerinseln im Nordmeer, die wir vor einigen Jahren mit der FREYDIS besuchten, errichteten nach der Eruption ihres Vulkans die neue Stadt neben den Trümmern ihrer alten. Auch die Tristaner kehrten nach dem Ausbruch fast alle auf ihre Insel zurück: eine erstaunlich positive Einstellung zu einem Pulverfaß, möchte man meinen. Aber schließlich leben viele Menschen auf vulkanischem Boden, im Vertrauen – oder richtiger in der Hoffnung – darauf, der Vulkanismus sei erloschen. Abgesehen davon: Müssen wir nicht alle ständig mit Bedrohungen und Unsicherheiten leben?

Auf der Rückfahrt machen wir noch einen Abstecher zum Hotel „Le Galawa Beach", einer Touristenhochburg, in der alles geboten wird, was das Urlauberherz begehrt: zuvorkommende Bedienung, erstklassiges Essen (alle Nahrungsmittel werden aus Südafrika eingeführt), Swimmingpool mit Bar, Boutiquen, Souvenirshops, Spielkasino, schöne Zimmer und Luxussuiten mit Blick auf Strände und azurblaues Meer – und vor allem: Exklusivität! Das Hotel hat sich drei der schönsten, durch Korallenriffe geschützten Palmenstrände an der Nordspitze reserviert. Es sind die einzigen der Insel, an denen Meeresschildkröten ihre Eier ablegen. Die Strände werden bewacht – sicher nicht für die Schildkröten, sondern für die sonnenhungrigen Touristinnen, die sich auf dieser streng mohammedanischen Insel oben ohne räkeln wollen. Vielleicht fällt aber als Nebeneffekt auch eine kleine Chance für die Schildkröten ab. Wir sehen dieses Touristenghetto mit eher gemischten Gefühlen und brechen bald wieder auf.

In Moroni stellen wir erleichtert fest, daß an Bord alles in Ordnung ist. Mit unserem Wächter sind wir zufrieden. Er kommt immer pünktlich, lächelt und freut sich, wenn ich ihm zu essen und trinken hinstelle oder kleine Geschenke für ihn ausgrabe. Wir dagegen sind froh, daß wir die FREYDIS jetzt häufiger verlassen können, besonders weil wir auf Grande Comore neue Mitsegler erwarten – meinen Neffen, Schwager und dessen Schwester – und ihnen noch einiges von der Insel zeigen wollen.

Aber daraus wird nichts. Wegen eines Streiks bei der Air France, über den uns niemand genaue Auskunft geben kann, pendeln wir tagelang vergeblich zwischen Moroni und dem 30 Kilometer entfernten Flughafen hin und her. Nach mehreren Ferngesprächen erfahren wir schließlich, daß unsere Drei wahrscheinlich eine Woche später mit der ersten wieder die Komoren anfliegenden Maschine nach Anjouan kommen. Schade, daß sich ihr Indikurlaub dadurch um zehn Tage verkürzt.

Wir verlassen Grande Comore bei herrlichem Blisterwetter. Aber als Erich die Schot unter dem Segel hervorziehen will, hält er verdutzt nur noch einen Stummel in Händen. Von der 40 Meter langen, schönen Doppelschot hat unser freundlicher Wächter nur einen halben Meter übriggelassen und dieses Stückchen so geschickt drapiert, daß wir den Verlust im Hafen nicht bemerken konnten. Erich ist betroffen: „Und diesem Knaben hab' ich auch noch ein Empfehlungsschreiben gegeben!"

Erst einmal schrubben wir gemeinsam die FREYDIS mit Seewasser, bis auch der letzte Rest des widerlichen schwarzen Rußbelags fortgewaschen ist. Anschließend atmen wir tief durch – reine, frische Seeluft! Unseren Ärger und unsere Enttäuschung können wir allerdings nicht so schnell abstreifen. Zwar haben wir auch viele gute Kontakte zu Einheimischen geknüpft, zum Beispiel zu den Gombessa-Fischern, aber wegen unserer überwiegend negativen Erfahrungen würden wir diese Inseln nicht mehr besuchen. Der Tourismus wird sich hier wie überall zunehmend in Urlaubsghettos wie das „Galawa Beach" zurückziehen. Eine Chance für die Inseln? Eher eine Sackgasse, da man mit Geld allein die Einstellung der Bewohner nicht ändern kann.

Von Grande Comore abgeschreckt, flüchten wir zurück nach Moheli, unserem kleinen Insellabyrinth. Um Mitternacht geht der Mond auf, und der thermische Wind aus Süden, der tagsüber meist mit fünf bis sechs Beaufort oder stärker bläst, legt sich langsam. Also Segel weg und Maschine an. Nach Diesel stinkend, brummen wir unter dem Sternenhimmel durchs glitzernde Meer. Die Aussichten sind herrlich: Wir werden nur zu zweit auf unserer kleinen Insel sein und tun und lassen können, was wir wollen, in den Tag hinein leben, schwimmen, schnorcheln, lesen, schreiben und am Boot werkeln – das ist meine Vorstellung von Freiheit.

Der Beginn dieses Urlaubsmärchens läßt sich auch gut an: Wir schlafen aus und haben anschließend viel Spaß an zwei neugierigen Schildkröten, die wir ihrer unterschiedlichen Größe wegen „Klein Erna" und „Katharina die Große" taufen. Sie paddeln längere Zeit neugierig ums Boot herum, naschen da und dort vom Algenbewuchs und verlassen uns schließlich wieder. Wir schauen ihnen nach und hoffen, daß sie ihren Häschern entkommen.

Kurz darauf klagt Erich über Hals- und Gliederschmerzen und hat bald alle Symptome eines grippalen Infekts. Natürlich denken wir auch an Malaria, entschließen uns jedoch abzuwarten, weil Erich regelmäßig Resochintabletten geschluckt hat und vieles dafür spricht, daß er sich während der Autofahrt auf Grande Comore nur eine Erkältung zugezogen hat. Ein gewisses Unbehagen bleibt, denn wir haben für den Notfall kein Lariam an Bord. Dieses neue Malariamittel, das auch gegen Erregerstämme wirkt, die gegen übliche Mittel resistent sind, konnte ich weder in Majunga noch Moroni bekommen. Nach drei Tagen fühlt sich Erich zum Glück wieder gesund, und so bleibt es bei der Diagnose „Erkältungsinfekt".

Seit zwei Tagen wälzen sich bedrohliche Wolkenmassen über Insel und Riff. Weil aber alles trocken bleibt, entschließen wir uns, rasch noch eine neue Lage Antirutschfarbe an Deck aufzutragen. Doch ausgerechnet, als wir gerade damit fertig sind, macht der Himmel seine Schleusen auf. So schnell wollten wir den Antirutscheffekt doch gar nicht ausprobieren! Bald darauf knallt die Sonne wieder aufs Deck, und die Farbe wirft dicke Blasen.

Wir bekommen Gesellschaft. Eine neuseeländische Yacht, die gerade von Madagaskar herübergesegelt ist, findet Gefallen an „unserer" Bucht. Bei einer Tasse Kaffee lernen wir ihren Kiwi-Skipper und die hübsche Madagassin kennen, die ihn auf dem Weg nach Europa begleitet. Wir dagegen müssen Abschied nehmen von unserem verträumten Inselchen, seinen schneeweißen Stränden, lavaschwarzen Klippen, flaschenbäuchigen Baobabs, den Schildkröten, fliegenden Hunden, streunenden Katzen und durstigen Raben. Wir lichten den Anker und winken der kleinen Madagassin zu, die auf dem Riff das Abendessen angelt.

Zwei Mantas geistern um die FREYDIS und geben uns Geleit aufs offene Meer hinaus, wo wir Kurs auf Anjouan nehmen. „Perle der Komoren" wird dieses Eiland genannt, weil es landschaftlich besonders reizvoll und seine Bevölkerung außergewöhnlich warmherzig und gastfreundlich sein soll. Während meiner Nachtwachen stimme ich mich auf diese letzte, uns noch unbekannte Komoreninsel ein und blättere im Bericht eines französischen Reisenden über seinen Besuch bei einem reichen Prinzen von Anjouan im Jahr 1850:

„Ali, der Onkel des Sultans, lud mich zu einem Fest ein. So bekam ich Zugang zu allen Räumen des Palastes, mehr als dreißig Gemächer mit Kissen, die mit wertvollen Goldbrokatstoffen aus Persien und China bedeckt waren. Das schönste befand sich im Festsaal selbst; kostbare Gewänder des Prinzen waren darauf ausgebreitet, fast alle rot oder grün und mit Gold oder Silberborten eingefaßt. Dazu seine Säbel und Dolche in Scheiden mit gold- und edelsteinverzierten Silberknaufen. Eine Abschrift des Koran in schönem Einband mit Goldschnallen lag in der Mitte des Gemachs auf einem Seidenkissen mit Goldfransen. Um einen großen, mit Platten, Tellern und Löffeln aus purem Gold gedeckten Tisch herum standen mehrere Divane, auf denen die Gäste mit gekreuzten Beinen Platz nahmen. Vor der Mahlzeit wurde Rosenwasser zum Säubern der Hände gereicht und dies nach jedem Gang wiederholt.

Am Ende des Festmahls näherten sich den Gästen schwarze Sklavinnen, deren Ohren, Hals und Arme mit Brillanten und Goldringen geschmückt waren, und parfümierten ihnen den Bart mit duftenden Kräutern. Das Gewand der Brüder des Sultans bestand aus einer langen weißen Musselinrobe, einem Seidenschal, der ihre Schultern bedeckte, und einem Turban aus Kaschmir ... Ihre Finger- und Fußnägel waren rot, Augenbrauen und Wimpern dunkelblau gefärbt, ihre Lippen gerötet von der Farbe des Betel, den sie unentwegt kauten."

Später in meiner Koje träume ich von prächtig gekleideten Sultanen und ihrer Dienerschaft, die uns die FREYDIS wegnehmen wollen. Dichtgedrängt stehen sie ums Schiff, gestikulieren, feilschen und bieten uns abgetrennte Schildkrötenköpfe und Früchte an, die alle faul sind. Sie zeigen immer wieder auf die FREYDIS, rollen wild mit den Augen und rasseln mit ihren gold- und edelsteinbesetzten Säbeln und Dolchen. Erich ist ganz blaß. Wir wollen flüchten, und ich versuche, den Motor anzuwerfen. Aber nur Krachen und Knirschen ist zu hören. Oben auf der Pier steht hämisch grinsend der Sultan mit seinem Gefolge. Entsetzt erkenne ich, daß eine der funkelnden Ketten auf seiner Brust fehlt, und weiß: Er hat sie ins Getriebe geworfen. Voller Angst wache ich auf und höre das gleichmäßige Surren der Maschine, die Erich gerade angeworfen hat, weil der Wind eingeschlafen ist. Beruhigt schlafe auch ich wieder ein.

Wir laufen nach Mutsamudu, einer Stadt an der Nordwestküste der Insel, nicht weit vom Flugplatz entfernt. Zuallererst wollen wir nach unseren überfälligen Mitseglern fahnden. Als wir bei Sonnenaufgang in den Hafen steuern, werden wir angenehm überrascht: Er ist größer, vor allem aber geschützter als der Moronis. Tief genug ist er auch, wir können ohne Probleme an der Steinpier anlegen. Und noch eine Überraschung: Wir werden in breitestem Kölner Dialekt begrüßt: „Willkommen in Anjouan. Seid ihr etwa mit dem bißchen Schiff aus Deutschland bis hierher gekommen?"

Feisal hat ein paar Jahre in Köln als Kellner gearbeitet, ist aber waschechter Anjouanese. Er ist gerade dabei, ein Boot zu bauen, eines Tages will auch er segeln. Seine Augen leuchten: Vielleicht wollen wir uns sein Werk ja einmal anschauen und mit ihm durch die Stadt bummeln? Gern, aber wir sind hundemüde und vertrösten ihn auf später. Rasch kriechen wir in die Kojen. Beim Einschlafen denke ich: „Das mit den warmherzigen, gastfreundlichen Insulanern scheint wohl nicht nur Gerede zu sein."

Wie versprochen, holt uns Feisal am Nachmittag ab. Er führt uns zu einer fahrbaren Bude am Hafeneingang, in der seine Frau ein Art Café-Restaurant betreibt und uns einen kräftigen Inselkaffee serviert, worauf wir wie gedopt unseren Rundgang am Strand fortsetzen. Auch hier jede Menge Müll, in dem ausgemergelte Rinder, Ziegen, Hunde und Hühner nach Freßbarem suchen und kleine

Kinder spielen. Mittendrin liegt Feisals ganzer Stolz, ein zwölf Meter langes, fast fertiges Holzboot eigenwilliger Bauweise. Die Spanten sind nicht wie üblich beplankt, sondern mit großen Sperrholzplatten verkleidet. „Glaubst du, das hält?" frage ich Erich, doch der nickt: „Sieht solide aus." Über eine Leiter steigen wir ins Innere. Auch dort alles einfach, stabil und praktisch. Bemerkenswert vor allem die Toilette: ein achtern angeklebtes, zum Teil bodenloses Häuschen mit Lochbrett. „Endlich ein bequemes Yachtklo, noch dazu mit automatischer Wasserspülung", grinst Erich.

Feisal freut sich, daß uns sein Boot gefällt. Er hat es eigenhändig gebaut – ohne Baupläne, ohne besondere Fachkenntnisse. Nur sein elfjähriger Sohn, der partout nicht zur Schule will, ist ihm zur Hand gegangen. Wenn das Schiff fertig ist, will er mit ihm eine Art Fährbetrieb zwischen Anjouan und Mayotte einrichten und hofft auf guten Verdienst. Die Aussichten sind nicht schlecht, zumal der Touristenstrom auf der Insel langsam kräftiger wird. Einen Kapitän für sein Boot will er in Madagaskar anheuern, dort sind die Löhne um ein Vielfaches niedriger. Aber noch ist Feisal offiziell angestellter Fremdenführer. Morgen hat er Großeinsatz: Der erste Luxusliner mit deutschen Touristen wird in Anjouan erwartet.

Nach der „Bootsschau" widmen wir uns der bereits im 15. Jahrhundert gegründeten Stadt, in der sich seitdem anscheinend nicht allzuviel verändert hat: Ein Minilädchen löst das andere ab, kleine Werkstätten, Juweliere, eine Moschee, ein Friedhof, ein Marktplatz. Heute, am Sonntag abend, gibt es dort zwar nichts mehr zu kaufen, aber der Dorfbäcker holt noch ein frisches Brot für uns aus dem Ofen. Durch verwinkelte Gassen geht es den Hang hinauf, an terrassenförmig gebauten Häusern vorbei, deren Inneres sich hinter kunstvoll geschnitzten Holztüren verbirgt. Den Hügel krönt eine kanonenflankierte Zitadelle, die im 18. Jahrhundert von Sultan Abdallah I. erbaut worden ist, um die Stadt vor den Überfällen madagassischer Piraten zu schützen. „Diese Piraten auf Sklavenfang waren hier so gefürchtet wie die Wikinger und Hunnen in Europa", erklärt unser kundiger Begleiter. Andererseits war Anjouan natürlich selbst ein Piratennest, denn hier wie in Madagaskar rüsteten europäische Freibeuter ihre Schiffe aus, mit denen sie den gesamten Indischen Ozean unsicher machten. Einer von ihnen war Captain Kidd.

Im goldenen Licht der Abendsonne haben wir einen traumhaften Blick auf den Hafen und die unter uns liegende Stadt, die allerdings eher alptraumhaft ist: ein Labyrinth ineinander verschachtelter, schäbiger Häuser, auf deren Flachdächern armselige Palmwedelhütten wie vertrocknete Zierpflanzen thronen, in denen ganze Familien mit Kind und Kegel, Ziegen, Hunden und Hühnern leben. Aber nicht nur dort herrscht reges Leben zu dieser Stunde, sondern auch die Gassen und Straßen darunter füllen sich plötzlich wieder mit Menschen, und Musik dröhnt herauf. „Heute feiern wir Karneval, das müßt ihr unbedingt sehen. Ist fast wie Rosenmontag in Köln", freut sich Feisal und eilt mit uns hinunter.

Unten in der Stadt ziehen in Ketten gelegte „Kinta-Kunte"-Sklaven und andere gerade aktuelle Gestalten aus Fernsehen und Videos mit großem Tamtam unter dem Applaus begeisterter Zuschauer an uns vorbei. Dann folgt ein Strom lachender, singender, schreiender, trommelnder, tanzender und Kasettenrekorder schwingender, fröhlicher Anjouaneser, meist junges Volk. Männer in weißen Gewändern mit goldverzierten Fezen und Frauen in bunten Baumwolltüchern und seidigen Shirumans drängen sich an Fenstern, auf Balkons, säumen die Gassen. Als der Strom abebbt, setzen wir uns auf eine kleine Mauer am Strand, trinken eisgekühlten Kokospalmsaft und lassen uns kleine Fladenbrote, Salat aus grüner Papaya und knusprige Brochettes, die ein Koch am Straßenrand zubereitet, richtig schmecken. Es lebe Anjouan mit seinen freundlichen Menschen!

Noch immer herrscht Ungewißheit, wann und ob ein Flugzeug aus Paris kommt. Wir machen das Beste daraus, mieten einen Wagen und ziehen los. Auf eigene Faust, denn Feisal ist bereits unterwegs – mit deutschen Passagieren der ROYAL STAR, dem Kreuzfahrtschiff, das heute morgen an der Pier festgemacht hat. Es gibt viel zu sehen auf der interessanten Insel: hohe Berge, tiefe Täler, erloschene Krater, Gewürz-, Kaffee- und Ylang-Ylang-Plantagen, Parfümdestillerien, Parks und Gärten voller Bougainvillea, Lychee- und Mangobäumen, kleine Dörfer, Städtchen und das Vorzeigestück Domoni, einstige Hauptstadt an der Ostseite der Insel, wo wir uns ein wenig länger aufhalten. Beim Blick vom Hügel herab ragen die zahlreichen Minarette wie Nadeln aus einem Meer von Dächern, und die vergoldeten Kuppeln von Palästen glänzen in der Sonne. Hier lebten einst die absolutistisch herrschenden Sultane, durch Gold und Sklavenhandel reich geworden, in verschwenderischer Pracht – aber auch in der ständigen Angst vor madagassischen Piraten, welche die Stadt Ende des 18. Jahrhunderts dann tatsächlich in Schutt und Asche legten.

Vor dem pompösen Mausoleum des Premierministers Ahmed Abdallah Abderemanes, der 1989 von seiner Leibgarde erschossen wurde, begegnen wir dem ganzen Pulk unserer Landsleute im grellbunten Freizeitlook. Wir können dem armen Feisal nur zuwinken, der mittendrin in seinem dunklen europäischen Festtagsanzug, in den er sich zu Ehren der deutschen Gäste gezwängt hat, bei 35 Grad im Schatten sichtbar leidet.

# Wieder nach Madagaskar

*Familienzuwachs – Ein Unglück kommt selten allein – „Wir lagen vor Madagaskar" – Proviant mit blindem Passagier – Ein Tahiti des Indischen Ozeans – Tauschgeschäfte – Liebenswürdige Lemuren*

Endlich soll unsere Verwandtschaft ankommen, also wieder zum Flugplatz. Aber gerade heute ist die Hauptstraße total verstopft mit einem Sammelsurium fahrbarer Untersätze und Hunderten von Menschen. „Schon wieder Karneval?" frage ich. Nein, eine politische Kundgebung soll stattfinden. Zwei schwarze Limousinen zwängen sich im Schritttempo durchs Gedränge. Hinter getönten Fensterscheiben kaum sichtbar und doch unverkennbar Prominenz. Ein jüngerer Mann mit Sonnenbrille winkt mit brillantenberingter Hand seinen Verehrern huldvoll zu und verschafft sich eine Durchfahrt, die wir fix nutzen. Wir erreichen den Flugplatz mit Verspätung, aber auch die Maschine aus Paris ist nicht pünktlich, also „pas de problème"!

Schwager Eckart und seine Schwester Christiane sind, durch den Streik und die noch ungewohnte Hitze geschlaucht, nicht gerade in Urlaubsstimmung. Nur Max, Eckarts Sohn und mein Neffe, ist bereit für jedes Abenteuer, auch für Madagaskar, unser nächstes Ziel. Christiane will sich lieber auf den Komoren erholen, Eckart schließt sich ihr an. Doch der Skipper bleibt bei seinem Plan: Wir segeln nach Madagaskar! Dort wollen wir im Norden des Landes die Insel Nosy Bé aufsuchen, die uns mehrfach als besonders schön angepriesen wurde.

Die ersten zwei Tage sind die reinste Qual: bleierne Flaute, Motorgebrumm, Dieselgestank, hohe Dünung und eine Hitze, die auch den stabilsten Kreislauf zum Kollaps treibt. Entsprechend gedämpft ist die Stimmung an Bord. Noch viel gedämpfter wird sie, als Max in der Nacht während der Wache auf eine nicht ausreichend fixierte Gräting im Cockpit tritt, die ihm brutal zwei Zehennägel abhebelt. Max beißt die Zähne zusammen und schluckt den Schmerz bewundernswert hinunter. Während unser Haudegen-Skipper etwas von „unbedingt amputieren" murmelt, bemühen Christiane und ich uns trotz der Schaukelei um erhaltende Maßnahmen. Wahrscheinlich wird Max aber während der drei Wochen an Bord weder baden noch tauchen können, und gerade darauf hat er sich gefreut.

Aber ein Unglück kommt selten allein. Unser Skipper fühlt sich plötzlich nicht wohl. Zunächst denke ich, er hat eben schlecht geschlafen. Weil wir uns alle etwas angeschlagen fühlen, beschließen wir, die Fahrt nach Nosy Bé zu unterbrechen und zunächst die kleine, vor uns liegende Insel Iranya anzusteuern. Wegen starker Kopfschmerzen verzieht sich Erich in die Koje, während wir in eine weite Bucht einbiegen und zwischen ein paar mannshohen Korallenblöcken über sandigem Grund den Anker werfen. Beim Anblick der verlockenden Strände und des kristallklaren Wassers haben unsere Mitsegler ihre Müdigkeit im Nu vergessen und rudern im Dingi zur Insel hinüber. Auch Max mit seinem dick verbundenen Fuß ist dabei. Ich ruhe mich im Cockpit aus, warte auf ein Lebenszeichen von Erich, aber es kommt nicht. Als ich nach ihm schaue, erschrecke ich. Seine Haut ist fahl, die Stirn schweißnaß, er klagt über Schwindel, Übelkeit, Kopf- und Gliederschmerzen. Sein seltsamer „grippaler Infekt" in Moheli fällt mir wieder ein. Mein Gott, wenn das bloß keine Malaria ist!

Ich hole das Fieberthermometer aus der Bordapotheke: fast 40 Grad, wie befürchtet. Aber was beweist das schon? Es kann eine x-beliebige andere Erkrankung sein. Erich ist apathisch, erbricht, schläft gleich wieder ein. Ich untersuche ihn, taste eine geschwollene Leber, ein weiteres Zeichen für Malaria. Wegen der häufig resistenten Erregerstämme kann man trotz Prophylaxe Malaria bekommen, und das Schlimmste: Eine ihrer Formen, die Malaria tropica, ist innerhalb kürzester Zeit tödlich.

Also höchste Alarmstufe! Erich muß sofort behandelt werden. Zum Glück ist jetzt Lariam an Bord, aber wenn vorher Resochin eingenommen wurde, muß ein Abstand von 48 Stunden eingehalten werden. Cerebrale Krämpfe will ich nicht riskieren, also entschließe ich mich zur Therapie mit Fansidar, das mit Resochin verträglich ist. Doch Erich erbricht die Tabletten und ist kaum noch ansprechbar. Also Vomexzäpfchen und Wadenwickel. Sollte ich nicht besser über Radio einen Helikopter rufen und Erich ins Krankenhaus transportieren lassen? Aber in Madagaskar? Wir müssen allein zurechtkommen, wie damals bei unserer Strandung in der Antarktis. Noch ein Versuch, aber jetzt doch mit Lariam. Mir bleibt keine andere Wahl, denn Malaria tropica ist tödlich. Jetzt heißt es abwarten und hoffen. Erich fällt in Tiefschlaf.

Gegen Abend kommen unsere Mitsegler zurück. Von all dem, was sich an Bord abgespielt hat, wissen sie nichts und sind nachträglich sehr besorgt. Erich ist schweißgebadet, atmet aber regelmäßig. Gegen drei Uhr wacht er plötzlich auf, verwundert darüber, daß es ihm besser geht.

Am Morgen fühlt er sich erstaunlich gut und steht später sogar auf. Von gestern auf heute ein Unterschied wie Tag und Nacht! Die prompte Wirkung des Mittels spricht dafür, daß es sich tatsächlich um Malaria gehandelt hat.

Wir sind alle froh, ganz besonders ich, daß unser Skipper wieder auf den wenn auch noch wackligen Beinen ist. „Wir lagen vor Madagaskar und hatten die Pest an Bord", singt Eckart, und wir fallen mit ein. Seit Erichs Malaria ist Madagaskar für mich endgültig nicht mehr die Insel des Riesenvogels Rock, sondern die der winzigen Mücke Anopheles.

Mehrere Auslegerboote nähern sich gegen Mittag der FREYDIS. Die Insassen, ebenholzfarben wie ihre Boote, mustern uns stumm und mit steinerner Miene. Sie bieten uns keinen Fisch zum Kauf an, antworten nicht auf unsere Fragen und betteln auch nicht; sie schauen nur. Etwas mulmig ist uns schon. Nachdem sie aber lange genug die weißen „Exoten" auf dem rotem Schiff angestarrt haben, drehen sie ab – kommentarlos. Eines ist sicher, *hier* waren noch keine Touristen!

Mit frischem Mut setzen wir die Fahrt nach Nosy Bé fort, der größten Insel vor Madagaskars Küsten. Seit Tagen regt sich kein Lüftchen, unter Motor torkelt die FREYDIS wie betrunken übers

Wasser. Das nervtötende Knallen des in der Dünung schlagenden Großsegels klingt wie ein lautstarker Protest.

Am Horizont brauen sich dunklen Wolkenmassen zusammen – immer wieder Wetterleuchten. Der Monsunwechsel kündigt sich an, die Zeit der Taifune. Noch aber bleibt alles friedlich; ungestört laufen wir in die Bucht von Nosy Bé und ankern im malerischen, von antiken Kanonen bewachten Hafen von Hell Ville. Während im Osten noch lange die grellen Blitze ferner Wärmegewitter zucken, bietet der Westen einen der farbenprächtigsten Sonnenuntergänge, die ich je gesehen habe.

Um uns herum liegen etwa ein Dutzend Yachten unter französischer Flagge. Auf einer wird gefeiert, viele Leute sind an Bord, wir hören Musikfetzen, Lachen und Singen. Auf einer anderen Yacht, die den vieldeutigen Namen DELIRIUM trägt, haben ein junger Franzose und zwei schwarze Schönheiten ihren Spaß. „Ich kann mir sein Delirium schon vorstellen", grinst Erich. Ein Delphin keucht durch den Hafen, als hätte ihn etwas außer Atem gebracht.

Auch an Land ist einiges los. Es gibt hier viele Kneipen, eine davon ist besonders beliebt bei Touristen und Einheimischen. Zu später Stunde tanzen dort junge Madagassinnen auf einer Art Bühne. Sie hoffen auf einen europäischen Freier, der sie in die große Welt entführt, vielleicht sogar mit einer Yacht. Mir fällt ein, daß die hübsche Madagassin, die wir auf der neuseeländischen Yacht in Moheli getroffen haben, auch aus Nosy Bé war. Sie hatte sogar ihr Kind bei der Mutter zurückgelassen, als sie fortsegelte.

Der „Höllenort" entpuppt sich als freundliches, ehemals französisches Kolonialstädtchen. Sein höllischer Name hat nichts mit seinem Ruf zu tun, vielmehr ist es nach Admiral de Hell benannt, einem ehemaligen Gouverneur der Insel Réunion. Er hatte 1841 mit der Sakalava-Königin einen Protektoratsvertrag geschlossen, deshalb gehörte die Insel bis 1972 zum französischen Kolonialreich. Danach ist ihr offensichtlich die Luft ausgegangen. Auch hier verfallen alte Häuser, verwildern Parkanlagen, verwahrlosen Straßen wie in Majunga – aber immerhin gibt es eine Menge kleiner Läden, Cafés und Souvenirshops.

Auf dem Friedhof entdecken wir in einer Ecke die Gräber einiger Russen, deren Geschichte geradezu unglaublich klingt. Während des russisch-japanischen Krieges 1904/5 hatte der Zar ein Kriegsschiff nach Nosy Bé entsandt mit dem Auftrag, die Straße von Moçambique vor dem Eindringen der Japaner zu schützen. Bei Beendigung des Krieges war das Truppenkontingent jedoch in Vergessenheit geraten. Die russischen Seeleute, die nicht ahnten, daß der Krieg längst beendet war, warteten auf neue Instruktionen und blieben auf der Insel, wo ihre Schiffe in der „Baie des Russes" vor Anker lagen. Von ihnen stammt übrigens das Lied: „Wir lagen in Madagaskar..." Aber es war nicht die Pest, die sie umbrachte, sondern Typhus, Malaria und andere Tropenkrankheiten: „In den Fässern, da faulte das Wasser, und täglich ging einer über Bord..."

Bei der vergeblichen Suche nach einem Supermarkt stoßen wir auf das gut sortierte Kolonialwarenlädchen einer kleinen Chinesin, in dem unsere nicht mehr verwöhnten Mägen einen Hüpfer machen. Entsprechend kaufen wir, was der wacklige R4 ihres Chinamannes fassen kann: Kisten mit Bier und madagassischem Wein, kiloweise Käse, rohen Schinken, Salami, Yoghurt, Eier, Obst, Gemüse – eben eine ganze Wagenladung. Mit all diesen Köstlichkeiten aber schleppen wir leider auch blinde Passagiere ein. Während Erich und ich unten in Schränken und Schapps die Waren verstauen, tauchen die anderen an Deck alles Obst und Gemüse, jede Kiste, Dose oder Flasche sorgfältig unter Wasser, damit bloß kein Ungeziefer an Bord kommt. Und dann passiert's doch: Eckart reicht versehentlich einen ungewässerten Container nach unten, und – plumps – da fällt eine fünfmarkstückgroße Kakerlake heraus und verschwindet blitzschnell in einer Spalte der Kombüse. Es muß ein fruchtbares Muttertier gewesen sein, das merke ich schon nach kurzer Zeit an ihren zahllosen Nachkommen, mit denen ich mich noch viele Monate herumplagen soll.

Aber das bleibt nicht unser einziger Ärger in Hell Ville: Unser Visum ist nämlich abgelaufen. Der Beamte vom Dienst will uns zwar neue Marken in die Pässe kleben, aber nur gegen Schmiergeld. Daraufhin verzichten wir und haben Glück, denn unsere Pässe werden nicht mehr kontrolliert.

Während Erich und ich öfter an Bord bleiben – Erich fühlt sich noch immer sehr schwach –, ist unsere Verwandtschaft meist unterwegs zu den vielen Attraktionen dieser Vulkaninsel: einsame Palmenstrände, geheimnisvolle Urwälder mit tropischer Vegetation (in zehn Jahren soll nach Aussage der Ökologen nichts mehr davon übrig sein), heilige Kraterseen und ausgedehnte Plantagen mit Zuckerrohr, Vanille, Pfeffer, Gewürznelken und Kaffee. Nosy Bé wird wegen seiner zahllosen Ylang-Ylang-Anpflanzungen und Destillerien auch als „Parfüminsel" bezeichnet wie schon die Komoren und ist als „Tahiti des Indischen Ozeans" bekannt. Zwar ist es zum Glück noch kein Ferienparadies à la Seychellen, aber es gibt schon ein paar abseits gelegene, internationale Strandhotels ähnlich denen auf Grande Comore. Touristen sehen wir nur wenige, es sind überwiegend Einzelreisende, Rucksacktouristen und Yachties.

Aber schließlich ist uns selbst der begrenzte Trubel in Hell Ville zuviel. Erich ist immer noch nicht bei Kräften, und ich mache mir Sorgen, ob seine Malaria wirklich ausgeheilt ist. Als wir hören, daß die kaum drei Seemeilen entfernte kleine Vulkaninsel Nosy Komba viel ruhiger und ursprünglicher ist, hält uns nichts mehr. Bei frischer Raumschotbrise und mitlaufendem Tidenstrom setzen wir noch am selben Nachmittag zur Nordspitze Nosy Kombas über und ankern vor dem kleinen Dorf Ampangorina.

Auf Nosy Komba fühlen wir uns tatsächlich in Gauguins Tahiti versetzt. Die Insel strahlt eine so friedliche und heitere Atmosphäre aus, daß wir uns auf Anhieb wohlfühlen. Hinter dem lichten Palmenstrand liegt das kleine Strohhüttendorf mit schmalen, von Bougainvillea, Bananenstauden und Kokospalmen gesäumten Sandwegen und Graspfaden, mit Lichtungen und einem etwas größeren freien Platz mit Dorfbrunnen. Alles macht einen sauberen und ordentlichen Eindruck; nirgendwo Zivilisationsmüll, auch nicht am Strand. Das Plastikzeitalter scheint hier noch keinen Einzug gehalten zu haben.

Im Wasser sammeln in bunte Lambas gehüllte Frauen Muscheln, Fischer gehen ihrer Arbeit nach, und Kinder in kleinen Auslegerbooten – einer Art madagassischen Optimisten – ahmen nach, was die Väter ihnen vormachen. Vor den Hütten schnitzen ein paar Männer Figuren aus Holz, basteln Modellboote, töpfern Schalen und Vasen. Im Schatten der Palmen am Strand sticken Frauen weiße Tischdecken, von denen eine ganze Menge zwischen den Bäumen auf Leinen hängen und zum Verkauf angeboten werden.

Der Erlös ihrer Handarbeiten sichert den Bewohnern ein bescheidenes Auskommen.

Im Gegensatz zu uns Älteren, die in der Hitze mehr oder weniger durchhängen, ist Max voll jugendlicher Energie und streift, in offenen Sandalen humpelnd, den ganzen Tag durchs Lavagestein. Nicht einmal die 620 Meter hohe Vulkanspitze, an deren Hängen dichter, struppiger Regenwald wuchert, ist vor ihm sicher. Auch wir lernen hier das Staunen: Endlich sehe ich mein erstes Chamäleon in freier Natur, einen dschungelgrünen Kleinstsaurier mit Ringelschwanz und Silberblick. Inselbewohner behaupten, Chamäleons schauten mit einem Auge in die Zukunft und mit dem anderen in die Vergangenheit. Dieses hier scheint jedoch voll auf die Gegenwart fixiert: Blitzschnell gibt es einem wunderschönen Schmetterling seinen tödlichen Zungenkuß. Später entdecke ich sogar einen giftigen Skorpion unter einem Holzstapel am Strand. Die Eingeborenen machen ihm eilig den Garaus.

Drei französische Schiffbauer, die sich hier ein eigenes Auslegerboot zimmern, und ein paar andere Globetrotter wohnen in kleinen Strandhütten. Es gibt aber auch ein kleines Hotel, das von einem deutschen Lehrer und seiner madagassischen Frau geführt wird, in dem wir frischen, gut zubereiteten Fisch bekommen, wenn unsere Kombüse zur Abwechslung einmal kalt bleibt.

Während Christiane und Eckart sich mit wunderschönen Lochstickereien eindecken, fröne ich meiner Sammelwut für Modellboote. Als ich in Hochstimmung mit acht prächtigen, rotbesegelten Schiffchen an Bord zurückkehre, schlägt Erich die Hände über dem Kopf zusammen. Bei unserer Platznot muß man sich tatsächlich etwas einfallen lassen, um sie alle unterzubringen. Ich schraube mehrere Haken in die Holzverschalung hinter der Toilette und vertäue meine Piratenflotte daran mit Gummileinen. Daß man nun nicht mehr kentersicher auf der Toilette sitzen kann, damit müssen wir uns abfinden. Segelboote haben Vorrang, das weiß doch jeder!

Als Zahlungsmittel für ihre Kunstwerke sind bei den Bewohnern übrigens nicht nur Francs, sondern auch Kleidungsstücke sehr gefragt. Meine Ausstattung schrumpft in wenigen Tagen auf das Allernotwendigste zusammen. Erich macht sich über mich lustig: „Tu dir nur keinen Zwang an, es gibt ja genug Palmblätter hier!" Aber das Tauschen macht eben besonderen Spaß. Es gibt dabei zwei Gewinner, denn beide bekommen etwas Schönes oder Brauchbares. So auch, als sich ein alter Fischer im Boot unserer FREYDIS nähert. Sein ausgemergelter Greisenkörper und sein krummer Rücken erzählen von einem harten, entbehrungsreichen Leben. Er zeigt auf ein paar kleine Fische, die er gefangen hat. Ich nicke und zücke den Geldbeutel, aber er deutet auf sein zerschlissenes Hemd und legt die Hände bittend zusammen. Zum Glück besitzt Christiane noch ein schönes weißes T-Shirt. Der Mann freut sich, gibt uns die Fische und paddelt mit Gesten des Dankes an Land. Später treffen wir ihn im Dorf. Er kocht sich in einem kleinen Topf über offenem Feuer ein wenig Reis und Fisch und lächelt uns zu. Das neue Hemd steht ihm prächtig.

Weniger erfreulich sind die etwas pöbelhaften Jugendlichen, die uns immer wieder mit Booten heimsuchen und alles mögliche andrehen wollen. Aber derzeit sind wir halt die einzig „melkbare Kuh" in der Bucht.

Das Erregendste auf dieser Insel sind für mich die lebhaften Lemuren oder Halbaffen. Sie ermöglichen einen Blick in unsere Vergangenheit, denn sie haben einen gemeinsamen Vorfahren mit uns. Einst sollen sie auch Europa und Afrika bevölkert haben, wurden dort aber schon lange von den entwicklungsgeschichtlich überlegenen Affen verdrängt. Auf Madagaskar ist diesen „Primaten-Auslaufmodellen der Evolution" dagegen noch eine Frist vergönnt; früher oder später werden sie bestimmt von den Menschen ausgerottet sein.

Allerdings gelten die Lemuren auf Nosy Komba einem alten Tabu zufolge als heilig und sind – im Gegensatz zur Hauptinsel, wo sie oft genug im Kochtopf landen – vor Jägern sicher. Die Lemuren bedanken sich dafür, indem sie interessierte Besucher anlocken. Ich kaufe zwei große Hände Bananen, eine für uns und eine für die Lemuren, denn wir müssen ein wenig Eintrittsgeld bezahlen; die Tiere leben zwar frei auf Bäumen, sehen aber in einem eingezäunten Gelände eine Art Arena, in der sie den Menschen Bananen abjagen dürfen, und halten sich deshalb gerne in der Nähe auf. Kaum bin ich drinnen und zücke erwartungsvoll eine der gelben Früchte, da kommen sie wie auf Startschuß aus den Bäumen und landen mit kühnen Hechtsprüngen auf meinen Schultern. Die Männchen sind kohlschwarz, die Weibchen haselnußbraun, mit hübschen weißen Ohrbüscheln. Sie halten sich ungeniert an meinem Kopf fest, hängen sich an meinen Hals, an meine Arme und schauen mich erwartungsvoll mit ihren orangegelb leuchtenden, schelmischen Augen an. Meine Bananen gehen weg wie warme Semmeln, noch ehe Erich seine Kamera in der richtigen Position hat. Außerordentlich geschickt, schnell und kühn sind diese kleinen Buschkobolde und alles andere als „von gestern"!

Viele weibliche Tiere tragen ein Baby, das seine Beine um den Bauch der Mutter klammert und sich mit den Händen an ihrem Schulterfell festhält – unerschütterlich und nicht abzuschütteln, welche Eskapaden die Mutter auch vollführt. Meine Bedenken, die Tiere könnten beißen oder kratzen, sind unbegründet. Lemuren benehmen sich im Gegensatz zu ihren Affenvettern in Südamerika und Asien (mit diesen Lümmeln habe ich so meine Erfahrungen) von Natur aus manierlich und gesittet und sind in keiner Weise aggressiv. Ja, sie fassen mich buchstäblich mit Samthandschühchen an. Als ich sie verlasse, habe ich jedenfalls keine einzige Schramme und natürlich auch keine einzige Banane mehr.

Nosy Komba, die „kleine Insel", wächst uns rasch ans Herz. Gern würden wir hier noch ein paar Wochen bleiben. Aber die Iles Glorieuses nördlich des Moçambiquekanals, die letzten der Iles Eparses, warten auf uns, und die Taifunzeit naht. Es wird immer feuchter und schwüler, jeden Abend ziehen am Horizont die Wärmegewitter auf. Außerdem müssen wir rechtzeitig in Richards Bay zurück sein, sonst können wir unsere Südroute nach Australien streichen.

# Les Glorieuses

*Tauchgang mit Hindernissen – Schildkröten unter
Militärbewachung – Tödliche Malaria – Geschmackvolle
Geschenke – Der große Sprung der* FREYDIS

Bei vorlichen Winden aus Nordwest – der Monsun hat uns wohl schon in den Fängen – schippern wir, zunächst noch unter Segeln, dann mit Motorunterstützung, die 200 Seemeilen zum Glorieuse-Archipel. Schon von weitem leuchtet uns ein blendend weißer Sandstreifen entgegen. Als wir näherkommen, erkennen wir eine grüne Palmeninsel dahinter. Sie ist nicht größer als Baltrum, hat aber noch einen kleinen Ableger, den flachen Sandhaufen Ile de Luc, mit dem sie auf der Luvseite durch ein großes Korallenriff verbunden ist. Das Riffplateau, das auch bei Niedrigwasser nie ganz trockenfällt, erstreckt sich etwa eine Viertelmeile weit auf See hinaus und bricht dann jäh – laut Karte mindestens 1500 Meter – in die Tiefe ab. Wir entschließen uns, an der Riffkante auf der Leeseite der Insel zu ankern, nicht weit von dem weißen Dünenstreifen entfernt, hinter dem sich die grüne Insel verbirgt.

Das Wasser um uns herum ist saphirblau und kristallklar. Max will wenigstens einen Blick durch die Taucherbrille nach unten werfen. Seine Ärztetanten äußern Bedenken wegen der offenen Wunde und wegen der Haie, die vielleicht in Riffnähe lauern. Aber Max läßt sich nicht länger vertrösten, deshalb versuchen wir, seinen lädierten Fuß von der Badeleiter aus über Wasser zu halten, während er mit dem übrigen Körper in die Fluten taucht. Er schluckt in der bewegten See jedoch so viel Wasser, daß ihm die Freude am Schnorcheln rasch wieder vergeht. „Ob ich ertrinke, ist euch wohl egal, Hauptsache mein Fuß bleibt trocken!" lacht er hustend und spuckend. Fortan verweigert er uns jede Einmischung. Über herrli-

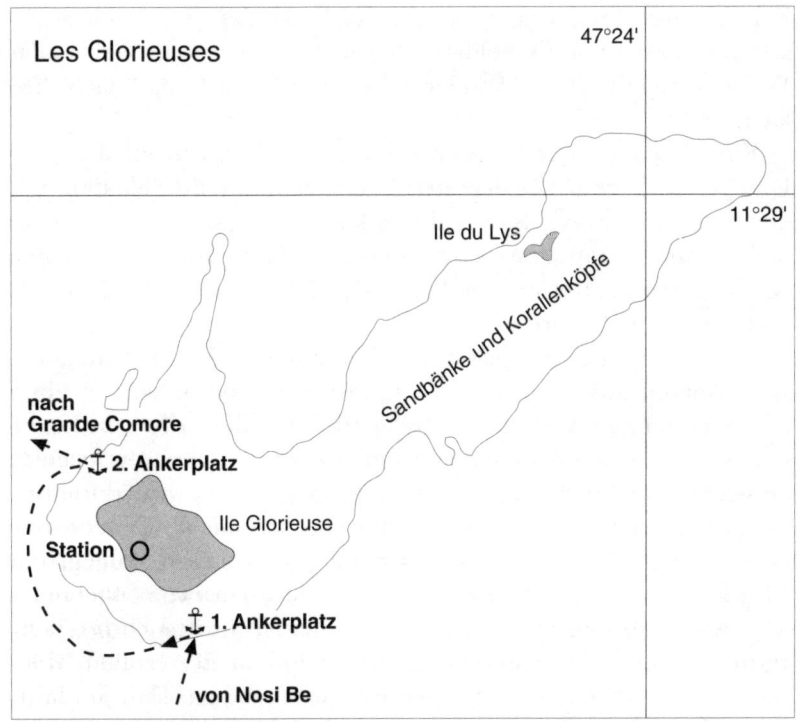

che Tauchreviere immer nur hinweg zu segeln, ohne ein einziges Mal Korallen bewundert und Fischen guten Tag gesagt zu haben, ist einfach zuviel verlangt, jedenfalls von Max. Sozusagen als ärztliches Manöver des letzten Augenblicks stülpen wir ihm dann aber doch noch einen strammen chirurgischen Gummihandschuh über seinen Verband, in der Hoffnung, daß er beim Schwimmen dichthält. Nach zwei Stunden kehrt Max zum Boot zurück, ohne Handschuh und ohne Verband, aber voller Begeisterung (er hat's überlebt).

Erich und ich entern die Insel im Dingi und werden von ein paar Militärs freundlich willkommen geheißen. Noch am Abend setzen wir deshalb trotz des zunehmenden Schwells mit der gesamten Crew zum Strand über, wo uns zwei Soldaten erwarten und uns zu Sandhügeln mit Gelegen von Grünen und Karettschildkröten führen. Einige der Hügel sind wie umgepflügt, der Sand ist voll kleiner

Kriechspuren. In der vergangenen Nacht sei das ganze Gelege geschlüpft, berichten die Soldaten begeistert, die meisten hätten das Wasser erreicht. „Kein Wunder bei solcher Bewachung!" lacht Ekkart.

Zur Eiablage kämen zwar nicht so viele Tiere wie auf der Insel Europa, aber ihre Zahl steige stetig, versichern uns die Soldaten. Seit den siebziger Jahren, als auch dieser kleine Archipel wie schon Juan de Nova und Europa zum Naturreservat erklärt wurde, dürfen keine Schildkröten getötet und in der heißen Jahreszeit keine Muscheln mehr gesammelt werden.

Auf den Rat der Militärs hin verholen wir die FREYDIS am nächsten Morgen auf die andere Seite der Insel und ankern in einer kleinen sandigen Bucht des vorgelagerten Korallenriffs. Hier liegen wir wesentlich geschützter und außerdem näher an der Insel, in deren Kokospalmenwald wir uns allerdings erst einmal gründlich verlaufen, bis wir endlich wieder die Trikolore im Wind wehen sehen. Wie auf Europa und Juan de Nova gibt es auch hier neben der Militär- eine separate Wetterstation, die jedoch nur von Oktober bis Mai, also während der Taifunzeit, besetzt ist. Luftfeuchtigkeit 80 Prozent, Durchschnittstemperatur 30 Grad in der heißen Monsunphase, erfahren wir aus einer Tabelle. Und auch, daß pro Jahrzehnt sieben Taifune in einem Abstand von weniger als zweihundert Kilometern die Insel passieren. Wir müssen uns beeilen!

Bei den Militärs herrscht ein lockerer Ton, trotzdem geht es diszipliniert zu. Wir essen diesmal nicht mit den Offizieren, sondern am großen Tisch mit 13 Soldaten. Alles nette, lustige Kerle, die sich über unseren Besuch und die Abwechslung, die er ihnen bringt, freuen und uns das auch spüren lassen. Als der Koch mich fragt, ob wir etwas brauchen können – er müsse Proviant ausmustern – sage ich natürlich nicht nein. Damit bekommen wir französische Küche an Bord: Pasteten, Gemüse, Fischkonserven und vieles andere; zwar ist das Verfallsdatum abgelaufen, aber wie wir bald feststellen, sind alle Lebensmittel noch einwandfrei und vom feinsten.

Der Sergeant überreicht mir Unterlagen, aus denen wir die Geschichte der Inseln erfahren. Sie sind wahrscheinlich bereits Anfang des 16. Jahrhunderts von französischen Seefahrern der Ostindienkompanie entdeckt worden. Da aber keiner viel Aufhebens davon gemacht hatte, blieben sie noch weitere 400 Jahre allein den Vögeln und Schildkröten überlassen. Erst Ende des 19. Jahrhunderts wurden sie von einem Franzosen aus Réunion, der zwischen Madagaskar und der afrikanischen Küste Handel trieb, auf einer seiner Reisen wiederentdeckt. Dieser Franzose ließ sich auf Glorieuse nieder und lebte dort fast 20 Jahre, wobei er mit Hilfe madagassischer Arbeiter Kokospalmen an- und Guano abbaute. 1892 annektierte Frankreich die Insel, danach folgten weitere französische Siedler und Kokospflanzer. Als in den sechziger Jahren die Nutzungskonzession endete, kamen statt ihrer Militärs und Meteorologen auf die Insel, und Soldaten sammelten fortan die herabfallenden Kokosnüsse ein.

Nach einem Bad im Meer werden wir zu einer Traktorfahrt eingeladen. Die Soldaten stellen sogar Stühle auf die Ladefläche, damit wir's bequemer haben. Auf holpriger Straße rattern wir zunächst durch herrlichen Tropenwald aus hohen Palmen, Kasuarinen und dichtem grünem Unterholz mit fächerförmigen Farnen zu Süßwasserteichen, ohne die das Eiland gar nicht bewohnbar wäre. Danach geht es querfeldein durch die ehemalige Kokosplantage, durch felsiges, guanoreiches Terrain und stachliges Dickicht – wobei wir uns immer wieder blitzartig ducken, um nicht von den Zweigen und Luftwurzeln unsanft gestriegelt oder gar von den Sitzen geangelt zu werden. Am kleinen Friedhof legen wir eine wohlverdiente Pause ein.

Schon auf Juan de Nova war ich überrascht von den gepflegten Grabstätten der einstigen Siedler. Glorieuse jedoch besitzt mit Abstand den schönsten Friedhof, den ich je gesehen habe: Unter dem zarten filigranen Geäst der Strand-Kasuarinen, die den Blick aufs Meer freigeben, liegen eine Handvoll liebevoll gepflegter Gräber. Hier habe ich das Gefühl, daß die Toten tatsächlich geehrt werden. Könnte ich mir meine letzte Ruhe als eine Art Wohnen vorstellen, so würde ich mir hier gern einen Platz reservieren lassen.

Auch auf dieser Insel gibt es eine kleine Landepiste für ein- oder zweimotorige Flugzeuge, die im Notfall rasch Hilfe bringen können. Im letzten Jahr habe es zwei Malariafälle auf der Insel gegeben, berichten die Militärs. Kein Mittel habe geholfen. Die beiden jungen Soldaten seien nach Réunion ausgeflogen worden, dort aber nach wenigen Tagen gestorben. Lariam haben die Militärs hier noch nicht in ihrer Apotheke. Der Sanitäter will das Medikament bestellen.

Nur auf der Ile de Luc und den vorgelagerten Felsen nisten noch größere Kolonien von Braunen Noddies (Anous stolidus), Seeschwalben und Rotschwanz-Tropikvögeln; auf Grande Glorieuse selbst sind sie fast ausgerottet. Schuld daran sind die Ratten, die als blinde Passagiere mit gestrandeten Schiffen auf die Insel kamen. Auch die Vogelinsel de Luc haben sie schon entdeckt. Verwilderte Katzen gibt es hier natürlich ebenfalls. Die Militärs schießen sie ab, wenn sie ihnen vor die Flinte laufen, und verwenden ihr Fleisch als Köder für Haie, die im Reservat offensichtlich keinen Schutz genießen, und von denen es – wie uns die Soldaten bestätigen – auf dem Riff eine ganze Menge gibt: bis zu vier Meter lange Zitronen-, Hammer- und Weißspitzenhaie, die besonders gut an den schneeweißen Spitzen ihrer Rückenfinnen zu erkennen sind.

Pünktlich bei Sonnenuntergang laufen wir aus dem Riff. Draußen empfangen uns hilfreiche Kräfte: der westsetzende Südäquatorialstrom und achterliche Winde. Endlich kein Motorbrummen mehr, nur noch Wind und Wassergeräusche! Mit geblähter Blister-Brust und fünf bis sechs Knoten Fahrt schießt die FREYDIS über die Wellen durch die Nacht. Erst am Morgen, als wir die Nordspitze Grande Comores runden, wechseln wir den Ballon gegen die Genua aus und segeln mit halbem Wind in Lee der Insel dicht am Ufer entlang.

Der streikverkürzte Urlaub unserer Mitsegler neigt sich seinem Ende zu. Wir eilen zurück nach Moroni, von wo aus sie direkt nach Paris fliegen können. Wir dagegen segeln auf derselben Route, auf der wir gekommen sind, zurück nach Richards Bay. Diesmal gelingt unserer FREYDIS bei Springhochwasser der Sprung über die Riffmauer von Bassas da India. Und was das Wichtigste ist: Nach drei Tagen Traumaufenthalt in dieser Oase mitten im Ozean gelingt auch der Sprung zurück – sonst säße die FREYDIS noch heute dort.

# Südindischer Ozean – eine Herausforderung

*Abschied von Südafrika – Böse Überraschungen – Eine rauschende Silvesternacht – Der erste schwere Sturm – Reisegefährten zu Wasser und in der Luft*

Mit vier neuen Fenstern, frisch gestrichenem Rumpf, neuen Steuerseilen und überholtem Rigg steht die FREYDIS aufgebockt im Segelklub von Richards Bay. Von hier aus wollen wir unsere Reise rund um die Antarktis fortsetzen und die entlegenen, eisigen Inseln im Südindischen Ozean besuchen. Die Tage machen dem südafrikanischen Sommer alle Ehre, sie sind drückend heiß und schwül. Bestimmt kein Wetter, um in Eile noch dringende Vorbereitungen zu erledigen, die sich trotz sorgfältigster Terminplanung kurz vor der Abreise zu einem schier unüberwindlichen Berg auftürmen. Unter anderem muß die FREYDIS abgeslippt, Frischproviant eingekauft, Wetterinformationen eingeholt und umständliche Zoll und Ausklarierungsformalitäten erledigt werden. Das alles kurz vor Weihnachten und natürlich mit kühlem Kopf.

Ganze drei Tage verwenden Erich und ich darauf, das Wohlwollen verschiedener Beamter zu gewinnen, um endlich zollfrei tanken zu können. Trotz internationaler Regelung wurde das hier noch nie so gehandhabt, vor allem gibt's keine vorgedruckten Formulare dafür: ein unüberwindbares Hindernis. Als wir schließlich aufgeben und frustriert zum Klub zurückkehren, erhalten wir von einem Mann den Hinweis, daß ein 1000-Liter-Faß voll mit Diesel direkt vor der FREYDIS an der Pier stehe. Es sei aus einem Rettungskreuzer gepumpt worden und angeblich eine Fehlcharge, tatsächlich aber nur ein wenig anders eingefärbter Diesel. „Muß möglichst schnell

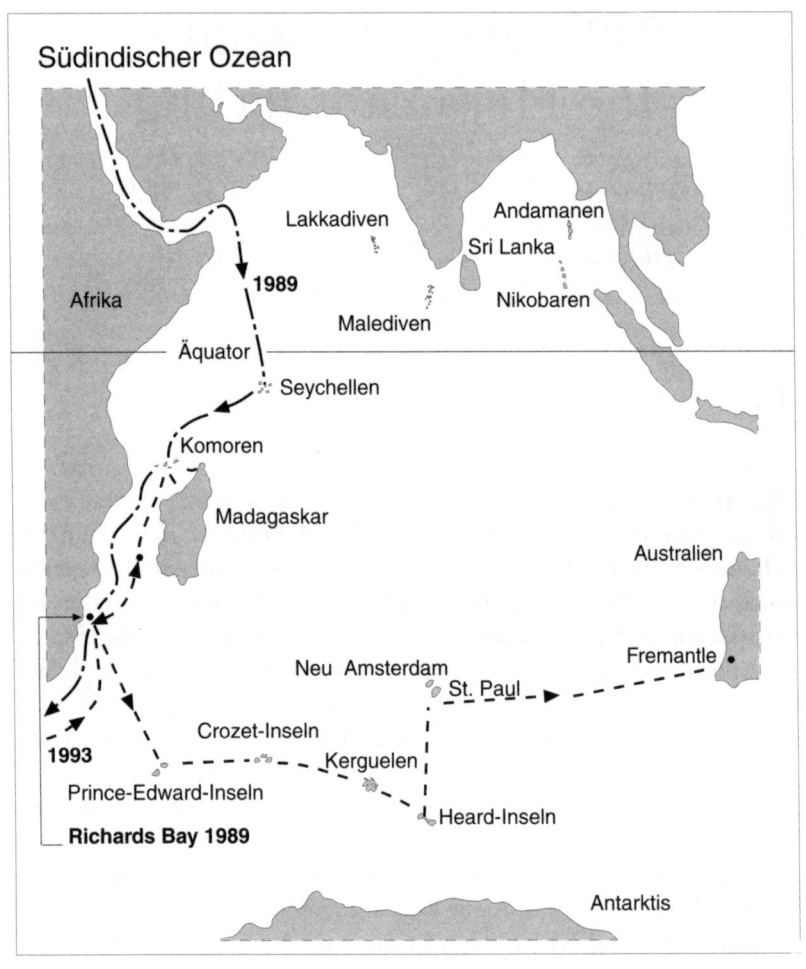

vernichtet werden", meint er augenzwinkernd und verschwindet. Ich bin ganz verdutzt. Da rennen wir uns nun tagelang die Hacken ab, erreichen gar nichts, und dann stehen da einfach 1000 Liter kostenlos vor der Tür! Erich lacht: „Aber das ist doch klar. Oder hast du noch nie vom Weihnachtsmann gehört? Also, Jungs, schnell die Faßpumpe aus der Backskiste, dann wollen wir mal das Geschenk des Himmels in die FREYDIS pumpen."

Heiligabend: Dinner for eight bei Kerzenlicht in der Marina Lodge. Über Appetitlosigkeit klagt keiner – wer weiß, wann wir wieder an einem so reich gedeckten Tisch sitzen? Aber feierliche Weihnachtsstimmung will nicht so recht aufkommen, denn morgen sollen wir starten: Erwartung, Spannung, Zweifel, gedämpfter Optimismus. Mit acht Leuten zehn Wochen über 6000 Seemeilen im südlichen Indischen Ozean auf einem kleinen Boot, das hat wenig zu tun mit einem lockeren Ferientörn.

Der kürzeste Weg von Südafrika nach Australien wäre natürlich der direkte. Aber der führt mitten durchs Roßbreitenhoch. Wir hätten mit viel Flauten und Gegenwinden zu rechnen und könnten die Inseln am Rande der Antarktis nicht besuchen. Die klassische Segelroute der alten Woll- und Weizenklipper liegt dagegen in den Brüllenden Vierzigern. Yachten, die an den berühmten Rennen um die Welt teilnehmen, etwa am Whitbread Race, wählen ausnahmslos diesen südlichen Kurs und nehmen dabei bewußt das Risiko sehr stürmischer Winde in Kauf. Unsere Inselziele aber liegen teilweise noch weit südlicher als diese Route. Das ist ein gewaltiger Umweg für ein paar windzerzauste Inseln.

Aber diese entlegenen Fleckchen sind nun mal unser Steckenpferd. Schaut man sich auf dem Globus die Nordhemisphäre an, so bestehen zwischen dem 50. und 60. Breitengrad etwa 70 Prozent des Gebiets aus Land. Auf der gleichen Breite der südlichen Halbkugel dagegen muß man schon sehr genau hinschauen, um die paar weit verstreuten Landkrümel überhaupt zu finden. Da es aber nur so wenig Land in diesen Breiten gibt, sind sie auch die einzigen Plätze, wo Pinguine und Seevögel brüten und Robben ihre Jungen aufziehen können. Außerdem besitzen diese geologisch jungen, aus den Tiefen des Ozeans emporgestiegenen Inseln, die zu keiner Zeit mit dem Festland verbunden waren, eine ganz eigene Pflanzenwelt. Daß einige unter strengem Naturschutz stehen und von jeglichem Besuch ausgeschlossen sind, akzeptieren wir rückhaltlos. Aber dort, wo Stationen sind, sich also ohnehin Menschen aufhalten, wollen wir Halt machen.

In der Antarktis unterliegen Inseln und Festland keiner Besuchsbeschränkung, man kann sich frei bewegen – noch. Da aber die Inseln diesseits des 60. Breitengrads nicht unter den Antarktisvertrag fallen, gibt es dort Besitzer, souveräne Länder, die bestimmen können, wie es darauf zugehen soll. Deshalb ist es ungewiß, ob wir auf allen Inseln, die wir anlaufen wollen, auch willkommen sind.

Zwei Dinge sind uns allen von Anfang an klar: Auf dieser Reise gibt es keine Umkehr. Man kann sich nur von den fast permanenten Weststürmen gen Australien fegen lassen. In entgegengesetzter Richtung gegen die Naturgewalten anzukreuzen, ist nahezu unmöglich. Außerdem kann niemand unterwegs abmustern. Die wenigen Inseln entlang unserer Route sind entweder gesperrte Naturschutzgebiete, oder sie werden von einigen wenigen unerschütterlichen Wissenschaftlern bewohnt, die auf kleinen Stationen ein Eremitendasein fristen und nur wirklich Schiffbrüchigen Asyl gewähren dürfen. Unsere Reise wird also für alle eine Herausforderung – auch für die Angehörigen daheim.

Erhards Freundin weiß, daß er von solchen Abenteuern meist ausgeglichen und glücklich zurückkehrt. Und auch Karls Frau Ruth und Burkhards Frau Sabine stehen voll hinter dem Entschluß ihrer Männer. Sabine wird unsere Reise sogar am Empfänger eines befreundeten Amateurfunkers mitverfolgen. Manfred und Steffen sind nicht gebunden und nur Eltern und Freunden verantwortlich. Alle Mitsegler haben sich gründlich informiert und wissen – wenigstens theoretisch –, was sie erwartet. Alle sind körperlich fit, sportlich, heiß auf Segeln und auf Abenteuer. Aber je näher der Törn rückt, desto bewußter werden ihnen auch die Gefahren, denen sie sich möglicherweise dabei aussetzen.

„Die Wellen in den südlichen vierziger und fünfziger Breitengraden, die von schweren Weststürmen über Tausende von Meilen ununterbrochenen Seeraums vorangepeitscht werden, sind vermutlich die höchsten der Erde. Nur ein sehr beherzter, von unwiderstehlicher Abenteuerlust erfüllter und getriebener Mensch wird sich mit einem kleinen Fahrzeug in diese Bereiche des Ozeans hinauswagen." Hiscock, der große Ozeanwanderer, weiß, wovon er schreibt.

Wie lange wird also die Anfangsbegeisterung anhalten, frage ich mich insgeheim. Vielleicht nur bis zum ersten schweren Sturm? Aber Karl und Erhard sind alte FREYDIS-Füchse, die uns schon auf vielen Segelreisen begleitet haben, zuletzt nach Südgeorgien und zu den Südshetlands. Auf sie können wir zählen. Eigentlich hatte Karl das Segeln nach dem letzten anstrengenden Törn aufgeben wollen, schließlich ist er 62. Aber dann hat es ihn doch wieder gepackt. Was spielt das Alter für eine Rolle, wenn man von etwas begeistert ist? Manfred, 44 Jahre, Berufsberater mit Chartertörn-Erfahrung im Mittelmeer, und Peter, 57 Jahre, Schiffsingenieur und Jollensegler, sind auch schon auf der FREYDIS mitgesegelt: Manfred bei einem schweren Sturm ums Kap Hoorn, Peter rund England und nach Island. Die Neulinge Steffen, 26, Binnenschiffer-Kapitän, und Burkhard, 33, Maschinenbaumeister, sind leidenschaftliche Jollensegler und durch kleinere Chartertörns ebenfalls see-erprobt.

25. Dezember: Am Nachmittag nehmen wir Abschied von unseren Freunden: von dem amerikanischen Einhandsegler Harry, mit dem wir vor zwölf Jahren im Konvoi vom Panamakanal nach Florida gesegelt sind und den wir hier im Klub zufällig mit seiner IDLE QUEEN wiedergetroffen haben; von Hetty, bei der ich vier Wochen gewohnt habe, um einige unserer Segelabenteuer niederzuschreiben; von Gert und Yvonne, die hier ein kleines Sportgeschäft betreiben und uns bei allen Schwierigkeiten mit Rat und Tat zur Seite standen.

Um 17 Uhr laufen wir bei Hochwasser aus dem versandenden Fluß. Als wir die Barre überwunden haben, bringen wir die Schwert-Arretierung an und segeln hinaus aufs offene Meer. Auf dem flachen Schelf steht eine Mordsdünung. Die Seekarten-Eintragung „abnormal waves" auf der 200-Meter-Linie zwischen Durban und East London hat ihren Grund: Die Südostküste Afrikas ist berüchtigt für ihre schlimmen Seen im rasch fließenden Agulhasstrom. Man muß mit enormen Rollern rechnen. Bei Sturm geht es hier böse zu, da ist keiner draußen, der nicht muß.

Nur wenn die Winde mitspielen, werden wir noch einen Stopp in East London an der südafrikanischen Küste einlegen. Unser erstes großes Ziel sind die unter südafrikanischer Verwaltung stehenden Prince-Edward-Inseln. Aber wir werden höchstens die Hauptinsel Marion besuchen können, auf der die Südafrikaner eine kleine Station unterhalten. Die wesentlich kleinere Prince-Edward-Insel steht unter Naturschutz und ist streng gesperrt.

Mit Halbwind segeln wir an der Küste entlang. Erich übernimmt mit Steffen, unserem Jüngsten, die Acht-bis-zwölf-Wache; Erhard,

Karl und Peter, unsere Oldies, übernehmen die nächste bis vier und Manfred mit Burkhard die letzte. Ich bin zuständig für Kochen, Navigation und Logbuch und springe bei schwierigen Manövern als Rudergänger ein. Mit dieser Einteilung sind alle einverstanden, nach zwei Wochen wollen wir sie gemeinsam überprüfen. (Tatsächlich hat sich dieses System bewährt und wurde die ganze Reise über durchgehalten). Das Logbuch wollen wir mehr oder weniger tagebuchähnlich führen, jeder kann über die üblichen Daten hinaus persönliche Eintragungen vornehmen.

Am Anfang der Reise brauchen wir viel Schlaf, um mit der Seekrankheit fertig zu werden. „Wann wollt ihr geweckt werden?" frage ich und meine natürlich vor Wachantritt. „Auf Marion", bekomme ich zur Antwort.

Es ist sehr heiß im Schiff, in den Kojen schmort man im eigenen Saft. Bei der hohen See müssen die Luken geschlossen bleiben, und die Lüftungsschächte haben wir, aus Angst vor Wassereinbruch, vorsichtshalber schon in Richards Bay alle hermetisch abgedichtet. Wunderschöner Sonnenaufgang, mittags Landsicht: Kap Natal. Eine Delphinschule spielt um die FREYDIS, Tölpel kreisen über ihr. Am Nachmittag überschreiten wir den 30. Breitengrad nach Süden und sehen den ersten Albatros der Reise. Zahlreiche Frachter und Tanker mit Kurs Madagaskar oder Gegenrichtung passieren uns im Lauf des Tages und der Nacht. Es werden für lange Zeit die letzten sein.

Am Morgen Flaute, nur ein paar Wale blasen uns was vor. Noch 200 Seemeilen bis East London und 1000 bis Marion. Elende Dümpelei. Ein Trost, daß uns wenigstens der Agulhasstrom, der vom Moçambiquekanal aus nach Süden setzt, mit zwei bis drei Knoten voranspült. Gegen Mittag leiser Katzenpfötchen-Wind aus Südwest. Eilig ziehen wir den Blister hoch, wechseln jedoch bald auf Groß und Genua und reffen, als der Wind immer spitzer kommt und dabei erheblich auffrischt. Die ganze Nacht nervtötende Bolzerei bei hoher, wild durcheinanderlaufender Stromsee. Die FREYDIS nimmt unentwegt Wasser über. Ich bin froh, daß wir neue, dichte Fenster haben, weshalb wenigstens in der Kajüte noch alles trocken ist. East London querab! So gerne hätte ich den Ort besucht, an dem der erste Quastenflosser angelandet wurde – aber das letzte Wort hat der Wind, und der gibt uns mal wieder keine Chance. Wir entschließen uns, einen südlichen Kurs einzuschlagen. Segeln heißt leider auch auf vieles verzichten.

Langsam entfernen wir uns von der Küste, der Agulhasstrom verliert seine Kraft, und die See beruhigt sich. Wir machen gute Fahrt. Ab Mittag scheint die Sonne warm und freundlich. Happy Sailing: Wir duschen an Deck, hören Kasettenmusik und lesen Zeitungen, Zeitschriften und Bücher, die unsere Crew aus Deutschland mitgebracht hat. Wir können entspannen, dürfen uns nicht zu früh verausgaben. Auf einem derart langen Törn muß man mit seinen Kräften haushalten und sich ruhig auch mal zurückziehen. Schlechtes Wetter und Arbeiten am Schiff holen uns sowieso schnell genug wieder ein. Schon geht's los: Der Schwenkkiel klappert, die Arretierung hat sich gelöst und muß erneuert werden.

Am Abend leichter Wind, glatte See, gute Bedingungen für einen Tauchgang im Indischen Ozean, an dem fast die gesamte Crew teilnimmt. Das Wasser ist warm und klar und doch fühlt man sich nicht ganz wohl in den blauen Fluten. „Die Tiefe, die Weite, das Alleinsein in diesem Wasser ist irgendwie beängstigend. Wie mag es Menschen gehen, die außenbords fallen und plötzlich ganz allein mit dem Ozean sind?" schreibt Manfred nach dem Tiefseebad ins Logbuch. Trotzdem ist das Außenbordmanöver erfolgreich: Jetzt klappert der Kiel nicht mehr, er brummt wie tausend Hummeln. Apropos Hummeln: Nach der ausgiebigen Verproviantierung haben die Kakerlaken wieder zugeschlagen, die FREYDIS war zu lange in den Tropen. „Ein Trost, daß wir in die Kälte segeln, das macht sie kalt", knurre ich ärgerlich, als mir wieder mal eine entwischt. „Freu' dich nicht zu früh", unkt Erhard, „diese Tierchen sind wahre Überlebenskünstler." – „Die einzig Überlebenden der Reise vielleicht? Das könnte denen so passen!" lache ich.

Und noch eine böse Überraschung: Die Folien, mit denen das Frischfleisch vakuumverpackt ist, sind zu dünn und an den Schweißstellen gerissen. Damit der wertvolle Inhalt nicht verdirbt, muß er möglichst rasch zubereitet und natürlich auch verzehrt werden. Danach werden wir uns auf vegetarische Kost oder Dosenfleisch umstellen müssen. Ich koche einen Riesenpott Gulasch, stopfe den Ofen mit Lenden voll und brutzle Koteletts für eine ganze

Armada. Den Rest Fleisch lege ich in Öl und Rotwein ein: Vorbereitungen wie zu unserer Überwinterung, denke ich, aber damals gab's wenigstens Eis satt zum Kühlen.

Immerhin, die nächsten Tage werden wir Fleisch im Überfluß haben. Zum Nachtisch essen wir Kokosnüsse, denn der Ge„nuß"-berg von der Tropeninsel Glorieuse blockiert noch immer fast die Hälfte unserer Achterkammer.

Der Wind frischt auf, kommt fast von vorn, die FREYDIS bolzt sich fest. Der Skipper flucht und startet die Maschine. Bloß keine Zeit vertrödeln in solchen Revieren – alles Warten ist ein Warten auf Sturm. Nachmittags Sonnenschein, abends Regengüsse. Wir überschreiten den 35. Breitengrad. „Im Dezember beginnen die Brüllenden Vierziger schon hier", verkündet Erhard, der gerade in den *Ocean Passages* blättert. Der Motor heult auf, Karl steht wieder unbeabsichtigt auf dem Gashebel. Peter und Manfred stoßen sich zum x-ten Mal den Kopf am Cockpitdach. Erich: „Wir sollten ein Schild *Bend or Bump* anbringen, wie es in manchen südafrikanischen Treppenhäusern hängt."

Noch 645 Meilen bis Prince Edward Island. Aus dem Schapp unter Peters Koje dringt seit einiger Zeit widerlicher Gestank, als hätte jemand eine Leiche darin versteckt. Als die FREYDIS ruhiger liegt, kann ich der Sache endlich nachgehen. Keine Leiche, im Gegenteil: reges Leben. Im Pappkarton kriechen Hunderte von Maden auf faulen, geplatzten Eiern herum. Mir sträuben sich die Haare, so was habe ich ja noch nie erlebt! Die Hühnereier müssen bereits beim Kauf faul gewesen sein, und die Madeneier gab's gratis dazu. Das stinkende Biotop wird schnellstens dem Meer übergeben. Die restlichen Eier – in manchen ticken sicherlich weitere Stinkbomben – werden abgewaschen und wieder verstaut.

Das Baro fällt und fällt. Silvester verspricht turbulent zu werden. Wir machen die FREYDIS sturmsicher, schlagen das Trysegel unter, legen die Sturmfock bereit, schließen Luken und Ventile, kontrollieren, ob alles festgezurrt und kentersicher verstaut ist, ob bei Schräglage an Deck nichts über Bord, unter Deck nichts aus Schapps, Schränken und Kojen fallen kann. Wir legen unsere Rettungswesten und Lifebelts bereit – kurz, wir machen uns aufs Schlimmste gefaßt.

Am frühen Morgen beginnt der Tanz : Sturm aus Nordwest, dazu Sonne und blauer Himmel. Der Fotograf hat Glück: Die Kerze zum feierlichen Silvester-Teestündchen im Cockpit brennt tatsächlich für ein paar Sekunden. Mit gerefften Segeln jagen wir über ein immer wilder aufgepeitschtes Meer. Gewaltige Seen mit grünweißen Schaumkämmen türmen sich hinter uns auf, rollen donnernd, rauschend, beängstigend schlürfend ums Schiff und schlagen immer häufiger ins Cockpit und an Deck. Es ist schon lange her, daß ich so hohe Wellen gesehen habe. Ist dieser Ozean doch der schlimmste von allen? Bis Prince Edward sind's noch 500 Seemeilen. Trotzdem bin ich ganz ruhig und sicher. Die FREYDIS wird auch diese Bewährungsprobe bestehen. Wenn man ein Schiff lange kennt, weiß man, was es durchstehen und wegstecken kann. Erich und ich sehen keine Gefahr.

Um acht Uhr abends hetzen uns die Windfurien über den 40. Breitengrad. Es ist der Beginn einer wahrhaft rauschenden Silvesternacht. „Das sind die Brüllenden Vierziger, jetzt geht's langsam los", schreit Erich, und die alten Füchse nicken. Unsere Neulinge an Bord sind sehr still geworden. Es ist ihr erster schwerer Sturm auf hoher See, etwas Schlimmeres können sie sich gar nicht vorstellen. Steffen am Ruder duckt sich vor den ins Cockpit schlagenden Brechern wie ein geprügelter Hund und wird dabei immer kleiner. Burkhard ist nach der Wache sofort bleich in die Koje verschwunden. Die beiden ahnen nicht, was in den nächsten Wochen noch auf uns zukommen wird. Erst viel später gestehen sie uns, daß sie schon auf diesem Teil der Reise Todesängste ausgestanden haben. Weil ich meine durch Scopodermpflaster erworbene Seefestigkeit nicht unbedingt beim Kochen auf die Probe stellen will, mache ich es mir einfach, schiebe geräucherte Hähnchen und Reis in die Bratröhre. Stöße und blaue Flecken kriege ich trotzdem noch genug ab. Geschirr, Besteck und Dosen scheppern und purzeln in den Schapps herum, und die Pfanne über dem Herd wird zum Gong.

Sogar den Füchsen fehlt's an Appetit. Die Szenerie rundum wirkt noch bedrohlicher als bei Tag. Karl am Ruder schüttelt sich nach einer Ladung Wasser im Genick „Ganz schön nasser Rutsch ins neue Jahr", lächelt er gequält. „Nur gut, daß man in der Nacht die Monsterwellen nicht mehr sieht." Nur ihre schäumenden Kämme leuchten gespenstisch durch die Dunkelheit. Sie bleiben auch das einzig Schäumende an diesem Jahreswechsel: Champagner ist nicht gefragt.

„Frohes neues Jahr!" rufe ich am Morgen den Weißkinn- und Enten-Sturmvögeln, den Graukopf- und Wanderalbatrossen zu, die trotz oder wegen des anhaltenden Sturms immer schneidigere Schleifen um uns ziehen. Aber sie scheinen eine andere Zeitrechnung zu haben. Als ich aufs Baro schaue, fühle ich mich wie eine Wahrsagerin, die in ihrer Glaskugel eine düstere Zukunft liest: Es fällt noch immer. Je länger es fällt, desto höher werden die Seen, desto gefährlicher die Brecher. Wie lange es allerdings noch so fallen wird, kann ich nicht vorhersagen. Aber gerade diese Unberechenbarkeit ist das Bedrohliche für uns, nicht der augenblickliche Sturm.

Burkhard kommt unterkühlt von der Wache, saust aber gleich wieder hoch, um sich zu übergeben. Nach Zäpfchen und Pflaster fällt er in Tiefschlaf. Später hält er fest: „Die wahnsinnigen Wellen haben mir Angst gemacht, ich zweifelte daran, daß die Sache gut geht. Außerdem war ich überrascht über die Schwierigkeiten, die ich mit der Seekrankheit hatte, und über meine Unfähigkeit, dagegen anzugehen. ,Durchhalten, bloß nicht gehenlassen und an zu Hause denken', hab' ich mir gesagt." Wie eine Meerjungfrau taucht Blondschopf Steffen am Ruder aus den Fluten einer überbrechenden See, krampfhaft hält er sich fest und stiert auf den Kompaß, als wolle er ihn hypnotisieren.

Manfred liest in *Meditation für Männer* und klagt über Schlaflosigkeit. Wir sind alle müde und abgespannt. Sturm auf See in solch einer Nußschale bedeutet Streß, auch wenn man keine Angst hat. In dieser Achterbahn mit Brechergetöse ist an erholsamen Schlaf kaum zu denken. Erst einmal die Sturmfock setzen und abwarten. Am Nachmittag zieht die Kaltfront durch, der Wind dreht auf Südwest. Das Baro ist an seinem Tiefpunkt angelangt und zeigt bald Aufwärtstrend. Das Stimmungsbarometer steigt parallel dazu. Nur der Wind bläst weiter mit acht Beaufort, und die See geht unverändert hoch.

Im Schiff wird es immer feuchter, denn mit dem Ölzeug wird viel Salzwasser hineingetragen. Nur gut, daß die Süllbretter im Niedergang die Sturzseen weitgehend abhalten und daß Luken und Fenster immer noch dicht sind. Kälter wird es natürlich auch, die Luft hat plötzlich den gewissen Antarktisbiß bekommen: Auf 41°20' ist die Barfußroute der **Freydis** zu Ende. Der Skipper zieht zum ersten Mal seit einem halben Jahr wieder Schuhe an. Mit Lifebelts an Reling und Wanten gesichert, gelingt es ihm endlich, das im Sturm durchgescheuerte Tau der Kielarretierung durch ein Drahtseil zu ersetzen und neu anzulegen. Nun dröhnt unser Schiffchen wie eine Baßgeige. Den Delphinen scheint das monotone Trauerlied zu gefallen, stundenlang reiten sie auf unserer Bugwelle. Die Crew ist angeschlagen oder seekrank und kann kein Fleisch mehr sehen. Ich backe Pfannkuchen.

Die ganze Nacht nervtötende Hackerei. Am Morgen beruhigt sich der Sturm langsam, dafür haben wir Regen- und Hagelschauer – und Gänsehaut! Schweißausbrüche bei der Arbeit an Deck sind selten geworden, dicke Handschuhe, Wollmützen und Faserpelz sind in. Selbst die Hefe im Brotteig verlangt zum Gehen zusätzliche Wärme aus dem Backofen.

Der Wind raumt. Die Fock wird eingeholt, Genua gesetzt, Groß ausgereft. Auf dem GPS noch 300 Seemeilen bis Marion. Um 17.00 Uhr nach langer Zeit wieder einmal Funkkontakt mit unseren Freunden Wolfgang und Gaby von der **Wilden Mathilde**, die wir zuletzt in Kapstadt getroffen haben. Sie liegen mit ihrem Schiff in Walfischbay und planen gerade einen Landausflug von mehreren Wochen.

Eine kleine Robbe folgt der **Freydis** wie einem Leittier, und einige hundert Meter achteraus bläst ein Wal. Beim Abbacken große Plastikschüssel über Bord gegangen – Mist! Sehr dunkle Nacht ohne Mond und Sterne.

Der zehnte Tag auf See: mäßiger Wind, weiterhin aus Südwest. Durch die dünne Wolkendecke blinzelt eine müde Sonne auf eine deutlich freundlichere See herab. Alle Mann genießen im Cockpit ihr Frühstück. Burkhard, der die letzten zwei Tage schwer gelitten und fleißig Fische gefüttert hat, entwickelt den gesunden Appetit eines Holzfällers. Aber auch andere scheinen hungrig zu sein: eine Kaptaube holt sich einen Fisch aus dem Wasser, und ein kleinerer gefiederter Kerl, ein Blausturmvogel, landet sogar im Cockpit auf unserem Tisch. Doch Milch und Müsli sind nichts für ihn, nach einer kurze Verschnaufpause fliegt er wieder davon. Das Aggregat unserer Kühltruhe ist ausgefallen. Aber wozu noch Kühlung bei Temperaturen unter zehn Grad?

Ich lese *The Totorore Voyage* des segelnden Ornithologen Gerry Clark. Er ist meines Wissens nach der einzige, der die Antarktis in ähnlicher Weise, wie wir es nun versuchen, erfolgreich umrundet und dabei viele Inseln besucht hat. Antarktissegler David Lewis dagegen hat nach mehrfachen Durchkenterungen seine geplante Umrundung in Kapstadt abgebrochen. Die TOTORORE war 1986 etwa zur gleichen Jahreszeit wie wir von Südafrika mit Ziel Marion Island ausgelaufen. Schon der erste Sturm traf sie ungeheuer hart. Clark und seine beiden Begleiter hatten sich in der Kajüte aufgehalten und das Schiff beigedreht sich selbst überlassen. Die Folge war ein Knockdown mit Mastbruch.

Am Abend taucht ein Wal unter uns durch und bläst dicht hinter dem Heck. Ich muß an die Geschichte denken, die Harry uns in Richards Bay von einem Einhandsegler erzählte, der sich auf dem Weg von Australien nach Südafrika befand. Er war gerade unten im Schiff, als es plötzlich einen fürchterlichen Schlag gab. Zwei Sekunden später sah er vom Cockpit aus einem am Heck auftauchenden Wal nach, in dessen Rücken sein Ruderskeg steckte.

Nur noch 150 Seemeilen bis Marion. Zwei runde Köpfe tauchen aus dem Wasser, neugierige Robbenaugen blicken uns an. Die Vögel werden immer zahlreicher. Es ist bitterkalt, Wind-, Regen- und Hagelböen fegen über uns hinweg. Aber zwischendurch muntert uns auch immer wieder Sonnenschein auf. Steffen kramt seine Angelrute heraus. „Im Hafen von Speyer und Krefeld hab' ich damit jede Menge Aale und Fische geangelt", erzählt er stolz. Aber in den Brüllenden Vierzigern ist ihm deshalb das Anglerglück noch lange nicht hold.

Die ganze Nacht und auch tagsüber Böen, unentwegt muß die Genua ein- und wieder ausgerollt werden. Um 16.00 Uhr noch 50 Seemeilen bis Marion. Erich legt Drahtseile bereit, damit wir sie gegebenenfalls als Festmacher um Felsen schlingen können. Der Einfachheit halber und damit es in kritischen Situationen möglichst schnell geht, spleißt Steffen jeweils an den Enden ein großes Auge ein. Damit wir Marion auf jeden Fall bei Tageslicht erreichen, lassen wir die Maschine mitlaufen, müssen sie aber gleich wieder stoppen, weil die Kühlwasserpumpe des Auspuffs streikt. Ursache: Gummireste eines früher ausgetauschten Impellers haben das Ansaugrohr verstopft. Allgemeine Erleichterung, als alles wieder funktioniert und wir uns nun tatsächlich unaufhaltsam den beiden Inseln Prince Edward und Marion nähern.

Entdeckt wurden sie bereits im 17. Jahrhundert von den Holländern. Im Januar 1772, also vor genau 222 Jahren, fand sie der Franzose Marion Dufresne wieder. In der Hoffnung, daß dieses Land ein Teil des gesuchten Südkontinents sei, gab er ihnen den Namen Terre d'Esperance (Land der Hoffnung). Aber schon bald wurde ihm klar, daß es sich bloß um Inseln handelte. Kapitän James Cook, der die Eilande im Dezember 1776 während seiner letzten Entdeckungsreise mit RESOLUTION und DISCOVERY fand, benannte sie nach Prince Edward, dem vierten Sohn König Georgs III. Als er später von Dufresnes Entdeckung erfuhr, taufte er die nordöstliche zu dessen Ehren in Marion um, die südwestliche behielt den Namen Prince Edward, den auch das Inselpaar trägt. Und da wir gerade bei berühmten Entdeckern sind: 1911 besuchte Roald Amundsen mit der FRAM die Eilande, ging jedoch nirgends an Land.

# Die Prince Edwards – Land der Hoffnung

*Ein herzlicher Empfang – Auf Tuchfühlung mit Orcas – Wracktauchen – Zahme Albatrosse und wilde Katzen – Eine Nacht voller Angst – Marion, we love you!*

Um 23.00 Uhr haben wir Prince Edward und Marion im Radar. Wir sind alle äußerst landhungrig und gespannt auf die beiden Eilande, den Doppelgipfel eines einzigen, steil im Wasser aufsteigenden Vulkans.

Um 04.00 Uhr morgens tritt zunächst Prince Edward aus der dunklen Wolkenwand hervor. Im Schein der aufgehenden Sonne erkennen wir hohe schwarze Klippen vor abschüssigen, zerklüfteten Küsten, aber auch sanfte, mit dem seidig glänzenden Fell olivgrüner Vegetation überzogene Hügel. Kein Wunder, die Vulkangipfel sind mindestens eine halbe Million Jahre alt, mehrere Eiszeiten sind über sie hinweggegangen und haben sie mit dicken Eispanzern gepreßt und plattgewalzt.

Überall am Strand und auf den dunklen Lavahängen hocken Hunderttausende weißer Punkte dicht an dicht: Pinguine, Riesen- und Entensturmvögel, Sturmtaucher, Graukopf- und Wanderalbatrosse. Seebären begleiten uns mit großen Sprüngen bis nahe an die Insel, die noch in sehr ursprünglichem Zustand ist und außer von einigen wenigen, speziell dazu autorisierten Wissenschaftlern von niemandem betreten werden darf.

Dick vermummt, wärmen wir uns an Deck mit heißem Kaffee und Toastbrot und halten fröhlich aufgeregt Ausschau. Nur Manfred ist wortkarg, weil Burkhard ihn nicht rechtzeitig geweckt hat. „Prince Edward zum Greifen nahe, und mein Wachkamerad läßt mich schla-

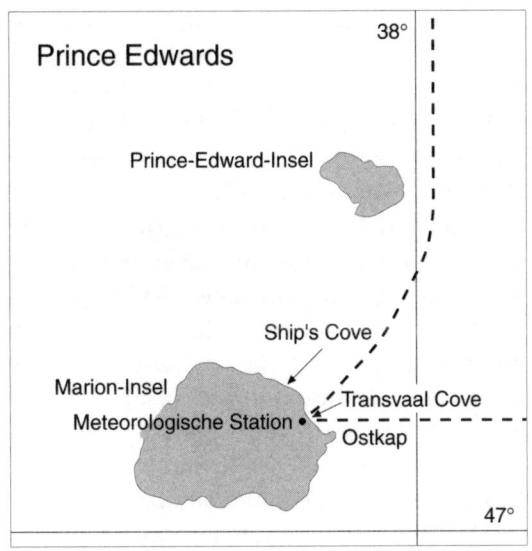

fen! Zu jeder Wache muß ich ihn wecken, und er läßt mich im Bett!" hadert er. Aber sein Groll ist bald vergessen, denn schon gegen 08.00 Uhr taucht Marion auf, die größere der beiden Schwesterinseln, auf der wir unseren Landgang planen. Nur der 1186 Meter hohe Berggipfel Jan Smuts erhebt sich über die sonst relativ flache Insel mit ihren weiten Ebenen und glatten grünen Hügeln. Alte, graue Lavakämme und Plateaus ziehen sich vom gebirgigen Inneren zur Küste hinunter. Dazwischen liegen immer wieder breite Ströme schwarzer Lava mit zerklüfteter Oberfläche und Anhäufungen scharfkantiger, dunkler Felsen. Die letze Eruption fand hier 1980 statt, weitere Ausbrüche sind jederzeit möglich.

Zunächst steuern wir die Ships Cove an, eine kleine, von steilen Felswänden begrenzte Bucht an der Nordseite. Auf einem schmalen Sandstreifen drängeln sich Hunderte von Königspinguinen, und das Wasser brodelt vor schwimmenden, tauchenden, springenden und zappelnden Majestäten. Die Bucht ist gegen Wind und Schwell ausreichend geschützt, aber trotzdem kein guter Liegeplatz, denn wir finden nirgends eine Möglichkeit, unsere Leinen an Land zu befestigen. Wir drehen ab und laufen weiter zur Transvaal Cove auf der Ostseite, wo wir nach sorgfältiger Orientierung und Lotung auf 17 Meter Wassertiefe den Anker werfen.

Erich nimmt Funkkontakt zur Station auf, deren graue Gebäude und große weiße Süßwasserzisternen auf einem 15 Meter hohen Plateau zu sehen sind. Eine fröhliche Stimme meldet sich: „Willkommen auf Marion! Ich bin Brian, der Funker. Wir freuen uns sehr auf euch, denn seit neun Monaten seid ihr die ersten menschlichen Wesen, die uns hier besuchen! Kaffee, Imbiß, heiße Duschen stehen bereit – wir erwarten euch. Damit ihr trockenen Fußes an Land kommt, lassen wir den Kran herunter. Die Steine am Ufer sind glitschig, und die Brandung ist hoch, seid also vorsichtig." Das Herz geht uns auf bei soviel Freundlichkeit. Bis vor wenigen Minuten haben wir uns noch große Sorgen gemacht, ob wir überhaupt eine Genehmigung zum Anlanden bekommen.

Der Wind ist kalt, aber die Sonne scheint, als wir kurze Zeit später – dicht vor dem Brandungsstreifen – aus dem Dingi in einen herabgelassenen Krankorb klettern und uns zur Plattform hochziehen lassen. Oben warmherziger Empfang mit kaltem Sekt. Nach elf Tagen auf See hat die Erde uns wieder. Sie scheint zu schwanken, denn die Seebeine wird man nicht so schnell los. In der Station gibt es Kaffee und Snacks. Hans, der Stationschef, stellt sich und seine Mannschaft vor: zwölf junge Südafrikaner. Frauen leben nicht auf Marion. „M'Alister, ein Funker aus Durban, hat euch angekündigt, aber wir haben euch erst in drei Tagen erwartet – wenn überhaupt", lacht Hans. In den letzten Jahren hätten mehrere Segler die Absicht gehabt, Marion zu besuchen, seien aber vorzeitig umgedreht. Die letzte Yacht auf Marion sei vor acht Jahren die TOTORORE gewesen.

Die Herzlichkeit und Offenheit unserer Gastgeber ist überwältigend. Sie zeigen uns nicht nur die Besonderheiten ihrer geliebten Insel und geben uns Einblick in ihre wissenschaftlichen Arbeiten, sondern sorgen sogar in rührender Weise für unser körperliches Wohl. Nach den vielen Tagen auf See mit ihrem festen Rhythmus, ihren eingefahrenen Pflichten, Zwängen, Strapazen und den Bedenken, ob wir die Insel überhaupt betreten dürfen, trifft uns diese Gastfreundschaft so unvorbereitet, daß wir uns geradezu überfordert fühlen. Was sollen wir nur zuerst tun?

Wir schauen zu, wie die Meteorologen der Station einen Ballon starten. Das Wetter auf Marion ist sehr wechselhaft, meist naßkalt und windig. „Heute ist es so friedlich, daß ihr euch kaum vorstellen könnt, wie es hier bei Sturm aussieht", erklärt uns Shorty, der Wetterfrosch. „Wenn 10 bis 20 Meter hohe Wellen in die Bucht laufen und die Brandung bis an die Stationshäuser gischtet, da kann man auch an Land ganz schön Angst kriegen!"

Während Erich am Nachmittag den „Schlaf des Geforderten" nachholt und Erhard, Karl und Peter mit Stationsmitgliedern zur Erkundung der Insel losziehen, hüllen sich Steffen und Burkhard in ihre Tauchanzüge. Sie klettern an einem langen Seil die Klippen hinunter und schwimmen im eisigen Wasser mutig zum „Käfig". Täglich um 17 Uhr ist auf Marion nämlich Orca-Time. Wenn vom Ausguckposten der Ruf „Killer!" ertönt, läßt die Mannschaft alles stehen und liegen und rennt mit Fotoapparaten bewaffnet nach draußen. Ich habe mir einen Platz auf einem vorspringenden Felsen gesichert, von dem ich die ganze Bucht überschauen kann. Bald ist es soweit: Sechs Killerwale biegen in die Bucht, einer hinter dem anderen. Ihre dreieckigen Rückenfinnen preschen durchs Wasser wie ein Piratenkonvoi unter schwarzen Segeln. Es sind zwei große männliche Tiere, 10 bis 15 Meter lang, zwei fast ebenso große weibliche mit etwas sichelförmigen Rückenfinnen und zwei Jungtiere. Sie nähern sich der FREYDIS, streifen an ihr entlang.

Die Sonne scheint, der Wind hat sich gelegt, das Wasser ist klar wie Kristall. Bessere Bedingungen fürs Walbeobachten kann man sich gar nicht wünschen. Wenn ich doch bloß Erich wecken könnte! „Der mit der zwei Meter hohen Finne, das ist Big Ed", ruft Hans mir zu, der sich in meiner Nähe postiert hat. „Dahinter kommen Big Daddy, Sonette, Stumy und Little Edwina."

„Sind es immer dieselben?" frage ich.

„Ja, aber es kommen nicht immer alle gleichzeitig", erklärt Hans. „Siehst du die Einkerbungen an ihren Finnen? Jedes Tier hat andere, daran können wir sie unterscheiden."

Die Stationsmitglieder auf Marion sehen in „ihren" Orcas Inselmaskottchen, heißgeliebte, aufregend interessante Freunde aus einer anderen Welt, zu denen sie möglichst engen Kontakt suchen. „Killer, Killer, Killer!" feuern die erregten Fans ihre Lieblinge an, um sie näher ans Ufer und zum Käfig zu locken. Die Orcas scheinen uns zu hören und schwimmen, an der Oberfläche gut sichtbar, im Gänsemarsch zum Ufer, mehrfach auftauchend und blasend. Was für ein Anblick!

Aus Burkhards Tagebuch: „Wir warten im Käfig in fünf Grad kaltem Wasser. Sicherheit bietet das dünne Käfig-Gerippe nicht, das hat auch keiner behauptet. Ihr erster Käfig ist von alleine auseinandergefallen ... Ich kann die Orcas sehen, sie schwimmen in unsere Richtung und blasen. Ein Babywal ist auch dabei. Immer näher kommen sie. Ein tolles Gefühl, diese Kolosse aus der Fischperspektive zu beobachten, in ihrem Element, mit dem endlosen Blau des Ozeans im Hintergrund. Ich mache ein paar Fotos. Viel zu schnell ziehen sie vorbei. Wir klatschen mit den Händen aufs Wasser und schreien, aber sie kehren nicht zurück. Da taucht noch mal einer auf und kommt ganz dicht an den Käfig heran: ein wunderschönes, riesiges Tier, es sieht so friedlich aus. Als es abdreht und wieder Richtung FREYDIS schwimmt, tauche ich hinterher und mache Fotos mit der Unterwasserkamera. Beim Luftholen höre ich Heide vom Felsen rufen: ‚Burkhard, komm zurück!'"

Als Burkhard plötzlich aus dem Käfig auftauchte und hinter Big Ed herkraulte, ihn beinahe berührte, blieb mir fast das Herz stehen. War er verrückt geworden? Er hatte die Orcas noch nicht jagen gesehen! Doch als die beiden wieder auf der Plattform stehen, zitternd vor Kälte, Erregung und Begeisterung, bin ich erstaunt, was ich in Burkhards Augen erkenne: Rausch und Triumph wegen des gut überstandenen Abenteuers. Gerade für Burkhard, der im Sturm am meisten litt und – wie er später gesteht – sogar mit dem Gedanken spielte, auf Marion, sollte er jemals dort ankommen, abzumustern, waren diese Inseltage mit erregenden und beglückenden Erlebnissen angefüllt.

Erst jetzt erfahren wir auch, daß in der Ships Cove, in der wir beim Einlaufen ein paar Runden gedreht haben, ein großes Wrack mit scharfkantigen Aufbauten dicht unter dem Wasserspiegel liegt. Für Manfred und Burkhard ist Wracktauchen mit Jay, dem Orca- und Robbenexperten, sofort ausgemacht. Mit schweren Rucksäcken, vollgestopft mit Tauchausrüstung, marschieren die drei am frühen Morgen los, Richtung Ships Cove. „Es ist wunderbar", berichten sie später. „Die Königspinguine scheinen unter Wasser zu fliegen, sie schlagen nur mit den Flügeln und sind irre schnell. In alle Richtungen düsen sie davon, einen langen Schweif Luftbläschen aus ihrem Federkleid hinter sich herziehend. Jay sagt: Wenn ein Orca kommt, sollen wir ganz ruhig zusammen bleiben, nicht in Panik geraten und wegschwimmen. Nach zehn Minuten finden wir das Wrack, es liegt auf vier bis fünf Meter Wassertiefe mitten in der Bucht, und seine Brückenaufbauten ragen bis 1,5 Meter unter die Wasseroberfläche. Verdammtes Glück, daß wir da mit der FREYDIS nicht draufgebrummt sind! Das Wasser ist kalt, nach 30 Minuten haben wir genug von der Taucherei."

Das Wrack ist der Rest des norwegischen Robbenfängers SOLGLIMT, der am 16. Oktober 1908 hier strandete. Die 70 Schiffbrüchigen bauten aus dem Holz des Seglers an den Kliffwänden der Bucht kleine Hütten als Notunterkünfte, in denen jeweils vier Mann wohnen konnten. In die Mitte kam eine etwas größere als Küche und Stauraum.

Bereits nach einem Monat wurden die Schiffbrüchigen von einem kanadischen Robbenfängerschiff gerettet. Ihr Minidorf wurde später von den Überlebenden des südafrikanischen Robbenfängers SEABIRD genutzt, der im Oktober 1912 auf Prince Edward strandete und von dessen Überlebenden ein Teil in Rettungsbooten nach Marion übersetzte. Auch sie wurden nach einem halben Jahr von einem südafrikanischen Walfängerschiff gerettet. Vom Aufenthalt der Schiffbrüchigen zeugen heute noch Holzstücke, Reste von Öfen und Pumpen, Ton- und Glasscherben. Zwei Robbenfett-Schmelzpötte und ein Anker liegen nahe beim Wrack und sind vom Strand aus bei Niedrigwasser sichtbar.

Am Vormittag ziehen wir mit Steffen, dem Robbenexperten Johannes und dem Vogelspezialisten Deon los, um Wanderalbatrosse zu beringen und Elefantenrobben zu markieren. Letzteren sollen auch sogenannte Time-Depth-Recorder aufgeklebt werden, kleine Sender, die Tiefe und Zeit ihrer Tauchgänge übermitteln. Sowohl Elefantenrobben als auch Seebären werden seit 1974 markiert, um wie bei den Vögeln Einsicht in ihre nahen und fernen Wanderungen zu bekommen und festzustellen, ob sie regelmäßig zu ihren Geburts- und Wurfplätzen zurückkehren oder emigrieren.

Unterwegs findet Johannes eine tote Skua, die vor 24 Jahren auf Marion beringt worden ist. Wahrscheinlich ist sie an Altersschwäche gestorben. Immer wieder stoßen wir auf balzende oder brütende Wanderalbatrosse. Gewaltig wie Schwäne, hocken sie in größeren Abständen voneinander auf ihren Nestern, bebrüten ihr einziges Ei und lassen beinahe artig die Beringung über sich ergehen. Mit ihren kräftigen Flügeln, die ausgebreitet über drei Meter messen, und mit dem mächtigen Schnabel könnten sie sich ganz schön wehren, wenn sie wollten. Doch auch hier zeigen die Tiere kaum Scheu: Für sie ist der Mensch noch eine unbekannte Größe. Nach der Brutzeit werden ihre weiten Flüge über die Meere nun mit Hilfe kleiner Sender am Vogelkörper verfolgt, die von Argossatelliten empfangen werden. Wie lange Albatrosse leben, weiß man nicht genau, aber man kennt Tiere, die bereits 60 Jahre alt sind. Ganz besonderes anmutig und wahre Spitzen-Flugkünstler sind auch die Rußalbatrosse, die an Steilhängen nisten und ihre Jungen aufziehen.

Leider schrumpfen die Populationen dieser prachtvollen Vögel nicht nur hier auf Marion, sondern weltweit. Der Grund: Zehntausende von Albatrossen werden jedes Jahr in den südlichen Ozeanen durch Fischereipraktiken getötet. Sie fallen vor allem den Haken der Langleinen-Thunfischfänger, den Treib- und Stellnetzen zum Opfer. Da die Tiere pro Jahr höchstens ein Junges aufziehen, ist der Rückgang ihrer Zahl bereits alarmierend.

Vor dem Eingang der Nester und Bruthöhlen verschiedener kleinerer Sturmvogelarten wie Enten-, Breitschnabel-, Tauben- und Weißkinn-Sturmvögel entdecken wir kleine Wassertümpel. Sie sollen Mäuse fernhalten, vermutet Jaco, der Mäusespezialist auf Marion. Ihren schlimmsten Feinden auf der Insel, den Katzen, können sie aber auf diese Weise mit Sicherheit nicht entgehen. Wie andere antarktische und subantarktische Inseln sind auch Marion und Prince Edward im 19. Jahrhundert häufig von Robbenschlägern, später von Walfängern aufgesucht worden. Mit ihren Schiffen aber kamen die Mäuse nach Marion, die seitdem die gesamte Insel bis hinauf zur 200-Meter-Höhenlinie bevölkern.

Katzen leben erst seit 1949 auf Marion. Stationsmitglieder hatten damals fünf Hauskatzen mitgebracht, um die Mäuse in Schach zu halten. Die verwilderte Nachkommenschaft dieser Handvoll Miezen – 1975 waren es bereits an die 3000 Tiere – machte sich allerdings statt über die ihnen zugedachten Mäuse lieber über die Vögel her, für die sie bald eine große Bedrohung wurden. Mindestens 450 000 vorwiegend in Erdlöchern nistende Sturmvögel sollen den Katzen zum Opfer gefallen sein. Um der Plage Herr zu werden, wurden 1975 eine größere Zahl mit Felinem-Leukämievirus infizierter Katzen ausgesetzt, wodurch viele Tiere starben. Denjenigen, die Immunität entwickelten und überlebten, wurde mit Fallen und Giftködern nachgestellt; Katzenjäger durchkämmten die gesamte Insel. Nun scheint Marions Katzenproblem gelöst zu sein, und die Zahl der brütenden Sturmvögel steigt wieder. Die Insel Prince Edward blieb seltsamerweise nicht nur von Katzen, sondern auch von Mäusen verschont, obwohl die Robbenfänger auch dort ihre Lager aufschlugen.

Auf der Station schwärmt Johannes von der Kildalkey-Bucht, in der die größten Pinguinkolonien der Insel zu finden seien: „Marion ist gerade 24 mal 16 Kilometer groß, aber hier lebt ein Drittel aller Königspinguine der Erde."

Jaco will uns auf der 15-Kilometer-Tour zur Bucht begleiten. Nächtigen könnten wir in einer kleinen Schutzhütte in der Nähe dieser Bucht. Abgemacht!

Am Morgen hat sich das Wetter verschlechtert: Nebel, Nieselregen, nur ab und zu noch Sonne, die Erich zum Fotografieren nutzt. Jaco, gut trainiert, legt einen strammen Schritt vor, nur mit Mühe können wir ihm folgen. Es wird ein langer, kräftezehrender Marsch mit viel Gepäck. Wir steigen über flechtenbewachsene Lavafelsen und durch Steinwüsten, durchqueren die weite, tundraartige Landschaft mit ihren Gras- und Moosteppichen, Sumpfwiesen, Mooren und Feldern aus Tussokgras und eßbarem Kerguelenkohl. Abgekämpft und mit dicken Blasen an den Füßen erreichen wir die Hütte, die für die Katzenjäger gebaut worden ist, die von hier aus hauptsächlich nachts mit Scheinwerfern jagten. Windgeschützt steht sie in einer Erdspalte am Ufer eines kleinen Flusses.

Nach einer Erholungspause mit heißem Tee oder Kakao, die Jaco auf dem Gaskocher in der Hütte zubereitet, fühlen wir uns bald wieder fit für die Kildalkey Bay. Bloß nichts aufschieben, wer weiß, wie das Wetter morgen ist.

Die Pinguine scheinen auf uns zu warten. 250 000 Paare brütender Gelbschopf- und 50 000 Paare brütender Königspinguine sind an den Hängen der Bucht versammelt. Entsprechend ist der Geräusch- und Geruchspegel. Während Felsenhüpfer- und Gelbschopfpinguine hier nur als Sommergäste weilen, bleiben Königspinguine das ganze Jahr über auf der Insel, erklärt Jaco. Er zeigt uns auch ein ungewöhnliches Paar: Eine Felsenhüpferpinguin-Dame hockt zufrieden brütend neben ihrem Gelbschopfpinguin-Mann. Sie hat sich wahrscheinlich in seine lange gelbe Büschelmähne verliebt und er in ihre roten Glühaugen. Jaco ist gespannt, was aus den beiden Mesalliance- Eiern schlüpfen wird.

Übrigens gibt es auch Seebären-Mischlinge. Auf der Insel leben nämlich zwei Arten von Seebären: subantarktische und antarktische. Die subantarktischen sind etwas kleiner und plumper als die antarktischen und haben im Gegensatz zu deren einheitlichem silber- bis dunkelgrauem Pelz eine helle Brust. Die Kreuzungen zeigen alle möglichen Varianten.

Leider wird die Sicht immer schlechter. Tiefhängende Wolken ziehen über die Bucht, es nieselt wieder. Der mit Exkrementen vermischte Modder und Schlamm in der Pinguingroßstadt ist glatt wie Schmierseife. Die Pinguine glitschen darauf herum und rutschen aus wie Anfänger auf der Eisbahn; ihr Frack ist entsprechend schmutzig. Auch mir bleibt eine Bauchlandung nicht erspart, noch dazu mit Filmkamera, die zu meinem Leidwesen natürlich ebenfalls „eingeseift" wird.

Wir treffen Johannes, der am Ufer entlang gegangen ist, um in anderen Buchten weitere Robben zu markieren. Gemeinsam gehen wir zur Hütte zurück und hängen die nassen Klamotten zum Trocknen über den Kocher. Während wir, behaglich auf den Kojen hokkend, Würstchen mit Kartoffelsalat verschlingen, erzählen unsere Gastgeber von ihrem Zuhause in Südafrika, vom harmonischen Leben auf der Station und von ihrer Arbeit mit den Tieren. Johannes hat Agrarwissenschaften studiert und will einmal die Schaffarm seiner Eltern in Natal übernehmen. Vorher möchte er aber unbedingt noch ein Jahr auf die südafrikanische Antarktisstation, die nur 200 Kilometer von der deutschen Neumeyer-Station entfernt liegt. Jacos Eltern leben in Pretoria. Als frischgebackener Zoologe hofft er nach seinem Marion-Debut auf eine Assistentenstelle an der dortigen Universität. Weder sie noch ihre Kameraden bereuen, nach Marion gekommen zu sein. Johannes: „Die Art zu leben, die unverschandelte Natur, die Tiere ... Das alles könnten wir nirgendwo sonst erleben, nicht einmal in Südafrika."

In der Nacht stürmt und regnet es pausenlos. Das Heulen des Windes im Dach und das Rauschen des anschwellenden Baches läßt uns keinen Schlaf finden. Wir machen uns Sorgen. Hat unsere Begeisterung für die Insel uns alles andere einfach vergessen lassen? Wie es an Bord jetzt wohl unseren Mitseglern geht? Ob der Anker hält? Wir quälen uns durch die Nacht. Am Morgen Funkkontakt mit der Station und Entwarnung: Starke Brandung steht in die Bucht, aber die FREYDIS schwimmt, der Anker hält, die Mannschaft ist guter Dinge. Die gestern noch gemütlich gurgelnden Gebirgsbäche allerdings haben sich in reißende Flüsse verwandelt. Beim Überqueren bleiben nur die Rucksäcke trocken. Obwohl wir unseren Rückweg weit oberhalb unseres Hinwegs wählen, gleichen gras-, farn- und moosbewachsene Hänge vollgesogenen Badeschwämmen. „Man bräuchte Füße wie ein Elch", stöhnt Erich, mit schwerem Rucksack beladen, und versinkt wieder mal bis zur Hüfte im Moor, so daß Jaco und ich ihn mit vereinten Kräften herausziehen müssen. Eiskalte Sturmböen von achtern schieben uns ruckweise die Hänge hinauf, blasen uns aus dem Gleichgewicht und lassen uns immer wieder auf lose übereinandergeschichtetem Lavageröll stürzen. Bloß keine Fußverletzungen!

Unversehrt, aber total verschmutzt und erschöpft erreichen wir am späten Nachmittag unsere Bucht, in der die FREYDIS noch immer auf hohen Wellen tanzt. Burkhard und Karl haben in einer anderen Schutzhütte übernachtet, während der Rest der Mannschaft die Nacht an Bord verbrachte.

Aus dem Logbuch: „Starkwind aus Nordost und elende Dünung beuteln das Schiff. Am frühen Morgen dreht der Wind auf Südwest und frischt bis Sturmstärke auf. An Landgang ist nicht zu denken. Um 10.45 Uhr steht das Baro auf 980 hPa. Erich und Heide sitzen in der Hütte fest, weil sie die Flüsse nicht überqueren können; wir wissen nicht, ob sie heute zurückkommen. Der erste Versuch von Peter und Steffen, an Land zu gehen, wird schnell wieder aufgegeben. Die Brandung ist viel zu hoch, außerdem besteht Gefahr, daß die dünne Leinenverbindung zum Land reißt und die beiden mit dem Dingi abtreiben. Noch immer fegen acht bis zehn Windstärken ablandig über die Bucht und peitschen die Gischt waagerecht vor sich her. Mit 60 Metern Kette müßte der Anker halten. Für alle Fälle wird jedoch auch der zweite Anker klar gemacht. Ab 13.00 Uhr steigt das Baro wieder, der Wind nimmt ab bis zur totalen Flaute. Hohe Dünung aus Südost läuft in die Bucht."

Am Abend haben Erhard und Hans beim Wasserbunkern ein ungewöhnliches Erlebnis. Als sie die Kanister auf die FREYDIS heben, taucht plötzlich das Orcakind Little Edwina neben dem Dingi auf und schaute ihnen neugierig zu. Später spricht Erich auf der Station erstmals auf dieser Reise über Funk mit Günther von Intermar, der deutschen Funkerorganisation, die segelnde Yachties auf der ganzen Welt betreut. Bereits in Deutschland haben wir regelmäßigen Funkkontakt mit ihm vereinbart. Wir freuen uns über Grüße von Freunden und Verwandten, die über ihn auch von uns Neues zu hören bekommen. Wir verabreden täglichen Funkkontakt. Günther will uns über Wetterfax regelmäßig Wettervorhersagen für unser jeweiliges Gebiet durchgeben.

Noch ein Gruppenfoto vor der blutrot im Meer versinkenden Sonne, ein gemeinsames Abendessen auf der Station und dann der Abschied. Hans überreicht uns eine Flagge der Station und eine Flasche Sekt. Shorty verteilt Fotos, die er während unseres Inselaufenthalts gemacht und noch eilig im stationseigenen Fotolabor entwickelt hat; besonders die mit den Orcas finden großen Anklang. Adressen werden ausgetauscht, Einladungen nach Deutschland und Südafrika ausgesprochen, kleine Geschenke wandern hin und her, dazu jede Menge Sympathie. Dieses kühle Fleckchen Erde mit seinen warmherzigen Naturburschen, seiner ganz eigenen Atmosphäre und Ausstrahlung hat uns angeregt, fasziniert, begeistert, hat unsere Herzen gefangengenommen. Marion, we love you!

# Die Reise zu den Crozets

*Nirgends eine sturmsichere Bucht – Die unheimlichen Zwölf Apostel – Grundberührung! – Riskantes Landemanöver – Eine Nacht des Grauens – Den Tod vor Augen – Rettung und Flucht*

Sieben Beaufort aus Nordwest. Nach zweistündigem Kampf gegen Wind und Kelp, das dreimal die Kühlwasserpumpe der Hauptmaschine verstopft – sie muß jedesmal ausgebaut und gereinigt werden –, ist der Anker endlich oben. Bis zu den Crozet-Inseln liegen rund 600 Seemeilen gen Osten vor uns. Die Bordzeit wird um zwei Stunden vorgestellt. In der Nacht wechselnde Windstärken, manchmal prächtiger Sternenhimmel. Gegen Mittag beruhigt sich die See, der Wind raumt und läßt nach, wir tauschen Fock gegen Genua und machen gute Fahrt.

Günthers Wetterfax zeigt ein Sturmtief auf 55° Süd und 04° West. Brian auf Marion ist mit auf Frequenz; leider können wir ihn nicht hören, weil Marion noch zu nahe ist. Günther vermittelt und gibt Brian auch unsere Position durch.

Peters Koje ist zusammengebrochen. Plötzlich lag er auf den darunter gestauten Dosen und Eiern, die auf wundersame Weise heil geblieben sind. Um den Schaden zu beheben, müssen Koje und Schapps ausgeräumt werden. Der Salon wird vorübergehend zur Baustelle, auf der Erich, Peter und Steffen mit der vom Generator betriebenen 220-Volt-Bohrmaschine, mit Säge und Hammer hantieren.

Am späten Abend herrliche raume Winde um vier Beaufort. Wir setzen den Blister. Keine fünf Minuten später fallen Starkwindböen ein und werfen die FREYDIS kräftig auf die Seite. Alles, was im Schiff nicht niet- und nagelfest ist, purzelt durch die Gegend.

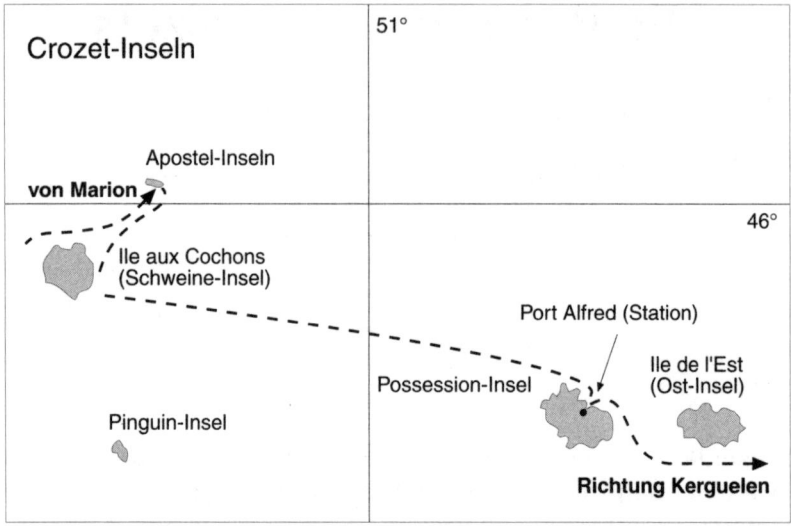

Glücklicherweise ist die Kojenreparatur beendet. In aller Eile wird der Riesenflügel wieder eingezogen.

Wind aus Nordnordwest, sechs bis sieben Beaufort, trübes, graues Wetter, aber nicht so kalt wie in den letzten Tagen. Gegen Mittag klart es ein wenig auf. Ich kämpfe mal wieder mit Frischfleisch. Hans hat uns ein halbes tiefgefrorenes Rind eingepackt, in Form von Burenwurst, Spearribs, Roastbeef und Filets. Mein Backofen arbeitet rund um die Uhr auf Hochtouren, es duftet im Schiff wie in einer Gourmetküche.

Am Nachmittag nimmt der Wind etwas ab. Erhard und Burkhard, beide Besitzer eines kleinen Segelboots am Bodensee, erzählen wilde Stories vom See und seinen ungemein tückischen Winden, die jedes Jahr einige Segler das Leben kosten. Wie beruhigend, daß wir bloß in den Roaring Forties und nicht auf dem Bodensee segeln! In zwei Tagen soll uns eine alte Zyklone von Westen her einholen, funkt Günther. Bis zur Ile aux Cochons, der westlichsten der Crozetgruppe, sind es noch 200 Seemeilen, vielleicht schaffen wir's, dort Landschutz zu finden, ehe das Tief uns erreicht. Vorsichtshalber bleiben wir etwas nördlich unseres errechneten Kurses, um bei einem vorzeitig aufziehenden Sturm nicht zu weit nach Süden, an den Crozets vorbei, abgetrieben zu werden. Bei vier bis fünf Beaufort aus Nordnordwest segeln wir die ganze Nacht unter Blister, um so rasch wie möglich voranzukommen. Das Baro sinkt.

Der Crozet-Archipel besteht aus zwei Gruppen vulkanischer Eilande, die etwa 50 Meilen auseinander liegen: die westliche mit der Hauptinsel Ile aux Cochons (Schweineinsel), der kleinen Ile des Pinguins und einer Minigruppe, den zwölf Iles des Apôtres (Apostel); die östliche mit der Ile de la Possession und der Ile de l'Est. Die seit 1924 unter französischer Verwaltung stehenden Inseln sind unbewohnt, mit Ausnahme der Ile de la Possession, auf der sich eine französische Station befindet.

Wie die Prince-Edward-Inseln wurden auch die Crozets 1772 von Marion Dufresne entdeckt. Kapitän Cook, der diese nie selbst betrat, benannte die gesamte Gruppe später zu Ehren Crozets, der den Befehl über die französische Expedition übernommen hatte, nachdem Dufresnes von Maoris in Neuseeland erschlagen worden war, weil er ihre Rituale verletzt hatte. Welch eine seltsame Übereinstimmung, daß Cook, sieben Jahre nach Dufresnes Tod, auf Hawaii das gleiche Schicksal ereilte. Auch er hatte die Gebräuche der Eingeborenen mißachtet.

Auf der Fahrt bleibt uns Zeit, auch andere alte Aufzeichnungen zu studieren, von Schiffbrüchigen, Robben- und Walfängern, die durch diese Region kreuzten, als noch niemand sich vorstellen konnte, daß hier einmal Menschen zum Vergnügen herumsegeln würden. Am 28. November 1886 rammte der französische Schoner TAMARIS versteckte Klippen südlich der Ile des Pinguins und sank. 13 Mann der Besatzung erreichten mit etwas Wasser und ein paar Kilo Schiffszwieback in einer kleinen Schaluppe nach zwei Tagen die benachbarte Schweineinsel. Dort hatten britische Robbenfänger einst Schweine ausgesetzt, sie später aber wieder ausgerottet, weil sich die Tiere hauptsächlich von toten Pinguinen ernährten und ungenießbar wurden. So blieben den Gestrandeten nur Vogeleier und Robbenfleisch zum Überleben. Verzweifelt ritzten sie im August des folgenden Jahres auf die Deckel alter Konservendosen einen Notruf und hängten sie Albatrossen um den Hals. 48 Tage später fanden Fischer in der Nähe von Perth (Australien) einen sterbenden Vogel am Strand und überbrachten dessen Luftpost den lokalen Behörden. Noch einmal vergingen zwei Monate, bis ein Rettungskommando von Madagaskar aus in See stach und tatsächlich die Schweineinsel erreichte. Doch die zwölftägige Suche verlief erfolglos; die Vermißten blieben für immer verschollen.

Auch wir steuern die Crozets mit gemischten Gefühlen an. Auf dem ganzen Archipel scheint es keinen wirklich geschützten Ankerplatz zu geben. Die Navigation ist schwierig, denn die Untiefen um die Inseln sind nicht genau vermessen.

Gegen Morgen zieht nasser, kalter Nebel auf. Bei der rasanten Fahrt durch die hohen Seen surrt und jault die Schwertsicherung so penetrant, daß Burkhard und Manfred in ihren Kojen an Backbord nur mit Walkmen auf den Ohren einschlafen können. Noch 130 Meilen bis zur Schweineinsel. Der Wind frischt auf, wir bergen den Blister. Nach Sonnenaufgang reißt der Nebel auf, am Horizont ein breiter Streifen Blau und blasses Sonnenlicht; gegen Mittag setzt sich die Sonne langsam durch. Luft fünf, Wasser vier Grad Celsius. Die Crew lebt auf, freut sich über den schönen, geruhsamen Tag. „Wir sind alle froh, wenn das Tief an uns vorbeigeht, und hoffen auf einen Sommertag auf Crozet", schreibt Manfred voller Zuversicht ins Logbuch.

In der Nacht Rauschefahrt unter Blister. Steffen ist begeistert: „Nebel und intensives Meeresleuchten, phantastisch, gespenstisch! Jetzt kann ich verstehen, warum die alten Seefahrer oft abergläubisch waren und gern Seemansgarn gesponnen haben."

Enorm hohe Luftfeuchtigkeit, bei der unsere Brillenträger am Ruder alle Mühe haben, den Kompaß zu entziffern. Um 10.00 Uhr haben wir die Schweineinsel zwei Seemeilen voraus im Radar. Bald darauf taucht sie dunkel und schemenhaft aus dem Nebel. Der Wind dreht auf Nordost, wir bergen den Blister. Kurz danach nur noch umlaufende Winde. Wir starten die Maschine, aber die Wasserkühlung streikt. Wieder ist das Saugrohr der Kühlwasserpumpe mit Kelp verstopft. Es folgen zweieinhalb Stunden Klempnerei im Eiltempo, während wir unter Segeln direkt auf die Steilküste im Nordwesten der Insel zulaufen. Als das Kelp entfernt ist, das Rohr wieder eingebaut und der Motor schließlich gestartet werden kann, droht die Felswand nur noch wenige Kabellängen entfernt.

Bei kaum 200 Meter Sicht hangeln wir uns dicht am Ufer entlang. Pinguine, Sturmvögel, Albatrosse und Seebären nehmen ein gemeinsames morgendliches Reinigungsbad und entsprechend wenig Notiz von uns. An langen schwarzen Stränden drängen sich Hunderte von Pinguinen, und an schroffen Hängen schimmern Vogelkolonien wie Flecken weißer Leuchtfarbe durch den Nebelregen. Man könnte sie aber auch ohne weiteres nur mit der Nase ausmachen.

Wegen des schlechten Wetters ist uns ein Landfall auf der Insel zu riskant. Wir entschließen uns, zu den acht Seemeilen entfernten Apostelinseln weiterzusegeln: bei kräftig auffrischenden vorlichen Winden und grober, entgegenlaufender Stromsee ein mühsamer Weg, trotz Maschinenunterstützung. Das Baro ist in den letzten zwei Stunden enorm gefallen, das angekündigte Sturmtief hat uns erreicht; wir brauchen dringend einen sicheren Ankerplatz. Doch wo? Die Navigation ist unzuverlässig, die Lage der Inseln nicht genau vermessen. Einzige Alternative: nach Osten ablaufen auf die offene See und dort beidrehen. Hält der Sturm jedoch mehrere Tage an, können wir das Anlaufen zumindest der westlichen Crozet-Inseln vergessen. Den abgedrifteten Weg wieder zurückkreuzen, würde zuviel Zeit kosten.

Außerdem ist nach 600 Seemeilen Wasser und Sturm unser Bedarf in dieser Richtung mehr als gedeckt, und wir sind froh und dankbar, am zweiten Meilenstein unserer Reise angekommen zu sein. Schon seit Tagen freuen wir uns auf diese Inseln, ganz besonders auf die Hauptinsel der Apostelgruppe, von der Gerry Clark begeistert schreibt, sie sei vielleicht die aufregendste und unglaublichste aller Inseln, die er je besucht hat. Er ankerte in einer geschützten Bucht und verbrachte dort eine angenehme und ruhige Nacht. Nichts wünschen wir uns sehnlicher!

Das Radar zeigt nur noch eine halbe Meile bis zum westlichsten Eiland der Zwölf Apostel. Kurze Zeit später treten bizarre dunkle Felsinseln aus dem Nebelschleier hervor – eine davon ist nur ein schmaler, hoher Turm. Allein der Anblick jagt uns schon kalte Schauer über den Rücken. Hier war 1875 das britische Schiff STRATHMORE gestrandet. 44 Überlebende schafften es, die Ile de la

Possession zu erreichen, wo sie erst nach einem halben Jahr von einem amerikanischen Walfänger gerettet wurden.

Etwa eine Stunde lang suchen wir nach einem geschützten Liegeplatz. Irgendwo in Nordost muß die Bucht ja sein, die Gerry Clark beschreibt. Bloß wie sie finden?

Von den steilen Hängen herab fauchen uns Fallwinde von allen Seiten an und lassen uns die Nähe der Inseln spüren. Immer wieder taucht für Sekunden ein Labyrinth dunkler Felswände aus der Nebelsuppe auf, gegen die Seen mit grellweißen Gischtsäumen branden. Wie Geisterstimmen hallt uns das Heulen und Bellen der Seebären und das Trompeten der Königspinguine entgegen. Immer wieder kleine Einbuchtungen, steile Felsen links und rechts – wo sind wir bloß? Das Radar ist auf so kurze Distanzen keine Hilfe. Zu allem Überfluß zeigt das Echolot keine Tiefe mehr an, es ist defekt. Warum, um Himmels willen, bloß immer in solchen Situationen? Hastig basteln wir ein Provisorium, binden einen Ersatzgeber an den Piekhaken und halten ihn ins Wasser. Es funktioniert.

Aber das Echo warnt uns nicht vor den steil ansteigenden blinden Klippen; das tun auch nicht die an ihnen brandenden Seen, weil die Fallwinde das Wasser ohnehin ringsum zum Kochen bringen. Und dann passiert's: Rums! Das Schiff wird durchgeschüttelt, legt sich im Schwell auf die Seite und muß harte Schläge einstecken, als es langsam über die Felsspitzen holpert. Lieber Gott, bloß kein Leck hier, bloß nicht stranden! Wohin sollten wir uns retten? Überall nur diese Wände ... Rasch wird die Schwertsicherung gelöst, die FREYDIS kommt wieder frei. Allgemeines Aufatmen. Doch mit einem Ruck stoppt die Fahrt erneut. „Kurbeln!" schreit Erich. Karl ist schon dabei. 30 Schläge, das genügt. Voraus ein tieferer Einschnitt. Vielleicht ein Schlupfwinkel? Nein, eine üble Winddüse. Also schnell wieder hinaus.

Bald darauf finden wir eine relativ ruhige Bucht, die uns aber viel zu klein ist. Kein winziges Fleckchen Strand, offenbar nur steile Felswände ohne Aufstiegsmöglichkeit, mit Höhlen voller Seebären. Sie fühlen sich in dieser martialischen Umgebung ebenso zu Hause wie die Pinguine. An dem langen, von den Felsen hängenden Tang lassen sie sich wie auf Rutschbahnen ins Wasser gleiten. Mit der hochschwappenden See gelangen sie wie im Fahrstuhl zurück in ihre Behausungen. Am Ufer gurgeln dunkle Höhlen, die auf uns wie Eingänge zur Unterwelt wirken. „Scheint eher ein Bärenzwinger als eine Bucht zu sein", brummt Erich. Wir machen kehrt – und kommen später doch wieder zurück, denn einen besseren Ankerplatz auf Grande Ile finden wir nicht.

Als zusätzliche Sicherung zum Anker wollen wir wenigstens noch eine Leine an Land ausbringen. „Dort oben ist eine Art Poller, da können wir sie festmachen", freut sich Erich, zur Felswand deutend. Aber der Poller wandert und gibt sich als Seebär zu erkennen. Steffen, Burkhard und Manfred gelingt es, die Insel vom Dingi aus über einen Felsvorsprung zu entern und die vorbereiteten, gespleißten Drahtseile zu befestigen; Tauwerk würde sich an den scharfen Felsen kaputt scheuern. An das Ende des 20-Meter-Drahtseils werden 100 Meter Leine geknüpft. Wie wichtig diese Vorsichtsmaßnahme ist, soll sich bald herausstellen.

Nach einer guten Stunde kehren die drei durchgefroren, aber dennoch in Hochstimmung an Bord zurück. Sie seien auf der Außenseite der Insel über Pinguin-Trampelpfade hochgestiegen, berichten sie, am Hang gäbe es eine große Kolonie Felsenhüpferpinguine, und weiter oben sei der Boden durchlöchert mit Bruthöhlen. „Vom Gipfel der Insel hatten wir eine wunderbare Aussicht: nach allen Seiten herrlicher Nebel!" lacht Manfred, und Burkhard, der bei der Landung ins Wasser gefallen ist, beeilt sich, die nassen Klamotten abzustreifen und sich in der Koje wieder aufzuwärmen.

Morgen, wenn sich die Dünung gelegt hat, wollen wir alle gemeinsam an Land gehen.

Gemütliches Abendessen – Gemüseeintopf mit Burenwurst –, dann Lesen oder Tagebuchschreiben. Draußen ist es stockdunkel. Plötzlich fliegt etwas durch die Luft. Karl, der im ersten Moment dachte, jemand habe ihm – versehentlich natürlich – einen nassen Lappen ins Gesicht geworfen, will gerade protestieren. Doch zu seinen Füßen hockt ein Entensturmvogel, genauso verdattert wie er selbst. Noch mehrere vom Licht irritierte Vögel besuchen uns an diesem Abend, fliegen sogar ins Schiff hinein. Wir haben Mühe, sie alle wieder hinauszutragen, bevor sie sich irgendwo verstecken und Gefahr laufen, von uns eingesperrt oder getreten zu werden. Schließlich löschen wir das Licht.

Das Baro sinkt und sinkt, welche Teufelei hat das Wetter denn noch im Sinn? Schwere Fallböen orgeln von den Felsen auf uns herab, der Anker ruckt. Die Schreie der Vögel, das Bellen und Heulen der Seebären hallen durch die Nacht, und der Wind in der Takelage singt uns ein unheimliches Schlaflied.

Um 05.00 Uhr habe ich Ankerwache. Peitschende Sturmböen werfen die FREYDIS kreuz und quer, soweit Leine und Anker es erlauben. Gischtteufel tanzen durch die Bucht. Der Nebel hat sich verflüchtigt. Draußen ist die Hölle los, überall Schaumkämme, waagerecht fliegendes Wasser. Es tost, donnert und kracht. Über die Eingangsfelsen spritzt die Brandung viele Meter hoch. Die Bucht ist ein ungemütliches Nest geworden. Im Cockpit ist es naß und kalt. Als gäbe es für sie keinen Sturm, jumpen Pinguine und Robben durch die aufgewühlte See. Zwei Stunden später Frontdurchzug, steiler Baro-Anstieg. Typisches Rückseitenwetter zieht auf: blauer Himmel und Sonnenschein. Gegen Mittag ist der Spuk vorbei. Auf zur Insel. „Bloß keine Zeit verlieren!" treibt uns Erich zur Eile an.

Die See bricht sich immer noch mit hohen weißen Gischtsäumen ringsum an den Felsen. Nur dort, wo wir gestern die Drahtschlinge angebracht haben, ist es auch heute wieder relativ ruhig. Der Aufstieg könnte klappen, meinen die Experten, während Erhard, Karl und ich lieber auf der FREYDIS bleiben wollen. Zwar käme ich gern gleich mit auf die Insel, aber die Brandung ist mir noch zu hoch, das Anlanden zu riskant. Erich verspricht, mich in ein paar Stunden zu holen, wenn die See sich beruhigt hat.

Erich, Manfred, Burkhard, Peter, Steffen und Erhard, der das Dingi wieder zurückbringen soll, setzen in zwei Schüben zur Insel über. Sie spannen eine dünne Leine vom Schiff zum Land, an der sich Erhard auf dem Rückweg gut entlanghangeln kann; außerdem besteht auf diese Weise keine Gefahr, bei ablandigem Wind aufs offene Meer hinaus getrieben zu werden. Bei dem hohen Schwell gelingt das Landemanöver nur knapp. Erich läßt mir von Erhard ausrichten, daß ich heute besser an Bord bleiben sollte.

Was die Mannschaft auf der Insel erlebt, beschreibt Burkhard in seinem Tagebuch: „Ich versuche, vom Dingi aus an Land zu springen, finde jedoch keinen Halt am glitschigen Fels. Keine leichte Sache bei dieser Brandung. Manfred will aufgeben, zu gefährlich, meint er. Aber ich versuch's noch einmal, und es klappt. Freudenschreie auf der FREYDIS und in mir selbst. An einem Felsen befestige ich ein Seil, um den anderen das Klettern zu erleichtern. Zu fünft stiefeln wir los, besteigen den höchsten Punkt in stundenlangem kräftezehrendem Marsch über das oberste Stockwerk der Insel. Auf den grünen Matten brüten im Windschatten die Wanderalbatrosse und Felshüpfer-Pinguine: ein Vogeldorado, in dem wir viel Zeit verbringen, um die Tiere zu beobachten und zu fotografieren. Wir finden sogar Schwarzbrauen- und die von Erich gesuchten, seltenen Gelbnasen-Albatrosse.

Oben herrscht ein tierischer Wind, der immer schlimmer wird. Auf dem Bauch liegend, robbe ich an eine senkrechte Felskante heran und blicke in die Düse zur Nachbarinsel mit ihren Riffen und Felsen. Hier haben wir gestern im Nebel eine Ankerbucht gesucht – unglaublich! Als ich wieder oben bin, geht's auf den Rückweg. Erich und Steffen sind schon vorausgelaufen. Plötzlich erfaßt mich eine Bö und wirbelt mich durch die Luft. Ich habe keine Gewalt mehr über mich – ein saudummes Gefühl. Der Orkan schmeißt mich schließlich auf den Boden. Mein linkes Knie schmerzt, und ich habe überall Schürfwunden. Wegen der Kälte spüre ich allerdings wenig. Manfred und Peter kommen zu mir gekrochen, um mir zu helfen. Aber bei dem fürchterlichen Wind – Erich spricht später von 14 Windstärken – hat jeder für sich selbst zu kämpfen. Auf allen Vieren, ständig an Felsen festgeklammert, kriechen wir den Hang hinunter."

Unsere Hoffnung, die See würde sich beruhigen, erfüllt sich nicht. Obwohl die Sonne von einem wolkenlos blauen Himmel scheint, der Wind – soweit wir das in der Bucht beurteilen können – abnimmt und das Baro steigt, wird sie immer wilder. Zu meinem Entsetzen haben die Seen ihre Richtung gewechselt, so daß die Brecher jetzt direkt in unsere kleine Bucht branden. Weiß vor Gischt, liegt sie wie im Nebel. Dann die erste Wasserwand ... Eine etwa acht Meter hohe, schäumende Woge rast auf uns zu, überspült den gesamten Felseingang der Bucht und einen Großteil der Höhlen. Etwa jede fünfzigste See ist so ein Kaventsmann. Es sind hohe Dünungswellen, die sich auf dem flacheren Ufer zu Grundseen aufsteilen, brechen und eine mörderische Brandung erzeugen. Daß sie nicht über unserem Schiff zusammenschlagen, verdanken wir allein dem breiten, dämpfenden Kelpgürtel, hinter dem wir liegen.

Die Seebären haben sich auf die höchstgelegenen Felsen verkrochen und raufen sich brüllend um die sichersten Plätze. Pinguine werden in Scharen von den Simsen gewaschen, ohne jede Chance, wieder aufsteigen zu können. Nur wenigen gelingt es, sich weiter oben an die Felswände zu krallen. Sie tun mir leid, aber uns geht es noch schlechter, viel, viel schlechter. Wir bangen um unser Leben. Die Festmachertrosse erweist sich als Segen, sie läuft nicht direkt, sondern in einer Kurve um das Kelpfeld herum und wirkt dadurch wie eine Feder. Aber das Schleifen der Kette, das Rucken des Ankers läßt uns schaudern. Sollte er sich losreißen, zerschellen wir bestimmt an der Felswand. Wir müssen unbedingt einen zweiten Anker ausbringen!

Unter Erichs Koje krame ich eilig zwei Überlebensanzüge für Karl und Erhard heraus, ich selbst ziehe meinen Naßbiber an. Das letzte Mal habe ich ihn bei der Strandung auf Deception getragen. Damals bin ich davongekommen, das Schicksal war mir gnädig. „Einmal ist genug", heißt es. Habe ich nichts daraus gelernt? Ist das jetzt die Strafe?

Gemeinsam zerren wir die 30 Meter Reservekette aus der Bilge, schäkeln sie an den zweiten Bügelanker und werfen, nachdem wir die Kette am Poller befestigt haben, vom Cockpit aus Anker samt Kette über Bord. Danach ist uns ein wenig wohler. Aber unsere Situation bleibt unverändert kritisch.

Was für eine atemberaubende Szenerie! Ginge es nicht ums Überleben, könnte man sie staunend genießen oder filmisch und fotografisch dokumentieren. So aber mag ich kaum hinschauen. Bei Todesangst ist Dokumentation kein Thema mehr.

Die Bucht ist zu einem schäumenden Hexenkessel geworden. Die FREYDIS tanzt auf und ab, wird hochgerissen und zurückgeworfen, hin und her geschleudert wie in einem überdimensionalen Shaker. Das ganze Schiff scheint in Aufruhr, alles poltert durcheinander: Dosen und Flaschen in den Schapps, Geschirr in den Schränken, Decken, Kissen, Klamotten, Walkmen, Bücher aus den Kojen. Türen öffnen sich, schlagen hysterisch auf und zu, die schwere

Klappe zum Motorraum landet krachend im Gang – ein Tohuwabohu. Lohnt es noch, hier aufzuräumen, während Schlimmeres droht? Ich räume trotzdem auf, mechanisch wie ein Roboter. Was sonst? Warten auf das Ende. Auf welches? Das Gefühl der Ohnmacht ist am schlimmsten.

Wie zum Hohn steigt das Baro weiter; trotzdem haben wir Orkan. Die Stunden vergehen, und nichts wird besser, im Gegenteil: Immer häufiger öffnen sich gähnende Täler vor uns. Das Wasser weicht zurück, als ob die ganze Bucht leergesaugt werden sollte. Fassungslos blicken wir in Abgründe und glauben, jeden Moment mit dem Schiff auf Grund zu hauen, aber da kommen schon die nächsten Wasserwände angerollt, senkrecht wie kleine Tsunamis. Alles mitreißend, peitschen sie durch die Bucht, brechen sich bei nun ablaufendem Wasser auch an einem Unterwasserfelsen ganz in unserer Nähe, den wir bisher noch gar nicht bemerkt haben. Wenn das Kelpfeld vor uns nicht wäre, das ihnen die Spitze ihrer zerstörerischen Kraft nimmt, wären wir verloren. Es wirkt wie Waltran, den die Seeleute früher über Bord kippten, um im Sturm die Wellen zu besänftigen.

Wir zwingen uns zur Ruhe. Am liebsten würden wir die beiden Ankerketten und die Festmacherleine loswerfen und mit voller Maschinenkraft auslaufen. Doch bei der geringsten Komplikation mit der Maschine würden wir von den Brechern an den Felsen zermalmt werden. Wenn wir mit unserer 60-PS-Maschine tatsächlich rauskämen, müßten wir die anderen Crewmitglieder auf der Insel ohne Nahrung und ohne ausreichende Kleidung zurücklassen. Und wer weiß, wann wir zurückkehren könnten, falls uns der Sturm vertriebe? Auch hätten wir keine Anker mehr, um in einer anderen Bucht Sicherheit zu finden. Also abwarten.

Trotzdem beherrscht uns weiterhin quälender Zwiespalt: auslaufen oder nicht? Wenn Erich doch bloß hier wäre! Aber er weiß ja nicht einmal, was in der Bucht los ist. Der Gedanke, ihn vielleicht nie mehr wiederzusehen, ihm nichts mehr sagen zu können, bereitet mir Schmerzen. Damals bei unserer Strandung waren wir wenigstens zusammen. Ihn oben am Felsrand zu sehen, wäre mir schon ein Trost. Aufs Schiff kann er nicht zurück, niemand kann jetzt auf- oder absteigen, nicht einmal die Pinguine.

Nicht nur mein Herz rast, wenn die Roller kommen, die Ketten sich spannen, es unter uns ruckt und rumpelt. Auch Karl und Erhard haben Angst. Jedesmal denken wir, jetzt reißt es die Anker heraus. Karl ist still und ungewohnt ernst, Erhard eher ruhelos. Angeleint robbt er aufs Vordeck, schaut nach Leinen und Ankerketten und ist überhaupt unermüdlich in seiner Sorge ums Schiff. Wir müssen den Motor startklar machen, vielleicht ist er bald unsere einzige Chance. Aber das viele Kelp um uns herum! Es wird – wie schon so oft – den Impeller verstopfen, und was dann? Wo bleiben nur die Fünf auf der Insel? Die Sonne steht schon tief, warum kommen sie nicht? Ist ihnen etwas passiert?

Plötzlich steht Manfred oben am Fels. „Da kommen sie", ruft Erhard. „Da sind auch Erich und die anderen. Endlich!" Auch wenn sie an unserer Not nichts ändern können, empfinden wir ihre Anwesenheit doch als große Erleichterung, als nähmen sie uns etwas ab von unserer Angst. Ich freue mich, Erich zu sehen, fühle mich gleichzeitig aber gerade jetzt entsetzlich allein und im Stich gelassen. Hatte ich nicht davor gewarnt, an Land zu gehen? Jetzt haben wir den Schlamassel! Wären wir alle an Bord geblieben, hätten wir bei den ersten Brechern aus der Bucht laufen, draußen auf offener See beidrehen und abwarten können. So aber haben wir hier gewartet und ausgeharrt, bis es zum Auslaufen zu spät war und vielleicht für alles andere auch.

Dieses verdammte Fotografieren! „Nein, ich will nicht, daß du fotografierst! Nicht jetzt, nicht hier. *Scheißfotos!*" schreie ich nach oben, obwohl mir eher zum Weinen zumute ist. Aber Erich hat gar keinen Fotoapparat mehr in der Hand. Er schaut nach der Festmacherleine, macht Zeichen und brüllt, wir sollen den Motor laufen lassen, zehn Minuten, damit er nicht streikt, wenn wir ihn brauchen. Also Entlüften, Ventil öffnen, Keilriemen zurechtklopfen, starten. Aus dem Auspuff sprudelt das Wasser, wie es soll. Unser letzter Ausweg schnurrt beruhigend. Nach zehn Minuten stellen wir die Maschine wieder ab. Wie gut, etwas tun zu können. Erich scheint sich zu freuen. Er hält die Faust hoch, schüttelt sie: Viel Glück und bloß nicht unterkriegen lassen, heißt das.

Aber es geht ihm nicht gut dabei. „Als wir nach sechsstündiger, anstrengender Wanderung durch die großartige Natur auf der

Grande Ile der Apostelgruppe zu unserer Ankerbucht zurückkehren, bin ich auf den grauenhaften Anblick, der sich uns bietet, nicht vorbereitet", schreibt er später ins Logbuch. „Das Bild der tanzenden FREYDIS, die sich bei jedem Brecher fünf bis zehn Meter hebt und dabei auf die Steilküste zurast, ist furchteinflößend. Ich bin in tiefer Sorge um Heide, Erhard und Karl. Sie müssen die Bucht fluchtartig verlassen, denke ich spontan. Wenn Anker und Festmacherleine slippen und ein Brecher sie trifft, sind sie verloren. Die drei hätten nur das Schlauchboot, aber keine Möglichkeit, an Land zu kommen. Als erstes überprüfe ich die Leinenverbindung. Wir verändern die Lage des 20-Meter-Drahtstanders an seinem Ende, damit die Leine nicht an den Felsen durchscheuert. Dann suchen wir noch einmal die ganze Bucht ab, ob es nicht doch einen Flecken, vielleicht eine Höhle gibt, wo sie mit dem Dingi anlanden könnten; dann würden wir sie mit unseren Leinen von oben abbergen. Aber vergebens."

Die Sonne ist untergegangen, dunkle Wolken sind am Himmel aufgezogen. Unsere Leute haben eine eiskalte, windige Nacht im Freien vor sich. Trotzdem wären wir tausendmal lieber bei ihnen als hier an Bord. Vor Einbruch der Dunkelheit schaut Erhard noch einmal aufs Vorschiff und kürzt die Festmacherleine, die aus der Klüse gesprungen ist und an der Lochleiste schamfilt. Außerdem schneiden wir die dünne Dingi-Sorgleine zum Land durch, die sich nun völlig verheddert kreuz und quer unterm Schiff durchzieht. Wir müssen verhindern, daß sie uns bei einem Auslaufmanöver in den Propeller gerät.

Riesensturmvögel schwimmen am Kelprand, zerfleischen verwundete Pinguine und Robbenbabies, die von den Brechern gegen die Felsen geschlagen wurden. Vielleicht hacken sie irgendwann genauso auf uns herum?

Aus Erhards Notizbuch: „Diese Nacht werden wir um unser Überleben besorgt sein. Solange es hell ist, kann ich mich durch Arbeit ablenken, bei Dunkelheit bleibt nur noch das Warten. Gut, daß Heide und Karl normal reagieren. Es gibt Runden, wo ich mich nur dank autogenen Trainings ruhig halten kann. Ich bin sicher, daß meine Chance zu überleben sehr gering ist. Negative und positive Ereignisse aus meinem Leben gehen mir durch den Kopf. Ich bin traurig darüber, daß meine Freundin bei meinem eventuellen Tod leiden muß. Aber nun bin ich soweit, daß ich mir sage, was passiert, das passiert. Auch wenn ich in der Brandung treibe, ich werde nicht aufgeben!"

Karl: „Die vielen Stunden mit dem Tod vor Augen sind schrecklich. Ich habe ja gewußt, daß dieser Indiktörn keine normale Segelreise wird. In Büchern habe ich von 150 Kilometer Windgeschwindigkeit, von Monsterwellen und von kochender See gelesen. Aber wer kann sich so etwas schon vorstellen, wenn er es nicht am eigenen Leib erfahren hat? Den Überlebensanzug wollte ich gar nicht anziehen – wenn es soweit ist, sollte es lieber schnell gehen –, aber dann habe ich daran gedacht, daß ich meiner Frau versprochen habe, wiederzukommen."

Die Nacht bricht herein, rabenschwarz. Die satanische Geräuschkulisse der Bucht terrorisiert uns jetzt noch lauter. Das Heranrauschen und Branden der Seen, das Heulen und Brüllen der Seebären in ihren Höhlen, das Rucken, Scharren und Rumpeln der Anker unter uns ist kaum noch zu ertragen. Ab und zu leuchten wir mit dem Halogenscheinwerfer das Inferno ab, um unsere Position zu überprüfen. Aber in der Nacht sind Entfernungen schlecht einzuschätzen. Die Wand scheint näher zu rücken und mit ihr die grellweißen Brandungsstreifen und Gischtfontänen. Irgendwann entdecken wir, daß der Ankerball vertrieben ist. Ein böses Omen: Auf Deception, vor drei Jahren, war das der Auftakt zur Strandung. Slippt der Anker, ist er gebrochen? Bei Dunkelheit schwer zu beurteilen. Wenn der andere Anker ebenfalls slippt oder bricht, dann gute Nacht!

Ich überwinde meine Schreckensstarre, bereite Kakao, hole Kekse und Schokolade. Wir brauchen unsere Kräfte dringend; zwar haben wir alle keinen Appetit, aber einen leeren Magen. Auf den Keksen kauen wir herum wie auf Schuhsohlen. Mir ist speiübel. Immer häufiger leuchten wir jetzt unsere Umgebung ab, können jedoch zum Glück keine weitere Änderung unserer Position erkennen.

Warum nehmen bloß die Wellen nicht ab? Wir haben doch fast keinen Wind mehr, allenfalls ist er umlaufend. Ich kann mir diese verrückte See nur damit erklären, daß weiter draußen ein schrecklicher Sturm wütet und wir den Schwell abkriegen.

Manchmal sehen wir unsere Leute oben auf den Klippen, wie sie versuchen, sich durch Bewegung warm zu halten. Sie sind verschwitzt von ihrem Ausflug zurückgekommen und jetzt völlig unterkühlt. „Wir versuchten, in wärmender Löffelstellung im Schutz eines Steilhangs zu schlafen", erinnert sich Erich später an die Nacht. „Aber die Kälte und die Angst, daß sich die FREYDIS losreißen könnte, mit allen entsetzlichen Folgen, ließ mich nicht zur Ruhe kommen. Um uns herum Hunderte von Pinguinen mit ihren Jungen. Daß wir im Pinguinkot lagen, störte mich nicht. Aber kaum hatten wir uns hingelegt, kamen die Scheidenschnäbler, diese kleinen weißen Leichenfledderer, um an uns herumzupicken."

Morgen*grauen*, und noch immer Weltuntergangsstimmung! Aber kein Zweifel: Die Roller werden niedriger, kommen in größeren Abständen und verlieren an Kraft. Zwischen den hohen Wasserwänden gibt es immer wieder Serien flacherer Wellen. Das ist eine Besserung unserer Lage, die uns neues Leben einhaucht, uns endlich wieder Mut fassen läßt.

Erhard sieht eine Chance, unsere Landgänger zu bergen. Wir befestigen am Dingi eine dünne Leine, die Erhard hinter sich herziehen will. Falls etwas schiefgeht, werden Karl und ich die Leine, so rasch wir können, einholen und daran das Dingi mit Erhard zur FREYDIS zurückziehen. Wir binden auch die Paddel im Boot fest, damit sie nicht herausgewaschen werden können. Ich bewundere Erhards Mut: Er rudert zunächst am Kelprand entlang und dann vorsichtig, ständig nach Brechern Ausschau haltend, über das freie, noch immer von mörderischen Seen bedrohte Wasserstück in Richtung auf den Abstiegsfelsen.

Auch die Landgänger sind startklar. Nach zwei bis drei extrem hohen Brechern herrscht immer etwas Ruhe in der Bucht, das müssen wir ausnutzen. Das Boot tanzt unter den Felsen auf und nieder. Die einzige Chance, an Bord zu kommen, ist ein gewagter Sprung, wenn das Dingi auf einer Welle emporschwappt. Burkhard und Manfred wollen zuerst springen – und werden prompt vom Fels gewaschen. Manfred kann sich noch nach oben hangeln, Burkhard hängt in der Steilwand am Seil. Zweiter Anlauf zu einem haarsträubenden Manöver: Erhard manövriert das Dingi unter Burkhard, der sich hineinfallen läßt.

Die Bergung der übrigen vier verläuft ohne Komplikationen. Steffen: „Ich wundere mich, daß keiner von uns in Panik geraten ist. Ich hatte schreckliche Angst, aber ich bin gesprungen."

Als alle heil an Bord sind, fließen Tränen. Fluchtartig verlassen wir die Bucht.

# Die Insel Possession

Ein Mauseloch zum Verkriechen – Schreckliches Erwachen –
Französische Gastfreundschaft – Wissenschaftler und
Aristokraten – Die Geschichte eines Schiffbruchs

Draußen lecken wir erst einmal unsere Wunden. Kälte, Erschöpfung und Angst haben uns angeschlagen und verletzlich gemacht. Karl hat sich einen Finger gebrochen, Erhard einen verstaucht; Erich hat sich die Hand gequetscht, Manfred und Burkhard haben jede Menge Prellungen, Schürfwunden und Blutergüsse. Ich habe einiges zu tun, um alle Blessuren zu versorgen. Wir sind total erschöpft und nicht mehr fähig, uns zu konzentrieren.

Das Anker-auf-Manöver verlief nicht ohne Komplikationen: Die einzige Ankerwinde war mit der Kette des ersten Ankers belegt, der zweite mußte deshalb mit „alle Mann" von Hand hochgeholt werden. Beim Einholen des Hauptankers entdeckten wir, daß er sich tatsächlich losgerissen hatte. Der 16 Millimeter starke Wirbelschäkel zwischen Kette und Ankerschaft war gebrochen. Nun wurde auch klar, warum der Ankerball (ein dicker Fender) durch die ganze Bucht gewandert und schließlich auf der flachen Stelle am Eingang hängengeblieben war: Die Sorgleine, mit der wir Anker und Ankerball verbunden hatten, war nicht lang genug, so daß der Anker durch den Auftrieb des Ankerballs in den hohen Wellen immer wieder angehoben und versetzt werden konnte. Noch einmal mußten alle Mann ran und den Anker an der Sorgleine hochziehen. Das alles passierte in höchster Eile, weil wir ja immer noch mit Brechern rechneten.

Nach den Strapazen der letzten beiden Tage haben wir alle nur ein Bedürfnis: auszuruhen. Wir entschließen uns, zur Schweineinsel zurückzulaufen. Laut *Antarctic Pilot* gibt es dort eine relativ ruhige

Bucht im Osten der Insel, die von einer Felsenkette geschützt sein soll. Als wir nach drei Stunden die Insel erreichen und dicht unter Land an ihr entlangsegeln, passieren wir die größte Königspinguin-Kolonie der Erde: Über eine Million Tiere sollen es zur Brutzeit sein. Mit weißen Punkten wie Nadelkissen gespickte Hänge dehnen sich, so weit das Auge reicht. Wie gerne würden wir hier einen Stopp einlegen. Doch wir haben kein „Schwein" auf der Schweineinsel. Als wir in der angeblich geschützten Bucht ankommen, laufen auch hier die Roller nahezu ungehindert hinein; starke Brandung kracht ringsum an die Felsen. Nein danke, das hatten wir schon! Wir geben auf, teilen Wachen ein und nehmen Kurs auf die östlichen Crozet-Inseln.

Wo ist ein Mauseloch zum Verkriechen? Die lädierte Mannschaft braucht dringend Ruhe. „Auf der Ile de la Possession gibt es eine tiefe, sicher gut geschützte Bucht mit einer französischen Station. Dort sollten wir's versuchen", entscheidet Erich. Wieder frischt der Wind auf, acht Beaufort aus Nord. Das kann uns jetzt nur recht sein, denn er kommt von achtern. Mit Rauschefahrt erreichen wir die Insel sogar noch vor der Dunkelheit. Aber als wir ihre Nordspitze runden, bricht die Nacht mit Macht herein. Bei Sturm und grober See preschen wir dicht an der Küste entlang. Klippen sind oft erst in letzter Sekunde zu erkennen. Erich hält ununterbrochen selbst Ausschau; ich weiß nicht, woher er noch die Kraft nimmt. Ich leide unter Kopfschmerzen und Übelkeit. Seekrankheit, Streß? Die Nachwehen der ausgestandenen Todesangst? Die vergangene Nacht steckt mir tief in den Knochen. Erich schickt mich in die Koje, wo ich sofort einschlafe.

Meinen Job an Radar und GPS hat Steffen übernommen. Er navigiert uns an der Küste entlang, die mit bloßem Auge nicht mehr zu sehen ist. Auch den Eingang zur Bucht glaubt er auf dem Radar ausmachen zu können.

Erich hält darauf zu, als er aber schemenhaft vor sich eine Steilküste mit Brandung erkennt, fällt er rasch wieder ab. Später zu mir: „Das konnte kein Eingang sein. Wir liefen also weiter und passierten noch eine Huk, dann sahen wir oben auf dem Berg plötzlich die Lichter der Station und auch das Leuchtfeuer, das die Einfahrt markiert."

69 Balztanz der Wanderalbatrosse auf Marion

70 Eine Elefantenrobbendame auf Marion nimmt ein Sonnenbad.

71 Ein Wissenschaftler beringt einen Wanderalbatros (Marion).

72

73

74

72 Durch die Brüllenden Vierziger

73 Ansteuerung von Prince Edward

74 Zu Gast in der kleinen südafrikanischen Station auf Marion

75 Rußalbatros mit Küken auf Marion

76 Eine Seilschaft wagt den Aufstieg.

77 Riskantes Landemanöver an einem der „Apostel" (Crozet)

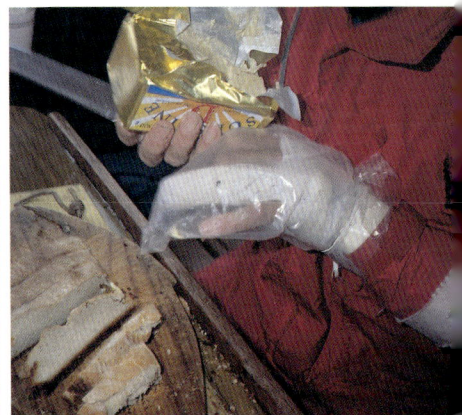

78 Die gefährlichen Zwölf Apostel (Crozet)
79 Besuch der französischen Station in Port Alfred
80 Der Wirbelschäkel zwischen Anker und Kette ist gebrochen…
81 …und Karls Finger auch.
82 Die einzige Ankerbucht der Apostelgruppe entpuppt sich als Falle. Eine Nacht lang hängt unser Leben an einem Seil und der letzten Ankerkette.

82

83
Schnell an
Land, bevor
die nächste
Welle kommt!

83

84 Junger Albatros

85 Robbenidyll auf der eisigen Insel Heard

86

84

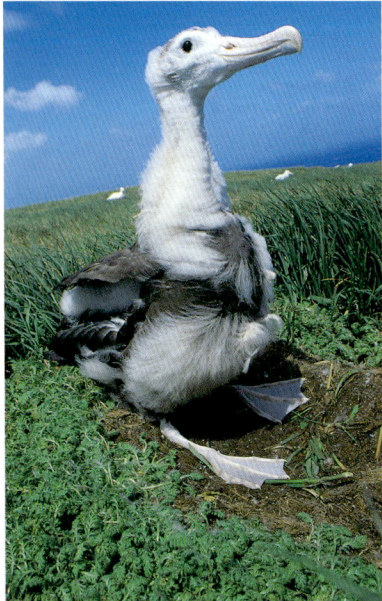

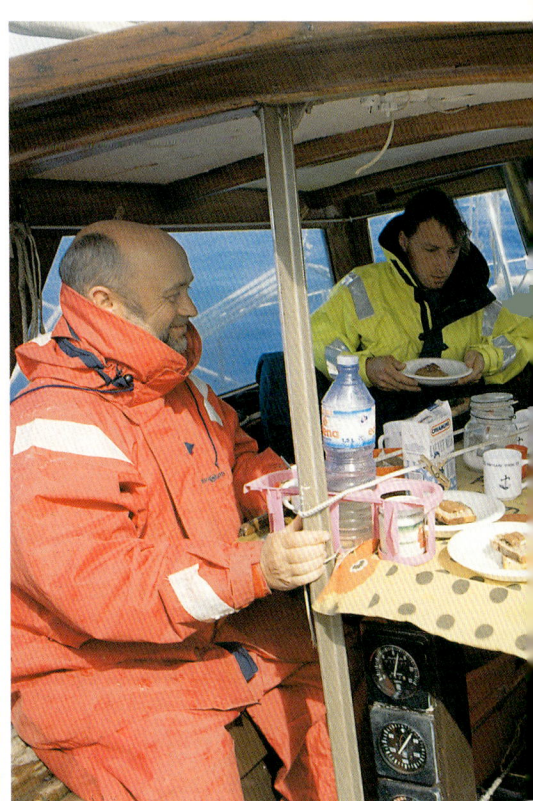

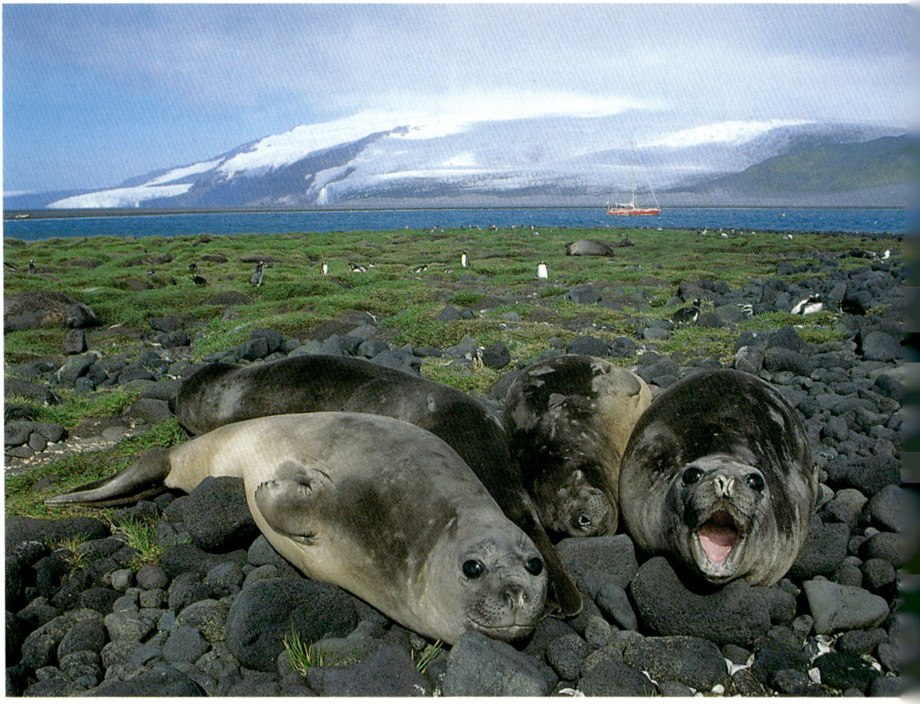

85

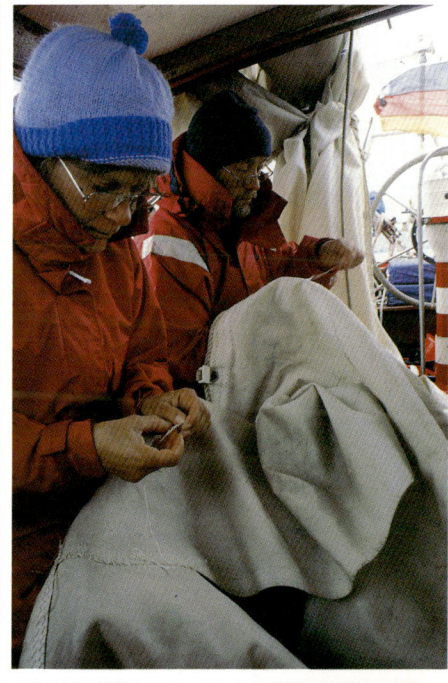

86 Ich habe Geburtstag – wieder mal auf See.

87 Das Groß ist gerissen: Nähstunde bei Windstärke 10.

88 Kerguelenkohl, ein schmackhaftes Gemüse und Mittel gegen Skorbut

89 Wir verbrennen unseren Müll auf Heard.

90

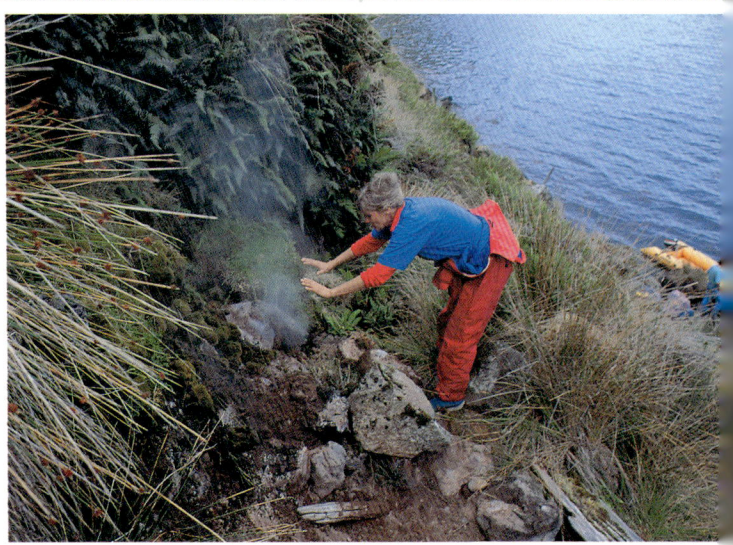

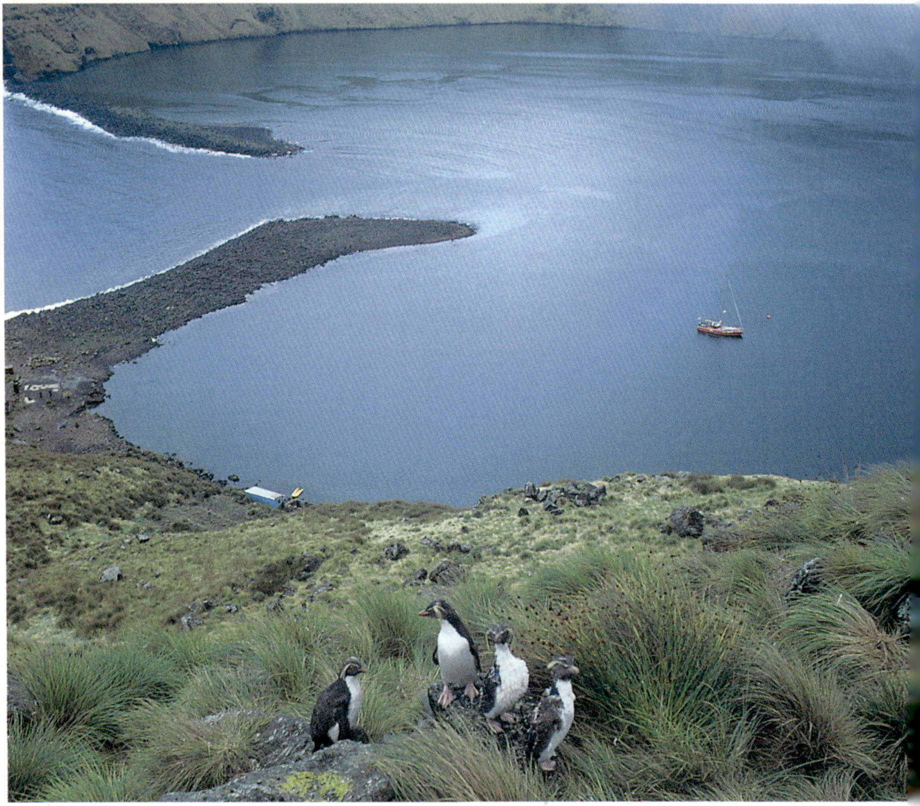

91

90 Endlich ein geschützter Liegeplatz inmitten des Indischen Ozeans: die kleine Kraterinsel St. Paul

91 Händewärmen am heißen A
des Vulkans auf St. Paul

Die Bucht zieht sich als tiefer V-förmiger Einschnitt in die Insel hinein. Wir fahren einen großen Bogen, da der Eingang von beiden Seiten mit Riffen und Untiefen nur so gespickt ist, und sind dankbar, daß das Leitfeuer, das in der englischen Spezialkarte eingetragen ist, auch tatsächlich brennt. Sonst hätten wir vorsichtshalber bis zum Morgen draußen warten müssen. So aber fädeln wir uns trotz rabenschwarzer Finsternis durch hohe Klippen und Felswände und tasten uns mit Hilfe des Echolots zum Scheitel der Bucht vor, dem sogenannten Port Alfred. Durch das Heulen des Windes dringt Pinguin-Geschrei. Erst mit dem Halogenscheinwerfer erfassen wir unsere nähere Umgebung: Abertausende von Königspinguinen drängeln sich an Hängen und flachen Sandstränden bis ans Wasser. Dazwischen scheinen ein paar glatte Felsen zu liegen, die sich aber bei näherem Hinschauen als Elefantenrobben enttarnen.

Kurz nach Mitternacht werfen wir den Anker sieben Meter tief auf sandigem Grund. Heftige Sturmböen düsen durchs Tal hinab zur See. Doch mehr als 30 Meter Kette können wir in der schmalen Bucht nicht stecken, sonst laufen wir Gefahr, an die Felsen gedrückt zu werden. Um eine Ankerwache kommen wir also nicht herum. Karl übernimmt die erste Stunde. Er habe keine Schmerzen, sagt er, und will das Abbacken nachholen, zu dem er während der rauhen Überfahrt keine Gelegenheit fand. Seine rechte Hand mit dem geschienten Finger hat er wasserdicht in Folie verpackt. Todmüde und wie gerädert sinken alle anderen in tiefen Schlaf.

Um zwei Uhr nachts wache ich auf, weil ich fast aus der Koje falle. Die FREYDIS rollt extrem stark, Brecher ergießen sich übers Deck. „Was ist denn das schon wieder für eine blöde Bucht?" schreie ich entsetzt. Auch Erich ist im Nu hellwach. „Das gibt's doch nicht, da kann doch was nicht stimmen", knurrt er und eilt ins Cockpit. Dort ist Karl im grellen Licht der Deckshauslampe immer noch beim Geschirrspülen. Er hat gar nicht bemerkt, daß die FREYDIS seit einer Stunde auf Drift gegangen ist. Jemand muß seine schützende Hand über unser Schiffchen gehalten haben, als es mit lose herabhängendem Anker ohne wachsame Führung an Riffen und Untiefen vorbei durch die gesamte Bucht aufs offene Meer hinaus trieb. Daß wir dabei nicht aufgelaufen und gestrandet sind, bleibt ein für uns unerklärliches Wunder. Noch nachträglich stehen uns die Haare zu Berge. Laut Radar sind wir bereits fünf Meilen von der Küste entfernt. Alle Mann an Deck, Anker auf! Neuer Anlauf in die Bucht. Nach einer Stunde ankern wir zum zweiten Mal am selben Platz und wagen es diesmal, 45 Meter Kette zu stecken. Die Ankerwache ist gewarnt. Den Rest der Nacht verbringen wir ohne Zwischenfälle. Am Morgen freundlicher Sonnenschein, gemütliches gemeinsames Frühstück im Cockpit. Wenn acht Leute auf einem kleinen Boot durcheinanderquasseln, führt das manchmal zu einer Kommunikationswuling. Erhard: „Die Sturmvögel killen schon wieder einen Pinguin!" – „Wie groß?" fragt Steffen Erich, der beim Heizungslüftermontieren einen Schraubenschlüssel braucht. Karl, versonnen die Sturmvögel beobachtend: „Riesig, mit ausgebreiteten Flügeln!" Steffen: „So was hab' ich nicht."

Draußen vor der Bucht patrouillieren Orcas, ihre schwarzen Finnen glänzen in der Sonne. Wir bringen unsere bewährte Trosse an Land aus und melden uns über UKW auf der Station. Hoffentlich sind wir willkommen, und es geht uns nicht wie dem Neuseeländer Gerry Clark, der 1986 mit seiner TOTORORE hier abgewiesen worden ist. Die Station hatte eine entsprechende Weisung aus Paris bekommen. Als Grund, den man ihm allerdings nicht nannte, vermutete Clark seine Neuseeland-Flagge. Die Beziehung der beiden Staaten war damals aufs äußerste gespannt. Erst kurz zuvor hatten französische Geheimagenten im Hafen von Auckland das Greenpeace-Flaggschiff RAINBOW WARRIOR gesprengt, wobei ein Journalist ums Leben gekommen war.

Wir lauschen gespannt. Was werden wir hören? Ein herzliches Willkommen tönt aus dem Lautsprecher, dazu eine Einladung zum Essen und zu heißen Duschen: Gastfreundschaft bisher auf der ganzen Linie am Rande der Konvergenz. Obwohl wir uns körperlich zerschlagen fühlen, sind wir ausgelassener Stimmung und werfen uns in Schale. Nur der Skipper will sich nicht von seiner Alltagskleidung trennen, einem ausgebeulten Segelanzug mit Ruß- und Ölflecken und mehreren Rissen. „Da kräht doch hier kein Pinguin nach", murmelt er.

Gemeinsam setzen wir im Dingi an Land über. Unter den Schreien und Fanfarenstößen Tausender Eingeborener werden wir von Stationsleiter Terry und seinen Mitarbeitern freundlich in Empfang genommen und durchs Gedränge zum Hang geleitet, an dem etwa hundert Meter höher die Station liegt.

Nur mit Mühe schaffen ich das kurze Stück nach oben. Meine Beine scheinen aus Blei zu sein, und mein Herz weigert sich, auch nur einen Schlag mehr zu machen als unbedingt notwendig. Erich und den anderen geht's nicht viel besser. Aber schließlich haben wir die Station erreicht, etwa 20 Blech- und Betongebäude. Die meisten seien schon 30 Jahre alt, erfahren wir. Ein paar werden gerade renoviert. Zur Zeit wohnen und arbeiteten hier 30 Mann und wieder keine einzige Frau (arme Franzosen). Die meisten bleiben ein Jahr auf der Insel.

Im Kasino stellt uns Terry den übrigen Stationsmitgliedern vor, und dann geht's zu Tisch. Der Küchenchef, der in Frankreich ein großes Restaurant leitete, ein Hilfskoch und ein Bäcker sorgen hervorragend für unser leibliches Wohl: Schnecken in Knoblauchsoße, Geschnetzeltes mit Reis und Früchten, dazu Wein und knuspriges Weißbrot. Zum Nachtisch gibt es sogar Erichs Lieblingstorte Schwarzwälder Kirsch. Die Runde freut sich, wie's den Gästen schmeckt.

Die Station verfügt auch über ein gut eingerichtetes kleines Hospital mit einem freundlichen Arzt. Karls Finger wird geröntgt und frisch geschient, die Verletzungen der anderen werden neu verbunden. Wir waschen unsere Wäsche, duschen, liefern auf der „Post" einen großen Stapel Philatelistenbriefe ab und natürlich auch unseren Schiffsstempel, der auf den Stationen immer heiß begehrt ist. Schließlich kaufen wir im Miniladen Pullover mit Pinguin- und Orca-Motiven und Hausschuhe fürs Schiff, damit wir nicht immer in nassen Stiefeln herumlaufen müssen.

Die Ile de la Possession ist mit 18 mal 14 Kilometern die größte des Crozet-Archipels und wie die anderen auch vulkanischen Ursprungs. Auf der Spezialkarte finde ich bekannte Namen: Ein Fluß im Nordosten heißt Moby Dick, ein Gebirgszug im Norden Monts Jules Verne, der höchste Gipfel (934 Meter) ist nach der Fregatte Marion Dufresnes Pic du MASCARIN benannt, und der zweithöchste nach Tilmans Segelyacht Mont du MISCHIEF.

Der Engländer H.W. Tilman, der in den Fünfzigern und Anfang der Sechziger als erster Sportsegler und Bergsteiger mit seiner

MISCHIEF viele entlegene Archipele der Antarktis und Subantarktis aufsuchte, ankerte wie wir in der Baie de Navire. Er staunte nicht schlecht, als er die riesige Pinguinkolonie sah: „MISCHIEF war schon an vielen komischen Orten gewesen, aber noch an keinem wie diesem. Wir schienen in einer Art Zoo zu sein."

Einen ganzen Tag nehmen wir uns Zeit für den Zoo oder das „Tal der Könige", wie wir die Kolonie nennen. Wir beobachten, filmen und fotografieren das Leben und Treiben der bis zu einem Meter großen Aristokraten in ihrem quirligen, 100000 Köpfe zählenden Reich, das ebenso groß ist wie jenes in der Kildalkey-Bucht auf Marion. Wie bei jeder Massenansammlung macht auch hier alles einen unpersönlichen, geschäftigen Eindruck. Die Pinguine scheinen vom Abenteuer des Lebens völlig in Anspruch genommen zu sein und wirklich andere Sorgen zu haben, als ausgerechnet mit Hergelaufenen wie uns Kontakt aufzunehmen. Etwas wehmütig denke ich zurück an die St.-Andrews-Bucht auf Südgeorgien, wo es viel beschaulicher zuging. Hier warte ich jedenfalls vergebens auf ein „Brautgeschenk". Jules Verne hat schon recht: „Mit ihrem gelbweiß-schwarzen Gefieder, dem zurückgeworfenen Kopf und den an die Ärmel eines Rocks erinnernden Flügeln gleichen diese drolligen Vögel von fern einer sich den Strand entlang bewegenden Prozession von Mönchen."

Für ihre Kolonie haben die befrackten „Stadtväter" ein wunderschönes Tal mit einem Gebirgsbach ausgesucht. Dieser Ort hat jedoch zwei große Nachteile: Erstens läuft der Sandstrand am Scheitel der Bucht äußerst flach aus, so daß sich bei Oststurm eine hohe Brandung aufbaut; der ganze Pulk zieht dann die Hänge hinauf und weiter ins Tal hinein, jedesmal eine Katastrophe für die brütenden Tiere. Zweitens ist dieser Taleinschnitt der einzige Ort, an dem Menschen gefahrlos anlanden können, zumindest bei den vorherrschenden Westwinden. Deshalb suchen die Franzosen hier auch eine friedliche Koexistenz mit den Pinguinen, allerdings nicht ganz in deren Sinn: Mitten in ihre angestammten Brutplätze wurden klotzige Lagerhallen gebaut, große Treibstofftanks aufgestellt und ein breiter Weg für Traktoren angelegt. Drahtgitterzäune sollen die Pinguine von den Gebäuden fernhalten, aber nicht alle lassen sich vertreiben. Sie kriechen darunter durch, purzeln darüber hinweg oder entdecken Löcher – nur zurück zum Nest finden sie meist nicht. Verendete Tiere liegen auf dem Weg, verirrte laufen herum. Keine glückliche Symbiose.

Wir unterhalten uns mit den Biologen über ihre wissenschaftlichen Arbeiten auf der Insel. Ein Student zeigt uns einen lebenden Pinguin im Eisschrank, dessen Stoffwechsel nach Hormongaben untersucht wird. „Das Resultat dieser Forschungsarbeit wird sicher dazu beitragen, die Reaktion der Pinguine bei kommenden Klimaänderungen besser zu beurteilen", flüstert Erich mir zu. Ein anderer Student markiert Pinguinpaare mit Tusche, um herauszukriegen, ob und wie die Tiere nach der Futtersuche auf See wieder zueinanderfinden. „Sie erkennen sich an der Stimme", erklärt er mir. „Außerdem schauen für einen Pinguin andere Pinguine nicht alle gleich aus." Ein Verhaltensforscher sitzt in einer kleinen Hütte am Rand der Kolonie und überwacht rund um die Uhr die feine Gesellschaft nach dem Motto *Big Brother watches you.*

Apropos Forschung: Im Rahmen der ersten deutschen Antarktisexpedition unter Leitung Erich von Drygalskis (1901 bis 1903), lief das Expeditionsschiff GAUSS, ein Dreimastschoner mit Hilfsmaschine, auch dieses Eiland an. Magnetische Messungen wurden vorgenommen, ein relativ junges Alter des Vulkankegels festgestellt, eine flügellose Fliege und andere Insekten untersucht und Robben und Vögel beobachtet.

Wie fast alle Inseln der südlichen Ozeane wurden natürlich auch die Crozets im 19. und beginnenden 20. Jahrhundert immer wieder von profitgierigen Pinguin- und Robbenschlägern heimgesucht. Heute verurteilen wir solche Tiermassaker, weil sich unsere Einstellung zur Umwelt geändert hat. Trotzdem bleiben der Mut und die Ausdauer dieser Männer bewundernswert, die oft jahrelang unter härtesten Bedingungen arbeiteten und dabei ihr Leben riskierten. Das veranschaulicht auch der Bericht über den Schiffbruch der PRINCESS OF WALES 1821 auf den Crozets und der anschließende Überlebenskampf ihrer Robbenfängercrew.

Die PRINCESS OF WALES war ein Kutter von 75 Tonnen und im südlichen Eismeer auf der Suche nach Tran, Finnen, Fellen und Amber. Der 25jährige Engländer Charles Medyett Goodridge, der auf ihr anheuert hatte, berichtete ausführlich über die Havarie und ihre Folgen: „Ihre Jagd begannen sie auf Prince Edward Island, wo jeweils fünfzehn Mann für ein bis zwei Wochen an Land blieben, einigermaßen versorgt mit Salz, Brot, Kaffee, Zuckersirup und gepökeltem Schweinefleisch. Als Dach über dem Kopf diente ihnen ein umgedrehtes Beiboot, das sie durch untergeschobene Steine und Erde anhoben. Ein Feuer vor dem Boot wurde mit dem Tran der getöteten Elefantenrobben genährt. Sie lebten nicht nur äußerst unbequem, sondern auch in der ständigen Sorge, daß Stürme das Mutterschiff zwangen, auf See hinauszulaufen, um vielleicht nie mehr zurückzukehren."

Als sie auf Prince Edward kaum noch Robben fanden, segelten sie zu den Crozets. Im Februar 1821 besuchten sie die Ostinsel, wo sie acht Männer zurückließen. Die übrigen sieben liefen weiter zur Possession-Insel und ankerten in der Baie de Navire. Einmal wöchentlich segelten sie zur Ostinsel zurück, um die Männer dort mit dem Lebensnotwendigen zu versorgen und die erbeuteten Felle zum Einsalzen an Bord zu nehmen.

Am 17. März, einem Tag, an dem sie wieder zur Ostinsel wollten, kam ein Südoststurm auf, und die PRINCESS OF WALES warf die Leinen los, um den Sturm draußen auf offener See abzureiten. Doch der Wind schlief ein, und das Schiff trieb in der hohen Dünung unaufhaltsam aufs Land zu. Gegen Mitternacht scheiterte es an den Klippen. Die sieben Mann an Bord kämpften sich in dem allein verbliebenen Beiboot mit großer Mühe durch den Kelp und landeten an einem weniger felsigen Teil der Küste, in der Nähe der American Bay. Ihr Besitz bestand aus einem Kochkessel, einer Bratpfanne, aus Messern und Dolchen an ihren Gürteln, sowie Feuersteinen und Zunder, die in einer wasserdichten Ölzeugtasche untergebracht waren. Nachdem sie das Wrack geortet hatten, campierten sie in seiner Nähe am Strand, und bevor es endgültig auseinanderbrach, retteten sie noch die Seekisten des Kapitäns und des Steuermanns, sowie einige Holzplanken, das Trysegel, den Toppmast und eine Bibel, die im Wasser trieb ...

Das Dach ihrer Hütte deckten sie mit Elefantenrobbenhäuten, Tussokgras diente ihnen als Bett und Robbenfelle als Zudecke. Beim Durchstreifen der Umgebung fanden sie die Reste einer von amerikanischen Robbenfängern 1805 gebauten Hütte, einen Pechkessel, den sie zur Bratpfanne umfunktionierten, und noch weit nützlichere Gegenstände wie eine Axt, einen Wetzstein, eine Schaufel, einen Bohrer und eine Anzahl eiserner Haken. Aus dem Griff ihrer alten, durchgerosteten Bratpfanne fertigten sie mit Hilfe des Wetzsteins eine Lanzenspitze, um Elefantenrobben töten zu können, von denen sie fast vollständig abhängig waren, wenn sie überleben wollten.

Die acht Mann auf der Ostinsel fristeten ihr Leben in ähnlicher Weise und mit wenig Hoffnung auf Rettung. Sie nahmen an, daß die PRINCESS OF WALES mit der gesamten Besatzung ein Opfer der Stürme geworden war, denn Teile des Wracks waren im Westen der Insel angeschwemmt worden.

Als im Dezember 1821, nach zehn Monaten, die Nahrung auf der Ostinsel knapp wurde, beschlossen sie, mit ihrem kleinen, wenig seegängigen Boot nach Possession überzusetzen ... Der Zufall führte sie ausgerechnet in die Bucht, an der ihre Gefährten seit dem Schiffbruch lebten. Das glückliche Wiedersehen weckte in allen neue Hoffnung und Kraft ... Der Bau eines Schiffes wurde geplant: Es sollte etwa zehn Meter lang, zwölf Tonnen schwer werden und luggergetakelt sein. Dazu kratzten sie alles verfügbare Material zusammen. Selbst das Holz ihrer Hütte wurde für das neue Schiff gebraucht und deshalb eine aus Torf und Steinen errichtet. Robbenhäute dienten als Segel und Taue, mit denen sie sonst die Felle zusammengeschnürten, als Rigg ... Als Werg zum Kalfatern nahmen sie eine Mischung aus Tierhaaren und Albatrosdaunen. Die Wasser- und Proviantversorgung für die Reise war ein großes Problem. Sie fertigten Wasserbehälter aus Robbenhäuten an, sammelten eine Menge Pinguineier und salzten Zungen von Elefantenrobben ein. Um das Salz zu gewinnen, ließen sie in einem alten, auf der Insel vorgefundenen Riesenkessel Seewasser verdampfen.

Mittlerweile wurde es aber immer schwerer, ausreichend Nahrung für 15 Mann aufzutreiben, weshalb fünf von ihnen wieder zur Ostinsel übersetzten. Dort blieben sie ohne Boot zurück, weil nur eines vorhanden war, mit dem ihre Begleiter nach Possession zurückkehrten. Im Januar 1823, ein Jahr und zehn Monate nach dem Schiffbruch, war das neue Schiff fertig, um zu Wasser gelassen zu werden. Weil sie dazu alle Kräfte brauchten, machten sich sieben Mann auf den Weg, um die Leute von der Ostinsel zu holen. Als sie dort ankamen, war es schon zu spät für die Rückfahrt am selben Tag. Am folgenden aber kam Sturm auf und warf ihr Boot 30 Meter weit auf den Strand, wobei der Bug eingedrückt wurde. Ohne jede Möglichkeit zurückzukehren – auf der Ostinsel gab es auch nicht mehr den geringsten Rest Holz zum Reparieren ihres Bootes –, blieben die zwölf Mann ihrem Schicksal überlassen. Die Kraft der drei Mann auf Possession aber reichte nicht aus, um das neue Schiff zu Wasser zu bringen. Auf dem Tiefpunkt ihres Schicksals angelangt, konnte ihnen jetzt nur noch ein Wunder helfen.

Nachdem die Leute auf der Ostinsel – Goodridge war unter ihnen – einige Tage hart gearbeitet hatten, um ihr zerschmettertes Boot doch wieder einigermaßen seegängig zu machen, und nur noch ein paar Eier holten, um anschließend zu der äußerst riskanten Fahrt aufzubrechen, trat das Wunder plötzlich ein: Ein amerikanischer Robbenfänger segelte in die Bucht! Goodridge wörtlich: „Die Eier fielen uns aus den Händen, wir rannten, stolperten, sprangen vor Freude in die Luft und riefen dem Schiff ein dreifaches Hoch entgegen, das alsbald beantwortet wurde ... "

Die drei auf Possession wurden rasch abgeholt. Goodridge selbst hat das fertiggestellte Schiff nicht mehr gesehen, aber seine Gefährten berichteten, es sei ein sehr hübsches Schiff gewesen, und bedauerten ein wenig, es zurücklassen zu müssen. (Auszug aus Tilmans 1961 erschienenem Buch *Mischief Among the Penguins*)

Von diesem „hübschen Schiff" fand Tilman keine Reste mehr – und wir natürlich auch nicht. 170 wilde, stürmische Jahre sind darüber hinweggegangen und haben alle Spuren getilgt.

Zum Abschied besuchen uns die Stationsmitglieder, in kleine Gruppen aufgeteilt, auf der FREYDIS. Einige finden, wir hätten viel Mut, in einem so kleinen Boot hier herumzusegeln; andere würden uns am liebsten zu den Kerguelen begleiten; ein paar aber werden nach kurzer Zeit blaß und stumm und verlassen uns fluchtartig.

Nach den schlimmen Tagen auf See ist unser Aufenthalt auf Possession eine erholsame Abwechslung, die das seelische und körperliche Gleichgewicht wieder ins Lot bringt. Leider können wir nicht länger bleiben, unser Zeitplan auf den Crozets ist bereits überschritten. „Bon voyage! Grüßt uns die Kerguelen!" rufen die Franzosen und winken, als wir die gastliche Bucht unter Segeln verlassen.

# Zu den „Inseln der Trostlosigkeit"

*Ständig auf der Hut – Landfall auf den Kerguelen – Eine Nacht am Gletscher – Sand im Getriebe – Geisterstation mit Komfort – Gourmets und Ölfresser – Merci pour tout!*

Wir schaukeln entlang der Ile de l'Este, der letzten Crozet-Insel im Osten des Archipels. Spärliche Sonnenstrahlen erhellen bizarre, über 1000 Meter hohe, schneebedeckte Vulkanspitzen und eine steil abfallende, zerklüftete Küste ohne einladende Buchten: ein wildes, bedrohliches und doch seltsam anziehendes Bild. Manfred bekennt: „Ich verstehe immer besser, warum man von solchen Gebieten nie wieder loskommt."

Noch weit in die Nacht hinein können wir die Lichter der Station auf Possession erkennen. Bei mäßigem Westnordwest und erträglicher See nehmen wir Kurs auf die Kerguelen. Bis zur Hauptinsel, auf der wiederum eine französische Station liegt, sind es genau 800 Seemeilen.

Ab und zu umschwirren Entensturmvögel die FREYDIS. Die Walfänger und Seeleute früherer Zeiten nannten sie Wal- oder Feuervögel, Namen, die von ihrer Gewohnheit herrühren, nachts vor den Feuern der Walfangstationen in der Nähe ihrer Bruthöhlen hin und her zu fliegen. Wir sahen sie auch um die Stationen auf Marion und Possession kreisen. Im Scheinwerferlicht blitzten ihre kleinen Körper nur kurz vor dem Nachthimmel auf. Zu Anfang, als ich noch nicht genau hinschaute, hielt ich sie sogar für Sternschnuppen. Für Karl dagegen sind sie seit seinem Kollisions-Erlebnis nur noch nasse Lappen, die durch die Gegend fliegen.

Um 05.45 Ortszeit geht die Sonne auf. Bei starken westlichen Winden genießen wir den ganzen Tag Supersegeln unter Groß und ausgebaumter Genua. Nicht selten surfen wir mit zehn bis zwölf Knoten die Wellen hinunter. Um 21.00 Uhr Funkgespräch mit Günther und Johanna von der OLE HOOP in Kapstadt. Ihre Wettermeldung – ein ausgedehntes Hoch auf 40°S und 50°E – wird von uns freudig aufgenommen. Unsere Position: 47°49'S, 55°57'E.

Als der Wind auf Westnordwest dreht, halsen wir, entfernen den Baum und haben eine ruhige Nacht mit gleichmäßiger, steifer Brise. Obwohl wir alles festzurren, verkeilen und polstern, was klappern und scheppern könnte, findet Manfred keinen Schlaf und ist sehr beunruhigt, weil er als Wachführer doch voll einsatzfähig sein muß. Am Morgen setzen wir Blister. Hoher Seegang! Brecher überfluten Cockpit, Rudergänger und jene, die sich unvorsichtigerweise nicht im überdachten Bereich aufhalten. Im Vergleich zum Atlantik kommen mir die Wellen hier deutlich höher vor. Oder ist das Einbildung, ausgelöst durch unterschwellige Angst? Das Baro steigt langsam, aber stetig. Wir scheinen mit dem Hoch nach Osten zu ziehen. Ich wünsche mir nichts sehnlicher als einen sturmfreien Törn zu den Kerguelen. Noch 300 Seemeilen ...

Fast den ganzen Tag sitze ich im Cockpit und freue mich an Wander- und Gelbschnabel-Albatrossen, Weißkinn- und Enten-Sturmvögeln, Kaptauben und Dominikanermöwen, die unser Schiff begleiten; über eine Robbe, die uns zuwinkt, über schwarzweiße Commerson-Delphine, die unseren Kurs kreuzen, und über zwei Pilotwale, die direkt neben dem Schiff auftauchen. Wir scheinen uns mitten in einem äußerst beliebten Reiserevier zu befinden. Was Wunder, die FREYDIS segelt zum siebten Mal über die Konvergenz, die nährstoffreiche Wasserscheide zur Antarktis. Das heißt für uns aber vor allem: verstärkter Eisberg-Ausguck!

Um 21 Uhr wieder Radioplausch mit Günther. Auf der Frequenz auch Klaus und Johanna von der OLE HOOP. Sie bereiten sich gerade auf den letzten Schlag ihrer Weltumsegelung vor, der sie von Kapstadt über Brasilien nach Deutschland führen soll. Günthers Wetterbericht: Das Hoch liegt genau achteraus von uns, das bedeutet mindestens weitere 24 Stunden ohne Sturm. Beruhigt schlafe ich ein.

In der Nacht dreht der Wind und kommt vorlich. Gegen Morgen Flaute. Die Maschine muß ran. Nur noch 180 Seemeilen. Erich zuversichtlich: „Morgen abend können wir vor Anker liegen." Diese Prognose hören alle gern. Er hat einen Liegeplatz im Westen der Hauptinsel ausgesucht, dort, wo die kleine Ile Ouest vorgelagert ist. In der schmalen Wasserstraße zwischen Mini- und Hauptinsel vermutet er gute Ankermöglichkeiten. Nur bei auflandigem Sturm könnten sich auf dem 30 bis 50 Seemeilen breiten Schelfsockel gefährliche Grundseen bilden. Beim bloßen Gedanken an Brecher und Grundseen ist meine gute Laune dahin. Auch das, was ich im *Pilot* über die Kerguelen lese, klingt nicht gerade beruhigend: „Das Klima ist kalt, naß und windig, heftige Schneefälle sind zu jeder Jahreszeit möglich. Die Stürme treten oft ohne Warnung auf, und das Baro mag gerade erst am Fallen sein, wenn der Wind schon zu blasen beginnt. Selbst im Sommer gibt es kaum einen Tag, an dem der Wind nicht Stärke acht bis neun erreicht – wenigstens für kurze Zeit." Das heißt also, wieder ständig auf der Hut sein, was sonst!

Außentemperatur zwei Grad, die Crew ist in ihre dicksten Klamotten gehüllt. Zum Frühstück gibt es heißen Kakao, Kaffee, Toast oder Müsli. Steffen hat meist Appetit auf Deftigeres. Im Logbuch steht: „Steffen ißt in der Früh einen großen Topf eiskalte Bohnensuppe in sich hinein – der muß einen Magen wie eine Einkaufstüte haben!" Steffen und Manfred haben seit Antritt der Reise mit dem Rauchen aufgehört. Ein leichter Entschluß, aber schwer durchzuhalten auf einer so harten, ohnehin entbehrungsreichen Reise wie dieser. Hoffentlich schaffen sie es.

Günther gibt Neuigkeiten von zu Hause durch. Zahlreiche Freundinnen von Manfred hätten sich nach ihm erkundigt, wobei einige ihren Namen gar nicht nennen wollten. Manfred lächelt zufrieden. Heute kann er bestimmt gut schlafen. Und das Wetter: Wir segeln am Südrand eines ausgeprägten Hochs, das nächste Tief liegt noch weit entfernt. Mein Wunsch nach sturmfreier Annäherung an die Kerguelen scheint in Erfüllung zu gehen. Jetzt erst kann ich mich so richtig auf unseren nächsten Landfall freuen. Die FREYDIS geigt unter Blister sanft hin und her. Bei einem Nordwest von fünf Beaufort läuft sie mit sieben Knoten durch Nacht und Nebel. Radarkontrolle jede Stunde, um ja keinen Eisberg zu rammen.

In ihrer Form erinnern die Kerguelen an einen Tintenklecks mit vielen Ausläufern und kleinen Spritzern drum herum. Die ganze

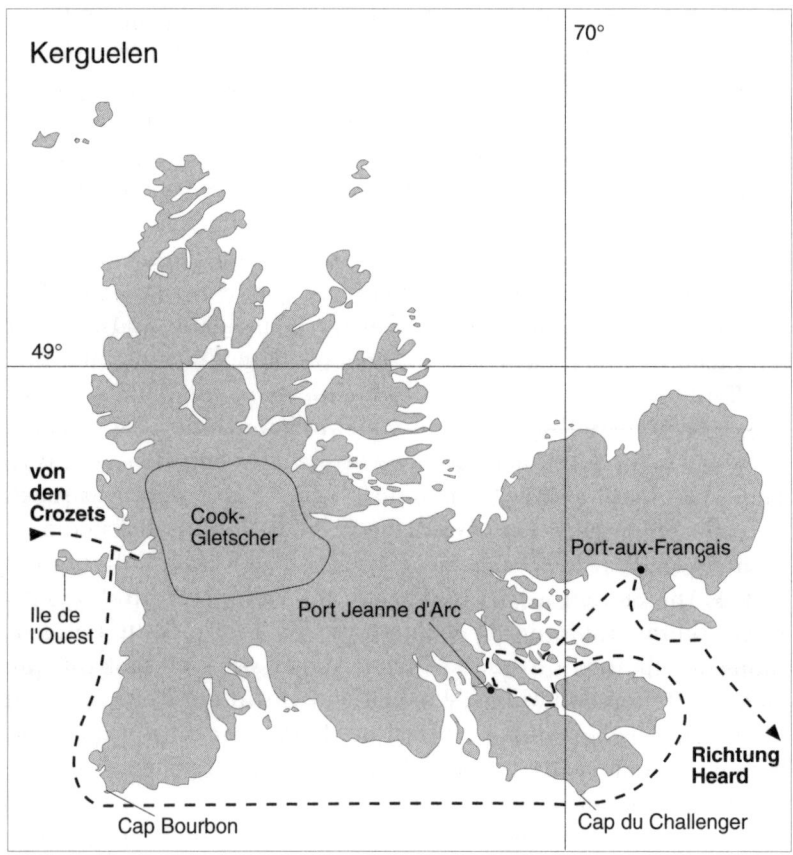

Insel erscheint zerfleddert, ausgefranst: ein Wirwarr aus Gletschern, Bergen, Hügeln und Tälern, ein wahres Labyrinth aus Halbinseln, Landengen, Buchten, tiefen Sunden und Fjorden, Inselchen, Felsbrocken, Klippen und Riffen. Mit seinen mehr als 300 Satelliteninseln – wobei man sich darüber streiten kann, was man dazu zählt – ist dieser 7000 Quadratkilometer umfassende Archipel der größte Landfleck im subantarktischen Meer. Zusammen mit den Crozets und den Zwillingsinseln St. Paul und Amsterdam (die wir auch noch besuchen wollen), bilden sie die unter französischer Verwaltung stehenden „Terres Australes".

Am 12. Februar 1772, also im selben Jahr, in dem Marion Dufresne die Inseln der Prince-Edward-Gruppe fand, entdeckte sein Landsmann Yves Joseph de Kerguelen Trémarec, der ebenfalls auf der Suche nach dem verheißungsvollen Südland war, mit den französischen Fregatten FORTUNE und GRAND VENTRE die nach ihm benannten Inseln. 1773 kehrte er mit drei Schiffen zurück, betrat die Hauptinsel in der später von Cook als Christmas Harbour bezeichneten Bucht und skizzierte den Verlauf der Westküste. Aber erst nachdem Kapitän Cook, der am 25. Dezember 1776 in eben diesem Christmas Harbour mit RESOLUTION und DISCOVERY ankerte, den Archipel erkundet hatte, war man sicher, daß es sich bei den Kerguelen um Inseln handelte. Er nannte sie „Inseln der Trostlosigkeit". Nur wenige Jahre nach ihrer Entdeckung wurden die Kerguelen von britischen und amerikanischen Robben- und Walfängern aufgesucht. 1843 sollen nicht weniger als 500 bis 600 Walfangschiffe an ihren Küsten oder in ihrer unmittelbaren Nachbarschaft operiert haben.

Die Menschen kamen nicht allein, sie brachten ihre Haustiere mit — Schafe, Rentiere, Mufflons, Kaninchen, Katzen, Ratten und Mäuse —, die sich auf den großen Landmassen im Wettstreit mit anderen Tieren entwickelten und für die inseleigene Fauna eine große Bedrohung wurden. Vögel, die nie Grund zur Flucht gehabt hatten, wurden Opfer der Katzen; das Tussokgras, vorher niemals abgeweidet, zeigte sich verwundbar und starb ab. Nur die kleinen Inseln um das Hauptland herum blieben von importierten Tieren verschont. Auf ihnen ist die Tier- und Pflanzenwelt noch intakt und für die Wissenschaftler von großem botanischem und zoologischem Wert.

Nach den Wal- und Robbenfängern kamen die Forscher. 1874 und 1875 besuchte eine deutsche Expedition mit der Fregatte GAZELLE die Kerguelen, um für eine neue Ermittlung der Sonnenentfernung den Venusdurchgang zu beobachten. Auch die erste deutsche Antarktisexpedition mit der GAUSS besuchte die Kerguelen. Sie errichtete dort sogar eine kleine Station, auf der hauptsächlich meteorologische und erdmagnetische Untersuchungen durchgeführt wurden. Während die GAUSS die Kerguelen Richtung Antarktis verließ, wo sie als erstes deutsches Forschungsschiff überwinterte, wurde das Schicksal der kleinen Gruppe auf der Kerguelenstation durch die Vitamin-B1-Mangelkrankheit Beriberi entschieden: Ein Mann starb, ein anderer erkrankte schwer.

Gegen Morgen haben wir immer noch dichten Nebel, alles ist feucht an Bord. Etwas später schimmert diffuses Sonnenlicht durch die Milchsuppe. Noch 40 Seemeilen. Den Blister fahren wir jetzt als Spinnaker, setzen den Kurs direkt auf den Eingang eines namenlosen Fjords nördlich der Ouest-Insel ab, in den laut Karte der größte Gletscher der Kerguelen, der Glacier Cook, mündet. Euphorische Landfallstimmung. Zwar ist noch lange kein Land in Sicht, aber Pinguine und Robben kündigen es an.

Um 16.15 Uhr haben wir das nördliche Kap der Insel Ouest eine halbe Meile voraus an Steuerbord. Unter Radar, teilweise auch auf Sicht, steuern wir im Nebel in den Fjord am Fuß der Calotte Glaciaire Cook, eines großen, sich in Nord-Süd-Richtung ausdehnenden Eisgrats mit 1049 Meter hohem Gipfel, der mehrere Gletscher im Westen speist.

Der Nebel lüftet sich etwas, als wir uns mit Hilfe des Echolots bis auf 100 Meter an die Gletscherabbruchkante herantasten: ein Panorama wie in der Gletscherwelt Patagoniens. In einer kleinen Bucht in der Nähe des Gletschers ankern wir auf sieben Meter Wassertiefe und stecken vorsichtshalber 50 Meter Kette. Fallwinde dröhnen von den Bergen herab, rütteln und heulen in der Takelage. Die Nacht verbringen wir dennoch ungestört in Morpheus' Armen.

Gemütliches Frühstück. Der Gletscher ist wieder in dichten Nebel gehüllt. Wir setzen an Land über, wo terrassenförmig ansteigende, kahle Felsen hinaufführen zu Azorellamoos- und Sumpfwiesen, zu kleinen rauschenden Bächen, Wasserfällen und Teichen. Ein Paradies nicht nur für Elefantenrobben, die fast alle Wasserstellen mit Beschlag belegt haben, sondern auch für Eselspinguine, zierliche braune Enten und sogar Kaninchen, die überall an den Hängen ihre Höhlen bauen. Den Gletscher hören wir knacken und knallen, sehen ihn aber immer nur für Sekunden, wenn der Nebel aufreißt. Bereits am Mittag blasen wir zum Aufbruch. Bei den schlechten Sichtverhältnissen und dem suspekten Nordwind hält uns nichts mehr. Hier bei Weststurm in der Falle zu sitzen – kein angenehmer Gedanke!

Unter Radar zwängen wir uns in die enge Passage zwischen der Ile Ouest und der Hauptinsel, in der wir ursprünglich hatten ankern wollen. Jetzt erkennen wir, daß hier eine Mordsströmung herrscht. Der Eingang ist nur 15 Meter breit – ein Nadelöhr, durch das gewaltige Wassermassen drücken. Zum Glück läuft die Tide mit, gegenan hätten wir keine Chance.

Von der grandiosen Landschaft der Westküste sehen wir wenig, haben auch nur noch ein Ziel: so rasch wie möglich nach Süden, bloß weg von der gefährlichen Leeküste! Stand nicht im *Pilot*, daß ein Weststurm mit Nordwind beginnt? Noch ist der Nordwind beständig, aber das Baro fällt. Stürmische Winde hetzen uns im Südwesten um Kap Bourbon. Dort verwandelt sich der zähe Nebel in tiefhängende Wolkengardinen, die uns hin und wieder den Blick freigeben auf eine Landschaft von so eigenartig mystisch-romantischem Reiz, daß sie mich an die Gemälde Caspar David Friedrichs erinnert: spitze, von der untergehenden Sonne vergoldete Berggipfel, olivgrüne Hänge und Hügel in allen Farbschattierungen, mit silbern schimmernden Flußläufen und Wasserkaskaden, die an steilen Uferkanten vom Wind senkrecht in die Höhe gepeitscht werden. Dazwischen immer wieder die leuchtend weißen Flecken kleinerer Vogelkolonien. Rudergänger Manfred fasziniert: „Was für ein seltsames Licht! Noch nie hab' ich so ein Licht gesehen." Jules Verne hat die richtige Wahl getroffen, als er die Inseln der Trostlosigkeit zum dramatischen Schauplatz für den Beginn seines Romans *Die Eissphinx* wählte.

Der Wind wechselt ständig Richtung und Stärke und fordert von uns höchste Bereitschaft zu Segelmanövern – bis seine Unbeständigkeit bei Einbruch der Dunkelheit in totaler Flaute endet. Unter Maschine tasten wir uns in 200 Metern Entfernung an der Küste entlang und erreichen in der Morgendämmerung die Südostecke des Archipels, das Cap du Challenger.

Erhard stellt auf seiner Wache ein mahlendes Geräusch am Getriebe fest und ruft den Skipper. Erich beunruhigt: „Hört sich aber gar nicht gut an." Er stellt die Maschine ab und schaut nach. Ergebnis: Das Getriebe hat das gesamte Öl verloren. Nur noch braune Schmiere drin! Öl wird zwar umgehend nachgefüllt, aber das Mahlen bleibt. Wir hoffen, auf der französischen Station Hilfe durch einen Mechaniker und eine Werkstatt zu bekommen. Mit Bordmitteln ist da nichts zu machen. Die Maschine darf nur noch im äußersten Notfall eingesetzt werden. Erich versucht, sich nichts anmerken zu lassen, aber ich weiß, er macht sich Sorgen. Wir haben noch nicht einmal die Hälfte der Strecke hinter uns: noch 4000 Seemeilen bis Australien! Auch Gerry Clarks Schwierigkeiten haben am Cap du Challenger begonnen, erinnere ich mich plötzlich. Ausgerechnet hier war sein Motor irreparabel ausgefallen. Duplizität der Ereignisse? Hoffentlich fordert dieses „Herausforderer-Kap" nicht auch von uns, die Reise ohne Motor fortzusetzen.

Unter Groß und Genua biegen wir um die Halbinsel Ronach in die Baie du Morbihan, eine große, golfähnliche, höchst zerklüftete Bucht im Osten des Archipels mit vielen kleinen Inseln. Obwohl schroff und steil, wirkt die Küste durch ihren grünen Bewuchs geradezu einladend. Leider bläst der Wind aus Nordnordwest. Um Port aux Français zu erreichen, wo die französische Station liegt, müßten wir etwa 20 Meilen quer durch die Bucht aufkreuzen. Erich schlägt vor, statt dessen zunächst die im Westen der Bucht liegende verlassene Wal- und Robbenfängerstation Port Jeanne d'Arc zu besuchen. Den Kurs dorthin können wir gut anliegen. Später, wenn der Wind im weiteren Verlauf des Tiefs auf Süd dreht, können wir raumschots nach Port aux Français laufen, rechnen wir uns aus.

An flachen Inseln und Inselchen vorbei segeln wir also erst einmal in Richtung Walfangstation, deren Umrisse sich schon von weitem abzeichnen. Zwar fällt das Baro steil, aber nun scheint sichergestellt, daß wir vor dem sich ankündigenden Sturm einen geschützten Liegeplatz erreichen. Ein paar Verzögerungen gibt's allerdings in großen Kelpfeldern, als unser Schiffchen immer wieder von meterlangen dicken Strünken wie von den starken Armen übermütiger Wasserkobolde festgehalten wird. Bei kräftigen Böen von sieben bis acht Beaufort gelingt es uns endlich, eine Muringleine vor der „Geisterstation" aufzunehmen.

Nachmittagsbummel durch die Station, die schon in den dreißiger Jahren verlassen wurde. Relikte jener Zeit finden wir zuhauf: rostzerfressene Gerätschaften der Tranfabriken, Öfen, Tanks, Rohre, Winden, Loren und Gleise, die zur zerfallenen Holzpier führen. Wir entdecken auch Reste von Holzrampen, auf denen die Wale mit

Hilfe von Winden an Land gezogen wurden, einen Geräteschuppen mit korrodierten Maschinenteilen, Werkzeugen und Öl-Lampen, einen alten Schweinestall und verfallene Holzhütten. Zwei Holzhäuser sind restauriert und enthalten als Notunterkünfte alles Lebensnotwendige: Stahlbetten mit Matratzen und Decken, Tisch und Stühle, einen funktionsbereiten Gasherd und Gaslampen sowie Regale mit Küchengeschirr und Proviant. Doch auch ohne Dosenverpflegung muß man hier nicht verhungern: An den Felsen im Wasser hängen jede Menge appetitlicher Miesmuscheln, und auf den Wiesen hoppeln Kaninchen, die zwar den Kerguelenkohl wegfressen, Champignons aber freundlicherweise stehenlassen.

Außer Kaninchen und einer mumifizierten Katze sehen wir nur wenig Tiere. Am schmalen Uferstrand, der kilometerweit mit angeschwemmtem Stationsschrott verschandelt ist, begegnen wir ein paar freundlichen Eselspinguinen, einigen weniger freundlichen Skuas und mehreren subantarktischen Pelzrobben, die sich von ihren antarktischen Artgenossen dadurch angenehm unterscheiden, daß sie uns gegenüber ein wesentlich toleranteres Verhalten an den Tag legen. Die antarktischen Pelzrobben, die wir vor allem auf Südgeorgien antrafen, die aber auch auf Marion, den Crozets und den Kerguelen zu Hause sind, tragen ihren wissenschaftlichen Namen Arctocephalus Gazella zu Ehren des schon erwähnten deutschen Forschungsschiffes GAZELLE, das 1874 ein erstes getötetes Exemplar nach Deutschland mitbrachte.

Am nächsten Morgen erledigen wir dringende Arbeiten am Schiff. Ein Ersatzsegel muß angeschlagen werden, weil die Rollgenua ausgerissen ist; Wasser muß aus den Reservekanistern in die fast leeren Tanks gefüllt und die Vorpiek ausgeräumt werden, weil die Ankerkette sich im Kettenkasten verhakt hat. Erich und Steffen wollen das Getriebeöl wechseln, um Schmutzreste zu beseitigen, aber die Auslaß-Schraube läßt sich auch mit Kraft nicht mehr lösen.

Der Wind ist fast eingeschlafen. Die Sonne scheint vom blauen Himmel, und der Berg hinter der Station leuchtet feuerrot: ein herrlicher Sommertag auf den Kerguelen. Wie haben wir uns das gewünscht! An windstillen Ecken zwischen den Hügeln ist es gemütlich warm. Wir filmen, fotografieren oder freuen uns ganz einfach an dem, was wir sehen. Jeder strebt in eine andere Richtung, hat genug vom engen Zusammenleben an Bord, will sich körperlich ausarbeiten, die Schönheiten der Landschaft genießen, neue Kraft tanken. Glitzernde Bergkristalle in einem Gebirgsbach locken mich den Hang hinauf. Ich finde auch Lavabrocken und Bimsteine als sichtbare Beweise für den vulkanischen Ursprung der Inseln. Erst nach Stunden kehre ich mit meinen Schätzen an Bord zurück.

Am Abend sitzen wir noch lange im Cockpit, erzählen von unseren Erlebnissen und genießen die Ruhe, die in ihrer Lautlosigkeit beinahe unheimlich wirkt. Auf dem bleiernen Wasser spiegelt sich der fast runde Mond und gelegentlich ein Vogel wie der Ruß-Albatros, der im Tiefflug darüber hinwegschwebt und mit seinen langen Flügeln fast die Oberfläche streift.

Im ersten Licht, um drei Uhr morgens, brechen wir auf und segeln bei südwestlichen Winden durch ein Insellabyrinth, das uns stark an die Schärenlandschaft Skandinaviens erinnert. Im offenen Wasser der Bucht entdecken wir zwei Fischereischiffe und bestimmen ihr Herkunftsland durchs Fernglas: Polen und Ukraine. Fünf Stunden brauchen wir bis Port aux Français. Über UKW nehmen wir Kontakt zur Station auf. Dort werden wir bereits erwartet. Sowohl Marion als auch Crozet haben uns angekündigt. Wir starten die Maschine, um an der Steinpier anzulegen, und hören plötzlich ein fürchterliches Schlagen, Schleifen und Rumpeln. Unser erster Gedanke: Jetzt bricht das Getriebe vollends auseinander! Aber unten im Schiff ortet Erich das Geräusch an der Schiffsschraube. Du lieber Himmel, was mag das nun wieder sein? Vielleicht hat sich ein Tau, ein Draht oder Plastik verfangen, aber es könnte auch ein Schaden am Propeller selbst oder an der Welle sein. Zwei Jahre hatten wir keine Probleme mit der Technik, ausgerechnet auf diesem einsamen, riskanten Törn muß sie an allen Ecken und Enden streiken.

Zum Glück aber sind wir erst mal in Port aux Français. Alain, Chef des Kerguelenbezirks und der Mammutstation, winkt ab, als wir an den Pollern festmachen wollen, und verweist uns an eine Muring draußen in der Bucht. An der Pier könnten wir auf keinen Fall bleiben, ruft er uns zu, bei Sturm sei hier die Hölle los. Schade, vom Schiff gleich an Land zu springen, wäre so zivilisiert gewesen. Aber „in dieser Bucht ankert man nur aus zwingendem Grund und nicht in der Hoffnung auf Ruhe", schreibt Tilman, der 1964 Port aux Français anlief. Wir sind auf den sturmgebeutelten, einsamen Kerguelen, auch wenn uns hier von den flach ansteigenden Hängen eine Menge Betonhäuser, Wohncontainer, Blechschuppen, Autos und ein ganzer Wald großer und kleiner Antennen entgegenstarren.

Alain bringt uns im Wagen zum Gästehaus *Kar-Avant*, nicht ohne Verzug, denn zwei kapitale Elefantenbullen haben sich ausgerechnet auf der Hauptverkehrsstraße miteinander angelegt. Ohne nach rechts und links zu schauen, messen sie ihre Kräfte Brust an Brust und zeigen sich und uns eine lange Nase. Alles weitere läuft reibungslos ab. Wir bekommen hübsche Zimmer zugewiesen, können duschen, Wäsche waschen, uns ausruhen. Außerdem sind wir jederzeit willkommen bei Alain, der sogar deutsch spricht, weil er nach dem Krieg mehrere Jahre in Deutschland stationiert war. Er wohnt ganz oben auf der Spitze des Hügels in einem größeren, recht gediegen eingerichteten Haus.

Geradezu fürstlich ist auch der Panoramablick, den man von dort oben hat: auf den Hafen, auf weite Teile der Baie de Morbihan, auf ihre Inseln und ausgefransten Küsten bis hinüber zu den sanften Hügeln, schroffen Bergkegeln und dem Giant Ross, dem schneebedeckten, 1960 Meter hohen Vulkangiganten, der sich wie ein Stück Alpenlandschaft aus der wunderbar grünen Insel erhebt. Auf der Hauswand prangt ein Spruch des Kerguelen-Entdeckers: „Les îles verts à tout les temps". Yves Joseph de Kerguelen Trémarec hatte das von ihm gefundene Land, ohne es betreten zu haben, „Ile de la Fortune" genannt und seinem König als fruchtbares, liebliches „Frankreich des Südens" beschrieben. Als jedoch bei seinem zweiten Besuch die bittere Wahrheit über dieses abweisende, kalte und windigste Eckchen der Welt ans Licht kam, wurde er für seine angeblichen Lügen hart bestraft.

In meinen Augen hat Trémarec keineswegs so unrecht gehabt. An einem so herrlichen Tag wie dem in Port Jeanne d'Arc erleben wir die Kerguelen mit ihrem leuchtenden Grün, ihren blühenden Wiesen, sanften Hängen und sprudelnden Bächen weder trostlos noch unwirtlich. Es kommt immer darauf an, bei welchem Wetter man die Inseln sieht, und natürlich auch darauf, wer sie sieht. Das Paradies des einen – noch dazu, wenn er es selbst entdeckt hat – ist noch lange nicht das Paradies des anderen, der etwas ganz anderes davon erwartet.

Port aux Français ist ein richtiges kleines Dorf. Das älteste Haus beherbergt die 1950 auf der Insel eingerichtete meteorologische Station. Die anderen Häuser und Laboratorien wurden nach und nach darum herum gebaut. Wie auf Crozet gibt es einen Laden, in dem ich eine Unmenge Ansichtskarten kaufe – die ich nachts schreibe, wann sonst? –, eine Post, der ich zu einer Menge Auftragsarbeit verhelfe, indem ich einen großen Stapel Philatelistenpost zum Stempeln abliefere, ein kleines Hospital mit zwei freundlichen Ärzten, die Karls Finger noch einmal sauber verbinden, und ein geräumiges Kasino, in dem wir gemeinsam mit den Stationsmitgliedern wieder eine vorzügliche französische Küche genießen.

Dominikanermöwen und Skuas hocken vor dem Kasino und warten auf Atzung. Alain geht in die Küche und holt eine Schüssel Fleischabfälle. „Für meine Lieblingsmöwe", lächelt er. „Jeden Abend um die gleiche Zeit klopft sie an mein Fenster und bettelt um Futter." Fest zur Station gehören zwei wunderschöne Kerguelenkatzen mit besonders langem, dichtem Fell – Ergebnis Darwinscher Auslese und Anpassung an die kalte Witterung. Sie sind zahm und lassen sich streicheln, aber gefüttert werden sie nicht. „Sie holen sich jeden Tag ein Kaninchen, von dem sie bloß das Fell übriglassen", erzählt Alain, und eines Morgens sehe ich eine von beiden denn auch mit einem Karnickel im Maul im Hospital verschwinden – sicher nicht, um es dort gesund zu pflegen. Auf wilde Katzen wird geschossen, aber Alain glaubt nicht, daß man sie hier auf der Hauptinsel ebenso ausrotten könnte wie auf Marion, dafür sei die Insel viel zu groß. Nur auf den kleineren Inseln des Archipels, wo es keine Katzen gibt, finden sich noch große Kolonien von Höhlenbrütern wie Blau-, Weißkinn- und Breitschnabel-Sturmvögel.

Keine Funkverbindung mit Günther. Offensichtlich herrschen schlechte Ausbreitungsbedingungen. Telefonieren und Faxen ist aber kein Problem in Port aux Français. Satelliten reißen selbst einen so entlegenen Ort wie die Kerguelen aus seiner Einsamkeit. Französisches Fernsehen wird allerdings – zum Glück für die Belegschaft – noch nicht übertragen. Alain zeigt uns statt dessen ein Video über das Leben auf der Station im Sommer und Winter und über die hier durchgeführten wissenschaftlichen Arbeiten. Er stellt mich auch Daniel Delille vor, dessen Untersuchungen mich besonders interessieren. Daniel befaßt sich mit den Mikroorganismen, die auf natürliche Weise Mineralöl im Meer zersetzen: eine Arbeit von großer Bedeutung bei Tankerunfällen, Ölbohrungen und Katastrophen wie jüngst im Persischen Golf. Weil diese Bakterien so langsam arbeiten, versuchten die Amerikaner, sie in großen Mengen zu züchten, um sie bei Bedarf am Unfallort einzusetzen. In der Freiheit aber versagten die Labortierchen kläglich: Sie konnten sich gegen die wilden Stämme nicht durchsetzen und wurden rasch von ihnen vernichtet. Daniel hatte die Idee, daß man, statt veränderte Bakterien zu züchten, vielleicht ganz einfach ihre Mahlzeit schmackhafter machen sollte. Er mischte dem Öl verschiedene Substanzen bei, zum Beispiel Phosphate, und hatte Erfolg. Die Bakterien zersetzen auf diese Weise zubereitetes Öl bedeutend schneller.

Weitere Forschungsobjekte sind die vor vielen Jahren auf den Inseln des Archipels eingeführten Mäuse, Kaninchen und Katzen, die zur Inselplage geworden sind; außerdem einheimische Spinnen und flugunfähige Fliegen, deren Flügel – gemäß der Darwinschen Anpassungslehre – verkümmert sind, weil sie ihnen bei dem starken Wind hier ohnehin nichts nützen. Auch über viele andere Fragestellungen aus dem Bereich der Ornitho-Ökologie, der Meeresbiologie, der Geophysik, Geologie, physiologischen Chemie, des Magnetismus und der kosmischen Strahlung wird geforscht.

Erich ist während unseres Aufenthalts in Port aux Français die meiste Zeit mit der Sorge ums Schiff, mit Reparatur- und Wartungsarbeiten beschäftigt. Der Einsatz unserer Crew, vor allem aber auch die große Hilfsbereitschaft des Stationschefs Alain und seiner Mannschaft erleichtern ihm vieles. Daß die Station über eine große Werkstatt und gute Mechaniker verfügt, ist ein Segen. Der Chefmechaniker überprüft unser Getriebe, löst die festgefressene Auslaßschraube und wechselt das Öl. Er rät uns jedoch davon ab, das Getriebe auszubauen. Auf der Station hätten sie nicht die erforderlichen Ersatzteile. Dem Geräusch nach seien Lager und Zahnräder schwer angeschlagen. Wir sollten es möglichst gar nicht mehr benutzen, da es jeden Moment seinen Geist aufgeben könne. Ich bin niedergeschmettert! Das heißt also, 4000 Seemeilen voller Risiken und Gefahren, alle fatale Situationen durchstehen ohne die beruhigende Unterstützung durch den Motor, der ja ohne Getriebe nur noch zum Aufladen der Batterien taugt. Schöne Aussichten sind das! „Cook hatte auch keinen Motor", versucht Erich, mich und wohl auch sich selbst zu beruhigen.

„Schön, aber wir sind nun mal nicht Cook, und ich will auch nicht sterben wie Cook", quengele ich zurück.

„Aber der ist doch von den Eingeborenen auf Hawaii ermordet worden! Was hat denn das mit dem Motor zu tun?" Erich schüttelt den Kopf.

Doch mir langt's. „Ob umgebracht oder ertrunken, das ist mir gleich. Ich jedenfalls will auf dieser Reise nicht noch einmal sterben vor Angst!"

Und das Getriebe ist nicht einmal alles. Woher kommt denn das Gepolter am Propeller? Obwohl der uns ohne Getriebe und Motor eigentlich egal sein könnte, wird trotzdem nachgeschaut. Steffen, unser Binnenschiffer, unternimmt mit Gill, dem Kapitän der AVENTURE, eines kleinen stationseigenen Boots, und mit dem Mechaniker Vincent im eiskalten Wasser einen Tauchgang mit Preßluftflaschen. Leider muß die Aktion bald abgebrochen werden. Bei stürmischem Südwestwind baut sich so hoher Schwell auf, daß das Heck der FREYDIS die Taucher zu erschlagen droht. Immerhin haben sie die Ursache der Geräusche herausgefunden: Eine Schraube am Flansch, der das Lager am Stevenrohr hält, hat sich gelöst und ist herausgefallen. Erich kramt eine Ersatzschraube aus Niro hervor, die unsere Taucher bei Wetterberuhigung anbringen wollen.

Unseren Plan, in aller Frühe in Richtung Heard und McDonalds auszulaufen, müssen wir bei dem Sturm ohnehin aufgeben. Außerdem wollen wir gemeinsam mit der Crew beratschlagen, ob wir uns mit dem lädierten Getriebe überhaupt weiter nach Süden wagen sollen. Manfred ist skeptisch, lieber würde er etwas länger in den schönen Buchten der Kerguelen bleiben. Burkhard würde zwar ebenfalls gerne noch ein paar Tage mit Rucksack und Zelt losziehen, aber McDonald und Heard zu streichen, wäre eine arge Enttäuschung für ihn. Auch die anderen wollen zu diesen Inseln, die sie als Höhepunkt eines langen, beschwerlichen Weges empfinden. Erhard: „Ich hätte ein Gefühl wie ein Alpinist, der gezwungen wird, kurz vor dem Gipfel umzudrehen und abzusteigen."

Erich hat das letzte Wort: Er hält das Unternehmen für schwierig und riskant, aber dennoch für vertretbar. Wir sind schon fünf Wochen zusammen und gut aufeinander eingespielt. Ein Risiko besteht zudem weniger auf hoher See, wo wir mit viel Wind und kaum Flauten zu rechnen haben, obwohl die Maschine auch dort bei Mastbruch oder Kollisionsgefahr mit Eis lebensrettend sein kann. Problematischer wird es in Landnähe. Die Ankerbucht, die wir in Heard anpeilen, liegt in Lee der Insel vor einem 3000 Meter hohen Berg. Fallwinde, Winddüsen und Strömungen sind die Regel und entsprechend riskant die Segelmanöver ohne Maschine. Die Schwesterinsel McDonald werden wir dagegen sowieso nur unter allerbesten Bedingungen anlaufen. Sie ist von See her noch nie bestiegen worden. Australische Wissenschaftler konnten sie jedoch in jüngster Zeit zweimal von Forschungsschiffen aus per Hubschrauber betreten. Manfred schließt sich nach kurzer Bedenkzeit dem Wunsch der anderen an, die Reise wie geplant fortzusetzen. Und auch ich denke mal wieder, es könnte uns etwas Einzigartiges entgehen, wenn wir nicht nach Heard segeln.

Alain, der schon viele Jahre auf antarktischen und subantarktischen Stationen zugebracht hat, weiß, wie uns zumute ist. Er kümmert sich um jeden von uns, hat für jeden ein freundliches Wort. Erich und mich holt er am Abend aus dem *Kar-Avant*, wir sind Gäste in seiner Residenz und schlafen diese Nacht sogar in der „Suite", die eigentlich reserviert ist für den Administrateur superieur, falls dieser einmal den Archipel beehrt. Das ist eine tolle Abwechslung insbesondere für Erich, der bisher nur auf der FREYDIS genächtigt hat.

Am Morgen scheint die Sonne, und die See ist ruhig. Wir genießen noch einmal den prachtvollen Blick über diese gar nicht trostlose Inselwelt, die mir um so schöner erscheint, je näher der Abschied rückt. Ich muß gestehen, ich habe ein sehr mulmiges Gefühl in der Magengegend, wenn ich an die vor uns liegende Strecke denke. Vielleicht sollte ich mich hier als dritter Arzt anheuern lassen?

Noch läuft alles glatt: Die AVENTURE, das Boot, mit dem die Wissenschaftler zu benachbarten Inseln übersetzen, kommt längsseits und bringt uns Wasser und Diesel. Der zweite Tauchgang von Steffen, Guy und Vincent ist erfolgreich: Eine neue Schraube am Flansch und auch der in der Werkstatt neu gefertigte Beschlag für die Schwertarretierung werden angebracht. Au revoir, Alain, vielleicht kommst du wieder mal nach Deutschland? Auf Wiedersehen, Freunde! Wir lassen von uns hören, aber es kann ein Weilchen dauern. Merci pour tout!

# Im Bann der Eissphinx

*Verbrecherische Stürme – Schlachtfeld mit Wegelagerern –
Big Ben enthüllt sich – Keine Exoten auf Heard – Kohlsalat –
Aus dem Stationsbuch*

Wir setzen Segel. Beladen mit 360 frischen Eiern aus dem stationseigenen Hühnerstall und 50 Broten, die der fleißige, verständnisvolle Bäcker am Morgen noch zusätzlich für uns gebacken hat, treten wir die Weiterreise an.

Obwohl Erich und vor allem ich dieser Reise mit gemischten Gefühlen entgegensehen, atmen wir auf See doch wieder auf. Denn trotz all der schönen, eindrucksvollen Abwechslungen, die uns auf den Stationen geboten werden und die wir freudig genießen, sind die kurzen Aufenthalte bei fremden Menschen – und seien sie noch so gastlich – auch immer hektisch und anstrengend.

Nun sind wir also wieder allein mit dieser gefühllosen, unberechenbaren See. Der Giant Ross leuchtet noch lange in der Abendsonne, ein riesiges weißes Zelt über dem Archipel. Die Kerguelen versinken langsam achteraus. McDonald, nordwestlich von Heard, liegt 236 Seemeilen voraus.

„So hatte ich mich also in ein gefährliches Abenteuer eingelassen, das aller Wahrscheinlichkeit nach meine früheren Reisen an Überraschungen übertreffen würde", schreibt Jules Verne in *Eissphinx*. „Wer hätte das von mir gedacht? Aber ich hatte mich da in etwas verstrickt, das mich dem Unbekannten entgegentrieb, dem Unbekannten, das in den Polargebieten lauerte. Dem Unbekannten, in dessen Geheimnisse so viele unerschrockene Pioniere vergeblich einzudringen versucht hatten. Und wer weiß, ob nicht die Sphinx der Antarktis zum ersten Male zu menschlichen Ohren sprechen würde?"

Erwarte vielleicht auch ich eine Eisphinx, die zu mir spricht? Die mir Geheimnisse und Wahrheiten offenbart, nach denen ich schon lange suche, ohne sie genau definieren zu können? Wie auch immer, ich freue mich sehr auf McDonald und Heard, weil diese Inseln weit südlich liegen und ich dort Tiere erwarte, die noch nie einen Menschen gesehen haben.

Die beiden Eilande sind erst relativ spät entdeckt worden. McDonald am 3. Januar 1854 von dem britischen Kapitän McDonald, Heard am 27. November 1833 von dem britischen Robbenfänger Peter Kemp, der sie auf dem Weg von den Kerguelen nach Süden von Bord seiner Brigg aus sichtete. Benannt wurde Heard allerdings nach dem Kapitän eines amerikanischen Schiffs, der sie 1853 auf einer Reise von Boston nach Melbourne fand. Die Australier annektierten die Inseln 1947 und errichteten auf Heard eine wissenschaftliche Station, die jedoch heute verlassen ist.

Gegen Abend frischt der Nordwest stark auf und wird bald stürmisch. Mit zehn Knoten rasen wir die Wellen hinunter, eine Achterbahn- oder Bobfahrt ins Ungewisse. Der Wanderalbatros, der die Auf- und Abwinde der Wellen nutzend mit uns über die aufgewühlte See düst, mag ähnlich stürmische Gefühle haben wie wir. Er zeigt sich jedoch wenig beeindruckt, als er um 20 Uhr Bordzeit mit uns zusammen den 50. Breitengrad passiert.

Bei uns dagegen herrscht Alarmstimmung, als seien wir damit in die Höhle eines Monsters eingedrungen, das nur darauf wartet, kleine Schiffe wie die FREYDIS zu verschlingen. Der steile Fall des Baro scheint uns recht zu geben. Eine Höllenfahrt durch die Nacht beginnt: eisig kalt und naß und alles in Aufruhr um uns herum! Der Wind ist nicht einmal das Schlimmste – der bläst in anderen Regionen nicht weniger stark –, aber die Wellen, diese tosenden Hochgebirgszüge! Solche Seen können Schiffen jeder Größe gefährlich werden. Wir bergen die Rollgenua und hissen statt des dreifach gerefften Groß nur noch das Trysegel. Dadurch vermindert sich die Gefahr, daß wir zu schnell die Wellen hinunterrasen, daß sich der Bug im Tal festbohrt und die nachfolgende See das Heck über den Bug katapultiert. Unsere Devise, bei starkem Sturm nicht zu treiben oder beizudrehen, sondern das Schiff laufen zu lassen, hat sich bisher immer bewährt.

Wir versuchen, die Wellen möglichst mit 10 bis 20 Grad von achtern zu nehmen, gerade so, daß das Schiff weder nach Lee gedrückt wird, noch zu stark anluvt. Unser Vorteil ist, daß wir zu acht sind und die Wachen sich alle vier Stunden ablösen können. Keiner von uns könnte unter diesen extremen Bedingungen zwölf oder gar mehr Stunden konzentriert, ohne Gefahr für Schiff und Mannschaft, am Ruder stehen. Erich ist auf allen Wachen, auch nachts oft präsent. Er schläft im Ölzeug auf der Messebank, um schnell eingreifen zu können, und schärft der Crew immer wieder ein, konzentriert zu steuern und sich bei ersten Anzeichen von Ermüdung sofort von einem Wachkameraden ablösen zu lassen. Bei einer solchen See ist man nicht im Vollbesitz seiner Kräfte; man reagiert verlangsamt und wird irgendwie eingeengt durch die Schiffsbewegungen, auch wenn man nicht seekrank ist.

Am Morgen steht im Logbuch: „Wind legt weiter zu, wächst sich zu schwerem Sturm aus, Böen bis zehn Beaufort, zum Glück immer noch von achtern. Rauschefahrt, die Logge geht bis zum Anschlag (12 Knoten). Die FREYDIS pflügt durch weiße Schaumteppiche." Brecher waschen ununterbrochen übers Deck, der Rudergänger hängt wie ein nasser Sack am Steuerrad. Kalte, gefühllose Hände greifen gierig nach heißem Kakao und heißer Bouillon.

Um die Crew kulinarisch zu unterstützen, backe ich Pfannkuchen. Das soll mir doch mal einer nachmachen! Ich bin stolz, habe den Sturm überlistet, ihm einen großen Stoß Pfannkuchen abgetrotzt. Blaue Flecken und Brandblasen zählen da nicht. Pfannkuchenbacken ist für mich der auf die Spitze getriebene Protest gegen diesen verbrecherischen Sturm, diesen Feind jeder noch so anspruchslosen menschlichen Tätigkeit, jedes noch so kleinen menschlichen Bedürfnisses. Dieser Kampf mit den Naturgewalten ist hoffnungslos ungleich in unserer Nußschale. Aber wir haben die Herausforderung angenommen, also können wir uns jetzt auch nicht beklagen.

Seit zwei Tagen hetzt uns der Orkan und wird immer schrecklicher, türmen sich die Wellen immer bedrohlicher. Denn während das Crozetbecken mehr als 4500 Meter tief ist, liegt zwischen den Kerguelen und Heard, zum Teil nur 150 Meter unter der Oberfläche, ein gewaltiger unterseeischer Gebirgsrücken, der die Wogen auflaufen läßt. Seine aufgetauchten Spitzen sind die beiden Inseln McDonald und Heard.

In diesem Seegang hat der Rudergänger große Probleme, das Schiff noch auf Kurs zu halten. Mehrmals läuft die FREYDIS aus dem Ruder, ein paarmal kommt das Trysegel back, ein paarmal luvt das Schiff an – jedesmal werden es lange, bange Minuten: Die Seen laufen seitlich unter dem Schiff durch, ein hoher Brecher hätte jetzt leichtes Spiel, könnte uns auf die Seite packen oder zum Durchkentern bringen.

Sollten wir vielleicht besser das Trysegel wegnehmen und nur unter Sturmfock laufen, damit das Schiff nicht mehr so luvgierig ist? Aber wenn das Segel einfällt und bei Orkanböen schlagartig wieder vollkommt, wird es reißen und aus den Lieken knallen, vielleicht sogar das Vorstag beschädigen. Eine zweite Möglichkeit wäre, alles wegzunehmen und vor Topp und Takel zu lenzen. Aber die FREYDIS ist ein schwerer Verdränger. Wenn sie querschlägt, verliert sie Fahrt und ist nicht mehr auf Kurs zu bringen. Um die Seen aussteuern zu können, muß sie unbedingt sechs bis acht Knoten laufen. Des Skippers Entscheidung: „Alles bleibt, wie es ist!"

Gegen Mittag Frontdurchgang. Logbuch: „Das Baro kommt bei 982 hPa zum Stehen, ca. 30 hPa tiefer als vor 15 Stunden. Wind 10 bis 12 Bft., böig. Wenn man den Albatros sieht, weiß man, wer hier der Meister ist!"

Der Wind dreht von Nordwest auf Südwest und läßt dabei kaum nach, aber es wird etwas heller. Ich versuche, mich mit den Ellenbogen in meiner Schleuderkoje so zu verkeilen, daß ich dabei noch Tagebuch schreiben kann, was mir recht schwerfällt. Manchmal verdunkeln überkommende Seen mein Fenster, dann fühle ich mich wie in einem Aquarium, was ja irgendwie auch stimmt und bedrohlich wirkt. Wehe, wenn die FREYDIS aus dem Ruder läuft! Wenn wir eine dieser Monsterseen, die sich alptraumhaft auftürmen und unentwegt brechend auf uns zurollen, von der Seite abkriegen! Das ist der schwerste Sturm seit vielen Jahren. Du lieber Himmel, laß uns auf Heard bloß einen geschützten Ankerplatz finden! Mein Bedarf an Stürmen, Streß und Angst ist gedeckt.

Und nicht nur meiner. Die ganze Crew ist geschlaucht. Burkhard wird wieder seekrank, trotz Pflaster und Zäpfchen, verweigert jede

Nahrung, hält aber bewundernswert tapfer seine Wache durch. Wir setzen einen Zipfel Rollfock zum Try, um höher an den Wind gehen und damit McDonald vielleicht doch noch anliegen zu können. Aber keine Chance: Unabänderlich werden wir nach Südosten auf Heard zugetrieben. Unser Kurs wird nicht mehr durch uns und unser Ziel bestimmt, sondern nur noch durch die Richtung der Wellenkämme. In der Nacht haben wir McDonald 12 Meilen entfernt an Steuerbord im Radar. Schade, daß wir diese fast unberührte, noch im Urzustand befindliche Insel wegen dieses grausamen Sturms nicht besuchen, ja nicht einmal aus der Nähe anschauen können. Um es später bei besserem Wetter noch einmal zu versuchen, fehlt uns die Zeit. Wir müssen schon dankbar sein, wenn wir Heard erreichen. Noch immer donnern gewaltige Wogen auf das arme Schiffchen. Noch 23 Seemeilen bis Heard.

Der Sturm nimmt etwas ab. „Wenn der Wind nachläßt, ist auch gleich der Dampf aus den Wellen raus." Kaum hat Erich am Ruder diesen Satz optimistisch von sich gegeben, da haut ihm Rasmus eine volle Ladung um die Ohren und füllt das ganze Cockpit. Wir lachen. Lachen macht Mut, es ist wie ein Versprechen, daß alles gutgehen wird. Das Baro ist in der Nacht stramm gestiegen, fällt aber schon wieder. Bevor uns die nächste Sturmfront erwischt, müssen wir ein sicheres Versteck finden. Am Mittag noch immer acht Windstärken, Nebel zieht auf. Manchmal zwängen sich ein paar Sonnenstrahlen durch, die uns auf einen glücklichen Landfall hoffen lassen. Wir schnuppern förmlich schon Land in der Nähe, sind voller Erwartung und Unruhe.

Heard ist keine kleine Insel – Ausdehnung etwa 10 mal 20 Meilen –, hat aber nur wenige unvergletscherte Randbezirke, vorwiegend im Nordwesten. Der zentrale Teil der Insel wird allein von dem nahezu kreisrunden Big Ben eingenommen, einem Bergkegel, in dessen fast 3000 Meter hoher Spitze der Krater eines aktiven Vulkans gähnt.

Wir haben Heard zwar sechs Seemeilen entfernt im Radar, können die Insel aber trotz ihres Berggipfels noch immer nicht sehen. An Backbord plötzlich ein mächtiger Eisberg, der erste auf dieser Reise. Wie ein weißes Gespenst taucht er aus den Dunstschleiern. Dahinter endlich Land. Heard in Sicht, leider in miserabler!

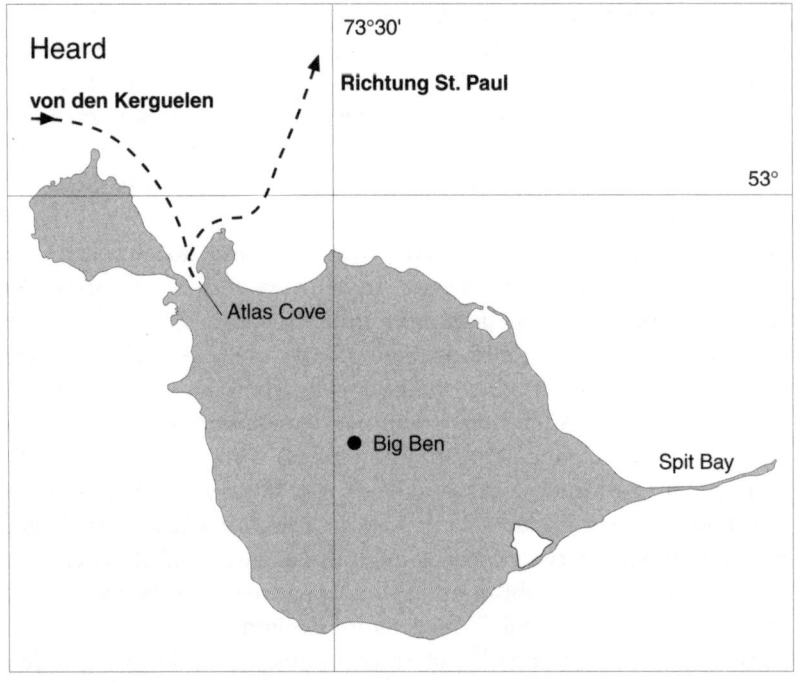

Taucherstumvögel eskortieren uns in großer Zahl zur Ostseite einer vorspringenden Landnase, wo wir erst einmal in der Abdeckung sind und bei Flaute in der hohen Dünung schaukeln. Jetzt müssen wir die Maschine anwerfen und hoffen, daß das Getriebe durchhält. Nur vier Meilen entfernt liegt Atlas Cove, die Bucht, in der wir ankern wollen, gut geschützt zwischen zwei prominenten Halbinseln an der Nordseite. Sie ist nur klein und so flach, daß wir nicht wissen, ob wir überhaupt hineinkommen. Die Nachbarbuchten sind alle zur See hin weit geöffnet. Sie bieten zwar Schutz vor Weststürmen, die ständig hineinlaufende Dünung aber wirft eine hohe Brandung auf, Landgänge würden dadurch schwierig oder unmöglich.

Plötzlich lautes Quietschen. Maschinenraum-Experte Steffen hat den Schaden nach wenigen Minuten lokalisiert: Es ist nicht das Getriebe, das uns im Stich läßt, sondern die Kühlwasserpumpe der

Hauptmaschine; ein Lager ist zerstört. Was nun? Die Klippen sind zum Greifen nahe. Diesmal hat der Wind ein Einsehen und dreht genau in dem Augenblick, als es für uns gefährlich zu werden droht, von Südwest auf Nordwest. Während Steffen noch fieberhaft arbeitet und die übrige Crew die Genua zum Trysegel setzt, lotse ich die FREYDIS unter Radar und GPS zur Atlas Cove. Vor dem Fenster der Navigationsecke ziehen die nebelverhangenen, schroffen Wände der westlichen Halbinsel vorbei und danach die flacheren Ufer einer sandigen Landenge, die sie mit der Hauptinsel verbindet. Fallwinde rütteln brüsk an der Takelage, lassen die Segel knallen und versuchen, uns noch kurz vor dem schützenden Naturhafen eins auszuwischen.

Doch diesmal sind wir die Gewinner. Rasch werden der Echolotgeber am Piekhaken festgezurrt und die Schwertarretierung gelöst. Hinter einer Sandnase wird es so flach, daß wir nur mit hochgekurbeltem Schwert weiterkommen. Als das Echolot wieder vier Meter anzeigt, schießen wir in den Wind und ankern vor der kleinen, verlassenen australischen Station. Alles klappt wie am Schnürchen. Es geht doch nichts über eine eingespielte Crew!

Wir haben es geschafft, haben den südlichsten Punkt unserer Reise erreicht! Trotz technischer Pannen ist bisher alles gut verlaufen. Wir freuen uns ganz besonders, weil dieser Liegeplatz so sicher zu sein scheint wie Abrahams Schoß – das heißt, falls uns Big Bens Fallwinde keinen Ärger machen. Wo ist er eigentlich? Er hat noch immer seine Tarnkappe auf, zeigt uns nur einen Teil seiner gigantischen Gletscherfüße. Unwillkürlich denke ich an die phantastische Eissphinx aus Jules Vernes Roman, die sich als riesiger Magnetfels entpuppte, der mit ungeheurer Macht Eisenteile anzog und Schiffe zerschellen ließ.

Ist dieser vergletscherte, wolkenverhüllte Big Ben nicht auch so eine Eissphinx? Hat er uns nicht ebenfalls unwiderstehlich angezogen?

Die dunklen Plateaus, Strände und grellweißen Gletscher erinnern mich auf den ersten Blick an die Südsandwich-Inseln. Wie diese, Südgeorgien und ein Teil der Kerguelen liegt auch Heard südlich der Konvergenz und hat deshalb eher antarktischen als subantarktischen Charakter.

Natürlich gehen die Arbeiten am Schiff wieder allem vor. Also erst einmal aufklaren, reparieren, wieder einsatzfähig machen, denn wer weiß, welche Überraschungen die Nacht bereithält? Ein gebrochenes Zahnrad der Schwertfallwinde muß ausgewechselt und die Kühlwasserpumpe der Hauptmaschine durch eine neue ersetzt werden. Bei der Seewasser-Impellerpumpe für die Auspuffkühlung ist's erfreulicherweise mit einer gründlichen Inspektion und Reinigung getan. Die Überprüfung des Ölstands im Getriebe bringt nichts Neues, weil wir den Motor kaum benutzt haben.

Schließlich heizt Peter noch den Dieselofen an, um nasse Klamotten und feuchte Kojen zu trocknen und ein wenig Gemütlichkeit ins Schiff zu bringen. Ein Glück, daß Peter von Anfang an in der Messe Quartier bezogen hat. Ob im Sturm auf hoher See oder vor Anker in einer Bucht, irgendwie schafft er es immer, den Salon vorbildlich in Ordnung zu halten. Und wenn ich ratlos vor den schweren Proviantkisten stehe, weil ich mal wieder eine ganz bestimmte Dose oder Flasche brauche, hilft er bereitwillig beim Umstauen und kehrt das Hinterste nach vorn, bis das Teil gefunden ist. Bei ihm ist das alles selbstverständlich. Es geht eben nichts über einen alten Fahrensmann zur See!

Ein sanfter Aufsetzer läßt uns aufhorchen: Grundberührung! Klar, wir haben ablaufendes Wasser und etwa einem Meter Tidenhub. Also ziehen wir FREYDIS' Bauchflosse noch etwas ein, damit ist die Ruhe fürs erste wieder hergestellt.

Gegen Abend noch ein erster kurzer Landgang. Wir wollen die kleine Station besuchen, die 1947 von den Australiern eingerichtet und bereits 1955 wieder verlassen worden ist. Von weitem sieht sie nicht gerade einladend aus, eher wie ein Schrottplatz. Dicht am Ufer eine Tussokgras-Wiese, die brütenden Seevögeln Schutz bietet. Etwas weiter im Inneren dösen subantarktische Seebären im Gras, und Pinguine fliehen vor ihrer hungrigen, allzu ungestüm fordernden Brut durchs Gelände. Zwischen den Grasbüscheln, in einem Labyrinth modriger Gräben und Tümpel, suhlen sich träge Elefantenrobben. Dann ein ödes, dunkles Geröllplateau fast ohne Grün und am Rand die Station.

Auch aus der Nähe macht sie keinen freundlicheren Eindruck; wir sind geradezu erschrocken über ihren heruntergekommenen

Zustand: verrostete und verfallene Blech- und Holzhütten mit vernagelten Türen, oft ohne Dach. Drinnen Möbelreste, Schränke und Regale mit vergammeltem Dosenproviant, Geschirr, rostigen Pfannen, Töpfen und Petroleumlampen, durch die Nässe verkleisterten Büchern. Keine der Hütten ist dicht. Der Wind pfeift hindurch, es regnet hinein. Da macht nicht einmal die „Schutzhütte" eine Ausnahme. Inventar: vier Holzpritschen, Tisch und Stühle, zwei Kisten Notproviant, Kerzen, Streichhölzer, Schaufel und das Herzstück in der Mitte: ein Ofen, Marke Eigenbau aus einem alten Faß. Vor der Hütte ein großer Behälter voll Regenwasser. Süßwasserquellen oder einen Gletscherfluß gibt es in Stationsnähe nicht.

Das Gelände um die Station ist übersät mit Zivilisationsmüll, halb bedeckt von Sand, Vulkanschutt und kümmerlicher Vegetation: leere Flaschen, alte Batterien, Plastikplanen, verrottete Fässer, Scherben, rostige Kanister, Konservendosen, Kabel, Drähte, Tauwerkreste, Nägel ... Inmitten dieser Naturverschandelung stehen zwei Dutzend Königspinguine, angeordnet wie zum Gruppenfoto.

Um 06.00 Uhr früh haben wir Sturm aus Nordwest. Von wegen „Abrahams Schoß"! Selbst in unserer flachen, rundherum geschützten Bucht zeigt das Wasser Schaumkronen. Regen trommelt gegen Fenster und Luken, Windböen orgeln über uns hinweg. Das Schiff krängt und zerrt rasselnd an der Ankerkette. Elefantenrobben, vom Wetter ungerührt im Wasser ihre Kräfte messend, rülpsen um die Wette, und vom Strand her grölen und brüllen die Seebären: „Heard Fortissimo" mit Chor und Orchester! Und schon treibt uns der Skipper an: „Der zweite Anker muß ausgebracht werden. Es wird Zeit, Leute, der Sturm nimmt zu."

Alle werfen sich in Segelklamotten, holen die Kette aus der Bilge. Erhard und Manfred sind schon im Dingi, bringen den zweiten Anker samt Kette und Tauwerk quer zur FREYDIS aus, gegen den Wind. Weil es immer eine elende Schufterei ist, das schwere, mit dem Schiff verbundene Tau hinter dem Dingi herzuschleppen, wollen sie es diesmal erst nach Ausbringen des Ankers an Deck belegen. Doch das Tau erweist sich als zu kurz. Während sie einen Fender als Boje anknüpfen und zur FREYDIS zurück fahren, um eine Verlängerungsleine zu holen, säuft der Außenborder ab. Sie treiben zwar nicht aufs offene Meer hinaus, aber doch über die ganze Bucht und landen auf ihrer Leeseite. Das Dingi müssen sie – eine doppelte Schinderei – um die ganze Bucht herum zur Luvseite schleppen, um sich von dort aus wieder zurück zur FREYDIS treiben zu lassen. Als der Außenborder endlich wieder schnurrt, bringen die beiden das kräftezehrende Manöver aber doch noch zu einem glücklichen Ende.

Mittags dringt Sonne durch die Wolken, läßt die weißen Schaumkronen noch weißer erscheinen und taucht unsere Bucht samt Station in pures Gold. Jetzt kann uns nichts mehr an Bord halten, nicht der unfreundliche Big Ben, der sich noch immer in Rätsel hüllt, und auch nicht die eiskalten Sturmböen, die uns beinahe wegpusten. Geschlossen setzen wir an Land über und unternehmen in kleineren Gruppen Exkursionen in verschiedene Richtungen. Vor uns liegt die weite Ebene aus Vulkansand und Geröll, die unsere Ankerbucht von ihren drei Nachbarbuchten trennt. Gegen Südsüdost wird das Plateau von der übrigen Insel durch eine zweieinhalb Meilen breite Gletschermauer abgeriegelt.

Erich und ich beschließen, die schmale Landbrücke von einer Dreiviertelmeile zu einer dieser Buchten, der Corynthian Bay, zu überqueren. Unter anderem wollen wir dort auch nach der Stelle suchen, an der 1902 die deutsche GAUSS-Expedition – sie hat übrigens den ersten ausführlichen Bericht über Heard geschrieben – zu einem kurzen Besuch der Insel gelandet ist. Gegen den Wind kämpfen wir uns durch die große dunkle Fläche, die an schwarzen Basalt- und helleren Gneiswällen endet. In dem finsteren Gelände ringsum kaum Leben, nur ein paar armselige Flechten und Moose auf den Steinen, ab und zu ein saftig grünes Azorellakissen, hingestreut wie zur Erholung der von düsterer Eintönigkeit und scharfem Wind überanstrengten Augen. Weder Elefanten- noch Pelzrobben, aber viele Kriechspuren sind zu sehen, verwitterte Knochen, Zähne und eine Menge Pinguinschnäbel: mit Sicherheit ein ehemaliges Schlachtfeld.

Zu Beginn des 20. Jahrhunderts siedelten – zunächst ständig, später sporadisch – Robbenschlägertrupps auf der Insel, die sich meist in Atlas Cove oder Corinthian Bay niederließen. Aus dieser Zeit stammen noch ein paar Gräber mit Holzkreuzen, zerfallene Holzfässer, Hausfundamente, Reste eines Rundbaus mit groben Steinmauern (vielleicht eine Trankocherei?) und einige gußeiserne Riesenkessel an der Nordecke der Corynthian Bay. Während die Pelz- und Elefantenrobben auf Heard bald ausgerottet waren, blieben die Robbenkolonien auf der unzugänglichen kleinen Schwesterinsel McDonald unangetastet. Aus diesem Reservat heraus wird Heard langsam wieder bevölkert. Am Strand begegnen wir nicht nur kleinen Gruppen solcher McDonald-Auswanderer, sondern entdecken auch den Bach, an dem die GAUSS-Leute am 3. Februar 1902, also auf den Tag genau vor 92 Jahren, gelandet sind. An die 400 See-Elefanten wurden damals am Strand gezählt und der große Baudissingletscher erkundet, der mit treppenartigen Spalten und abgebrochenen Eisbergen in der Bucht endet.

Von dem verfallenes Holzhaus links der Bachmündung, das Erich von Drygalski beschreibt, scheint nichts übriggeblieben zu sein: „Vorne neben der Tür fanden wir eine Inschrift ins Holz geschnitzt, welche die Strandung einer amerikanischen Bark verkündete und schließlich die Rettung der Gestrandeten durch ein amerikanisches Kriegsschiff. Vor dem Hause lagen als Zeichen für die Tätigkeit der Schiffbrüchigen noch viele gefüllte Tranfässer umher. Das Haus sah romantisch und von außen mit seinem grünen Erdwall fast wohnlich aus, doch täuschte der Graswuchs, denn innen war es verfallen und öde."

Ein Schwarzbrauen-Albatros schwebt über der Bucht, und in der hohen Brandung, die bei Nordwestwind auf den schwarzen Strand donnert, fischen Hunderte von Kaptauben. Wir feiern auch ein freudiges Wiedersehen mit den großen Blauaugen-Kormoranen. Schon auf Südgeorgien habe ich mich verliebt in ihre tatsächlich kornblumenblauen Augen mit dem kecken Federschopf darüber. Als wir uns einen Moment in den Sand setzen, um ihnen zuzuschauen, werden wir selbst Studienobjekte für zwei seltene Schwarzgesicht-Scheidenschnäbler, die auf anderen vor Antarktika liegenden Inseln durch Katzen und Ratten bereits ausgerottet sind. Unentwegt trippeln sie um uns herum, picken und zerren an Schuhbändern und Segelanzügen und versuchen sogar, Erichs Kamera auseinanderzunehmen. Sie gebärden sich genauso dreist wie ihre weißgesichtigen Artgenossen, die Palomitas, die uns von Deception und Südgeorgien her noch lebhaft in Erinnerung sind. „Kauft euch doch selber einen", schimpfe ich, als sie nicht aufhören wollen, nach meinem Ring zu picken, und vergrabe meine Hände in den Taschen.

Andere Wegelagerer treiben es sogar noch schlimmer. Als ich ein Stück weit allein in die Ebene gehe, um ein paar alte Robbenzähne zu untersuchen, werde ich plötzlich gestellt. Eine große Skua fliegt mehrmals frontal auf mich zu und schaut mir – während sie mit ihrem kräftigen, hakenförmig zugespitzten Schnabel im Flug dicht vor meinem Gesicht verharrt – lange fragend in die Augen. Was will sie bloß von mir? Soll ich vielleicht Beute ausspeien wie die Vögel, die sie verfolgt, oder hält sie mich in meinem roten Segelanzug etwa für einen großen, blutüberströmten Pinguin, eines ihrer Opfer? Ihre dunklen, klugen Augen verfolgen mich noch lange. Seltsam ist diese Insel, eigenartig sind ihre Tiere, ihre Natur.

Im Süden der Bucht schieben sich vier gewaltige Gletscherzungen des Big Ben bis zum Ufer, von denen wir aber wieder nur die untersten Spitzen zu sehen bekommen: Gletscherabbruchkanten, die von steilen Basaltgraten abgestützt sind und vor denen sich unpassierbar hohe, bizarr geformte Eiskliffs türmen. Kein Wunder, denn die Eiskappe, die das Vulkanmassiv bedeckt, ist 150 Meter dick, und mindestens 15 mächtige Gletscher transportieren die weiße Fracht zum Meer hinab.

Ganz schön müde kehren wir zur Schutzhütte zurück, in der Steffen den originellen Ofen schon mit Holz- und Papierabfällen gefüttert hat. Wir kochen Tee und wärmen uns auf. Auch die anderen trudeln langsam wieder ein. Bevor es an Bord geht, ernten Burkhard und ich noch einen Korb Kerguelenkohl, der an manchen Stellen geradezu üppig wächst, weil es hier keine Kaninchen gibt, die ihn wegfressen. Die vielen Löcher im Vulkansand sind allesamt Bruthöhlen von Taubensturmvögeln. Auf Heard gibt's keine eingeführten Exoten.

Erich läßt seine Fotoausrüstung an einem geschützten Platz in der Hütte zurück und hofft, daß sich der Sturm bis zum nächsten Morgen legt und die Überfahrt im Dingi dann trockener wird. Auf der Rückfahrt, kurz nach dem Ablegen vom Strand, nähert sich unserem vollbesetzten Boot unversehens ein richtiges Ungetüm von Elefantenrobbenbullen mit drohend aufgeblasener Nase. Schon als wir zuvor an seinen gewichtigen Haremsdamen vorbeiliefen, die alle friedlich am Strand schliefen, reckte er den Kugelkopf aus dem Wasser, glotzte uns mit blutunterlaufenen Augen böse an und schnaubte ärgerlich. Ihn stört weder Sturm noch kaltes Wasser, uns aber bekäme es schlecht, falls er uns angriffe und das Boot umkippte. Während wir eilig den Außenborder starten, halten wir die Paddel zur Verteidigung bereit. Als aber der Motor brummt, dreht der aufgeblasene Kerl in letzter Sekunde ab. Bei Spaghetti Bolognese mit Kerguelenkohlsalat – er schmeckt übrigens ganz hervorragend – erholen wir uns an Bord von dem Schreck in der Abendstunde und freuen uns auf den nächsten Tag.

Der Wind hat auf Südwest gedreht, erreicht aber immer noch Sturmstärke. An eine erneute Überfahrt im Dingi ist nicht zu denken, denn der Schwell zielt direkt auf unsere Landungsstelle. Im Schiff ist es angenehm warm, weil der Dieselofen auch die Nächte hindurch erfolgreich gegen Nässe und Kälte anbullert. Alle Kleidungsstücke, die wir an einer quer durch die Kajüte gespannten Leine aufgehängt haben, sind trocken. Wir frühstücken gemütlich, nähen die Genua, die im Sturm eingerissen ist, und stauen Proviant um. In den letzten fünf Wochen haben wir uns ganz schön hungrig durch die Schapps gefuttert. Die Löcher werden jetzt wieder gestopft, mit Reserveproviant aus schwer zugänglichen Stauräumen unter den Kojen im Salon. Gut, daß wir noch viel Brot von den Kerguelen haben. Bei den kalten Temperaturen hält es sich ausgezeichnet und bedeutet eine große Erleichterung für mich, weil ich nicht mehr jeden zweiten Tag backen muß.

Plötzlich ein Freudenschrei: „Der Berg, der Berg!" Alle eilen mit ihren Kameras an Deck, denn wer weiß, wie rasch sich dieser Verpackungskünstler wieder einhüllt? Der Anblick ist atemberaubend und in seiner grandiosen Schönheit fast erdrückend: Minutenlang erhebt sich direkt vor uns die Eiskuppel des knapp Dreitausenders über einem Kranz aus Wolken und scheint auf ihnen zu schweben. „Riesige Gletscherzungen und Big, Big, Big Ben direkt über uns!" rufe ich Erich zu. Was für eine atemberaubende Insel! Bisher war sie flach, jetzt hat sie auf einmal eine ganz neue Dimension. Nun glaube ich zu wissen, warum unsere Bucht „Atlas" heißt wie der Riese aus der griechischen Mythologie. Sie trägt zwar nicht den Himmel auf ihren Schultern, dafür einen gigantischen Berg.

Rauch können wir nicht erkennen, das ist bei dem starken Wind auch nicht zu erwarten. Daß Big Ben immer noch brodelt, konnten australische Wissenschaftler beweisen, die von einem Forschungsschiff und aus der Luft frische schwarze Lavaströme und einen schmauchenden Schlot im Gletschereis fotografierten.

„Der Berg ruft", lacht Peter und beeilt sich, das Dingi zu Wasser zu lassen. Der Sturm hat sich verzogen. Noch ein letztes Mal setzen wir an Land über, filmen, fotografieren, halten mit Robben, Pinguinen, Palomitas, Kormoranen und Skuas ein Abschiedsschwätzchen, füllen Wasser aus der Regentonne in unsere Kanister, stechen Kerguelenkohl und räumen die Schutzhütte auf. Dabei finden wir ein wasserdicht verpacktes Stationsbuch für hier vorbeikommende Expeditionen. Auch wir tragen uns ein. Die letzte Yacht vor uns war die TOTORORE mit Gerry Clark. Davor, im Jahr 1972, war es die DAMIEN mit Jerome Poncet und seinem Freund. Der Franzose Poncet, den die Antarktis nicht mehr losläßt und der noch regelmäßig Expeditionen zu ihr unternimmt, lebt heute mit seiner Familie auf den Falklands, wo wir ihn auch kennenlernten.

Der allererste Yachtie aber, der Heard anlief, war – wie könnte es anders sein – Harold „Bill" Tilman. 1965 hatte er eine australische Bergsteigergruppe auf der Südseite der Insel abgesetzt und war zu den Kerguelen, wo er geschützter ankern konnte, zurückgesegelt. Nach ihrer erfolgreichen Big-Ben-Besteigung holte er die Alpinisten wieder ab. In die Atlas Cove war er nicht eingelaufen, weil die PANTANELA, sein damaliges Schiff, zuviel Tiefgang hatte. Unsere FREYDIS ist erst die vierte Yacht, die Heard in den letzten 30 Jahren besucht hat – kaum zu glauben auf unserer übervölkerten Erde.

Die Zeilen, die Gerry Clark vor acht Jahren ins Stationsbuch schrieb, interessieren uns sehr: „10 1/2-Meter-Yacht S.R.V. TOTORORE (N.Z.). Ich war drei Jahre lang auf Expedition in den südlichen Ozeanen und bin auf dem Heimweg, diesen 5. April 1986. Ein kurzer Besuch auf dieser schönen Insel auf dem Weg nach Neuseeland via Macquarie Island (hoffentlich). Ich bin Einhandsegler, da ich meine Crew auf Marion Island zurückgelassen habe, nach Entmastung in einem Sturm, eine Woche nach dem Start in Kapstadt. Ich verließ Marion Island unter Notrigg, habe Crozet und Kerguelen besucht. Der Hauptgrund für meine Landung hier war, ein Rundholz zu finden, das mein Notrigg verbessert könnte. Und ich hatte Erfolg. Viel Glück für alle, die mir folgen. (Falls ich nicht überlebe, teilen Sie bitte meiner Frau mit, daß ich zumindest bis Heard gekommen bin. Und sagen Sie ihr, daß ich sie liebe. Gerry Clark."

Wir sind ergriffen, lesen auch zwischen den Zeilen. Nur allzu gut können wir nachempfinden, was Clark durchgestanden, durchlitten haben muß. Wir sind zwar zu acht, während er ganz allein war, aber in Relation zur Übermacht dieses Ozeans und seinen Naturgewalten sind wir – genau wie er – ein Nichts. Gerry Clark muß von finsteren Ahnungen geplagt worden sein. Aus seinem Buch wissen wir, daß er auf der Weiterreise nach Fremantle mit der TOTORORE weitere fünf Mal durchkenterte und in Lebensgefahr schwebte.

Das Wetter ist neblig kalt, aber sonnig: Zeit zum Auslaufen! Wir senken den Schwenkkiel ab, bringen die Arretierung an und verlassen – von einem Plattbodenschiff wieder in eine hochseetüchtige Yacht verwandelt – die Atlas Cove unter Sturmfock und doppelt gerefftem Groß. Etwas wehmütig ist uns dabei schon zumute, denn trotz Fallwinden und Sturm bot die Bucht doch ausreichenden Schutz, gönnte uns Ruhe, Entspannung und anregende Landgänge.

Über diese karge, eisige Insel schreibt Erhard später in sein Notizbuch: „Für mich ist Heard eine Insel von kalter, strenger Schönheit, die nur zögernd Gesicht zeigt. Der Mensch paßt nicht in diese Welt aus Fels, Gletscher, Lavasänden, hartem Gras und Flechten. Er darf nur kurz herkommen, alles bestaunen und wieder gehen. Aber die starken Eindrücke wird er nicht vergessen: den kräftigen Wind auf der Wasseroberfläche, das plötzliche Aufreißen der Wolken- und Nebelbänke, die Sicht auf sonnenbeschienene Gletscher und schwarze Strände, die gewaltige Brandung und die Tiere. Auch der Kreislauf aus Leben und Tod scheint stumm und mit nüchterner Selbstverständlichkeit abzulaufen: Ein Tier bricht sich den Fuß, kann nicht mehr jagen, stellt sich abseits, sein Partner verläßt es, das Tier stirbt. All dies wird sicherlich meine Einstellung zum Leben beeinflussen."

# Nach Norden ins Warme

Wind*beutel und* Schlag*sahne* – *Eine Welle läuft Amok* –
*Knockdown* – *Der ganz normale Wahnsinn* –
*Bloß keine Panik!* – *Auf der Kraterinsel St. Paul* –
*Schiffbrüchige und Langusten* – *Tierischer Badespaß*

Der nächste Landfall läßt noch lange auf sich warten. St. Paul und Amsterdam liegen 900 Meilen weiter nördlich. Daß wir Australien nicht direkt anlaufen, sondern einen beinahe rechtwinkligen Umweg segeln, hat zwei Gründe. Erstens wollen wir gern die Inseln St. Paul und Amsterdam besuchen. St. Paul ist ein seewassergefüllter Vulkankrater, ähnlich unserer Überwinterungsinsel Deception, nur wesentlich kleiner und entsprechend seiner nördlicheren Breite natürlich wärmer. Zweitens kommen wir mit Nordkurs am schnellsten aus der Gefahrenzone heraus, weg von Kälte, Nässe, vor allem aber weg von den schrecklichen Stürmen.

Vor der Bucht springt der Wind von Südost auf Nordwest um und frischt bis Sturmstärke auf, als hätte uns jemand nur tückisch herauslocken, dann aber der knallharten See ausliefern wollen. Auch das Eisberg-Gespenst im Nebel scheint auf uns gewartet zu haben, es passiert uns wippend und nickend. Und der Blick zurück: O Island in the – Mist! Heard hat sich wieder in Nebelwolken gehüllt, nur seine weißen Gletscherkliffs sind neben schroffen, lavaschwarzen Landvorsprüngen zu erkennen. Von Big Ben keine Spur.

Am Abend Funkkontakt mit Günther. Ein kräftiges Hoch liegt auf 38°S und 72°E, genau nördlich von uns. Keine Sturmfront weit und breit. Wir jubeln leise auf, sind alle erleichtert. „Auch wenn der Kurs noch so besch... ist – Hauptsache, kein Sturm." Damit spricht Steffen uns allen aus der Seele. Um die Batterien vor allem für die Funkerei voll zu halten, lassen wir die Maschine an jedem zweiten

Tag eine Stunde im Leerlauf arbeiten, stellen auch den Windgenerator an, der bei den acht Beaufort immerhin fünf und zehn Ampere pro Stunde bringt, aber leider ziemlich viel Lärm macht.

Die FREYDIS holpert und stolpert gen Norden durch eine übelkeiterregende See. Diesmal trifft's sogar die Seefesten; Steffen, Manfred und Peter opfern der Reihe nach. Am folgenden Morgen dreht der Wind auf West, die See wird ruhiger, gegen Abend reißt sogar der Himmel auf. Ein paar Commerson-Delphine, kleine Sturmvögel und eine Skua (ist es die mit dem hypnotischen Blick?) begleiten uns. Kurz vor Mitternacht überqueren wir den 50. Breitengrad Richtung Norden. Sind wir dem Antarktismonster entkommen – oder wird es uns auch über diese Grenze hinaus verfolgen?

Noch 700 Meilen bis St. Paul. Wieder guter Kontakt mit Günther: Wir segeln am Südrand des ausgeprägten Hochs, das langsam nach Osten zieht. Die Nacht ist kalt und bedeckt, nur einmal, für zehn Minuten, sehen wir Mond und Sterne. Nordwest der Stärke fünf bis sechs.

Aufregung im Cockpit: Das Ruder klemmt! Das Steuerseil ist von den Rollen gesprungen. Wir steuern mit der Notpinne, räumen so rasch wie möglich die Achterpiek und Karls Koje in der Achterkammer aus und spannen das Seil neu. Kaum ist das erledigt, entdecken wir im oberen Viertel des Groß einen durchgehenden Riß. Nur das Achterliek hält das Segel noch zusammen. Es wird umgehend geborgen. „Das ufert ja in eine Materialschlacht aus", brummt Erich. Unter Trysegel läßt sich das Schiff gut steuern, macht immerhin fünf Knoten Fahrt. Gegen Abend setzen wir sogar das Ruder fest, hoch am Wind steuert es sich ganz allein: eine Erholungspause für den Rudergänger. Aber bald bläst es wieder mit Sturmstärke, und wir drehen bei.

Der Sturm hält an. Mittags Frontdurchgang: Winddrehung auf Westsüdwest, es klart auf. Aber weiterhin neun bis zehn Windstärken und ein chaotischer Seegang, bedingt durch den Richtungswechsel. Das Cockpit wird zum Nähstübchen umfunktioniert. Zu dritt – Erhard, Steffen und ich – rücken wir mit Nadel, Faden und Lederfäustling dem schweren Großsegel zu Leibe. Eigentlich ist das Nähen eine angenehme, beruhigende Arbeit, man muß sich konzentrieren und wird dadurch abgelenkt von den Brechern, die sich beängstigend hoch hinter uns türmen. Wenn die ständigen Wasserduschen nicht wären und das Stoßen und Schaukeln, könnte man glauben, wir verbrächten einen behaglichen Handarbeitsnachmittag.

Wir setzen ein Zipfelchen der Rollgenua und laufen mit fünf Knoten vor dem Sturm ab. Aber was heißt da „laufen"? Unser armes Schiffchen wird gestoßen, gerempelt, gehoben und fallengelassen, es wird hin und her gerollt und übel in die Mangel genommen. Aber das alles ist immer noch sicherer als beizudrehen, den Brechern die volle Breitseite zu bieten. Die Stimmung an Bord ist trotz des Chaos' erstaunlich gut. Vielleicht weil sich jeder sagt: Wir laufen doch nach Norden, es kann nur besser werden. Karl auf meine Frage, was die Crew bei dem Wetter essen will: „*Wind*beutel mit *Schlag*sahne." Aber ich entscheide mich für ein Fertiggericht, habe schon genug blaue Flecken. Gegen Kälte und Sturm läßt sich wenig ausrichten, wohl aber gegen Hunger. Erfreulicherweise ist keiner mehr seekrank.

Gegen Abend nimmt der Sturm ab. Wir bergen das Trysegel und setzen das reparierte Groß dreifach gerefft. Wieder blockiert das Ruder, wieder ist das Seil abgesprungen. Die Umlenkrolle ist eben ausgeschlagen. Um eine neue zu holen, muß Erich sich erst einmal durch die vollgepackte Vorpiek zu den Ersatzteilen durchwühlen. Eine Arbeit, um die ihn bei dem Seegang keiner beneidet. Um 02.00 Uhr nachts seltsame weiße Lichtstrahlen am Himmel, wahrscheinlich Polarlicht, wenn auch nicht sehr ausgeprägt. Um 06.00 Uhr taucht die Sonne zwischen den Wolken auf. Wir überqueren den 46. Breitengrad.

Der Himmel zeigt wieder bekannte Farben, Blau und Weiß. Der Sturm ist vorüber. Die FREYDIS wiegt sich bei seitlichen Winden durch hohe, aber nicht mehr brechende Seen. Steffen versucht, Abwechslung auf den Tisch zu bringen, und angelt. Aber die Leine reißt, der Köder ist verloren, steckt im Rachen irgendeines großen Raubfisches. Pech für uns und den Fisch. 7°C im Cockpit. Herrliches Segeln. Alle wärmen sich an dem Gedanken ans „gelobte Land" im Norden. Erich: „Wie lange hab' ich schon davon geträumt, mit dem Schiff in die Lagune von St. Paul einzulaufen!" Steffen: „Das haben wir uns aber verdammt hart verdient." Burkhard kommt im T-Shirt mit kurzen Ärmeln an Deck, er kann's wohl nicht mehr erwarten, bis es richtig warm wird.

Leider erwachen auch die Kakerlaken aus ihrer Kältestarre und kriechen langsam aus den Ritzen. „Umkehren, wir müssen in die Antarktis zurück", rufe ich entsetzt. „Was?" lacht Peter. „Kannst du dich wirklich über diese putzigen treuen Tierchen noch aufregen?" Apropos treue Tierchen: Wanderalbatrosse, Enten- und Weißkinnsturmvögel begleiten uns noch immer wie stumme Geister. Nur die Skua mit dem magischen Blick hat schon lange aufgegeben.

Nur noch 400 Seemeilen bis St.Paul. „Drei Tage, wenn alles gut läuft." Erich ist zuversichtlich, die anderen sind es auch, trotz kleiner Pannen. Diesmal reißt eine Naht im Groß, also wieder nähen. Unangenehmer ist, daß der Wind wieder zulegt, immer vorlicher dreht und wir schließlich auf der Stelle bolzen. Wir entschließen uns, erneut beizudrehen und abzuwarten. Bei sieben Windstärken in der Nacht finden wir nur wenig Schlaf, werden in den Kojen unentwegt hin und her geworfen. Draußen ist es kalt, kein Mond, keine Sterne stehen am Himmel, nur Kompaß- und Topplicht versuchen, die Dunkelheit zu durchdringen.

Am Morgen wieder Sonnenschein und blauer Himmel. Wir liegen weiterhin beigedreht. In der Nacht sind wir sechs Seemeilen nach Südost versetzt worden. Burkhard spottet: „Auf diese Weise bekommen wir vielleicht doch noch McDonald zu sehen." Aber natürlich sind wir alle froh, daß wir nicht weiter vertrieben sind, denn jede Meile nach Süden bedeutet weniger Zeit für St.Paul – das Wetter macht den Plan.

Seit zwei Tagen haben wir keinen Funkkontakt mehr mit Günther. Im Radio herrscht Totenstille. Vielleicht ist etwas mit der Antenne nicht in Ordnung? Der Windgenerator lärmt wie eine Propellermaschine, die unentwegt Startversuche unternimmt. Immerhin, bei diesem Wind lädt sie die Batterien satt. Die See ist sehr grob, auch beigedreht bekommt die FREYDIS derbe Schläge gegen die Bordwand ab. Brecher ergießen sich ins Cockpit, verlassen es gurgelnd und schlürfend wieder durch die Lenzrohre. Sie scheuen sich nicht, dabei Kaffeelöffel, Kameradeckel und sogar belichtete Filme mit in die Tiefe zu reißen. Schon lange haben wir den Niedergang wieder mit Steckschotts verbarrikadiert. Ab Mittag dreht der Wind auf Nordnordwest und legt noch zu. Bald haben wir wieder schweren Sturm.

Seltsam warm ist es geworden. Ganz unheimlich ist uns zumute in dieser gigantisch wogenden Wasserwelt, als uns auf einmal schwüle Backofenluft um die Ohren pfeift. Die Sonne scheint noch immer vom blauen Himmel. Haben wir's vielleicht mit dem Ausläufer eines im Norden vorbeiziehenden Taifuns zu tun?

Im Sturm beigedreht liegt die FREYDIS meist ruhig wie eine kleine Festung, eine Eigenschaft, die wir sehr zu schätzen wissen. Diesmal aber krängt sie ungewohnt heftig. 10 bis 15 Meter hohe, überbrechende Seen jagen strudelnd und schäumend unter ihr hindurch, andere donnern krachend gegen ihre Luvseite und stoßen sie leewärts. Der Windgenerator zischt wie eine Armada wildgewordener Gänse, und der Sturm singt sein Lied in der Takelage. Steffen und Manfred halten im Cockpit Wache, das Ruder ist festgezurrt. Während Erich in der Navigationsecke Seekarten studiert und Erhard in der Kombüse Tee zubereitet, haben Burkhard, Karl und ich uns in die Kojen verzogen und lesen.

Als ich aus dem Fenster schaue, weil es einen Moment lang ungewohnt ruhig ist, sehe ich eine haushohe Wasserwand seitlich auf uns zurasen. Ich bin wie hypnotisiert, weiß plötzlich: Diese Welle läuft Amok! „W-a-h-r-s-c-h-a-u!" rufe ich. Ein furchtbarer Knall folgt. Der Brecher hat die FREYDIS auf ganzer Breitseite getroffen. Tausende von Litern Wasser explodieren am Rumpf. Das Schiff macht einen Riesensatz durch die Luft nach Lee – stolpert, kippt – stürzt in freiem Fall ein endloses Wellental hinunter – und schlägt, hart wie auf Beton, mit der Leeseite ins Wasser. Um uns Dunkelheit, Rumpeln, rauschende Wassermassen … Ich lande auf dem Boden. Erich wird von der Navi gegen den Mastfuß, Erhard über den Herd geschleudert. Schwere Wurfgeschosse sausen durch die Luft, knallen irgendwo auf. Über die Schottbretter am Niedergang stürzen Wasserkaskaden in den Salon. Jetzt richtet sich das Schiff wieder auf … Ein Zischen ist zu hören, brodelnde Gischt … Dann Stille, einen Moment bloß.

„Sind noch alle da? Wo sind die beiden im Cockpit?" rufe ich. Sie rappeln sich gerade auf, sind über den Tisch auf die andere Seite geworfen worden und zum Glück unverletzt. Erhard am Herd hat ein paar Prellungen, aber keine Verbrennungen, weil sein Tee in der Bilge gelandet ist. Erich ist nichts passiert, den anderen auch nicht. Wie gut, daß wir in Südafrika vor unserem Start noch alle Fenster mit 12 Millimeter starkem Plexiglas erneuert haben und das Deckshaus mit 12-Millimeter-Verbundglas gepanzert ist. Auf dem Boden liegen Seekarten, Navigationsdreiecke, Bücher, Geschirr und andere Kleinigkeiten. Der Barograph, der wie die beiden Funkgeräte aus der Halterung gerissen wurde, liegt auf der anderen Seite im Spülbecken der Kombüse. Die beiden Funkgeräte hängen zum Glück noch an ihren Kabeln. In der Bilge schwappt das Wasser. Draußen ist alles okay, nur ein Rettungsring, der am Heck festgezurrt war, ist fortgerissen worden.

Wir sind alle geschockt. Auf dieser Reise haben wir schon viele Stürme abgewettert, haben uns – soweit das überhaupt möglich ist – mit den hohen Seen abgefunden, sie schließlich sogar als ganz normalen Wahnsinn des Indischen Ozeans hingenommen. Nicht, daß man gegen diese Stürme immun werden, sich gegen sie abhärten oder auch nur an sie gewöhnen könnte – keiner von uns kann das. Im Gegenteil, mit jedem Sturm werden wir dünnhäutiger, sensibler. Aber schließlich kann man nicht die ganze Zeit verängstigt in der Koje liegen, deshalb nimmt man sie als unabwendbares Übel hin, versucht sich mit ihnen irgendwie zu arrangieren. Dieser Sturm aber lehrt uns wahrhaftig das Fürchten (falls wir es noch immer nicht gelernt haben sollten). Er ist Tortur und Folter für Schiff und Mannschaft. Dieser Knockdown macht uns schlagartig unsere Verwundbarkeit bewußt und auch, wie ernst die Lage ist. Ob die FREYDIS – und wir – diesen Sturm durchstehen, wird desto ungewisser, je länger er dauert, je höher die Seen sind.

Habe ich nicht schon zweimal solche Gefahrensituationen hautnah erleben müssen, aus denen es anscheinend kein Entrinnen gab – bei unserer Strandung auf Deception und sogar erst kürzlich in der Apostelbucht? Habe ich das Gefühl der Ohnmacht und des Ausgeliefertseins nicht zur Genüge ausgekostet? Bisher sind wir auf der ganzen Reise mit dem Schrecken davonkommen, und zum Schluß soll's uns doch noch erwischen? Unglaublich, diese hohen, mörderischen Seen! Aber im *Pilot* haben wir's ja schwarz auf weiß, daß Wellen im Indik eine Höhe von 25 Metern erreichen können.

Auch Erich hat Angst. Ich frage ihn, ob wir nicht doch besser wieder vor dem Sturm ablaufen sollten. Aber er zögert – zu Recht. Jedes Manöver an Deck bringt bei diesem Seegang zusätzliche Gefahren für Schiff und Mannschaft. Klar: Segel runter, Treibanker raus, das Heck dreht sich dann ganz von allein nach achtern. Aber wenn nicht – oder nicht schnell genug? In der Theorie klingt alles immer viel leichter. Außerdem müßten wir dann nach Süden ablaufen, unsere sauer verdienten Meilen wieder preisgeben, zurück ins Reich der Stürme segeln ... Erich kann sich noch nicht dazu entschließen, und so warten wir ab und hoffen. Ich bin froh, daß sich unsere Crew so großartig verhält, daß uns keiner anklagt, keiner sagt: „Das hättet ihr doch wissen müssen!" Nirgends Panik, äußerlich sind wir alle ruhig und gefaßt und räumen das Schiff auf, als lägen wir irgendwo sicher an der Pier. Das ist wohltuend und beruhigend für alle.

Wir sind insgesamt 24 Meilen und damit über den 45. Breitengrad zurück getrieben. Position 45°02'S, 76°44'E. Der Himmel hat sich zugezogen und wird immer dunkler. Gegen 18.00 Uhr zeigt der Wind noch einmal seine ganze Kraft und läßt Orkanböen über uns hinwegbrausen. Aber dann setzen plötzlich heftige Regenfälle ein. Steffen jubelt: „Endlich passiert was, so konnte es ja einfach nicht weitergehen!" Wie Verdurstende freuen wir uns alle über den Regen, denn er bedeutet Wetterwechsel; nun kann es nur besser werden! Sintflutartig prasseln die Wassermassen auf die tobende See, als wollten sie die Wellen platt hämmern. Plötzlich wird es merklich kühler, wir erleben einen regelrechten Temperatursturz. Kein Wunder, der Wind hat auf Süd gedreht, bläst uns nun wieder antarktische Luft entgegen. Die Barokurve steigt. Juhuuuh! Die Böen lassen langsam nach und mit ihnen auch unsere Anspannung.

In der ersten Hälfte der Nacht halten Erich und Steffen Wache. Immer noch steife Brise, die See steht jetzt gegen den Wind, der das Schiff deshalb nicht mehr stabilisiert. Die Wellen bekommen noch eine letzte große Chance, uns umzuwerfen. Wieder rast eine Wasserwand schräg von der Seite auf uns zu, aber nur ihr Ausläufer streift uns, wirft uns noch einmal kräftig auf die Seite und setzt das Cockpit voll unter Wasser. Erich, aufatmend: „Wie so oft, wenn man glaubt, es sei alles vorbei, kommt noch ein Hammer hinterher."

Als wir um 09.30 Uhr mit Günther sprechen wollen, entdeckt Erich, daß ein Knopf am Funkgerät durch den Sturz beschädigt ist. Er kann die Frequenzen nicht mehr einstellen. Nach einer Weile hat er den Schaden zwar repariert – trotzdem kein Ton. Ist der Sturm vielleicht an schlechten Ausbreitungsbedingungen schuld? Die Antennen- und anderen Steckverbindungen sind alle in Ordnung. Schade, gerade heute hätte uns ein Kontakt mit der Außenwelt gut getan. Gegen 12.00 Uhr weht es nur noch mit sechs bis sieben Beaufort. Nach 24 Stunden Beidrehen nehmen wir endlich wieder Fahrt auf und überschreiten nach kurzer Zeit zum vierten Mal auf dieser Reise den 45. Breitengrad. Ich wanke in die Koje, fühle mich wie gerädert, meine Muskeln sind verspannt und verkrampft vom Kampf gegen die Schwerkraft.

Aber ich bin stolz auf unsere FREYDIS. Was hat sie nicht alles schon durchgestanden! Sie ist so schön dickfellig und schwerfällig. Eigenschaften, die bei jeder Regatta von größtem Nachteil wären, entpuppen sich hier als lebensrettend. Ich streichle ihre zerkratzten, verschrammten, angekohlten Holzwände. Es hat uns nie im Stich gelassen, unser liebes, gutes, altes, unbequemes Schiffchen. Alle vertrauen ihm. Steffen spricht nur noch von „unserem Schlachtschiff".

Am Morgen wieder Nordwest sechs bis sieben. Eklige Bolzerei. Das GPS zeigt vier Knoten, die Logge fünf, wir haben also einen ganzen Knoten Gegenstrom. Segeln mit dreifach gerefftem Groß und einem Fetzen dichtgeknallter Rollgenua. Das Baro sinkt schon wieder. Bereitet sich etwa die nächste Front zum Angriff vor? Wie wären wir alle froh, St. Paul zu erreichen! Wir sehnen die Insel förmlich herbei. Endlich ausruhen, ohne Angst entspannen können, das ist unser einziges Ziel geworden. Wieder ist eine Naht im Groß aufgerissen und muß genäht werden – wen wundert's bei dieser Beanspruchung. Hoffentlich hält die Genua noch durch. In Südafrika hatten wir zwar ihre Lieken rundherum mit blauen UV-Schutzstreifen verstärken lassen, aber das Material darunter war bereits spröde geworden. Die Lieken fransen trotzdem aus.

Wanderalbatros und Buntfuß-Sturmschwalbe, Weißkinn- und kleiner Entensturmvogel begleiten uns immer noch. Ich frage mich, ob es seit Heard wirklich dieselben sind, und ob sie während der langen Reise auch etwas fischen. Ich habe das nicht beobachtet. Seit dem Sturm neu dazugesellt hat sich ein Gelbschnabelalbatros. Ob er auf St. Paul brütet? Wir werfen einige der letzten Kerguelen-Brotlaibe, die Schimmel angesetzt hatten, über Bord. Die kleineren Vögel lassen sich sofort darauf nieder, picken gierig daran herum.

Weiter sechs bis sieben Beaufort und gegenan. Ständig waschen Brecher übers Deck, steigen ins Cockpit ein. Im Schiff ist alles naß und feucht. Noch auf keiner Reise haben wir so viele Duschen abgekriegt. Es beginnt, nach Schimmel zu riechen. Ich wasche Kühltruhe und Schapps mit Essigwasser aus, aber das hilft nur kurze Zeit, weil wir nichts trocknen können. Hoffentlich haben wir auf St. Paul einen Sonnentag zum Lüften.

Am Nachmittag raumt der Wind und frischt auf, wir machen gute Fahrt. Erich gelingt ein Funkkontakt mit Marion Island: große Freude auf beiden Seiten über dieses Treffen im Äther. Nacheinander drängelt die halbe Mannschaft ans Mikro. Auf Marion hatten sie ebenfalls sehr schlechtes Wetter und einen bösen Sturm, erfahren wir. Aber alle sind wohlauf und froh, daß wir die Reise bisher gut überstanden haben. Brian und Christie bestätigen die derzeit schlechten Ausbreitungsbedingungen: An dem Black-out seien Sonnenflecken und ein Taifun über Mauritius schuld. Am Abend wollen sie selbst versuchen, Günther zu erreichen, um unsere Position durchzugeben. Wir sind sehr erleichtert und lassen ihre Killerwale grüßen. Sie kämen jetzt seltener, hören wir, seien aber weiterhin die unbestrittenen Stars von Marion.

Noch 200 Meilen bis St. Paul. Von nun an müssen wir wieder mit Schiffen rechnen, denn südlich der Insel verläuft eine Dampferroute nach Australien. Dummerweise ist unser Topplicht ausgefallen. In der Nacht Sternenhimmel, Neumond. Peter sichtet im Süden eine Sternschnuppe mit langem Schweif. Kein Schiff, kein Flugzeug, nur Wasser, Wasser, tiefe Wellentäler, hohe Wasserberge ... Der Wind hat auf Süd gedreht.

Fünf Beaufort von achtern. Ab jetzt segeln wir in den Dreißigern. Wir setzen Blister und laufen, was das Zeug hält. Es wird immer wärmer, 13°C im Cockpit. Langsam legen wir Wolle und Faserpelze ab, duschen an Deck – aber nun aus freien Stücken – und machen uns landfein. Überhaupt leben wir jetzt wieder mehr draußen als drinnen, zumal wir uns auf Vor- und Achterdeck aufhalten können, ohne „baden" zu gehen.

Ich stimme mich schon mal auf St. Paul ein und durchforste alte Berichte, die mir ein interessierter Seefahrtschüler aus Leer vor unserer Abreise aus Deutschland mitgegeben hat. St. Paul, heißt es darin, sei das „Reich der Langusten und der Schiffbrüchigen". Das klingt aufregend.

Wer St. Paul entdeckt hat, weiß keiner so genau. Uralte Karten weisen darauf hin, daß es ein portugiesischer Seefahrer irgendwann im 16. Jahrhundert gewesen sein muß. Erstmalig betreten hat die Insel – soweit bekannt – im Jahre 1696 der Robbenschläger-Kapitän Van Fleming, der auch die erste detaillierte Beschreibung von ihr lieferte. Während des 19. Jahrhunderts wurde St. Paul immer wieder von Handelsschiffen angelaufen, auf ihrem Weg vom Kap der Guten Hoffnung zu den holländischen Kolonien Java und Westaustralien. Und natürlich war die Insel ein Dorado für Robbenschläger.

Das Reich der Schiffbrüchigen? Vom 3. Februar bis zum 25. März ankerte die PHILO aus Boston vor St. Paul, wo sie sich 5000 Robbenfelle und 30 Zentner Fisch holte. Sie war das Schiff, das auf den Crozets die 15 Überlebenden der PRINCESS OF WALES aufgenommen hatte. Zwei der Schiffbrüchigen ließ sie auf deren eigenen Wunsch auf St. Paul zurück, einer von ihnen war C.M. Goodridge. Es gab Fisch, Vögel, Robben und zu dieser Zeit auch eine Menge wilder Schweine auf der Insel, so daß sie sich einige Monate lang ausreichend selbst verpflegen konnten.

Die Liste der Schiffbrüchigen auf St. Paul ist lang, aber natürlich alles Geschichte, denkt man. Heutzutage kann den Schiffen mit ihren modernen Navigationsgeräten so etwas nicht mehr passieren. Aber eineinhalb Jahre nach unserem Besuch fällt mir ein Agenturbericht von AP in die Hände, der von einem Schiffbruch auf St. Paul berichtet: „Die australische Luftwaffe versorgt seit einer Woche 22 auf dem unbewohnten Eiland St. Paul im Indischen Ozean gestrandete Fischer aus der Luft mit Lebensmitteln und anderen Hilfsgütern. Der Leiter der Rettungsaktion sagte gestern, die Schiffbrüchigen des auf ein Riff gelaufenen japanischen Fischereischiffes ZUIHO MARU No.58 müßten mit Spezialschiffen von der von hoher Brandung umtosten Vulkaninsel geborgen werden, weil Flugzeuge oder Hubschrauber dort nicht landen könnten. ‚Es ist so ziemlich der ungünstigste Ort, um Schiffbruch zu erleiden', sagte er. Die Insel liegt 3700 Kilometer westlich von Perth in Australien und 3500 Kilometer südöstlich von Mauritius. Die 15 Japaner, sechs Indonesier und ein Südafrikaner hätten sich auf dem nur 500 Meter langen Eiland eine kleine Hütte gebaut, um wenigstens Schutz vor der kalten Witterung zu haben. Ein Bergungsversuch soll im Lauf der Woche unternommen werden."

Aber St. Paul und Amsterdam sind auch schon lange für ihre Langusten bekannt. Die erste kleine Siedlung an der Nordecke wurde 1843 von Fischern der französischen Kolonialinsel Bourbon (später Réunion) gegründet, mangels offizieller Unterstützung aber bereits nach wenigen Jahren wieder verlassen. Erst 1899 annektierte Frankreich die beiden Inseln, und weitere 30 Jahre später begann die zweite Siedlungsperiode. Bretonische Fischer bauten – wieder an der Nordecke – eine kleine Konservenfabrik für Langustenschwänze, die gute Profite brachte. Bei längerem Inselaufenthalt aber erlagen immer wieder Siedler einer rätselhaften Krankheit. Im März 1931 wurde erneut ein Ausbruch der vermeintlichen Epidemie gemeldet. Bei der Ankunft eines Hilfsschiffes im April waren bereits 13 Männer gestorben, zehn weitere starben an Bord. Der Schiffsarzt diagnostizierte Beriberi, eine Krankheit, deren Ursache (Vitamin-B1-Mangel) damals noch unbekannt war. Das Schiff verließ die Insel mit den restlichen Siedlern, und die Station wurde nie wieder genutzt. 1966 wurde lediglich aus den Resten der alten, bereits zerfallenen Station die kleine Schutzhütte gebaut, die einmal jährlich mit Notproviant ausgerüstet wird. Prima, denke ich, dann gibt es dort sicher auch Süßwasser.

Am Morgen haben wir St. Paul voraus. Als wir uns nähern, reißt wie auf Bestellung die tiefhängende Wolkenwand auf und gibt die Sicht auf die Insel unserer Sehnsucht frei. Trotz der freundlichen Sonne wirkt sie auf den ersten Blick ziemlich ernüchternd. Sie ist der Rest eines 300 Meter hohen Vulkans und der Rand eines vom Meer überfluteten Kraters. Schroffe, schwarz-rot gefärbte Vulkanwände steigen senkrecht aus dem Meer. Während der Berg nach Norden, Westen und Süden dreieckförmig zum Meer hin abfällt, ist der Krater nach Osten nur durch eine flache Barre begrenzt, die eine etwa acht Meter breite Öffnung läßt. Ein schwerer Sturm im 17. Jahrhundert soll die Barre zum Teil weggespült und dadurch kleinen Schiffen den Zutritt ermöglicht haben. Ein steiler, zuckerhutförmiger Felsen ragt am Eingang wie ein Wachtposten aus dem Wasser.

Wir hätten natürlich bei Hochwasser einlaufen sollen, aber das wird uns leider erst klar, als die Roller uns mehrmals brutal auf blinde Klippen am Eingang knallen. Zwar ist die Sicherung des Schwenkkiels längst gelöst, damit dieser notfalls hochkommen kann, aber wir haben ihn nicht völlig heruntergelassen, wobei der Seilzug entlastet würde. Als das Schiff vom Schwell angehoben und weitergeschoben wird, fällt der Kiel jedesmal mit der vollen Wucht seiner zwei Tonnen in den Seilzug, der prompt bricht. Eine Strandung bleibt uns aber wenigstens erspart. Die Wellen stoßen uns rumpelnd über die letzten Untiefen hinweg in den kreisrunden, ruhigen Kratersee, wo wir in der Nordostecke, gleich hinter der Barre, am Rand der ehemaligen Fischersiedlung auf 25 Meter Wassertiefe unsere beiden Anker werfen.

Nicht so glimpflich davongekommen war das Postschiff MEGAERA, das 1871 im Kratereingang leckschlug. Kurz vor dem drohenden Untergang wurde es absichtlich auf den steinigen Strand der Barre gesetzt, wodurch die 250 Passagiere gerettet werden konnten. Die Schiffbrüchigen richteten sich auf der Insel notdürftig ein und wurden schließlich von einem englischen Kriegsschiff aus Hongkong abgeborgen, das sie nach Australien brachte. Vom Wrack des Postschiffs ist heute nichts mehr zu sehen.

Ich bin froh, auf St. Paul zu sein, und fühle mich ähnlich erleichtert wie ein Schiffbrüchiger. Zwar liegt noch die gewaltige Strecke von 2000 Seemeilen bis Australien vor uns, aber das ist Segeln weit außerhalb der Region des antarktischen Grauens. Eines ist sicher: Ich will nie wieder im Südindischen Ozean segeln! Ich bin wie erlöst, dankbar für mein neu gewonnenes Leben und glücklich über diese wunderbar grüne Insel. Sie hat zwar hohe, steile Kraterwände und ist außer an der Nordecke nur schwer oder überhaupt nicht begehbar, aber meine Glücksgefühle sind die gleichen wie vor einem Jahr auf dem idyllischen Nightingale in der Tristangruppe,

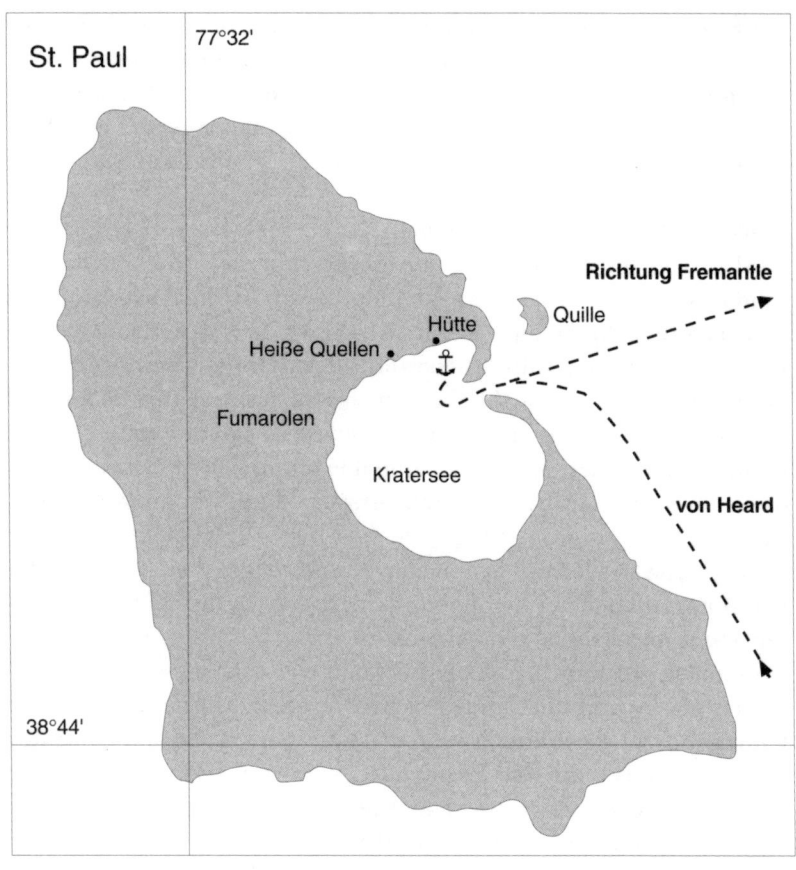

als wir ebenfalls aus der Antarktis zurückkehrten. Nach dem nun schon acht Wochen währenden Leben in Nässe und Kälte auf unserer Nußschale komme ich mir vor wie einer Gefängniszelle entronnen. Auch die anderen genießen ihre Freiheit in vollen Zügen. Schürf-, Schnitt- und Quetschwunden sind allmählich verheilt, Prellungen und blaue Flecken grün geworden, und sogar Karls Finger ist zwar nicht kerzengerade, aber doch solide zusammengewachsen.

Von der Fischereistation sind nur Ruinen übrig. Eine kleine Schutzhütte ist noch intakt, aber rattenverseucht. Außer in Notbehältern finden wir kein Trinkwasser. Das Wasser in dem Faß, in dem der Regen vom Dach der Hütte gesammelt wird, ist voller Algen und ungenießbar. Wir klettern den Hang hoch. Zwischen den Häuserruinen, aber auch weiter oben, nisten fast bis zum Kraterrand Tausende von Felsenhüpfer-Pinguinen im Tussokgras. Hastig versuchen sie, sich vor uns zu verstecken. Bloß keine Panik: Darauf bedacht, keine Eier zu zertreten, stolzieren wir wie Störche voran. Leider gibt es auf der Insel keinen anderen Weg nach oben.

Während Burkhard und Peter gleich am ersten Tag am Kraterrand entlang und übers Bergplateau wandern, suchen wir den Uferrand nach heißen Quellen ab. Unsere Hoffnung, irgendwo auf dieser Vulkaninsel wie auf Deception heiße Tümpel zum Baden zu finden, erfüllt sich jedoch nicht. Aber an der Nordwestseite des Kraters, einige Meter oberhalb des Ufers, entdecken wir inmitten besonders üppig wachsender Gräser und Farne mehrere Erdlöcher, aus denen heißer, leicht nach Schwefel riechender Wasserdampf entweicht.

Außen an der Barre liegen etwa hundert Elefantenrobben. Rund ein Dutzend aber hat auf dem ehemaligen Fischereigelände Stellung bezogen. Es sind überwiegend männliche Tiere, von Rivalenkämpfen durch tiefe Narben gezeichnete Veteranen. Sie beobachten uns feindselig und mit aufgeblasenen Nasen, sobald wir uns nähern. Ich mache sicherheitshalber einen Bogen um sie. Die Uferzone des Kraters ist dagegen fest in subantarktischer Seebärenflosse. Hier liegt eine Großfamilie neben der anderen. Den Bullen kommt man besser nicht zu nahe, aber die Weibchen scheinen kaum aggressiv zu sein, sondern recht zugänglich und verspielt.

Um sie näher kennenzulernen, bade ich mit ihnen. Für das nur 14°C kalte Wasser ziehe ich Naßbiber und Flossen an – auch als Schutz gegen beißwütige Angreifer. Aber der Badespaß läßt mich bald meine ängstliche Zurückhaltung vergessen. Angriffe gibt es zwar ständig, aber nur zum Schein – man will ja schließlich wissen, mit wem man es zu tun hat. Zunächst suche ich Kontakt zu einer stattlichen Robbenfrau. Sie zeigt mir sofort die Zähne, protestiert lauthals und verjagt mich von „ihrem" Felsbrocken. Als ich aber eine Weile in ihrer Nähe auf und abschwimme und dabei freundlich und beruhigend auf sie einrede, hat sie keine Einwände mehr. Ich darf mich sogar auf ihren Stein setzen. Sie streicht sich über die

Schnurrhaare, kratzt sich, kommt neugierig schnuppernd zu mir und knabbert schließlich sogar interessiert an meinen Flossen herum. So dreist wird sie, daß sie mich nach einem gemeinsamen Bad sogar als bequeme Aufstiegsmöglichkeit auf ihren Felsen benutzt.

Beim Schwimmen und Planschen erkennen mich die Tiere oft erst, wenn sie unmittelbar vor mir sind oder mich anstoßen. Dann erschrecken sie so sehr, daß sie einen Salto rückwärts machen. Für die Robbenkinder scheine ich so etwas wie der Schwarze Mann zu sein. In kleinen Gruppen nähern sie sich quiekend und prustend, schwimme ich aber auf sie zu, flüchten sie, wie von Sinnen laut brüllend und johlend, in sichere Verstecke.

Nicht nur die Seebären, auch unsere Angler kommen hier voll auf ihre Kosten. Und wir alle profitieren davon, denn am Abend gibt's Fischfilets en gros.

Am nächsten Morgen bekommen wir Besuch von der ALBATROS, einem Fischereischutzboot der Franzosen, das vor dem Krater ankert. Die ALBATROS, die nach uns auf den Crozets und den Kerguelen eintraf, ist über unseren Besuch auf St. Paul informiert. Wir können unsere Wassertanks füllen, werden zum Mittagessen eingeladen und sehr gastlich bewirtet. Daß der Kommandant ein Nachfahre Kerguelen-Trémarecs ist, verleiht dem Treffen zusätzliche Würze und aufregende Nähe zur Entdecker-Vergangenheit.

Nachmittags verläßt die ALBATROS St. Paul mit Kurs Neu-Amsterdam. Sie will uns dort anmelden. Wir geben unsere Post mit, weil wir wegen der ungünstigen Windvorhersagen noch nicht wissen, ob wir dort anlanden können. Als Abschiedsgeschenk erhalten wir ein Kiste mit Langusten und vielen anderen, lange entbehrten Köstlichkeiten. Steffen, der wieder zu rauchen begonnen hat, hamstert erfolgreich Zigaretten.

Abendessen an Bord: Langusten „satt", mit oder ohne Mayonnaise, dazu frische französische Baguettes und ein köstlicher Chablis. So läßt sich's leben, so könnten wir's locker noch drei Wochen aushalten! Eigentlich hatten wir vorgehabt, die Krebse inselgerecht in den Fumarolen zu garen, sehen dann aber doch lieber davon ab, weil es in der Umgebung dieser dampfenden Erdlöcher nur so wimmelt von Kakerlaken. An Bord ist ihre Zahl wenigstens – noch – überschaubar.

# Finale in Australien

*Wal-Kür und Polarlicht – Schulatlas statt Seekarte – Endlich
am Ziel – Rüder Empfang – Ein luxuriöser Segelklub –
Abschied unter Freunden*

Vor dem Aufbruch am nächsten Tag diskutieren wir ausführlich, ob wir vor dem großen Sprung nach Australien noch die Amsterdam-Insel besuchen wollen oder nicht. Erich und ich würden das Eiland gern kennenlernen, aber die Entscheidung muß die Crew natürlich mittragen. Für die vor uns liegenden 2000 Meilen stehen uns nur noch 18 Tage zur Verfügung. Erich ist zuversichtlich, denn unter günstigen Voraussetzungen laufen wir Durchschnittsetmale von 150 Meilen. Warum sollten sie ausgerechnet in der Westwinddrift geringer ausfallen?

Doch die drei, die schon ein Rückflugticket besitzen, wollen es verständlicherweise nicht riskieren, ihren Abflug in Australien zu versäumen, zumal das Getriebe lädiert ist.

Erich ist betroffen: „Nun haben wir einmal im Leben die Chance, diese entlegene Insel zu sehen, können in nur zehn Stunden dort sein, und ihr wollt nicht!" Nach ein paar Minuten fragt Manfred, ob uns diese Insel wirklich so viel bedeute. Erich achselzuckend: „Natürlich ist es ein Schlag." Daraufhin ändert die Crew ihren Entschluß. Sie macht mit, weil es so besprochen war und weil niemand ein Spielverderber sein will. Wir finden diese Geste großartig. Aber nach einer Runde mit dem Dingi auf dem Kratersee sind Erich und ich uns einig, daß wir dieses Angebot nicht annehmen wollen. Ausschlaggebend dabei ist für uns der Getriebeschaden. Wenn nicht wirklich alles wie am Schnürchen klappt, könnte uns die Crew später mit Recht Vorwürfe machen.

Bis Fremantle rechnen wir 15 Tage mit durchschnittlichen Etmalen von 125 Seemeilen. Unsere Uhren stellen wir auf Ortszeit, also wieder mal zwei Stunden vor. Anker auf um 18.00 Uhr. Draußen vor der Barre weht Ostwind, ausgerechnet wenn wir nach Osten wollen! Dann Regen und Flaute. St. Paul bleibt noch lange in Sicht. Gelbnasen-Albatrosse umrunden uns. Während der Flaute setzen sie sich graziös aufs Wasser und warten geduldig mit uns auf Wind.

Sonnenaufgang um 07.00 Uhr. Erich taucht, um die Lage der Schwertarretierung zu korrigieren, die nicht optimal faßt. Kurze Zeit später hält die Stahlklammer das Schwert wieder eisern fest. Und weil's im 17 Grad warmen Wasser so schön ist, stürzen sich Erhard, Burkhard und Peter gleich hinterher.

Wegen des Ostwinds sind wir nördlich des 39. Breitengrads gelandet, also jenseits der Westwinddrift. Aber das Baro fällt. „Endlich", seufzt Erich und lacht dann: „So schnell ändern sich die Zeiten, jetzt freut man sich schon, wenn es sinkt." Tatsächlich brauchen wir dringend Wind, in spätestens 17 Tagen müssen wir in Fremantle sein. Manfred, Burkhard und Erhard müssen zurück nach Deutschland. Ihr Urlaub geht zu Ende, nach neun Wochen ist keine Zugabe mehr drin.

Wir laufen wieder in die Vierziger hinein, um mehr Wind zu bekommen. Die Barokurve wird schnell steiler, schließlich dreht der Wind auf Nord, dann auf Nordwest und frischt bis Sturmstärke auf. Nur unter Sturmfock brausen wir dahin, machen schnelle Meilen. Am Abend neun Beaufort und wieder grobe See. Du meine Güte! Aber wenigstens von achtern. Mit der Wellenwalze rollt plötzlich auch eine Schule von etwa einem Dutzend Pilotwalen heran. Acht bis zehn Meter lange, schwarze, stromlinienförmige Körper nebeneinander in Reih' und Glied, wie ein Gespann auf den weißen Schaumkronen reitend: eine echte Wal-Kür, die uns eine halbe Stunde lang in Atem hält. Doch ich kann den Anblick kaum genießen, fürchte mich vor dem Sturm und vor der Nacht.

Immer noch Funkstille: Weder Günther in Deutschland noch unsere Freunde auf Marion sind zu hören. Manfred verletzt sich am rotierenden Windgenerator über dem Auge. Zum Glück ist es nur eine kleine Schnittwunde. Mit Verband und schwarzer Augenklappe schaut er aus wie ein Pirat.

Regenschauer. Die Navigationsecke mit der Elektronik wird naß, weil der Regen waagerecht durch den Spalt am Niedergang peitscht. Ich decke alles mit Handtüchern ab. Gegen 02.00 Uhr nachts Frontdurchgang. Der Wind dreht auf Südwest, nimmt schlagartig ab. Das Schiff schaukelt wie verrückt, bis das Groß ausgerefft und die Genua ausgerollt ist.

Leider haben wir im Sturm nicht soviel Strecke gemacht wie erhofft: nur knapp 50 Meilen in acht Stunden. Das GPS zeigt wieder weniger an als die Logge, also Gegenstrom! Eigentlich soll ja der Southern Ocean Current mitlaufen, aber der hält offenbar nichts von dieser Regelung. Noch 1666 Meilen bis Fremantle und wie viele Stürme? Wenigstens klappt der Funkkontakt mit Marion wieder: Auch sie konnten Günther nicht erreichen, wir haben immer noch Black-out. Sie wollen versuchen, über Südafrika eine Nachricht nach Deutschland zu übermitteln. 14 Tage sind unsere Angehörigen nun schon ohne Lebenszeichen von uns, hoffentlich machen sie sich keine Sorgen.

Wind aus Ostsüdost mit drei bis vier Beaufort, Sonnenschein und blauer Himmel, aber eiskalt. Wir machen nur schlappe zweieinhalb Knoten. Heute ist mein zweiter Geburtstag auf hoher See. Im vergangenen Jahr habe ich ihn auf der Reise von Tristan nach Kapstadt gefeiert, meine Angehörigen und Freunde gratulierten mir damals über den Äther. Diesmal sind die Sonnenflecken gegen mich. Aber Hauptsache, unsere Sterne stehen günstig! Außerdem habe ich meine Geburtstagsrunde ja bereits beisammen. Als zünftiges Ständchen tönen Buckelwalgesänge aus der Kassette, die Eva, Mitseglerin im Südatlantik, der Crew für mich mitgegeben hat. Ich verwandle die FREYDIS in eine Backstube. Die Gesellschaft wird mit Schokoladenkuchen, Dörrobst und Dampfnudeln „genudelt". Wein und Bier sind noch immer ausreichend vorhanden. Während der bisherigen Reise ist nur wenig Alkohol getrunken worden, es war zu riskant.

Die nächsten beiden Tage fast nur Flaute, Sonne und eine See wie polierter Stahl. Burkhard und Steffen lassen sich am Tampen hinter der FREYDIS herziehen – kein Problem bei nur zwei Knoten Fahrt. Unsere Kurs-Schatten, zwei Gelbnasen-Albatrosse, setzen sich immer wieder neben sie aufs Wasser und begleiten sie schwimmend. Abends Südwestwind. Es wird eine Nacht unter Blister mit atemberaubendem Meeresleuchten. Immerhin 30 Meilen geschafft. Wie könnten wir diese wunderschönen Tage genießen, wenn wir nicht unter Zeitdruck stünden! Erich versucht, den Motor ausgekuppelt laufen zu lassen, um die Batterien aufzufüllen. Aber die sind nach den Flauten viel zu erschöpft, um ihn zu starten. Erst der Hilfsdiesel, per Hand angekurbelt, erweckt Motor und damit auch Batterien zu neuem Leben.

Als wir mit Marion sprechen, sind die Batterien wieder gut drauf. Zu unserer großen Beruhigung hatten Brian und Christie Kontakt mit einem deutschen Funkamateur, der unsere Position und die Nachricht, daß Crew und Schiff wohlauf sind, telefonisch an unsere Familien weiterleitete.

Spinnaker-Segelflug auf dem Vierzigsten, zehn Knoten Fahrt! Noch ein paar Tage solchen Wind, und wir hätten locker unseren 300-Meilen-Rückstand aufgeholt. Am späten Abend erleben wir ein grandioses Feuerwerk: Polarlicht am gesamten Südhimmel! Zuerst helle Lichtstreifen, dann in allen Regenbogenfarben übers Firmament wabernde Leuchtbänder vor weinrotem, später smaragdgrünem Hintergrund. Eine phantastische, außerirdische Inszenierung, der wir spontan applaudieren.

Eine Schot ist fast durchgescheuert, der Spinnaker muß sofort geborgen werden. Das ist kein leichtes Manöver bei sechs Windstärken von achtern, bei dem sich Erhard und Manfred an Spifall und Bergeleine Verbrennungen an den Handflächen zuziehen. Unter Genua sind wir schnell genug. Position: 39°06'S, 94°30'E, noch 1000 Seemeilen bis Fremantle. „Good bye, Sailor", tönt's aus dem Kasettenrekorder. Das Lied wurde von einem Mitsegler in Südafrika, Leiter der Musikhochschule in Bochum, komponiert. So lange haben wir keine Musik mehr gehört, nun kommt sie doppelt gut an. Zumal die FREYDIS endlich auf direktem Weg ihrem Ziel zueilt.

Nach drei Tagen wechselnder Winde und Flautenperioden setzt am 25. Februar erstmals der Südostpassat ein und drückt uns langsam, aber sicher nach Norden. Damit besteht keine Aussicht mehr, unseren Zeitplan einzuhalten. Der Rückstand ist zu groß, das Hoch gibt nicht nach. Das bißchen Wind kommt immer vorlicher. Über Perth Radio müssen wir die Flüge bei der Luftfahrtgesellschaft stornieren lassen. Position 37°17'S, 102° 46'E. Wir stellen die Bordzeit auf westaustralische Landeszeit, also eine Stunde vor.

Während die Crew wieder mal die Bordbibliothek entdeckt und sich zum Tête-à-tête mit Buch in eine ruhige Ecke verzogen hat, kommt Erich ganz bestürzt zu mir: Auf der Suche nach Ansteuerungskarten hat er lediglich den Übersegler Westaustraliens gefunden; von Detailkarten keine Spur. Siedendheiß fällt ihm ein, daß diese Karten ja Opfer der Strandung geworden sind und er vergessen hat, sie neu zu beschaffen. Und das passiert ausgerechnet ihm, der sonst so pingelig mit Karten und Ausrüstung ist! Was machen wir jetzt? Wir können die genaue Position für die Ansteuerung dem *Pilot* entnehmen, fällt uns ein. Aber leider merken wir erst jetzt, daß der *Pilot*, den uns ein Freund noch schnell nach Südafrika geschickt hatte, der von Ostaustralien ist, also genau der Verkehrte.

Uns bleibt nur noch das Leuchtfeuerverzeichnis des Indischen Ozeans. Dort sind zum Glück auch alle markanten Ansteuerungspunkte erfaßt. Der Indik erstreckt sich zwar bis Neuseeland, doch Westaustralien ist in diesem Band trotzdem nicht enthalten. Es ist wie verhext. Wir brüten eine Weile still vor uns hin, dann kommt plötzlich Leben in Erich. „Wir haben doch noch den Schulatlas", flüstert er und kramt ihn eilig aus der Bibliothek. Tatsächlich, im Anhang sind alle Orte mit Länge und Breite aufgeführt. Wenigstens wissen wir jetzt, wo unser Ziel liegt. Und die Inseln und Riffe? Da muß uns eine recht übersichtliche Skizze aus Gerry Clarks Buch helfen. Eins ist allerdings klar: Nachts gehen wir dort nicht rein. „Nur mit Übersegler und Schulatlas Australien anzulaufen, ist schon ein komisches Gefühl", grinst Erich.

Mißmutige Blicke auf den Barographen. Vor drei Wochen war jeder noch heilfroh, wenn die Barokurve stieg oder wenigstens auf einer Horizontalen balancierte. Jetzt, da uns Urlaubs- und Flugtermine im Nacken sitzen, zeigen sich alle frustriert. Seit St. Paul arbeitet Rasmus gegen uns – wären wir bloß in den Vierzigern geblieben! Aber damals waren wir froh, den Stürmen zu entrinnen; je weiter nördlich, desto sicherer fühlten wir uns. Sturm wünscht sich auch jetzt keiner, selbst dann nicht, wenn er von achtern käme. Wir sind zwar nach außen hin noch ziemlich gut in Form, aber die seelischen Kraftreserven sind geschrumpft.

Um 07.00 Uhr bekommt die Frühwache einen Mordsschreck: Eine solide, weiß-gelbe Stahlboje mit Kette treibt einen halben Meter entfernt an Backbord vorbei nach achtern. Sie hat sich irgendwo losgerissen und ist auf Weltreise gegangen.

Heute hatten wir Fremantle erreichen wollen. Statt dessen pustet uns der schöne kräftige Südostpassat in die verkehrte Richtung. Aber die FREYDIS bockt und bolzt sowieso mehr auf der Stelle, als daß sie irgendwohin segelt. So einen Bußtörn nach Australien – noch 540 Meilen sind es – haben wir uns wirklich nicht vorgestellt. Trost finden wir nur in den Windkarten: Je näher wir Australien kommen, desto stärker soll der Wind auf Süd drehen, heißt es darin.

Schon wieder ein Geburtstag, diesmal Steffens 26. Von wegen „schön an Land feiern"! Er muß sich zufrieden geben mit einer Geburtstagsparty auf hoher See mit Kaffee und Kuchen und einem „scharf"-sinnigen Geschenk: ein Hai-Zahn, damit er sich durchs Leben beißen kann, auch wenn's noch so hart kommt. Am Abend angelt unser Geburtstagskind eine kapitale Goldmakrele von fünf Kilogramm. Das Geburtstagsmenü kann sich sehen lassen.

„Es riecht nach Land, nach Pinien – herrlich!" schwärmt Peter, als Erich vom Duschen an Deck kommt. Karl: „Mein Gott, der halluziniert ja schon! Das ist doch bloß das Shampoo." Trotzdem breitet sich langsam Landeuphorie aus. Es wird schon mal dies und das gepackt und immer wieder sehnsüchtig Ausschau nach Osten gehalten. Nur noch 100 Meilen bis zum Ziel. Nachts ziehen jetzt ab und zu Frachter vorbei.

Am 6. März um 13.45 Uhr schreit Erich: „Land in Sicht!" Nach 20 Tagen Segelei, Dümpelei, Kreuzerei endlich, endlich Land! Aus dem Dunstschleier vor uns schält sich langsam die australische Westküste. Weil wir zu weit nördlich stehen, müssen wir noch einen langen Kreuzschlag nach Süden machen, vorbei an Inseln und Riffen, aber dann ist es soweit: Zehn Meilen vor der Küste melden wir uns über UKW bei Port Control Fremantle.

Eine Dame weist uns an, vor der Hafenmole zu warten, bis wir von einer Barkasse abgeholt werden. Nach eineinhalb Stunden, in denen wir brav unsere Runden drehen, kommt ein Polizeiboot und eskortiert uns in den Hafen und an eine Pier. Dort warten bereits ein halbes Dutzend Wagen mit Beamten und Polizeihunden auf uns. Wären wir nicht durch Gerry Clark vorgewarnt, hätten wir einen Mordsschrecken bekommen. So nehmen wir es mehr von der lustigen Seite und stellen uns darauf ein, daß die Prozedur wohl einen Tag dauern wird.

Zuerst sind die Beamten mehr als kühl, und wir erfahren bald auch den Grund: Ausgerechnet dieser Montag ist ein gesetzlicher Feiertag. Vor einer Stunde sind sie unvermutet aus ihrem langen Wochenende zum Dienst an der FREYDIS zitiert worden. Der Beamte von der Gesundheitsbehörde wühlt sich wie ein Maulwurf durch sämtliche Schapps und beschlagnahmt einen ganzen Berg Fleischdosen. „Was haben Sie denn mit all den Dosen vor?" frage ich beunruhigt, zumal er bereits die verbliebenen sechs Kilo Butter, den Rest Zwiebeln, Knoblauch und einen Teil der Gewürze in den Abfall gekippt hat. Die sachliche Antwort des Beamten: „Das wird verbrannt", versetzt mich verständlicherweise in helle Aufregung. Aber schließlich läßt er sich doch erweichen und verplombt das meiste in Kisten. Erst in Hobart, vor dem Auslaufen nach Neuseeland, sollen die Plomben wieder entfernt werden. Damit bin ich einverstanden.

Ein deutscher Schäferhund, von Beruf Drogenschnüffler, wird durchs Schiff geführt, während wir draußen warten müssen. Er hat nichts auszusetzen. Weil wir vorgewarnt wurden, haben wir nicht einmal eine Katze an Bord, und die paar Muscheln, die er findet, gehören keiner der bedrohten Arten an. Aber wir kriegen dennoch Schwierigkeiten: Das Visum, das man uns in Südafrika für Australien ausgestellt hat, erweist sich als ungültig. Mit dem Dienstwagen werden wir zum Zollgebäude gebracht, wo wir eine Menge Formulare ausfüllen müssen und endlich unser Visum ausgehändigt bekommen, allerdings mit der Bemerkung, beim nächsten Mal seien 2000 Dollar Strafe fällig. Tags darauf sollen wir noch einmal mit den Schiffspapieren wiederkommen. Erst als wir ihnen von unserer Reiseroute erzählen, tauen die Männer etwas auf. Einer von ihnen nimmt mich beiseite und sagt nur kopfschüttelnd: „You must be a very crazy woman."

Fürs erste sind wir entlassen und haben das Gefühl, zwar mächtig gefilzt, aber insgesamt korrekt und sogar freundlich behandelt worden zu sein. Allerdings war es die strengste Kontrolle, die wir je erlebt haben.

Wir bekommen einen Platz an der Pier des Fremantle Sailing Club, „Australia's Finest". Dieser Segelklub stand lange im Schatten der Vereine von Sydney und Melbourne. Erst 1987 kam er plötzlich in die Schlagzeilen der Weltpresse, als Australien den begehrten America's Cup gewonnen hatte und Fremantle Austragungsort für das nächste Rennen wurde. Das gab auch der verschlafenen Küstenstadt großen Auftrieb und kurbelte den Tourismus an. Inzwischen ist der Cup wieder abgewandert. Der Klub wird zwar alle vier Jahre von den Yachten des Whitbread- Rennens angelaufen, in der übrigen Zeit aber verirren sich nur selten ausländische Yachten hierher, noch seltener solche aus der Antarktis. Zuletzt, vor acht Jahren, war es die TOTORORE.

Wir platzen zwar mitten in den Trubel der Preisverleihung nach einer Regatta, werden aber trotzdem vom Kommodore und von interessierten Mitgliedern aufs freundlichste willkommen geheißen. „Kann ich euch zu einem Bier einladen?" fragt eine sympathische Stimme auf deutsch. So lernen wir Willi kennen, der vor 30 Jahren von Deutschland nach Perth ausgewandert ist. Mit ihm und seiner Frau Louise, einer Engländerin, wird sich in den Monaten unseres Aufenthalts noch eine herzliche Freundschaft entwickeln.

Der Klub besitzt ein schönes komfortables Vereinsgebäude mit hervorragender, sehr preiswerter Restauration, Bar, Fernsehraum mit Bibliothek und sanitären Einrichtungen, die nichts zu wünschen übrig lassen: alles vom Feinsten und ohne jeden Snobismus. Freundliche, interessierte Mitglieder laden uns zu einem Drink oder zum Essen ein, weil sie Näheres über unsere Reisen erfahren wollen oder einfach aus spontaner Sympathie. Der Klubmanager stellt uns sogar seinen Privatwagen zur Verfügung, und der Kommodore erklärt sich bereit, während unserer dreimonatigen Abwesenheit – in zehn Tagen wollen wir nach Deutschland fliegen – auf unsere FREYDIS aufzupassen.

Die Crew fährt nach Perth, um ihre Flüge zu regeln. Außer Karl, den es mit Macht nach Hause zieht, und Steffen, dem Glücklichen, der noch eine Urlaubsreise quer durch Australien anhängen kann, müssen alle nach zehn Wochen so schnell wie möglich wieder an ihrem Arbeitsplatz erscheinen. Ich allerdings würde diesen Tag am liebsten streichen, nicht deshalb, weil wir jetzt allein sind mit den vielen Reparaturen und Überholungsarbeiten, sondern weil er uns nichts als Scherereien bringt.

Nach 73 Tagen und 6663 Seemeilen wird die FREYDIS zum ersten Mal wieder gründlich gereinigt und entsalzt. Der Morgen ist ausgefüllt mit schweißtreibenden Arbeiten, wobei uns die ungewohnten hochsommerlichen Temperaturen am meisten zu schaffen machen. Erich räumt die Vorpiek aus, in der vieles, was wir aus Platzmangel dort gestaut hatten, nicht nur feucht und salzig, sondern auch mit Stockflecken und Pilzrasen überzogen wieder ans Tageslicht kommt. Ich stelle währenddessen die Küche auf den Kopf, die eine Generalreinigung bitter nötig hat.

Mitten in dieses Putz-, Schrubb- und Waschchaos platzen zwei Herren in Uniform. „Nennen Sie mich Richard", stellt sich der eine mit jovialem Lächeln vor. Aber die Fragen, die er uns anschließend eineinhalb Stunden lang stellt, sind alles andere als jovial. Erst gegen Ende der Sitzung eröffnet er uns, daß wir am Nachmittag noch einmal auf dem Zollpräsidium zu erscheinen hätten, da sein Chef dort entscheiden würde, ob wir unsere Aussagen fürs Tonband wiederholen müßten. Die Angelegenheit käme dann vor Gericht. „Was für eine Angelegenheit?" frage ich entgeistert. Antwort: „Sie haben das australische Gesetz, wonach sich jedes Schiff, auch eine Yacht, 48 Stunden vor Anlaufen eines australischen Hafens melden muß, grob mißachtet." Erich wird wütend, ich breche in Tränen aus. Schließlich haben wir hier all das getan, was wir auch in den anderen Ländern, die wir bisher besuchten, getan haben: uns nämlich vor Einlaufen über UKW bei der Hafenmeisterei gemeldet.

Als wir wieder allein sind, machen wir uns aber doch Sorgen. „Das klingt ja gar nicht gut", finde ich. „Die behandeln uns, als seien wir Kriminelle. Am Ende brummen sie uns eine saftige Geld- oder Gefängnisstrafe auf. Vielleicht verweisen sie uns aber auch des Landes?"

Die Sitzung wird am Nachmittag beim Chef der Behörde fortgesetzt. Zur Einführung erzählt er uns, der letzte Yachtie sei wegen dieses Vergehens zu einer Geldstrafe verurteilt worden und hätte alles in allem 1000 Dollar geblecht. Aber bei uns lägen die Dinge doch etwas anders, da wir nicht heimlich ins Land gekommen seien, sondern bereits zehn Tage zuvor mit Perth Radio gesprochen hätten. Zum Glück haben wir das Datum unseres Funkkontakts ins Logbuch eingetragen und sogar den Namen des Telefonvermittlers. Auf Anfrage aus Fremantle kann er sich gut an uns erinnern.

Wie geprügelte Hunde kehren wir zum Klub zurück. Die spontane, warmherzige Aufnahme, die wir dort von allen Seiten erfahren, steht in auffälligem und wohltuendem Widerspruch zum rüden Empfang durch die Behörden. Als die Mitglieder uns erzählen, daß die Beamten mit ihnen nicht anders umsprängen, sind wir endgültig getröstet.

Der Skipper gibt ein Essen im *Fisherman's Kitchen* mit Meeresfrüchten und viel Grünzeug zum Auffüllen unseres Vitamindefizits. Erich bedankt sich bei der Crew, die auf diesem kräftezehrenden Zehneinhalb-Wochen-Törn nicht nur durchgehalten, sondern unermüdlichen, oft genug harten Einsatz gezeigt hat. Die Stimmung ist euphorisch und wehmütig zugleich. Was hinter uns liegt, schwingt noch in uns, Angst und Spannung sind kaum abgeklungen. Es wird einige Zeit vergehen, bis wir alles Erlebte verarbeitet haben, und das muß jeder auf seine Weise und für sich allein besorgen. Aber am Ende der Reise sind wir alle sehr stolz darauf, daß wir nach so langer Zeit in bedrückender Enge Freunde geblieben sind und ohne Vorbehalte, sondern mit Freude auf unser Zusammenleben zurückblicken können. Zwar trennen sich unsere Wege nun, aber wir sind sicher, daß wir uns wiedersehen, daß einige vielleicht sogar wieder mit uns segeln werden.

Strapazen sind erfahrungsgemäß bald vergessen. Was im Gedächtnis bleibt, sind die schönen Bilder von einsamen Buchten, tiefblauem Meer, gigantischen Vulkanen, bizarren Eisbergen, Gletschern und Tieren, die noch nie einen Menschen sahen – und nicht zuletzt das gemeinsame Erlebnis, die gemeinsam bestandenen Abenteuer. Für unsere Youngsters gilt, was Steffen am Schluß sagt: „Es hat uns nicht abgeschreckt – wir haben Blut geleckt."

Für Erich und mich ist in Fremantle Halbzeit. Seit dem Start am Kap Hoorn haben wir mit unserer FREYDIS 182 Längengrade auf der Route der Albatrosse bewältigt. Noch immer stehen wir begeistert zu unserem Plan, der da lautet: „Von Kap Hoorn nach Kap Hoorn!" Was das Segeln im Südlichen Indischen Ozean angeht, haben wir allerdings beschlossen: „Einmal ist genug!"

# Die Reisen der FREYDIS

............. Rund Südamerika, Antarktis 1981/82 „Weit im Norden liegt Kap Hoorn"
- - - - Rund Afrika 1988/89
—·—·— Anreise und Überwinterung 1990/91 „Gestrandet in der weißen Hölle"
— — — „Auf der Route der Albatrosse" 1992-1994